中国林牧渔业经济前沿问题研究（2018）

——绿色发展与供给侧结构性改革

魏后凯　刘长全　韩　磊　主编

中国农业出版社
北　京

主　编： 魏后凯　刘长全　韩磊

编　委：（按姓氏笔画排序）

王明利　王祖力　刘长全　刘玉满　李婷婷
李　静　杜　鑫　辛翔飞　杨　洋　胡冰川
姚　梅　赵永昕　郭荣达　韩　磊　曾俊霞
董　翀　廖永松　魏后凯　魏玲慧

主编简介

魏后凯，中国林牧渔业经济学会会长，第十三届全国人大代表、农业与农村委员会委员，经济学博士，中国社会科学院农村发展研究所所长、研究员、博士生导师，中国社会科学院大学特聘教授。兼任中国社会科学院城乡发展一体化智库常务副理事长、中国城郊经济研究会会长，中央农办、农业农村部、民政部、北京市、山东省等决策咨询委员。长期从事区域经济、产业经济、资源与环境经济研究。入选国家“万人计划”哲学社会科学领军人才。

刘长全，中国林牧渔业经济学会秘书长，经济学博士，中国社会科学院农村发展研究所副研究员、农村产业经济研究室主任、副教授、硕士生导师，中国社会科学院农村发展研究所畜牧业经济研究中心主任、国家奶牛产业技术体系产业经济研究室主任、产业经济岗位科学家。主要从事农村产业经济、奶业经济、区域经济研究，公开出版独合著学术专著多部，发表论文和研究报告多篇。

韩磊，中国林牧渔业经济学会副秘书长，管理学博士，中国社会科学院农村发展研究所助理研究员、农村产业经济研究室副主任。主要从事农村产业经济、农产品市场、奶业经济研究，主持国家社会科学基金、人力资源和社会保障部择优资助课题多项，公开发表学术论文和研究报告多篇。

前　言

《中国林牧渔业经济前沿问题研究（2018）——绿色发展与供给侧结构性改革》是中国林牧渔业经济学会2016年和2017年两年学术年会会议论文选编。

中国林牧渔业经济学会是经中华人民共和国民政部依法注册由中国社会科学院主管的具有独立法人资格的国家一级学会。近年来，中国林牧渔业经济学会通过举办学术年会、研讨会、座谈会等途径，在推动中国林牧渔业发展、政府决策咨询、学术研究等方面都发挥了积极作用。2016年和2017年，中国林牧渔业经济学会分别以"供给侧结构性改革"和"绿色发展新思想、新动能"为主题举办学术年会和征集学术论文。两次会议共收到来自全国各地专家学者的近200篇论文，研究内容涉及中国林牧渔业供给侧结构性改革和绿色发展的前沿理论问题、地方实践探索、宏观形势分析和微观机理剖析，以及对一些国家相关发展经验的总结等。因篇幅所限，本着优中选优的原则本书收录了其中的32篇论文，并分为5个专题：第一个专题是"生态环境与绿色发展"，包括生态环境意识测评、气候和资源变化对养殖业的影响、粪污资源化利用等相关研究；第二个专题是"产业发展与供给侧改革"，包括林牧渔业发展形势与趋势分析、供给侧结构性改革的思路与对策、"粮改饲"改革绩效等相关研究；第三个专题是"消费行为与市场动态"，包括标识产品对消费的影响、产品价格波动与传导、农产品电子商务等相关研究；第四个专题是"组织模式与农户参与"，包括规模化与组织中的农户参与行为、质量安全追溯体系的农户参与行为等相关研究；第五个专题是"市场开放与国际视角"，包括林牧渔业产品贸易的影响、国内外市场联动特征等相关研究。

学术年会的召开及本书的出版得到了中国林牧渔业经济学会广大会员尤其是论文作者的大力支持，在此表示衷心的感谢。同时，还要感谢中国农业出版社贾彬编辑，正因为他的细致工作和精益求精的态度才让本书更完美地呈献给读者。当然，书中的观点完全是作者本人的思想表达，不代表任何组织或其他个人。由于受各种因素限制，书中的不足之处在所难免，恳请广大读者批评指正。

绿色发展与供给侧结构性改革是关系农村产业发展与乡村振兴的重要问题，近年来得到中央高度重视。2017 年 12 月，中央农村工作会议提出将“深化农业供给侧结构性改革，走质量兴农之路”和“坚持人与自然和谐共生，走乡村绿色发展之路”作为乡村振兴的重要途径。2018 年 2 月，中央 1 号文件《中共中央国务院关于实施乡村振兴战略的意见》提出，“以农业供给侧结构性改革为主线，加快构建现代农业产业体系、生产体系、经营体系”和“推进乡村绿色发展，打造人与自然和谐共生发展新格局”。林牧渔业发展及林牧渔业的绿色发展与供给侧结构性改革是中国农业绿色发展与供给侧结构性改革的重要内容，衷心希望本书的出版能够为此提供有益参考。

中国林牧渔业经济学会

2019 年 1 月

目　录

第四篇　组织模式与农户参与

第五篇　市场开放与国际视角

01

第一篇　生态环境与绿色发展

公民生态环境意识测评及其影响因素研究①

刘志娟　李傲　李楚瑛　赵元凤

（内蒙古农业大学经济管理学院，呼和浩特 010019）

摘要： 生态文明建设是实现我国经济、社会可持续发展的必然要求，而公民生态环境意识的培育则是生态文明建设的关键。文章基于 2017 年 820 份实地和网络调研数据，在构建公民生态环境意识评价指标体系并采用熵值法测算公民生态环境意识的基础上，运用 Tobit 模型和 OLS 模型对公民生态环境意识的影响因素进行实证分析。结果表明：公民生态环境意识综合得分均值仅为 39.35 分，说明公民生态环境意识总体处于较低水平；在影响因素方面，个人特征中的年龄、受教育年限，家庭特征中的家庭总收入，其他特征中的购买食品时是否关注绿色农产品②标识和绿色农产品占农产品消费支出的比例等因素对公民生态环境意识有显著影响。

关键词： 公民生态环境意识；生态文明建设；熵值法；Tobit 模型；OLS 模型

党的十八大报告提出"建设生态文明，是关系人民福祉、关乎民族未来的长远大计"[1]。作为生态文明建设的重点和难点，生态环境保护能否取得成效，公民生态环境意识是其发展的关键所在。

公民生态环境意识是指人们对生态环境保护的认知以及为此做出的有益于人与自然和谐发展的自觉行动。目前，研究公民生态环境意识的文献尚比较少，现有研究主要集中于两方面：一是对公众环境意识及其影响因素进行评价与分析[2-3]，二是对特定职业[6]生态环境意识的探讨。刘悦与赵卉卉等分别对贵阳市与南京市公众环境意识进行评价，并指出受教育程度、人口特征变量显著影响公众环境意识；唐学玉与田万慧等在对江苏省与甘肃省农户生态环境意识进行主观评价的基础上，通过交叉分析得出农户生态环境意识受年龄、受教育程度等变量影响的结论；朱江针对高校学生生态意识水平较低的现状，提出了强化生态教育课程建设、加快促进高校生态教育与学生实践相结合、加强校园文化与环境建设等提高学生生态意识水平的对策建议。纵观以往研究成果，国内学者主要从区域角度例如贵阳市、南京市与职业范畴例如农民、学生等方面开展调查研

① 基金项目：内蒙古自治区社会科学研究课题（16A05）。作者简介：刘志娟（1988—），女，内蒙古赤峰人，博士研究生，研究方向：农村牧区综合发展，Email：zhijuanliu1990@sina.com。（通讯作者）赵元凤（1964—），女，内蒙古鄂尔多斯人，教授，博士生导师，研究方向：农业保险、农产品质量安全和农村电子商务，Email：zhaoyf@263.net。本文已发表在《生态经济》2018 年 06 期。

② 本文中的"绿色农产品"是指无公害农产品、绿色食品、有机农产品的统称。

究，很少从全国角度、公民范畴对生态环境意识及其影响因素进行测评与识别。从评价方法来看，现有文献大多采用直接描述、层次分析、综合评价、德尔菲法等评价可信度相对较低的主观评价法[7]，很少运用熵值法等客观赋权法从实证角度对生态环境意识进行量化测评。因此，本文的研究：基于 820 份实地和网络调研数据，在科学构建公民生态环境意识评价指标体系的基础上，采用熵值法测算公民生态环境意识，同时运用 Tobit 模型和 OLS 模型对公民生态环境意识的影响因素进行实证分析，得出的结论更具科学性与权威性，对于准确识别目前我国公民环境生态意识水平及其主要影响因素、有效解决生态环境意识问题以及提高公民生态环境意识具有至关重要的作用。

一、数据来源与样本特征

为客观、真实地了解公民生态环境意识，本文采用实地调研与网络调查相结合的方式收集并获取一手数据，共获得有效问卷 820 份。受访公民分布在全国各地，具体覆盖内蒙古、河北、北京、天津、江苏等地的 29 个城市。样本特征表现为以下几点：以城镇居民和女性为主，占比分别为 86.46%和 61.22%；行业分布非常广泛，包括 33 种职业，几乎涵盖所有职业种类；以青年和中年人（21～45 岁）为主，占比为 80.00%；受教育年限为 14～18 年的公民占比最大，为 60.49%；已婚人士占一半以上（54.51%）；家庭总收入主要集中在 10 万～20 万元，占比为 51.83%；受访公民健康状况较好，健康等级为正常及良好的占比高达 97.20%。由于本次调查包含了不同年龄段、不同受教育程度以及不同家庭收入公民，在了解公民生态环境意识方面具有较强代表性，因而能够真实地反映公民生态环境意识的态度及其行为现状。

二、研究方法

在科学构建公民生态环境意识评价指标体系的基础上，本文采用熵值法对公民生态环境意识综合得分进行测算，而后运用 Tobit 模型和 OLS 模型识别影响公民生态环境意识综合得分的主要因素。

（一）指标体系构建

公民生态环境意识更直观地反映为一种心理，包括认知、感受以及意向等，这些均可用态度来表示；而态度的最好反映为行为，行为是态度的外显[8]。因此，根据前人研究成果[9]，本文依据生态环境意识基本内涵，同时结合公民生态环境意识主要内容及其特点，将公民生态环境意识的测算指标具体细分为公民生态环境态度和生态环境行为两个二级指标。在反映公民生态环境态度和行为的具体指标即三级指标选择上，本文在宋言奇、刘敬奇等[10]研究的基础上，增加“住”的维度，从“认知、吃、住、用、行”5 个维度来细化评价指标，即主要考察公民对生态环境知识的认知、绿色消费、绿色住宅、绿色出行的态度及其行为情况，同时依据全面、科学、易于接受、可靠、实事求是的评价指标体系构建标准，构建反映公民生态环境意识的评价指标体系，具体内容见表 1。

表 1　公民生态环境意识评价指标体系

一级指标		二级指标		三级指标
公民生态环境意识	(A)	公民生态环境态度	(B_1)	是否知道绿色发展（C_1）
				是否明晰绿色发展内容（C_2）
				新房装修时是否愿意选择绿色节能建筑材料（C_3）
				是否愿意购买绿色住宅（C_4）
				是否因节能环保因素购买绿色住宅（C_5）
				消费购物时是否考虑环保因素（C_6）
				购买同样性能产品时是否优先考虑绿色低碳环保产品（C_7）
				对“绿色出行”的看法（C_8）
				是否愿意购买新能源汽车（C_9）
				是否因节能环保因素购买新能源汽车（C_{10}）
		公民生态环境行为	(B_2)	外出就餐是否打包剩饭（C_{11}）
				洗衣服是否先浸泡再洗涤（C_{12}）
				是否注意节约用水（C_{13}）
				购买家电时是否选择节能家电（C_{14}）
				是否注意节约用电（C_{15}）
				一次性用品使用频率（C_{16}）
				是否经常携带垃圾袋（C_{17}）
				购物时是否使用环保塑料袋或布袋（C_{18}）
				日常垃圾处理方式（C_{19}）
				是否随手捡起地上垃圾（C_{20}）
				是否将废报纸或塑料瓶收集起来统一卖掉（C_{21}）
				如何响应“绿色出行”（C_{22}）
				上班的主要交通方式（C_{23}）

（二）熵值法在测评公民生态环境意识的应用

为克服人为确定权重的主观性和多指标间信息的重叠，本文采用熵值法[11]对公民生态环境意识进行测算，熵值法适合对多元指标进行综合评价，主要根据各指标观测值反映信息的大小来确定指标权重，步骤如下：

1. 数据标准化处理

$$P_{ij}=\frac{V_{ij}-\min\limits_{1\leqslant j\leqslant n}(V_{ij})}{\max\limits_{1\leqslant j\leqslant n}(V_{ij})-\min\limits_{1\leqslant j\leqslant n}(V_{ij})} \tag{1}$$

其中，P_{ij} 为第 i 个受访者第 j 项指标的标准化数值；V_{ij} 为第 i 受访者第 j 项指标原始值；n 为受访者数量。

2. 计算评价指标熵值

第 j 项指标的信息熵 e_j 为：

$$e_j=-\frac{1}{\ln}\sum_{i=1}^{n}(V_{ij}/\sum_{i=1}^{n}V_{ij})\times\ln(V_{ij}/\sum_{i=1}^{n}V_{ij})(e_j>0) \tag{2}$$

3. 计算评价指标权重及熵权集合

设指标熵权集合为 w' $[w_1', w_2', \cdots, w_j']$，第 j 项指标的熵权为：

$$W_j = (1-e_j)/(m-\sum_{j=1}^{m}e_j)\ (j=1,\ 2,\ \cdots,\ m) \tag{3}$$

其中，m 为指标数量。

基于构建的评价指标体系，本文运用熵值法确定指标权重并与标准化分值进行综合加权计算，得出公民生态环境意识综合得分。

（三）Tobit 模型和 OLS 模型在识别公民生态环境意识影响因素的应用

1. 研究假设

为深入剖析与评价公民生态环境意识，笔者在测算出公民生态环境意识综合得分的基础上，进一步识别与论证影响公民生态环境意识的主要因素。由于公民个人、家庭特征及其居住环境的差异性，公民对生态环境意识的评价有明显差别。因此，识别与分析哪些因素影响公民生态环境意识对本文的研究至关重要。在借鉴国内研究成果[12-13]的基础上，结合公民生态环境态度及其行为自身特点，本文将影响公民生态环境意识的因素归纳为三个类别：个人特征、家庭特征和其他特征，其中个人特征包括性别、年龄、受教育年限、婚姻状况、健康程度；家庭特征包括家庭总收入、拥有汽车数量、居住区类型；其他特征包括购买食品时是否关注绿色农产品标识、绿色农产品占农产品消费支出的比例；共 10 个解释变量。

各变量定义、描述性统计如表 2 所示。

表 2　变量说明和描述性统计

解释变量	变量名称	变量代码	变量定义	均值	标准差
个人特征	性别	X_1	男=1，女=0	0.39	0.49
	年龄	X_2	连续变量	32.58	10.49
	受教育年限	X_3	连续变量	15.61	3.81
	婚姻状况	X_4	已婚=1，未婚=0	0.54	0.50
	健康程度	X_5	不良=1，正常=2，良好=3	2.41	0.55
家庭特征	家庭总收入	X_6	连续变量	12.07	10.65
	拥有汽车数量	X_7	连续变量	0.87	0.71
	居住区类型	X_8	城镇=1，农村=0	0.86	0.34
其他特征	购买食品时是否关注绿色农产品标识	X_9	是=1，否=0	0.62	0.49
	绿色农产品占农产品消费支出的比例	X_{10}	连续变量	16.45	20.00

2. 模型构建

为使模型结论更稳健，本文分别用 Tobit 模型和 OLS 模型进行估计。当被解释变量为截取数据且受双尾约束时，采用 Tobit 模型的极大似然估计可得到一致性估计结果；基于目前无软件支持 Tobit 估计方法加权重，故本文采用加权的 OLS 方法与其做比较[14]。Tobit 模型基本结构如下：

$$y_i^* = x_i\beta + \varepsilon_i \quad \varepsilon_i \in N(0,\sigma^2) \tag{4}$$

$$y_i = \begin{Bmatrix} y_i^* = x_i\beta + \varepsilon_i, & y_i^* > 0 \\ 0, & y_i^* \leqslant 0 \end{Bmatrix} \tag{5}$$

其中，Y_i 为被解释变量，X_i 为解释变量，β 为 x 对隐变量 y_i^* 的影响。对于 y_i^* 而言：

$$\frac{\partial E[y_i^* \mid x_i]}{\partial x_i} = \beta \tag{6}$$

对于我们可观测的数据 y 存在常数下限 a 和上限 b，其边际效果为：

$$\frac{\partial E[y \mid x]}{\partial x} = \beta \times Prob[a < y^* < b] \tag{7}$$

进而推出 Tobit 模型的估计即极大似然估计式为：

$$\ln L = \sum_{y_i>0} -\frac{1}{2}[\ln(2\pi) + \ln\sigma^2 + \frac{(y_i x_i'\beta)^2}{\sigma^2}] + \sum_{y_i=0} \ln[1 - \Phi(\frac{x_i'\beta}{\sigma})] \tag{8}$$

其中，L 代表似然对数，Φ 表示标准正态密度函数，x_i'为对应的样本值，σ 为未知参数。

三、结果与分析

(一) 公民生态环境意识的熵值法测评结果

基于公民生态环境意识评价指标体系，本文运用熵值法测算指标权重并与标准化分值进行综合加权计算，计算过程及结果如表 3 所示。

表 3　公民生态环境意识测算结果

类别	指标																										加权总分
公民环境生态态度(B_1)	C_1		C_2		C_3		C_4		C_5		C_6		C_7		C_8		C_9		C_{10}								47.78
	权重	分值	权重	分值	权重	分值	权重	分值	权重	分值	权重	分值	权重	分值	权重	分值	权重	分值	权重	分值							
	0.07	77.80	0.09	65.52	0.01	96.71	0.01	95.85	0.07	64.47	0.03	56.83	0.03	58.54	0.03	77.74	0.27	35.37	0.29	31.83							
公民环境生态行为(B_2)	C_{11}		C_{12}		C_{13}		C_{14}		C_{15}		C_{16}		C_{17}		C_{18}		C_{19}		C_{20}		C_{21}		C_{22}		C_{23}		30.91
	权重	分值	权重	分值	权重	分值	权重	分值	权重	分值	权重	分值	权重	分值	权重	分值	权重	分值	权重	分值	权重	分值	权重	分值	权重	分值	
	0.01	57.21	0.07	43.27	0.02	79.81	0.02	76.68	0.06	53.85	0.12	26.92	0.16	16.23	0.06	39.78	0.11	23.32	0.15	17.67	0.06	49.88	0.00	94.59	0.15	26.37	
公民环境生态意识(A)	B_1													B_2													39.35
	权重						分值							权重						分值							
	0.5						47.78							0.5						30.91							

经测算，公民生态环境意识最高分为 89.50，最低分为 4.71，均值仅为 39.35 分，表明公民生态环境意识总体处于较低水平。从二级指标来看，公民生态环境行为得分（30.91）明显低于其生态环境态度得分（47.78），说明公民对生态环境知识的了解仅限于对生态环境相关问题和现象表面的认知，公民的“浅层认知”尚未全部转化为积极的“实践行动”，这在一定程度上拉低了公民生态环境意识综合得分。由于公民个人、家庭特征及其居住环境的差异性，公民对生态环境意识的评价有明显差别，因此，研究公民

个人、家庭特征与公民生态环境意识综合得分的关系尤为重要，交叉分析特征表现为以下几点（见图1）：（1）公民生态环境意识存在性别、婚否与居住区类型差异，但差异不明显，具体而言，男性高于女性1.75分，已婚高于未婚2.01分，城镇公民高于农村公民3.38分。（2）公民年龄、健康程度、家庭总收入正向影响其生态环境意识。随着公民年龄的增长，人生阅历的增加，公民对环境污染、生态退化的现象越来越敏感，生态环境意识也越来越强。身体健康与否是决定公民幸福与否的关键因素，良好的生态环境有助于人们健康，增强其幸福感；而环境污染则会提高人们的发病率从而降低其幸福感，理智的公民为获得充足的幸福感，会越来越关注并爱护周边的居住环境。公民家庭总收入越高，越追求高品质、高标准的生活；鉴于对自身健康状况的关心，公民更加关注其周边的生态居住环境，对生态环境意识的认识越深刻。因此，随着公民年龄、家庭总收入以及健康程度等级的增加，公民生态环境意识呈递增趋势。（3）公民受教育年限与其生态环境意识可能存在正相关关系，由图4可知，受教育年限大于6年的公民的生态环境意识呈递增趋势，虽然6年及以下的公民的生态环境意识不是最低，但6年及以下的样本占总体样本的比例仅为3.29%，6年及以下样本的过低占比可能不足以对模型结果产生显著性影响，故公民受教育年限可能正向影响其生态环境意识。（4）公民拥有汽车数量与其生态环境意识不存在正或负相关关系，但仍需从实证角度进行进一步验证。究

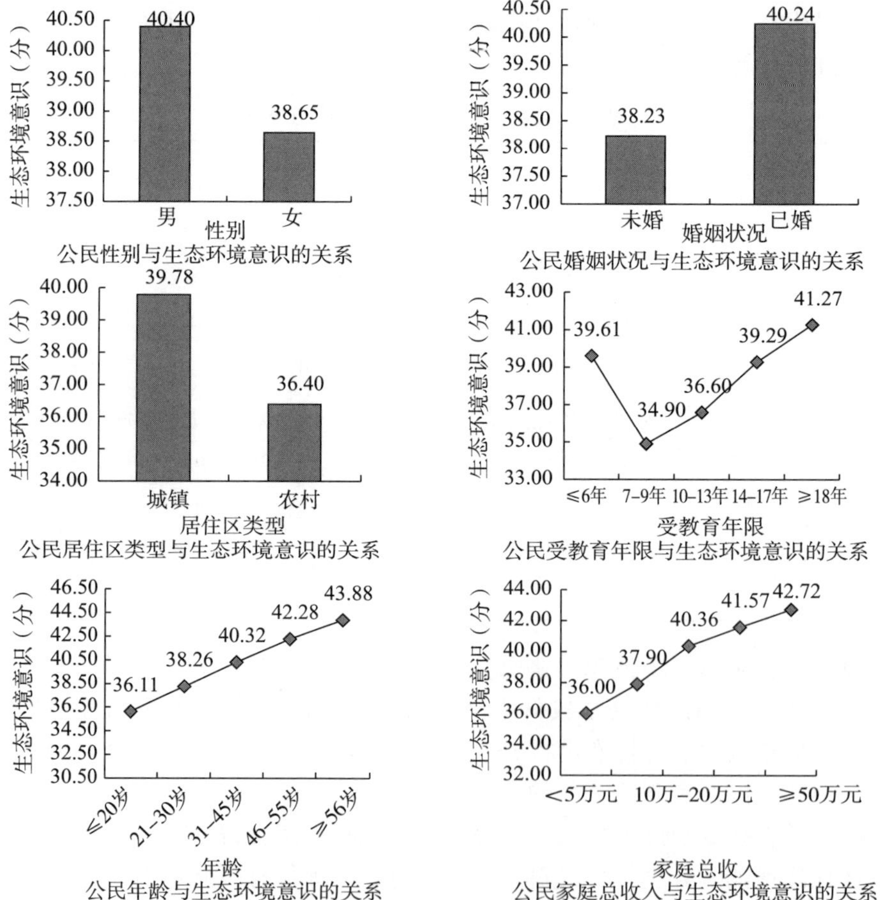

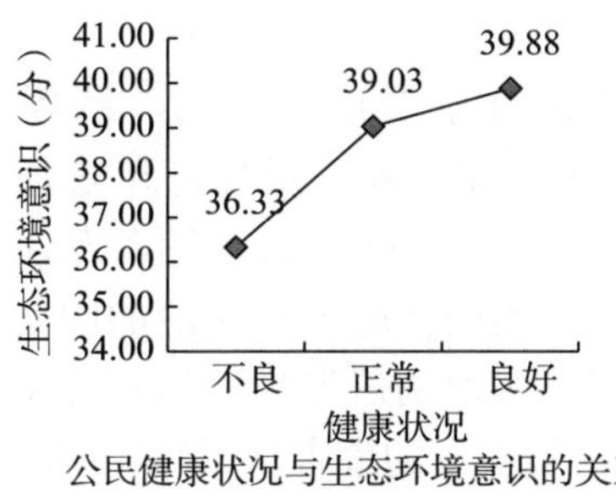

公民健康状况与生态环境意识的关系

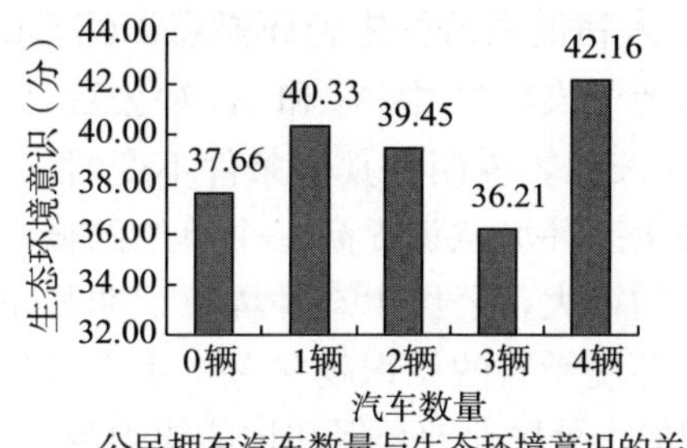

公民拥有汽车数量与生态环境意识的关系

图 1　公民个人、家庭特征与公民生态环境意识综合得分关系

其原因，拥有汽车数量为 4 辆的公民的生态环境意识最高，但调研样本中拥有汽车数量为 4 辆的公民仅有 1 人，故公民拥有汽车数量与其生态环境意识不存在正或负相关关系，可能是由于受教育年限小于或等于 6 年、拥有汽车数量为 4 辆公民的样本偏少造成的，因而不代表二者与公民生态环境意识不存在相关关系，仍需从实证角度进行进一步论证。

（二）公民生态环境意识影响因素的 Tobit 模型和 OLS 模型估计结果

在测算公民生态环境意识综合得分的基础上，本文继而分析与总结了公民个人、家庭特征与其生态环境意识综合得分的关系；那么，公民个人、家庭特征等是否真正影响其生态环境意识？影响程度如何？还需从实证角度进行进一步检验与论证。为此，笔者进而采用不加权重的 Tobit 模型和加权的 OLS 模型对影响公民生态环境意识的主要因素进行识别。由表 4 可知，两种模型估计系数及系数符号完全一致，说明模型估计结论是稳健的；联合概率 P 值均在 1%的显著性水平下显著，说明各解释变量对公民生态环境意识综合得分的作用在总体上具有统计意义。个人、家庭、其他特征对公民生态环境意识的影响及影响程度如表 4 所示。

表 4　实证分析结果

变量 Variable	Tobit 模型		OLS 模型	
	系数 Coefficient	显著性检验 $P>\|t\|$	系数 Coefficient	显著性检验 $P>\|t\|$
X_1	1.524	0.184	1.524	0.188
X_2	0.125**	0.050	0.125**	0.052
X_3	0.321**	0.029	0.321**	0.031
X_4	0.671	0.615	0.671	0.618
X_5	1.551	0.128	1.551	0.131
X_6	0.101*	0.066	0.101*	0.068
X_7	−0.646	0.440	−0.646	0.443
X_8	1.846	0.272	1.846	0.276
X_9	2.339**	0.047	2.339**	0.049
X_{10}	0.065**	0.024	0.065**	0.025
C	20.786	0.000	20.786	0.000
P-value	0.000		0.000	
R^2	0.006		0.048	

注："*""**"分别表示在 10%、5%水平下显著。

1. 个人特征对公民生态环境意识的影响

受访者个人特征中 X_2 和 X_3 对公民生态环境意识有显著正向影响，系数分别为 0.125 和 0.321，表明在其他条件不变时，公民年龄每增加一岁、受教育年限每增加一年，公民生态环境意识提高一个单位的概率分别增加 0.125 和 0.321。笔者发现，随着公民年龄的增大，公民生态环境意识明显呈上升趋势，表明伴随公民年龄的增大，公民对资源与环境矛盾的认识越深刻，生态环境意识越强。实地调研发现，随着公民受教育年限的增加，公民获取环保知识的能力越强，对环境污染引发的危害越了解，用环保行动规范其行为的意识即生态环境意识也就越高，因此，X_2 和 X_3 正向影响公民生态环境意识。X_1、X_4 和 X_5 对公民生态环境意识无显著影响，可能的解释是：男性公民生态环境意识与女性公民的生态环境意识差异不显著；已婚、未婚样本占整个样本的比例为 54.51%和 45.49%，样本分布差异性小，且实地调研发现，公民婚否对其生态环境意识的评价并未呈任何规律；调研样本中健康程度不良的样本占比过低仅为 2.80%，不足以对模型结果产生显著性影响，因此 X_1、X_4 和 X_5 对公民生态环境意识的影响不显著。

2. 家庭特征对公民生态环境意识的影响

家庭特征中 X_6 对公民生态环境意识有显著正向影响，系数为 0.101，表明在其他条件不变时，家庭总收入每增加一万元，公民生态环境意识提高一个单位的概率增加 0.101；公民生态环境意识测算结果显示，家庭总收入中 5 万元以下、5 万～10 万元、10 万～20 万元、20 万～50 万元、大于或等于 50 万元公民的生态环境意识分别为 36.00、37.90、40.36、41.57、42.72，表明公民生态环境意识随家庭总收入的增加呈递增趋势。因此，X_6 正向影响公民生态环境意识。X_7 和 X_8 对公民生态环境意识无显著影响，可能的解释是：拥有汽车数量为 3、4 辆以及居住在农村的公民比例较少，仅为 16.43%和 13.54%，不足以对模型结果产生显著性影响。

3. 其他特征对公民生态环境意识的影响

其他特征中 X_9 和 X_{10} 对公民生态环境意识有显著正向影响，系数分别为 2.339 和 0.065，表明在其他条件不变时，公民购买食品时关注绿色农产品标识、绿色农产品占农产品消费支出的比例每增加 1%，公民生态环境意识提高一个单位的概率分别增加 2.339 和 0.065。随着农业生产中化学要素的大量使用，农业面源污染以及由此带来的对人体健康的危害日趋严重；为构建环境友好型生产方式，绿色农产品生产日益成为人们关注的焦点，绿色农产品已成为市场上“无污染”食品的代名词。公民购买食品时关注绿色农产品标识，表明其购买绿色农产品的可能性越大，对个人健康以及生态环境保护的关注度就越强，因此，X_9 对公民生态环境意识有显著正向影响。面临食品安全与生态环境问题日益突出的严峻形势，绿色农产品生产与消费的发展势头越来越强劲。实地调研发现，绿色农产品占农产品消费支出的比例越高，公民生态环境意识越强，实地调研结果与模型估计结果一致。

四、结论、讨论与启示

面对环境污染严重、生态系统日益退化、资源约束趋紧的严峻形势，公民必须树立尊重、顺应、保护自然的生态文明理念，把生态文明建设放在日益突出的地位，而加快生态文明建设的关键所在则是公民生态环境意识的培育。目前学术界对生态环境意识的研究主要集中于特定职业生态环境意识的培养研究，较少涉及公民生态环境意识尤其公民生态环境意识测评的研究。与刘悦[2]、周景博和邹骥[15]、赵卉卉等从区域角度出发研究公民环境意识的综合评价及其影响因素相比，本文基于820份调研数据，对公民生态环境意识进行测评并对其影响因素进行论证：在评价指标中三级指标的选取上，笔者在前人研究的基础上增加公民对“绿色住宅”的态度指标，使评价指标体系更加全面与科学；在影响因素识别上，交叉分析结果（图1）可与实证分析结果（表4）相互印证，即公民年龄、受教育年限、家庭总收入对其生态环境意识有显著正向影响，冲突之处在于交叉分析中公民生态环境意识受性别、婚姻状况、居住区类型和健康程度影响，而模型分析未通过显著性检验，可能的原因是性别与婚姻状况样本差异不显著、健康程度不良和居住在农村的样本比例过低。综合来看，本文不再局限于特定职业、某一区域和单一评价方法，而是对上述三者进行进一步深化与说明，研究视角的切入、研究区域的范围之广和研究方法的组合运用是对当前公民生态环境意识研究体系的一个有效补充，能够科学评价公民生态环境意识水平。后续研究中，可以加入更多的农村居民和男性样本，以扩大样本容量，使研究结论更具广泛性与代表性。研究结论主要揭示了两点：一是公民生态环境意识综合得分均值仅为39.35分，说明公民生态环境意识总体处于较低水平，与当前中国公民生态环境意识的发展现状基本一致。究其原因，实地调研发现公民对生态环境相关知识的学习仅限于“浅层认识”，在保护环境的道路上并未成为“行动的巨人”。二是年龄、受教育年限、家庭总收入、购买食品时是否关注无公害农产品、绿色食品、有机农产品标识和绿色农产品占农产品消费支出的比例等因素正向影响公民生态环境意识，而性别、婚姻状况、健康程度、拥有汽车数量和居住区类型等因素对公民环境生态环境意识则无显著影响。

综上所述，为强化公民生态环境意识，应重点着眼于以下几方面：

（1）广泛宣传，引领广大公众践行生态环境保护。充分利用电视、媒体、广播等传播途径加大对环保知识的宣传。政府应发挥“看得见的手”的作用，采用宣传标语、环境警示教育牌、宣传手册和开展环保教育培训等环保宣传方式，因时因地地培养和强化公民的生态环境意识，提高其维护公众利益和生态环境的自觉性与责任感，促使他们更加积极地加入到生态环境保护的建设队伍中去。

（2）注重国民环保教育，形成良好的生态环境保护文化氛围。调查结果显示，公民受教育年限越长，其生态环境意识越强，因此应利用各层次各领域国民教育体系加强全民的生态科学知识教育，通过绿色环境教育将低碳、节约、环保等观念牢固树立在公民的意识里，促使公民自觉地践行生态环境保护行为。

（3）对生产进行供给侧结构性改革，满足广大公民的绿色需求。当前，公民对绿色环保产品和服务的需求正在迅速增加，但市场对低碳环保产品和服务的供给尚存在不足，直接影响公民践行低碳环保生活。为此，要积极创造条件，进行供给侧结构性改革，大力发展绿色产业，满足和促进公民的绿色消费需求。

（4）完善政策法规，健全市场主体的行为约束机制。无论是中央还是地方，在平衡经济发展和环保节能方面的政策法律法规体系还存在不足，故要从分析现有政策法律法规的内容和主体着手，查漏补缺，制定新的相关政策和法律法规，让生态环境保护行为有法可依，有章可循。

参 考 文 献

［1］秦书生，王宽，张瑞．胡锦涛可持续发展思想探析［J］．东北大学学报（社会科学版），2013（3）：310-314.

［2］刘悦．贵阳市公众环境意识的总体评价及主要影响因素分析［J］．城市发展研究，2008（5）：100-104.

［3］赵卉卉，王远，王义琛，等．南京市公众环境意识总体评价与影响因素分析［J］．长江流域资源与环境，2012（4）：406-411.

［4］唐学玉，李世平．安全农产品生产户生态环境意识研究——以江苏省321户无公害韭菜种植户为例［J］．生态经济，2012（4）：104-106，117.

［5］田万慧，陈润羊．甘肃省农村居民环境意识影响因素分析——基于年龄、性别、文化水平群体的分析［J］．干旱区资源与环境，2013，27（5）：33-39.

［6］朱江．生态教育与高校学生生态意识的培养［J］．东北师大学报（哲学社会科学版），2013（3）：248-250.

［7］秦永东，欧向军，甄峰．基于熵值法的人居环境质量评价研究——以徐州市为例［J］．城市问题，2008（10）：19-24.

［8］宋言奇．发达地区农民环境意识调查分析——以苏州市714个样本为例［J］．中国农村经济，2010（1）：53-62，73.

［9］李慧．我国公众环境意识相关理论研究综述［J］．生态经济，2013（11）：182-184，188.

［10］刘敬奇，张宝森，王红旗，等．"绿色奥运"对提高北京公众环境意识的影响研究——世界城市环境教育机制与途径的思考［J］．中国人口．资源与环境，2011（S1）：71-74.

［11］塔娜，宁小莉．乌海市生态环境与经济协调发展评价［J］．干旱区资源与环境，2017，5（5）：94-99.

［12］周旗，张盼峰，宋佃星．陕西省公众环境关心现状及其影响因子研究［J］．干旱区资源与环境，2017（2）：1-7.

［13］孙宇彤，王卫东，方思超，等．平原绿化项目实施下的居民环境支付意愿影响因素分析——以北京市为例［J］．林业经济，2014，36（06）：114-118.

［14］乌云花，黄季焜，Scott Rozelle. 水果销售渠道主要影响因素的实证研究［J］．系统工程理论与实践，2009，29（04）：58-66.

［15］周景博，邹骥．北京市公众环境意识的总体评价与影响因素［J］．北京社会科学，2005（2）：128-133.

基于温室气体排放约束下的我国草食畜牧业全要素生产率分析[①]

崔姹　王明利　石自忠

（中国农业科学院农业经济与发展研究所，北京 100081）

摘要：本文将草食牲畜温室气体排放量纳入全要素生产率（TFP）研究体系，以肉羊、肉牛、奶牛等草食牲畜为主要研究对象，引入考虑非期望产出的 SSBM 模型与 GML 指数方法测算了我国 2004—2015 年草食畜牧业 TFP 变动，并与未考虑温室气体排放的 GM 指数进行比较分析。研究表明：温室气体排放对草食畜牧业 TFP 的影响由不显著向显著转变，技术效率作用凸显。各产业 TFP 受温室气体排放制约程度存在差异；奶牛产业 TFP 受温室气体排放影响较为严重，其次为肉牛与肉羊产业。肉羊与奶牛产业 GML 指数较 GM 指数降低主要在于温室气体排放拉低技术效率；而肉牛产业 GML 指数较 GM 指数降低则为温室气体排放阻碍技术进步所致。温室气体排放约束下的地区 TFP 变化与其所处地理位置、气候、日粮结构、饲养量及肉产量（奶产量）密切相关。

关键词：温室气体；草食畜牧业；全要素生产率；SSBM 模型；GML 指数

一、引　　言

随着城镇化进程加快和居民生活水平提高，我国牛羊肉及奶类等草食畜产品已基本实现全民及常年性消费。草食畜牧业作为畜牧业发展的重要组成部分，由于其特殊的瘤胃消化系统及体型特点，肠道发酵、粪便排泄及管理过程中产生的 CH_4、N_2O 气体在非 CO_2 温室气体中比重较大。《中华人民共和国气候变化第二次国家信息通报》将非奶牛、水牛、山羊、绵羊、奶牛和猪作为 CH_4 的关键排放源，2005 年肠道发酵产生的 CH_4 气体排放量为 1 437.9 万吨，占农业 CH_4 排放量的 57.13%；N_2O 排放量为 26.6 万吨，占农业 N_2O 排放量的 28.35%；二者温室效应分别为 CO_2 的 21 倍和 310 倍，草食牲畜排放气体形成的温室效应不容忽视。

全要素生产率增长是新常态经济增长的动力，也是草食畜牧业可持续发展的保障。《全国草食畜牧业发展规划（2016—2020 年）》及近几年中央 1 号文件均提出要大力发

① 本文原载《农业技术经济》2018 年第 3 期。

展草食畜牧业，这为我国草食畜牧业后续发展奠定了基础。需要注意的是，在国家倡导草食畜牧业发展的过程中，温室气体排放作为草食牲畜养殖的内生变量，如不加控制，将成为产业发展的刚性约束，对全要素生产率增长造成不利影响，势必制约草食畜牧业快速发展。

国内关于畜牧业温室气体排放的研究主要集中于排放量估算及影响因素两方面（尚杰 等，2015；陈瑶，2016；谭秋成，2011；胡向东 等，2010；董红敏 等，2008）[1-5]。相关学者通过估算发现，我国畜牧业温室气体 CH_4、N_2O 排放量呈上升趋势，且温室气体排放呈现出区域集中的特征（尚杰 等，2015；胡向东 等，2010）[1][4]。影响畜牧业温室气体排放的外在因素主要包括经济发展水平、自然条件等；内在因素主要涵盖动物种类、饲料特性、饲养方式和粪便管理方式等（陈瑶，2016；尚杰 等，2015）[1][2]。通过提升生产效率或推广秸秆青贮、氨化和日粮合理搭配等技术可降低畜牧业温室气体排放（董红敏 等，2008；谭秋成，2011）[3][5]。

关于畜牧业 TFP 的研究集中于畜牧业整体及生猪、肉羊、肉牛、奶牛等主要产业（滕玉华 等，2016；左永彦 等，2016；梁剑宏 等，2014；樊宏霞 等，2014；易青 等，2014；杨春 等，2013；薛强 等，2012）[6-12]。相关学者通过测算发现，肉羊、肉牛和奶牛 TFP 增长率呈波动下降趋势，技术进步减缓是导致其负增长的主要原因（樊宏霞 等，2014；杨春 等，2013；薛强 等，2012）[9][11][12]。环境约束下畜牧业 TFP 测算涵盖畜牧业粪便污染约束下的宏观及微观视角的研究（左永彦 等，2016；易青 等，2014）[7][10]。随着污染加重，环境 TFP 和传统 TFP 之差越来越大（易青 等，2014）[10]。

全要素生产率测算多运用前沿面分析法，其主要分为参数前沿面分析法和非参数前沿面分析法。易青等（2014）[10]、梁剑宏等（2014）[8] 主要运用前者对畜牧业整体及生猪产业进行分析；非参数前沿面分析法的应用以 DEA 及扩展模型效率测算基础上的 Malmquist 指数法等为主，如滕玉华等（2016）[6]、杨春等（2013）[11] 和薛强（2012）[12] 的研究。

已有研究取得了诸多有价值的成果，但仍存在以下不足。研究视角与内容方面，环境污染约束下 TFP 测算主要集中于畜牧业整体及生猪等具体产业，且环境污染主要指粪便排放污染，对于温室气体排放量较大的草食畜牧业 TFP 测算不足。研究方法方面，参数前沿面分析法将环境污染物作为投入变量建立生产函数进行估算，偏离实际生产情况。非参数前沿法应用较为普遍的 DEA 扩展形式 SBM 模型，构造生产前沿面时以相邻样本为基础，容易造成技术退步假象；且在进行效率测算时，如果某些地区或年份连续出现在前沿面上，普通 SBM 模型难以捕捉效率的变化，容易得出全要素生产率不变的结论，且易出现不可行解的问题（程永毅，2015；Tone，2002）[13-14]。

在国家大力提倡发展草食畜牧业的时代背景下，如不能将气体排放温室效应纳入草食畜牧业 TFP 研究框架，TFP 测算有可能偏离我国草食畜牧业发展的真实绩效，无法反映温室气体排放对草食畜牧业 TFP 的影响程度。鉴于此，本研究将温室气体排放量纳入到草食畜牧业 TFP 研究中，借助对传统生产前沿面及普通 SBM 模型进行改进的全域生产可能性边界、超效率 DEA 模型（简称 SSBM 模型，下同），采用 GML（the Gobal Malmquist-Luenberger）指数方法对 TFP 进行测算，这对于科学合理分析温室气体排放约束下我国草食畜牧业 TFP 变化，制定相关的产业政策具有较强的实践和指导意义。

二、研究方法与数据说明

（一）研究方法

1. 全域生产可能性集及函数

参考 Tone（2004）[15]、Fare 等（2001）[16]的思路，假设投入要素为 x，期望产出为 y^g，非期望产出为 y^b，$x=(x_1,\cdots,x_N)\subset R_N^+, y^g=(y_1^g,\cdots,y_{S_1}^g)\subset R_{S_1}^+$，$y^b=(y_1^b,\cdots,y_{S_2}^b)\subset R_{S_2}^+$。当期生产可能性集 $P^t(x^t)$ 表示为式（1）。

$$P^t(x^t)=(y^{gt},y^{bt}):\left\{\begin{array}{l}\sum_{k=1}^{K} z_k^t y_{ks_1}^{gt} \geqslant y_{s_1}^{gt},\ \forall s_1 \\ \sum_{k=1}^{K} z_k^t y_{ks_2}^{bt} = y_{s_2}^{bt},\ \forall s_2 \\ \sum_{k=1}^{K} z_k^t x_{kn}^t \leqslant x_n^t,\ \forall n \\ \sum_{k=1}^{K} z_k^t = 1, z_k^t \geqslant 0,\ \forall i\end{array}\right\} \tag{1}$$

式中，z_k^t 为构建生产可能性集合时观测值的权重。由于当期可能性集合存在不能构造具有传递性生产率指数的弊端，且存在虚假技术退步效应，因此参考 Oh（2010）[17]的做法，将各类生产可能性集构建全域生产可能性集，表示为 $P^G(x)=P^1(x^1)\cup P^2(x^2)\cup\cdots\cup P^t(x^t)$，其生产可能性边界包含了所有时期的投入产出数据，保持了生产的持续性。在全域生产可能性边界基础上构建全域方向性距离函数并记为 $\overrightarrow{D_0^G}(x^{t,k},y^{g,t,k},y^{b,t,k};y^{g,t,k},-y^{b,t,k})$。通过线性规划求解得到决策单元效率值。

2. SSBM 模型（A super slacks-based measured DEA）

数据包络分析作为效率分析的一种方法，具有无须事先确定函数关系、非主观赋权重值等诸多优点。在实际运用过程中，应用较为普遍的非径向、非导向 SBM 模型存在对同属生产前沿面决策单元无法进行有效区分的弊端。针对上述问题，在运用 SBM 模型计算所有决策单元效率的基础上，Tone（2002）[14]提出了 SSBM 模型，用于评价 SBM 有效的决策单元，弥补了不能将所有有效决策单元效率值计算出来的缺陷。根据 Tone（2002）[14]提出的 SSBM 模型并结合宫大鹏等（2015）[18]的文献，将含有非期望产出的 SSBM 模型表示为式（2）。

$$\delta^*=\min\delta=\frac{1/n\sum_{r=1}^{n}(\overline{x_r}/x_{r0})}{1/(s_1+s_2)(\sum_{s=1}^{s_1}\overline{y_s^g}/y_{s0}^g+\sum_{q=1}^{s_2}\overline{y_q^b}/y_{q0}^b)}$$

$$
\begin{aligned}
\text{s.t. } & \overline{x} \geqslant \sum_{j=1,\neq 0}^{n} x_{ij}\lambda_j \quad i=1,\cdots,n \\
& \overline{y^g} \leqslant \sum_{j=1,\neq 0}^{n} y_{sj}^{g}\lambda_j \quad s=1,\cdots,s_1 \\
& \overline{y^b} \geqslant \sum_{j=1,\neq 0}^{n} y_{qj}^{b}\lambda_j \quad q=1,\cdots,s_2 \\
& \overline{x} \geqslant x_0 \quad \text{and} \quad \overline{y^g} \leqslant y_0^g, \overline{y^b} \geqslant y_0^b \\
& \overline{y^g} \geqslant 0, \quad \lambda \geqslant 0.
\end{aligned} \tag{2}
$$

式中，δ 为目标效率值，$\overline{x_r}$、$\overline{y_s^g}$、$\overline{y_q^b}$ 为当前有效决策单元的最优解，x_{r0}、y_{s0}^g、y_{q0}^b 为被评价的有效决策单元，λ 为权重。

3. GML 指数

经 SBM 与 SSBM 模型测算的为静态效率值，只能反映决策单元在某个时期与生产可能性边界的相对关系。为了更有效地测量温室气体排放约束下草食畜牧业 TFP 变化，本研究在构建全域生产可能性边界测算静态效率值的基础上，根据 Oh（2010）[17]的研究计算 GML 指数（式 3）。

$$
GML_t^{t+1} = \frac{1+\overrightarrow{D_0^G}(x^t, y^{g,t}, y^{b,t}; y^{g,t}, -y^{b,t})}{1+\overrightarrow{D_0^G}(x^{t+1}, y^{g,t+1}, y^{b,t+1}; y^{g,t+1}, -y^{b,t+1})} \tag{3}
$$

GML_t^{t+1} 指数可分解为 $GMLEFFCH_t^{t+1}$ 和 $GMLTECH_t^{t+1}$ 的乘积，即：

$$
GML_t^{t+1} = GMLEFFCH_t^{t+1} \times GMLTECH_t^{t+1} \tag{4}
$$

$$
GMLEFFCH_t^{t+1} = \frac{1+\overrightarrow{D^t}(x^t, y^{g,t}, y^{b,t}; y^{g,t}, -y^{b,t})}{1+\overrightarrow{D^{t+1}}(x^{t+1}, y^{g,t+1}, y^{b,t+1}; y^{g,t+1}, -y^{b,t+1})} \tag{5}
$$

$$
GMLTECH_t^{t+1} = \frac{1+\overrightarrow{D^G}(x^t, y^{g,t}, y^{b,t}; y^{g,t}, -y^{b,t})/(1+\overrightarrow{D^t}(x^t, y^{g,t}, y^{b,t}; y^{g,t}, -y^{b,t})}{1+\overrightarrow{D^G}(x^{t+1}, y^{g,t+1}, y^{b,t+1}; y^{g,t+1}, -y^{b,t+1})/1+\overrightarrow{D^{t+1}}(x^{t+1}, y^{g,t+1}, y^{b,t+1}; y^{g,t+1}, -y^{b,t+1})} \tag{6}
$$

式中，GML 指数表示 TFP 变动情况；$GMLEFFCH_t^{t+1}$ 为全域技术效率变化，表示决策单元从 t 到 $t+1$ 时期向生产前沿面的趋近程度；$GMLTECH_t^{t+1}$ 为全域技术进步变化，表示每个决策单元从 t 到 $t+1$ 时期生产前沿面向全域生产技术前沿面的扩张程度；指数大于 1 表示指标改进，对 TFP 增长有贡献；反之则表示恶化，对 TFP 增长具有阻碍作用。

（二）变量选取

草食畜牧业包括肉羊、肉牛、奶牛、兔、鹅等产业，但肉羊、肉牛和奶牛产业是草食畜牧业发展主体，故本研究选取产业规模较大的肉羊、肉牛及奶牛等三类草食牲畜为研究对象。

1. 投入与产出变量

(1) 投入变量。投入变量①为各产业的仔畜费用②、精饲料费用、青粗饲料费用、人工成本、医疗防疫费用及其他费用③，同易青等（2014）[10]采用的畜牧业人力资本投入、资产存量、饲料工业产值作为投入变量相比，更加贴近生产实际。

(2) 产出变量。期望产出变量以各产业主产品总值表示，非期望产出变量以草食牲畜饲养及粪便排泄过程中产生的 CH_4、N_2O 气体排放量表示。

2. 变量估算方法

(1) 饲养量。我国肉羊、肉牛生产周期均小于 1 年，故饲养量计算适用于公式（7）（IPCC，2006）[19]。

$$AAP = days\_alive \cdot \left(\frac{NAPA}{365}\right) \tag{7}$$

式中，AAP 为年均饲养量，$days\_alive$ 表示生产周期，$NAPA$ 表示每年家畜出栏总量。

由于奶牛饲养周期以 365 天计算，故奶牛饲养量按泌乳牛数量占总存栏量的 60% 计算（冯仰廉 等，2012）[20]，较接近实际情况。

(2) 肠道 CH_4 排放量。为体现不同地区牲畜产奶量或活体重差异，故奶牛近似排放因子选取 0.02 千克 CH_4/千克牛奶（冯仰廉 等，2012）[20]；肉羊、肉牛 CH_4 肠道近似排放因子计算公式基于对 IPCC（2006）[19]肠道排放因子计算公式 1 进行调整所得，见公式（8）：

$$近似排放因子 = [(活体重 / 标准体重)]^{0.75} \cdot 标准体重下排放因子 \tag{8}$$

其中，活体重指动物出栏时实际体重，标准体重指 IPCC（2006）[19]中肠道发酵排放因子测算依据的体重。

(3) 粪便 CH_4 及 N_2O 排放量。粪便管理过程中 CH_4 排放受周边温度影响较大，故本研究根据各地区全年平均温度选择排放因子，见 IPCC（2006）[19]表 10.14～10.15。N_2O 排放包括直接与间接排放，采用联合国粮食及农业组织（FAO）中历年折合排放因子计算。其中，肉羊为 0.01 千克/（年·只），肉牛为 0.65 千克/（年·头），奶牛为 0.35 千克/（年·头）。

(4) CO_2 转换因子。为构建可比性指标体系，将 CH_4 和 N_2O 气体排放量分别依据 FAO 数据库的折算因子 21 和 310 换算为 CO_2 当量。

（三）数据来源

投入及期望产出变量来源于《全国农产品成本收益资料汇编》（2004—2015 年），出栏量来源于《中国畜牧业统计》（2004—2015 年），缺失值按照平均增长率插值得到。为增加可比性，本研究以 2004 年为基期的全国及各地区农业生产资料指数对投入变量

① 投入与产出总量的计算均以散养方式下每头（只）投入产出量乘以饲养量得到。

② 本研究采用泌乳牛数据，由于泌乳牛为生物资产，故选取固定资产折旧值作为其近似值，作为其购买投入费用。

③ 奶牛的其他投入值不包括固定资产折旧。

进行平减；利用全国及地区农产品价格指数对期望产出变量进行平减。计算草食畜牧业总体全要素生产率时，参照朱宁等（2015）[21]研究中平均规模效率的计算方法。

三、结果分析

（一）草食畜牧业总体 TFP 分析

为衡量草食畜牧业温室气体排放对其 TFP 变动的影响，本研究运用 maxdea 软件，在运用 SBM 及 SSBM 模型测算效率的基础上，计算 GML 指数，并与未考虑温室气体排放约束的 GM 指数进行对比分析。如果 GML 指数小于 GM 指数，表示总产值增长率高于非期望产出减少率，非期望产出对其 TFP 变化具有负面影响（Fare，2001[16]）。

草食畜牧业总体 GM 指数、GML 指数及其分解如图 1 所示，指数阶段变化情况如表 1 所示。

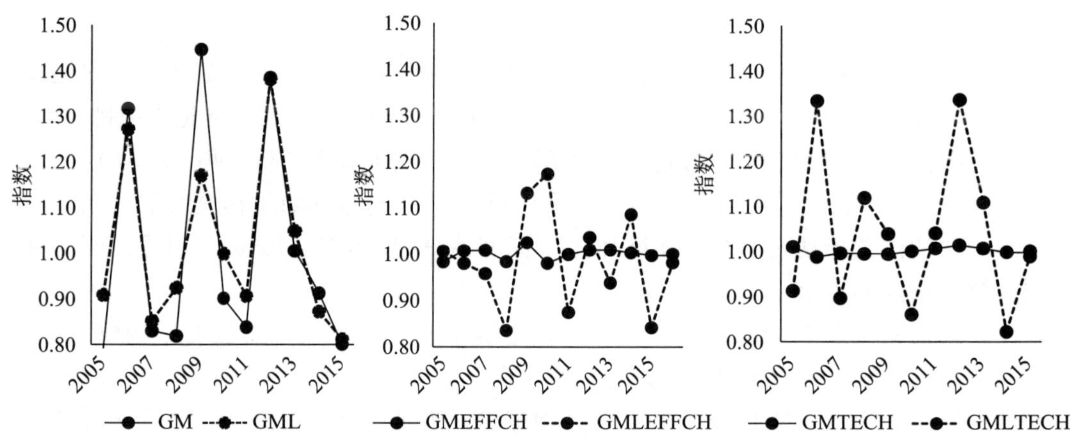

图 1　2004—2015 年草食畜牧业总体 TFP 指数变化及分解图

注：2004 年作为基期，在图中不予显示，下同。

表 1　2004—2015 年草食畜牧业总体阶段 TFP 指数变化及其分解表

年份	未考虑温室气体排放			考虑温室气体排放			差值
	GMEFFCH	GMTECH	GM	GMLEFFCH	GMTECH	GML	（GML－GM）
2004—2007	1.000	0.998	0.952	0.981	1.029	0.994	0.042
2008—2011	0.997	0.999	0.972	0.993	1.010	0.994	0.022
2012—2015	1.005	1.004	1.004	0.971	1.047	1.006	0.002
平均变化值	1.001	1.001	0.978	0.982	1.029	0.999	0.020

就草食畜牧业历年 TFP 变化而言，2006 年、2009 年、2012 年和 2014 年，GML 指数低于 GM 指数，且 2009 年 GML 指数与 GM 指数差值最大，为－0.27。即上述年份温室气体排放量对 TFP 的变化具有负影响，2009 年负影响最大。表明草食牲畜温室

气体排放管理是我国目前较薄弱的环节，尤其是在我国散养户占较大比例的现状下，温室气体排放管理亟待完善。

就 TFP 变动指数分解来看，未加入温室气体排放前，技术效率平均变化率为 1.001，技术进步平均变化率仅为 0.971；加入温室气体排放量后，技术效率平均变化率减至 0.970，技术进步指数变化增大为 1.021。表明温室气体排放量在降低当期投入要素有效配置的同时也促进了技术前沿面的扩展，即促进了先进生产技术的采用及技术创新。

为反映温室气体排放约束下草食畜牧业 TFP 变化的阶段差异性，将 2004—2015 年分为 2004—2007 年、2008—2011 年、2012—2015 年 3 个阶段①。GML 指数与 GM 指数差值从第一阶段的 0.042 持续下降，在第三阶段变为 0.002，差值呈现直线下降趋势，表明随着阶段的发展，温室气体排放制约草食畜牧业发展趋势已较明显，技术进步增长被技术效率下降抵消愈多，技术效率降低是差值不断下降的主要原因。

（二）不同产业 TFP 分析

本部分对温室气体排放约束下不同产业 TFP 变化的差异性分析，意在比较产业 TFP 变化受温室气体排放约束的程度及其发展趋势。

1. 肉羊产业 TFP 分析

肉羊产业历年 TFP 变动及其分解如图 2 所示。GML 指数较 GM 指数降低存在于 2005 年、2007 年、2009 年、2011 年、2013 年和 2015 年；其余年份，虽然 GML 指数较 ML 指数未下降，但二者的差值也日趋变小。说明肉羊产业受外在疫病、市场行情、政策利导以及自身活重变化等因素影响，温室气体排放量对 TFP 变化的影响呈现加重、改善、再加重的趋势，且改善程度逐步下降。

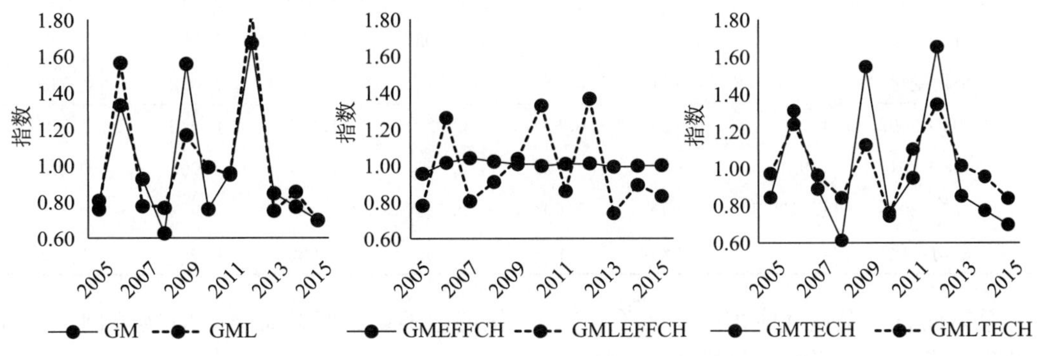

图 2 2004—2015 年肉羊产业 TFP 指数变化及其分解指数图

从分解指数来看，未加温室气体排放约束下，技术效率年均变化为 1.003，增速较缓慢；技术进步年均变化为 0.940，呈现下降的趋势，TFP 变化主要依靠技术效率增长来拉动；加入温室气体排放后，技术效率年均变动下降为 0.959，技术进步变化平均值

① 各产业地区全要素生产率阶段的划分与此相同。

上升为0.998。上述结论说明，温室气体排放量会阻碍规模的扩大，阻止决策单元生产要素配置向生产前沿面的趋近速度，技术效率下降；温室气体排放的增加会促进当期生产可能性边界向全域生产可能性边界的趋近，增加技术进步对全要素生产率的贡献程度，技术进步作用上升；当技术效率下降超过技术进步程度，温室气体排放对肉羊产业全要素生产率变化造成负影响。

从分阶段TFP变化来看（表2），GML指数与GM指数的差值变化呈现倒U形。三阶段温室气体排放对技术效率的影响与GML指数与GM指数差值变化趋势一致，GML指数较GM指数降低的原因主要在于温室气体排放降低了技术效率；而其对技术进步呈现的拉动效应，减轻了其对全要素生产率的负影响。结合饲养量与肉羊活体重的变化来看，三阶段饲养量的平均变化率为－7.32％、－0.65％和2.40％，平均活体重由41.5千克增加到42.88千克，温室气体排放量的变化率为－7.81％、－0.25％和3.23％。可以得出，饲养量和肉羊活重的变化是造成温室气体排放量变化的主要内在因素。

表2　2004—2015年草食畜牧业产业阶段TFP指数变化及其分解表

行业	年份	未考虑温室气体排放			考虑温室气体排放			差值
		GMEFFCH	GMTECH	GM	GMLEFFCH	GMLTECH	GML	(GML－GM)
肉羊	2004—2007	1.002	0.994	0.996	0.925	1.050	0.971	－0.025
	2008—2011	1.008	0.909	0.916	1.018	0.939	0.956	0.040
	2012—2015	1.000	0.933	0.933	0.929	1.022	0.950	0.017
	平均变化	1.003	0.940	0.943	0.959	0.998	0.958	0.015
肉牛	2004—2007	0.988	0.972	0.961	1.054	0.962	1.013	0.053
	2008—2011	1.002	0.946	0.948	1.000	1.016	1.017	0.069
	2012—2015	1.001	1.053	1.055	1.003	1.029	1.033	－0.022
	平均变化	0.998	0.991	0.989	1.016	1.006	1.022	0.033
奶牛	2004—2007	1.010	0.889	0.898	0.920	1.061	0.976	0.079
	2008—2011	0.981	1.052	1.032	0.950	1.057	1.005	－0.027
	2012—2015	1.013	0.991	1.004	0.934	1.062	0.992	－0.013
	平均变化	1.000	0.983	0.983	0.936	1.060	0.992	0.009

总体而言，温室气体排放对肉羊TFP变化产生的影响日趋显著，且随着肉羊产业持续稳定发展，该影响还将进一步加大。

2. 肉牛产业TFP分析

肉牛产业历年TFP变化及其分解如图3所示。GML指数低于GM指数存在于2006年、2009年、2012年、2014年和2015年，温室气体排放对全要素生产率变化造成负影响的年份日趋密集。上述年份中，不考虑温室气体排放约束下，技术效率的平均变化率为1.009，技术进步的平均变化率为1.170，二者均呈现增长趋势；在温室气体排放约束下，技术效率的平均变化率为1.041，2014年、2015年温室气体排放量阻碍决策单元向前沿面的趋近已呈现连续性；技术进步的平均变化率为 0.997，温室气体排放对技术进步形成了阻碍作用，且这种作用大于对技术效率的改善作用。以上说明，温室气体排放对肉牛产业 TFP 的负影响主要来自对技术进步的阻碍；但近两年温室气体排放在阻碍技术进步的同时也拉低技术效率的趋势已经显现。

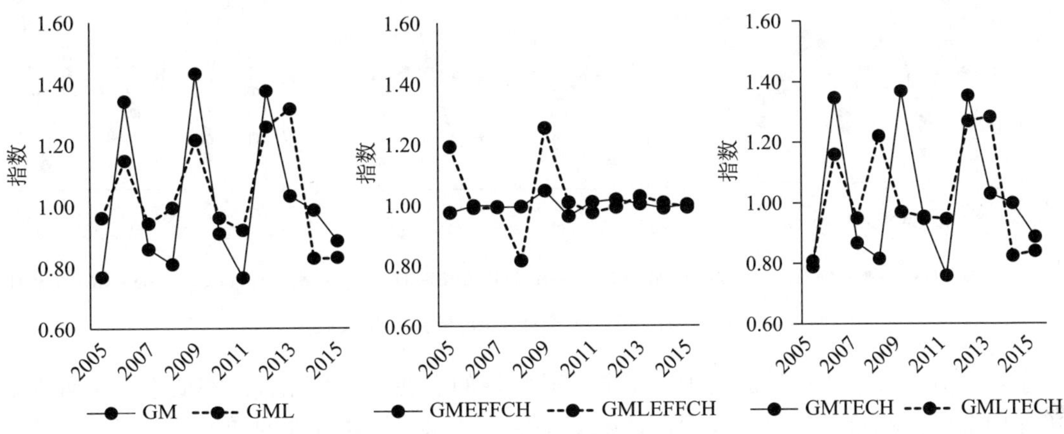

图 3　2004—2015 年肉牛产业 TFP 指数变化及其分解图

从肉牛产业 TFP 阶段变化情况来看（如表 2 所示），GML 指数与 GM 指数差值变化呈现倒 U 形，同肉羊产业一致；但与肉羊产业不同的是，在第三阶段，其温室气体排放已对全要素生产率变化产生负影响，差值为−0.022。温室气体排放对 TFP 变化的阶段作用过程中，其对技术效率的改善作用日趋减弱，对技术进步呈现阻碍—促进—阻碍的发展趋势。结合实际情况来看，在我国农业机械化水平快速提高、农民就业渠道多样化及肉牛养殖成本全面上升的影响下，肉牛饲养量在 2008—2011 年出现阶段性下滑，有利于技术进步作用的发挥。但随着政策利导及外部市场因素的作用，养殖规模扩大与活重增加，温室气体排放约束增强，技术进步受到阻碍，技术效率变化减缓，导致 GML 指数低于 GM 指数。

3. 奶牛产业 TFP 分析

从奶牛产业历年 TFP 变化情况来看（如图 4 所示），GML 指数和 GM 指数变化呈现波动中缓降的趋势。GML 指数低于 GM 指数存在于 2006 年、2008 年、2009 年、2012 年、2013 年和 2014 年，在 GML 指数较 GM 指数低的年份，未加入温室气体排放前，技术效率变化指数为 1.005，技术进步变化指数为 1.133；加入温室气体排放后，技术效率变化指数为 0.930，技术进步变化指数为 1.131。说明技术效率下降是 TFP 降低的主要的原因。

分阶段来看（如表 2 所示），GML 指数与 GM 指数差值变化呈现 U 形，不同于肉羊、肉牛阶段变化趋势，在第二阶段其温室气体排放对全要素生产率负影响已较明显。温室气体排放对全要素生产率变化造成负影响的阶段较多，奶牛产业 TFP 受温室气体排放约束较肉羊、肉牛产业严重。从阶段技术效率和技术进步变化指数来看，奶牛产业在温室气体排放约束下，技术效率逐步恶化，而技术进步变化逐步得到改善，主要原因

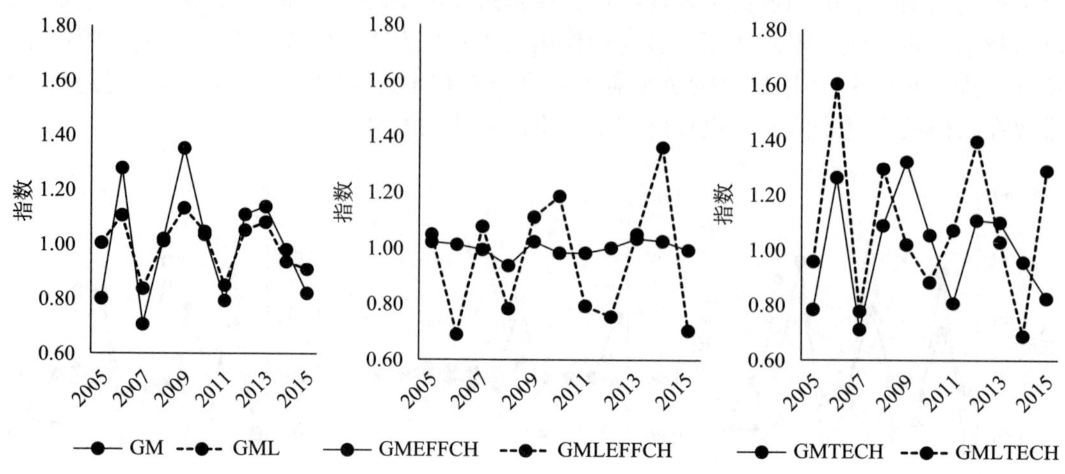

图4　2004—2015年奶牛产业TFP指数变化及其分解图

在于：一方面温室气体排放增加，限制了其规模的发展，生产配置效率低下，阻碍决策单元向前沿面趋近。但另一方面，伴随着奶牛产业温室气体排放的增加，又促进了其新技术的采用，这些技术一方面在一定程度上减少了温室气体排放，同时也可以改进奶质，促进生产效率的提高。

通过以上分析发现，各产业TFP发展受温室气体排放约束的程度各异。奶牛产业TFP受温室气体排放影响较为严重，其次为肉牛和肉羊产业；同未考虑温室气体排放约束相比，肉羊、奶牛产业TFP变化率降低主要在于温室气体排放对其技术效率的拉低；肉牛产业TFP降低主要来自温室气体排放对其技术进步的阻碍。

（三）不同地区TFP分析

不同地区TFP变动基于《全国农产品成本资料收益汇编》（2004—2015年）各产业省份地区进行分析，并根据地区所处优势产区进行归总分析其变化原因①，以反映不同产业地区之间TFP变化的异同点及发展趋势。

1. 肉羊产业地区TFP分析

根据GML指数与GM指数差值，温室气体排放对TFP影响由大到小的顺序为：新疆、山东、黑龙江、河南、陕西。按照所归属优势产区分析如下：

位于西北优势产区的为新疆和陕西。新疆为传统肉羊生产区，适宜养殖地区较广，环境承载力较强，从20世纪80年代起，其羊肉产量一直位居全国前十位，较陕西饲养量大。新疆、陕西两地区GML指数与GM指数差值平均为0.001和0.030②。分阶段看，新疆地区三阶段差值呈现U形，2008—2011年第二阶段温室气体排放量对TFP呈现负影响，差值为−0.054；而陕西呈现相反的变化趋势，温室气体排放量与TFP变动

① 根据全国肉羊优势区域布局规划（2008—2015）、全国肉牛优势区域布局规划（2008—2015）、全国奶牛优势区域布局规划（2008—2015）进行归总。

② 由于资料的限制，未能将地区绿植对温室气体排放的吸附能力考虑在内，下同。

暂处于阶段协调发展的态势，但随着 2011 年国务院《关于促进牧区又好又快发展的若干意见》及《陕西省肉牛肉羊产业发展规划（2014—2020 年）》的出台，肉羊产业的发展壮大将越来越受温室气体排放的制约。位于中原优势产区的为山东和河南，两地均为农区，羊肉产量均一直居于全国前十位。但山东羊肉产量自 80 年代起多数年份位于河南之前，饲养量较河南大，故山东肉羊产业温室气体排放量对 TFP 变动产生的负影响较河南大。从 GML 指数与 GM 指数差值得出，山东省第一、三阶段均出现了负值，分别为－0.012 和－0.015；河南省三阶段均为正，但差值总趋势基本趋于减小，分别为 0.045、0.017 和 0.021。位于中东部农牧交错带优势产区的为黑龙江省，肉羊产业不断发展，2009 年，其羊肉产量已经居于全国前十位。GML 指数与 GM 指数差为 0.067、－0.005、－0.003，温室气体排放对全要素生产率的负影响在第二、三阶段显现。

总体来看，位于各产区的肉羊生产省份，由于所处地理位置、气候、饲养量及日粮结构各异，各地区 GML 指数与 GM 指数差值呈现不同的变化趋势。西北优势产区的新疆和陕西，由于二者饲养量相差较大，第二阶段呈现出相反的变化趋势；而位于农区的山东省和河南省，温室气体排放对山东省 TFP 影响较大。位于中东部农牧交错带优势产区的黑龙江省呈现直线下滑的趋势。

2. 肉牛产业地区 TFP 分析

从肉牛产业 GML 指数与 GM 指数差值来看，温室气体排放对 TFP 影响由大到小的顺序为：陕西、新疆、宁夏、黑龙江、河南。按照其所属优势产区分析如下：

陕西、新疆和宁夏[①]位于西北优势产区。陕西三阶段 GML 指数与 GM 指数的差值分别为－0.028、0.008 和 0.009，新疆较陕西、宁夏肉牛饲养量大，GML 指数与 GM 指数三阶段的差值分别为－0.003、－0.007 和 0.006。宁夏地区三阶段差值为 0.004、－0.007 和 0.038，相对于其他产肉量较大的省份，其第二阶段 TFP 受影响较大。可能的原因在于：其饲养量从 2004 年的 27.69 万头增加到 2015 年的 54.96 万头，饲养量一直在增加，呈现了与其他地区不同的变化趋势。中原优势产区以河南为代表。河南地区作为肉牛的主产区，牛肉产量一直居于全国前列。分阶段看，其差值分别为 0.046、0.022 和 0.013。黑龙江位于东北优势产区，GML 指数与 GM 指数差值变化趋势为－0.044、0.059 和 0.033。

综合来看，第一阶段，位于西北优势产区的 3 省份和位于东北优势产区的黑龙江省温室气体排放对 TFP 的变动为负影响；第二阶段，除新疆和宁夏地区外温室气体排放对 TFP 变化均为正影响，表明这一阶段温室气体排放与全要素生产率关系较协调；新疆、陕西及宁夏地区在第三阶段开始有所改善，而其他两个优势产区温室气体对全要素生产率的影响虽然为正，但较第二阶段下降，尤其是河南呈现阶段性直线下降的趋势。温室气体排放约束下的肉牛 TFP 变化阶段性、区域性特征明显。

3. 奶牛产业地区 TFP 分析

从奶牛发展地区 GML 指数与 GM 指数差值来看，温室气体排放对 TFP 影响由大

① 陕西、宁夏两地区各有两县归于西北优势产区。

到小依次排序为河南、新疆、吉林、山东、陕西、内蒙古、山西和广西。

吉林、内蒙古位于东北奶牛优势产区。吉林在第一和第三阶段 TFP 变化都受到温室气体排放影响后降低，内蒙古温室气体排放对 TFP 变化影响较小。可能的原因在于：自 2004—2015 年，内蒙古适宜养殖地区较广，但其奶牛饲养量仅从 131.64 万头增加到 138.74 万头，饲养量增长缓慢，且其奶牛年单产从 2004 年的 5 737.3 千克持续下降到 2014 年的 4 625 千克[①]，低于全国平均水平。河南、山东、山西为华北奶牛优势产区。河南三阶段差值为 0.008、0.000 和−0.003，奶牛产业温室气体排放对全要素生产率的约束逐步加重；山东和山西三阶段差值都为正，且呈现逐渐好转的趋势，可能的原因在于：2004—2015 年，3 省份牛奶产量年均增长率分别为 11.5%、3.91%和 2.95%，奶量增长较快的地区，温室气体排放量对 TFP 影响日趋严重。新疆、陕西为西北奶牛优势产区。新疆三阶段差值的变化为−0.057、0.067 和−0.004，陕西为 0.036、0.016 和 0.005，两地区逐渐呈现温室气体排放影响加大的趋势。新疆较陕西更明显，原因在于新疆产奶量虽然较陕西低，但其饲养量较大。广西为非奶牛优势产区，属亚热带季风气候区。三阶段差值为 0.049、−0.013 和 0.043，在第二阶段温室气体排放对其全要素生产率影响较为严重。

就奶牛产业地区 TFP 分析来看，不同地区因产奶量、饲养量等的不同，TFP 变动受温室气体排放约束程度存在差异。位于东北优势产区的吉林和位于西北奶牛优势产区的新疆第一阶段 GML 差值与 GM 差值为负；第二阶段除广西外，差值为正，不同地区存在差异较大；第三阶段差值为负的省份为吉林、新疆、河南。除河南呈现直线下降外，其他省份呈现倒 U 形的发展趋势。

综合 3 个主要产业地区 TFP 变化情况，温室气体排放对全要素生产率的影响呈现地区阶段差异性，与所处地区地理位置、气候、饲养量、饲喂结构及肉产量（奶产量）有密不可分的关系。如何在保证产肉量（产奶量）的基础上，减少温室气体排放对全要素生产率的影响，是亟须深思的问题。

四、研究结论及政策建议

（一）研究结论

本研究通过对温室气体排放约束下的全要素生产率变化的分析，结论如下：

从草食畜牧业整体来看，温室气体排放降低技术效率的速度加快，促进技术进步提升缓慢；温室气体排放制约草食畜牧业发展趋势愈来愈明显；技术效率下降是其主要原因。

从各产业发展来看，各产业 TFP 受温室气体排放的制约程度差异性显著，温室气体排放对 TFP 变化产生负影响的大小依次为奶牛、肉牛和肉羊。与未考虑温室气体排放的 TFP 相比，肉羊产业和奶牛产业 GML 指数较 GM 指数降低主要原因在于温室气体排放拉低技术效率；而肉牛产业 GML 指数较 GM 指数降低则为温室气体排放阻碍技

---

① 因 2015 年没有内蒙古地区统计数据，故用 2014 年数据代替。

术进步所致。

温室气体排放约束下，优势产区全要素生产率变化程度各异，与所处地理位置、气候、饲养量、日粮结构及肉产量（奶产量）有密切关系。地区受温室气体排放影响由大到小的顺序排列为：肉羊产业为新疆、山东、黑龙江、河南和陕西；肉牛产业为陕西、新疆、宁夏、黑龙江和河南；奶牛产业为河南、新疆、吉林、山东、陕西、内蒙古、山西和广西。

（二）政策建议

1. 完善消费及流通环节，引导正确饲喂方式

从尚杰等（2015）研究得知，食用精饲料后气体排放潜力较大，这是影响 TFP 变化的因素之一。据笔者调研草食牲畜主产区得知，养殖户为了提高出栏活重和出栏率，日粮结构仍以饲喂精饲料为主，草料为辅，过多添加精饲料进行强饲养，导致肉质不佳，而在市场流通过程中，肉质差别在市场出售的过程中难以辨别，市场价格基本一致。建议依据消费者品尝肉类及奶类评价品质基础上建立质量管理体系，完善优质优价的市场流通体制，从消费及流通环节引导农户采取健康绿色饲喂方式，调整青贮草、粗饲料与精饲料的比例，降低温室气体排放量。

2. 因地制宜，加快技术研发推广

相关部门应因地制宜，根据不同地区所处地理位置及气候条件，联合当地农业高校及农业科技研发推广部门，根据草食畜牧业不同产业的发展需要，从饲料添加、配比及提高单产上加快技术研发，降低温室气体排放；采取相应的补贴措施增加草食畜优质草粉、草颗粒、青贮草在养殖场（户）的使用比例，建立试点，加强示范带动效应，使养殖户逐步接受或认可健康的饲喂方式。

3. 降低成本，提高资源配置效率

思想上，政府及相关部门应以讲座、培训及观摩学习等形式，使养殖场（户）逐步接受先进的经营管理理念，改变其传统的养殖观念；养殖过程中，相关部门应采用奖励或补贴措施促进养殖场（户）对新技术的应用，提升经营管理水平，降低养殖成本，提高资源配置效率；在粪污处理中应推广有机肥发酵等处理方式，改变其传统的堆放方式，实现低碳草食畜牧业与养殖效益提升的协调发展。

（三）进一步研究方向

饲草转化率及绿植对气体排放的吸附能力也是影响草食牲畜气体排放的重要因素，因数据资料的限制，本研究在计算草食牲畜气体排放量时，未能将上述因素考虑在内，这是本研究的不足之处，也是笔者将要进一步研究的方向。

参　考　文　献

[1] 尚杰，杨果，于法稳．中国农业温室气体排放量测算及影响因素研究 [J]. 中国生态农业学报，2015，23 (3)：354-364.

[2] 陈瑶．基于 DEA 的我国区域畜牧业温室气体排放效率评价研究 [J]. 黑龙江畜牧兽医，2016

(8)：41-44.
[3] 谭秋成．中国农业温室气体排放：现状与挑战［J］．中国人口．资源与环境，2011，21（10）：69-75.
[4] 胡向东，王济民．中国畜禽温室气体排放量估算［J］．农业工程学报，2010，26（10）：247-252.
[5] 董红敏，李玉娥，陶秀萍，等．中国农业源温室气体排放与减排技术对策［J］．农业工程学报，2008，24（10）：269-273.
[6] 滕玉华，刘长进，刘小春．中国大规模生猪养殖全要素生产率变化及其收敛性研究［J］．农林经济管理学报，2016，15（2）：198-203.
[7] 左永彦，彭珏，封永刚．环境约束下规模生猪养殖的全要素生产率研究［J］．2016（9）：37-43.
[8] 梁剑宏，刘清泉．我国生猪生产规模报酬与全要素生产率［J］．农业技术经济，2014（8）：44-52.
[9] 樊宏霞，薛强，余雪杰．基于DEA_Malmquist的肉羊散养方式全要素生产率研究［J］．黑龙江畜牧兽医，2014（4）：1-3.
[10] 易青，李秉龙，耿宁．基于环境修正的中国畜牧业全要素生产率分析［J］．中国人口、资源与环境，2014，171（s3）：121-125.
[11] 杨春，王明利．基于Malmquist指数的农户肉牛养殖全要素生产率研究［J］．农业经济与管理，2013（3）：69-89.
[12] 薛强，乔光华，樊宏霞，等．基于Malmquist指数的家庭奶牛饲养全要素生产率研究［J］．农业现代化研究，2012，33（4）：440-442，460.
[13] 程永毅．生产率增长、资源节约与污染减排——2001—2012年中国经济增长质量研究［D］．浙江大学，2015.
[14] Tone K. A Slack-based Measure of Super-efficiency in Data Envelopment Analysis. European Journal of Operational Research［J］，2002，143（1）：32-41.
[15] Tone K. Dealing with Undesirable Outputs in DEA：A Slacks-based Measure（SBM）Approach［J］．日本オペレーションズ・リサーチ学会春季研究発表会アブストラク集，2004：44-45.
[16] Fare R. Accounting for Air Pollution Emissions in Measures of State Manufacturing Productivity Growth. Journal of Regional Science［J］，2001，41（3）：381-409.
[17] Oh D H. A Global Malmquist-Luenberger Productivity Index［J］．Journal of Productivity Analysis，2010，34（3）：183-197.
[18] 宫大鹏，赵涛，慈兆程，等．基于超效率SBM的中国省际工业化石能源效率评价及影响因素分析［J］．环境科学学报，2015，35（2）：585-595.
[19] IPCC（2006）．2006 IPCC Guidelines for National Greenhouse Gas Inventories Volume 4：Agriculture，Forestry and Other Land Use［R］．Geneva，Switzerland.
[20] 冯仰廉，李胜利，赵广永，等．牛甲烷排放量的估测［J］．动物营养学报，2012，24（1）：1-7.
[21] 朱宁，秦富．畜禽规模养殖场环境效率与环境全要素生产率分析——以蛋鸡为例［J］．农业技术经济，2015（9）：86-98.

气候变化与生产经营活动对草地退化影响的实证研究①

马梅[1,2]　乔光华[1,2]

（1. 内蒙古农业大学经济管理学院，呼和浩特 010019；
2. 内蒙古自治区教育厅畜牧业经济重点研究基地，呼和浩特 010019）

摘要： 近年来，草地退化一直是中国生态环境保护中备受关注的问题，而厘清其影响因素对治理草地退化问题具有重大现实意义。鉴于此，本文以锡林郭勒盟牧区为例，利用 NOAA/HAVRR NDVI 与 MODIS NDVI 遥感数据，估计得到其 1981—2013 年的植被覆盖度，并根据草地退化国家标准，计算草地退化指数作为衡量草地质量状况的指标，将其与气候要素、生产经营活动方面的数据作为面板数据，实证研究气候变化与生产经营活动对草地退化的影响。研究结果表明：①气候条件的变化对草地退化影响极显著。其中，夏季降水量与草地退化指数负相关，且在其他条件不变的情况下，夏季降水量每增加 100 毫米，草地退化指数下降 0.53；草地退化指数会随着夏季平均气温的升高而增加，气温每上升 1℃，草地退化指数上升 0.052 8。②生产经营活动中的非农经营活动是草地退化的主要影响因素之一，尤其以工矿业的开采为主。③农业生产经营活动中的畜牧业生产是草地退化的另一主要影响因素，草地载畜量越多，草地退化状况越严重，而且载畜量每上升 1%，草地退化指数将会增加 0.182 2。对此，应加强智慧气象信息网络平台建设与气候变化的科学研究，开展持久深入的草地生态系统与气候变化的响应研究，建立草地生态系统与气候变化的适应性机制；应对现有草地生态补偿机制从法律上确定其合法性与长效性，确保草地生态保护补助奖励机制在控制草地载畜量以及缓解和改善草地生态功能的长治久效，并不断进行草地政策的创新研究，以实现草地载畜量的严格控制；建立草地开发利用管理制度，尤其要加强草原工矿业管理和限制新增草原工矿业，以工矿业与草地生态系统包容性发展为终极目标，实现草地生态系统保护与矿产资源开发双赢的局面。

关键词： 草地退化指数；气候变化；生产经营活动；锡林郭勒草原

---

① 作者简介：马梅，博士，讲师，主要研究领域为农牧业经济管理及草原生态经济研究。E-mail：mandymam@126. com。

通讯作者：乔光华，博士，教授，博导，主要从事农牧业经济管理及草原生态经济学研究。E-mail：qiao_imau@126. com。

基金项目：内蒙古自然基金项目面上项目“草地退化的影响因素研究：以锡林郭勒盟为例”（批准号：2016MS0724）；国家社会科学基金“草原生态治理条件下的牧民收入倍增计划：现状、途径和政策”（批准号：13XJG019）。

草地退化研究已成为国内外学术界的热点问题。草地退化问题不仅威胁到人类的生存环境，而且也威胁到当地草地畜牧业的生产与牧民生计[1]。草地退化是由全球性气候变化与生产经营活动的双重影响所致[2,3]，分析甄别这两类因素对草地退化的影响及其贡献率，对实现生态、社会、经济的和谐发展及草地资源的可持续利用具有重要意义。

近几十年来，众多学者对草地退化进行了大量研究。从已有文献来看，对草地退化的研究主要集中在草地退化的状况[4-6]及草地退化的驱动因素两个方面[7-9]。关于草地退化状况的研究又主要集中于草地退化的时空特征[10,11]，关于草地退化驱动因素的研究文献中，大多数研究从自然气候因素[12,13]或社会经济因素[14]两个方面独立研究，也有文献从自然气候与社会经济双重因素进行研究，但仅采用定性或描述性统计分析的方法[15]。也有文献采用计量经济这种定量研究的方法，但仅局限于小尺度范围内的研究[16]，或只能关注自然气候变化与人类活动的综合作用，无法具体识别对草地退化影响较大的气候和人为因素[17]，或虽能成功识别影响草地退化中影响较大的气候和人为因素，但只能采用几个时点上的草地普查资料整理后的数据作为参数来进行研究[3]，难免出现偏差。

鉴于此，本文拟采用锡林郭勒盟（以下简称为锡盟）牧区植被 NDVI 遥感数据，大尺度地监测草地植被盖度的变化情况，计算草地退化指数作为衡量草地退化状况的参数。中国北方干旱、半干旱草原区作为气候变化的敏感区和生态脆弱区，气候变化已经并将继续影响该区域植被的生长[18-20]。同时，生产经营活动中的农业生产经营与非农业生产经营活动是对草地退化极其重要的两类人为驱动因素[21-23]。其中在牧区，农业生产经营活动中主要包括种植业生产和放牧畜牧业生产，非农生产经营活动则是如矿产开采、交通运输等经济活动。在长期不利的气候变化和过度的生产经营等活动作用下，出现草地退化的局面[2,3]。将生态学与经济学相结合的跨学科研究方法，可系统、科学地甄别哪些因素是草地退化的主要驱动因素？而且，这些主要驱动因素对草地退化的贡献率分别有多大？这一跨学科的综合性分析更符合实际，能为析出更切实可行的解决草地退化的路径与措施提供依据。

一、模型设定与指标计算及数据来源

（一）模型建立

在研究草地退化驱动因素的问题时，需要了解和掌握影响草地退化的关键因素，以便采取相应措施，有效地保护和改善草地退化的局面。在众多的驱动因素中寻求关键驱动因素是一个非常复杂的问题，本文采用多元线性回归模型实证研究各驱动因素对草地退化的影响程度，反映被解释变量与解释变量之间的关系，适用于长面板数据。草地退化指数是一个无量纲指标，为了研究草地退化驱动因素对草地退化指数的弹性影响，本文将农业、非农业经营活动变量对数化处理后代入到多元线性回归方程中进行回归分析。具体模型如下：

$$GDI_{it} = \alpha_0 + \alpha_1 \ln alstock_{it} + \alpha_2 \ln apland_{it} + \alpha_3 \ln anonGDP_{it} + \alpha_4 st_{it} + \alpha_5 sp_{it} + \mu_i$$

上式中，i 表示旗（市）；t 表示年份，为 1981—2013 年；被解释变量为草地退化指数（*GDI*），草地退化指数的计算不仅要已知草地退化的面积，而且还要求提供草地退化不同等级方面的信息，因此，能较全面地反映草地退化的状况；解释变量包括农业与非农生产经营活动，其中，牧区的农业生产经营活动主要包括草地畜牧业与种植业，这两类农业生产经营活动在土地资源的利用上具有竞争关系，因此，选择这两类指标代表农业生产经营活动。以往的研究采用单位草地面积上的年末牲畜存栏量替代草地畜牧业的生产经营情况[3]，这样处理可能产生内生性问题，所以，本文采用单位可利用草地面积上的牲畜（主要指牛、绵羊和山羊）折算为羊只的年初承载量（*alstock*）来替代草地畜牧业生产经营活动；采用人均耕地面积（*apland*）替代种植业生产经营活动，此变量在文中主要考察由于草地开垦对草地产生的影响；非农经营活动采用人均非农GDP来替代（*anonGDP*），在文中，此指标不仅指代工矿业的生产，而且还指代交通运输业等第三产业的生产活动；在气候因素的选择上，通过计算草地退化指数与不同时间尺度气候因素的相关系数，结果表明，草地退化指数与夏季气候要素的相关性比其他时间尺度气候因素的均高，并且夏季是草地植被的旺盛生长期和成熟期，该时期的气候条件是草地植被产草量高低的关键因子[24]。另外，夏季是包括放牧在内的多种经济活动强度最大的季节，是决定草地退化的关键性时期，因此，本文选择夏季降水量（*sp*）与夏季平均气温（*st*）作为气候因素的解释变量；μ 所指为回归误差，即随机扰动项。

（二）指标度量、数据来源与变量选取

由于数据可获得性的限制，本文以锡盟的阿巴嘎旗、锡林浩特市、苏尼特左旗、苏尼特右旗（为了保证数据的可比性，苏尼特右旗包括二连浩特市）、东乌珠穆沁旗、西乌珠穆沁旗、镶黄旗、正蓝旗和正镶白旗等9个纯牧业旗和太仆寺旗1个半农半牧旗作为研究区域，使用锡盟10个牧区旗（市）1981—2013年的面板数据，所用面板数据源于以下3个途径：

1. 草地退化指数（GDI）的测定

本文的核心任务是实证研究影响草地退化的驱动因素，因此，用什么指标来衡量草地的退化状况十分重要。从大量的研究文献看，利用遥感测量方法对大面积区域的植被指数进行提取和监测，采用植被像元二分模型反演植被覆盖度，并以1981—1985年最大草地植被盖度作为“基准”，依据草地退化监测的国家标准（GB19377—2003）以及李博（1997）[25]的文献，在定量确定草地退化评价的基础上，计算研究区草地退化指数，将其作为实证研究草地退化驱动因素的关键、且重要的参数。

（1）NOAA/AVHRR NDVI和MODIS NDVI的空间尺度转化。采用系统抽样法，在2001年的NOAA/AVHRR NDVI与MODIS NDVI遥感影像上分别抽取研究样本，抽样间距为2千米（500米分辨率的MODIS NDVI已重采样为2千米，以实现与NOAA/AVHRR NDVI的分辨率相同，2千米的抽样间距保证所抽取样本不重复），用该方法在NOAA/AVHRR和MODIS年最大合成NDVI影像上抽样，分别抽取1 000对样本，对年最大NOAA/AVHRR NDVI和MODIS NDVI数据关系进行分析，并据此建立NOAA/AVHRR NDVI向MODIS NDVI进行尺度上推的线性转化模型。

（2）植被盖度的计算。研究表明，F_v 与归一化植被指数NDVI之间存在着极显著

直线相关关系[26,27]。在遥感监测植被盖度中，通常利用植被盖度与 NDVI 之间关系估算区域植被盖度[28,29]，其计算公式如下：

$$F_v = \frac{NDVI - NDVI_{soil}}{NDVI_{veg} - NDVI_{soil}} \times 100\% \tag{1}$$

式（1）中：F_v 为植被盖度，$NDVI$ 为要计算像元的植被指数；$NDVI_{soil}$ 为像元内无植被覆盖的纯土壤 $NDVI$ 值；$NDVI_{veg}$ 为完全由植被覆盖的像元 $NDVI$ 值。

（3）锡林郭勒盟草地退化遥感监测和评价指标体系的建立。《天然草地退化、沙化、盐渍化分级指标》（GB19377—2003）中规定了天然草地退化的级别和指标等标准[30]。参照国家标准中评定退化草地的依据：用 20 世纪 80 年代初的监测区域相同草地类型的未退化草地植被特征与地表、土壤状况为基准[31]。本文参照实际研究数据的获取情况，主要采用植被覆盖度这一重要指标来表示草地退化[32]。以研究区 1981—1985 年的草地最大植被盖度作为未退化草地植被盖度的“基准”。采用李博（1997）[25]的退化等级划分方法，将草地退化等级划分为 4 级：未退化、轻度退化、中度退化、重度退化，并确定了草地退化的遥感监测和评价指标、标准以及等级划分方法和评分（表 1）。

表 1　锡林郭勒草地退化遥感监测与评价指标、标准以及等级划分方法

草地退化等级	草地退化评分	草地退化等级划分方法
未退化	1	草地植被覆盖度达到未退化草地植被覆盖度的 80%以上
轻度退化	2	草地植被覆盖度达到未退化草地植被覆盖度的 65%～80%
中度退化	3	草地植被覆盖度达到未退化草地植被覆盖度的 40%～65%
重度退化	4	草地植被覆盖度达到未退化草地植被覆盖度的 40%以下

在草地退化等级划分的基础上，采用草地退化指数（Grassland Degradation Index，简称 GDI）来表示锡林郭勒草原地区草地退化状况。草地退化指数的具体计算公式如下：

$$GDI = (\sum_{i=1}^{4} \lambda_i \times A_i)/A \tag{2}$$

式（2）中：GDI 代表草地退化指数；$i = 1,2,3,4$ 分别代表未退化、轻度、中度、重度退化草地；λ_i 代表草地退化等级为 i 的评分；A_i 代表草地退化等级为 i 的分布面积；A 为锡林郭勒草原或其不同区域的草地总面积。

遥感数据由中国农业科学院提供，1981—2001 年锡盟牧区分辨率为 2 千米的年最大 NOAA/AVHRR 月合成 NDVI 产品，2001—2013 年 MODIS 地表反射率产品（MOD09A1）[32]，数据下载自美国 NASA 的 EOS 数据中心，其时间分辨率为 8 天，每月 4 景，空间分辨率 500 米，并且数据均已经过辐射矫正、云体掩膜、大气矫正等处理[33,34]，此数据经空间重采样后，处理成与 NOAA/AVHRR NDVI 空间分辨率相匹配（2 千米）的数据。在 ARCGIS10. 2 软件的支持下，采用空间尺度转化的方法，将锡盟牧区 1981—2000 年 NOAA/AVHRRR MODIS 匹配到 MODIS NDVI，利用处理后的数据，在 ARCGIS10. 2 和 ENVI4. 8 软件的支持下，采用植被像元二分法，反演锡盟牧区 1981—2013 年的植被盖度状况，并采用决策树的分级方法，获取由植被盖度反映的草地退化数据，并计算研究区 1981—2013 年逐年的草地退化指数。

2. 生产经营指标

生产经营指标主要选取单位草地羊单位年初承载量（以下简称为载畜量）、人均耕地面积和人均非农 GDP 3 个指标，其中，草地承载量是由羊单位年初存栏量除以可利用草地面积计算所得，主要用来客观反映草地放牧压力的指标。研究期内，锡盟牧区的牲畜主要由牛、绵羊、山羊构成，占比最小为 91.80%，占比最大为 99.25%。因此，本文采用牛、绵羊、山羊的折算羊单位计算单位草地的载畜量。人均耕地面积是衡量农业中种植业发展规模的指标，在本文主要反映草地开垦的状况。人均非农 GDP 按可比价格计算并剔除通货膨胀对其的影响，将 1981 年的消费价格指数设为 1，对人均非农 GDP 进行数据处理，将处理后的人均非农 GDP 作为衡量第二、第三产业发展状况的指标，在本文主要反映矿产开采及交通运输等非农经济活动情况。

人口数量、耕地面积和第二、三产业产值来源于《锡林郭勒盟统计调查资料汇编》（1947—2011 年）和《内蒙古统计年鉴》（2001—2014 年），人均耕地面积及人均非农 GDP 分别由前面的 3 个指标计算所得；牛、绵羊和山羊数量来源于《内蒙古畜牧业统计资料》（1949—2000 年）和《内蒙古统计年鉴》（2001—2014 年）。锡盟牧区旗（市）草地面积在研究期内一直处于波动变化，然而研究期内连续年份的草地面积无从获取，因此，用 2010 年内蒙古第五次草地资源普查的可利用草地面积作为研究期不变的可利用草地面积，计算牧区各旗（市）草地载畜量，虽然结果存在偏差，但具有一定的依据和可操作性。

3. 夏季降水量和夏季平均气温

夏季降水量和夏季平均气温的气象数据来源于锡盟气象局提供的 6 个基本气象站和一般气象站，以及从中国气象科学数据共享服务网下载获取的 9 个国家基准气候站共 15 个气象站点 1981—2013 年逐月平均气温及月降水量数据计算所得。

（三）数据的统计性描述

为了消除异方差，同时为与本文的计量模型保持一致，对草地载畜量、人均耕地面积、人均非农 GDP 进行了对数化处理。变量的定义及描述性统计如表 2 所示。

表 2　变量的定义及描述性统计

变量	代码	单位	均值	标准差	最小值	最大值	样本数
草地退化指数	*GDI*	—	1.92	0.71	1.01	3.94	330
草地载畜量*	ln*alstock*	只/公顷	4.25	0.65	3.02	5.62	330
人均耕地面积	ln*apland*	公顷/人	6.50	1.40	1.97	8.50	330
人均非农 GDP	ln*anonGDP*	元/人	6.94	1.56	4.44	10.29	330
夏季降水量	*sp*	毫米	186.23	75.39	48.70	447.50	330
夏季平均气温	*st*	℃	19.44	1.69	16.00	23.97	330

*：牛按 1∶5 折算羊只。

二、锡盟牧区草地退化指数、气候变化与生产经营活动的变化

（一）锡盟牧区旗（市）草地退化指数变化特征

整个研究时段内，研究区西部地区草地退化指数及其变化规律与其他地区有所不同（图1）。西部地区草地退化较为严重，其草地退化指数的多年平均值为2.22，草地处于中度退化等级；1981—2000年，该区平均草地退化指数在波动变化中呈增加趋势，平均草地退化指数增长近52.29%；2001—2010年，该区平均草地退化指数较高，2002年达到最高值（为3.69），之后逐渐减少，从2001年的2.90减少到2010年的2.33，平均草地退化指数减少0.57，下降幅度为19.66%；2011—2013年，西部地区平均草地退化指数为1.64，2013年的平均草地退化指数比2011年减少了0.91，下降幅度达到40.63%；因此，近几年研究区西部地区的草地状况不断好转。

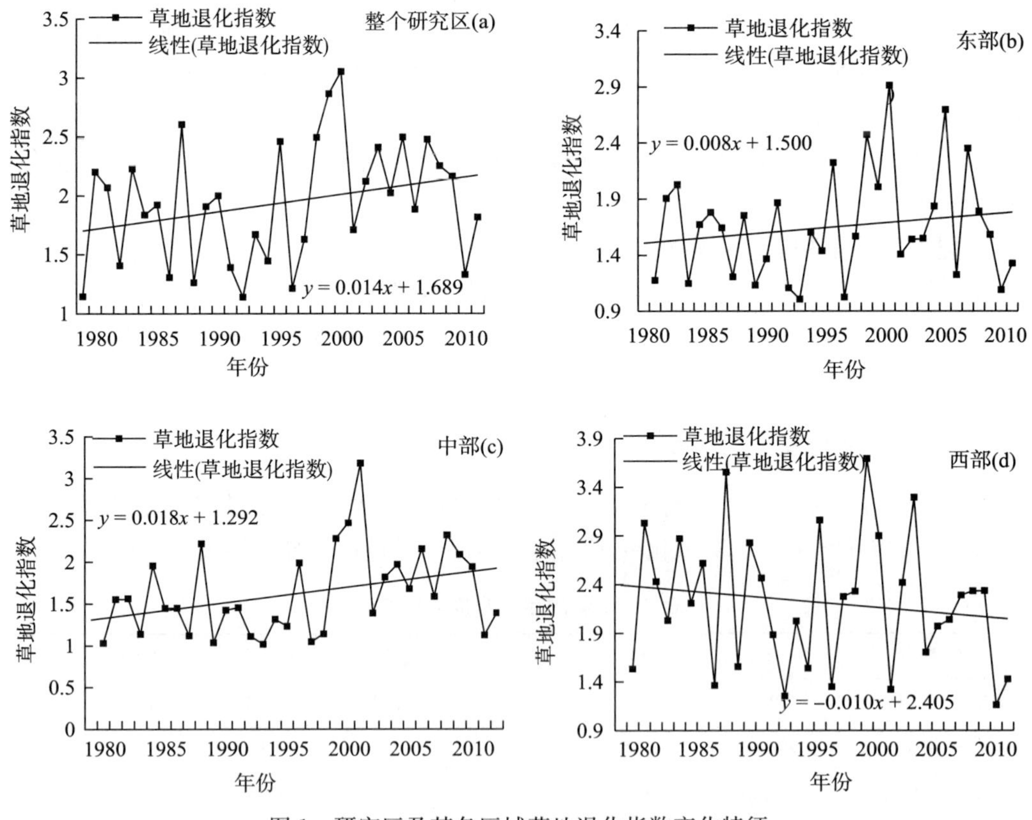

图1 研究区及其各区域草地退化指数变化特征

研究区东、中部地区与西部地区相比，草地状况优于西部地区，其草地退化指数多年平均值分别为1.63和1.65，草地均处于轻度退化等级。1981—2013年，研究区中部的草地退化程度最严重，草地退化指数由1.45上升为1.77，增长幅度为22.07%；研

究区东部草地退化指数的增幅为 10.13%。但分时段来看，1981—2000 年，研究区东、中部地区的草地退化指数呈现上升趋势，增幅分别为 18.2%和 49.66%，在此期间，中部地区的草地退化剧烈；2001—2013 年，研究区东、中部地区的草地退化指数呈下降趋势，下降幅度分别为 18.06%和 13.3%。因此，中部地区草地退化剧烈，年际变化较大。

（二）从 1981 年以来生产经营活动与气候等因素的变动

生产经营活动中，草地载畜量与人均非农 GDP 均不断上升，人均耕地面积有微弱下降趋势。如图 2 所示，研究期内，草地载畜量总体呈上升态势，草地载畜量 1981 年为 39.35 只/公顷，2002 年达到顶点，为 81.67 只/公顷，之后开始不断下降，2013 年降为 48.86 只/公顷，总体看，研究期内草地载畜量先升后降，总体呈上升态势。人均耕地面积呈现升—降—升波动变化，总体呈下降态势，1981 年与 1999 年最高，为 0.22 公顷/人，2013 年为 0.19 公顷/人，2013 年比 1981 年下降了 18.18%，由此可说明，在研究期内草地开垦行为可能对草地破坏程度有限。由图 3 所示，人均非农 GDP 呈显著上升态势，从 1981 年的 167.82 元/人增加为 2013 年的 13 626.96 元/人，约增长 80 倍，显然，矿产资源开发及交通运输发展等非农生产经营活动对草地退化产生积极影响。

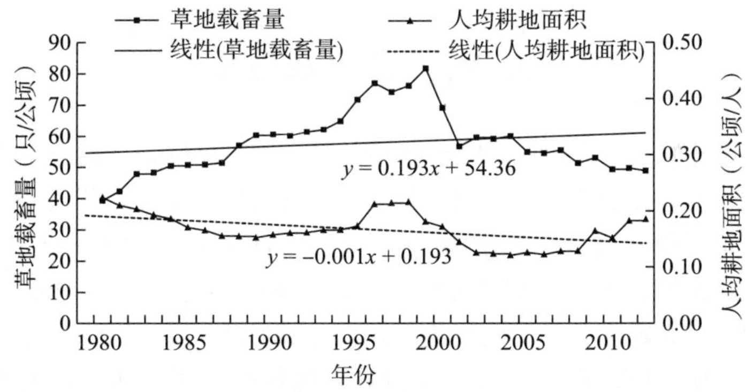

图 2　1981—2013 年锡盟牧区年初草地载畜量与人均耕地面积

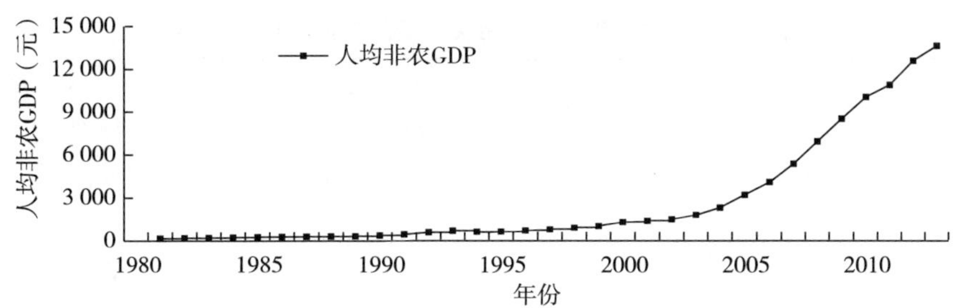

图 3　1981—2013 年锡盟牧区人均非农 GDP

注：人均非农 GDP 已按可比价格、$CPI_{1981}=1$ 进行处理。

如图4所示，1981—2013年，研究区夏季降水量年际间波动变化明显，且长期趋于下降态势，平均每年减少1.71毫米，研究期内约下降56.43毫米，下降趋势较显著。夏季平均气温在研究期内上升幅度大，平均每年上升0.06℃，研究期内约上升2.06℃。因此，研究区在研究期内夏季气候条件呈干旱化，平均气温上升与降水量下降均较显著，这可能对草地退化有较大推动作用。

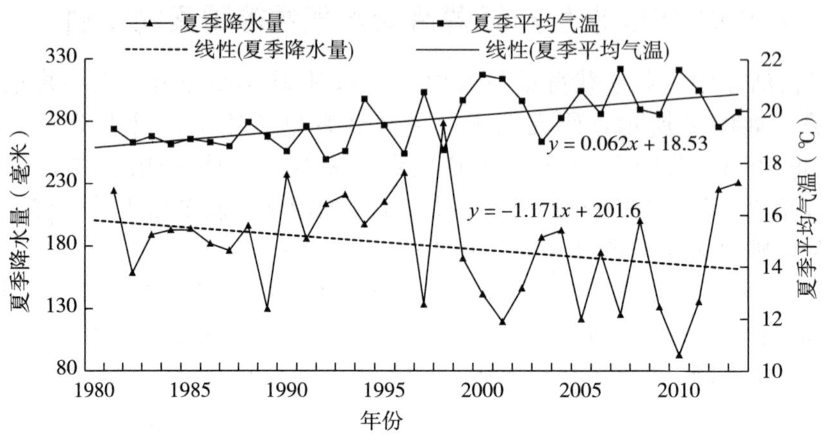

图4　1981—2013年锡盟牧区夏季降水量与平均气温

三、实证结果及分析

为考察草地退化指数（*GDI*）与变量ln*alstock*、ln*apland*、ln*anonGDP*、*sp*、*st*之间的长期关系，本文采用锡盟10个牧区旗（市）1981—2013年相关变量的面板数据。为避免面板数据非平稳而造成伪回归现象，首先对面板数据进行单位根检验（表3），部分相关变量不能拒绝存在单位根的原假设；而对相关变量一阶差分值进行检验时，所有相关变量在1%的显著性水平上均拒绝单位根过程的存在，表明相关变量是非同阶单整数列。然后，运用STATA12.0计量分析软件进行线性回归估计，根据估计系数的结果，分析ln*alstock*、ln*apland*、ln*anonGDP*、*sp*、*st*等变量对草地退化指数的影响程度。经过豪斯曼检验，确定模型应采用随机效应模型。

表3　锡盟牧区旗（市）相关变量的单位根检验结果

变量	LLC检验		IPS检验		Fisher检验	
	含常数项和趋势项		含常数项和趋势项		含常数项和趋势项	
	水平值	一阶差分	水平值	一阶差分	水平值	一阶差分
GDI	−20.400 (0.000 0)	−22.334 (0.000 0)	−6.296 (0.000 0)	−6.716 (0.000 0)	201.498 (0.000 0)	321.058 (0.000 0)
ln*alstock*	−6.009 (0.007 1)	−1 760 (0.000 0)	−2.085 (0.002 1)	−4.259 (0.000 0)	34.294 (0.024 2)	144.790 (0.000 0)

（续）

变量	LLC 检验		IPS 检验		Fisher 检验	
	含常数项和趋势项		含常数项和趋势项		含常数项和趋势项	
	水平值	一阶差分	水平值	一阶差分	水平值	一阶差分
ln*apland*	−3.838 (0.347 6)	−13.936 (0.000 0)	−1.487 (0.551 0)	−4.216 (0.000 0)	24.513 (0.220 7)	110.965 (0.000 0)
ln*anonGDP*	−2.933 (0.924 0)	−12.237 (0.000 0)	−1.129 (0.922 0)	−3.829 (0.000 0)	0.248 8 (1.000 0)	68.574 (0.000 0)
sp	−19.400 (0.000 0)	−22.407 (0.000 0)	−5.990 (0.000 0)	−6.722 (0.000 0)	292.670 (0.000 0)	328.057 (0.000 0)
st	−16.871 (0.000 0)	−21.783 (0.000 0)	−5.203 (0.000 0)	−6.537 (0.000 0)	128.568 (0.000 0)	463.703 (0.000 0)

注：表中（　）内的数据为 *P* 值。

估计结果见表 4，草地载畜量的估计系数为正，且通过了 1%水平上的显著性检验，说明草地载畜量越多，草地退化指数越高，即草地退化程度越严重。而且，草地载畜量每上升 1%，草地退化指数将会增加 0.182 2，说明草地载畜量是造成草地退化的主要关键因素。

表 4　面板数据的随机效应方程回归估计结果

变量	回归系数	标准误	*T* 量	*P* 值
GDI				
ln*alstock*	0.182 2***	0.051 5	3.54	0.000
ln*apland*	0.025 6	0.026 8	0.95	0.340
ln*anonGDP*	0.114 1***	0.022 0	5.17	0.000
sp	−0.005 3***	0.000 7	−7.16	0.000
st	0.052 8***	0.019 0	2.78	0.005
常数项	0.149 1	0.488 0	0.31	0.760
观测值	330			
Chi2（5）	1 503.5			
Prob>Chi2	0.000 0			

注：（1）对草地载畜量、人均耕地面积以及人均非农 GDP 分别取对数是为消除数据的非正态性及分别获取其对草地退化指数的弹性影响；（2）***表示 1%的显著水平。

文中用人均耕地面积考察草地开垦对草地退化的影响，人均耕地面积（即草地开垦面积）越多，草地退化指数会越高，这可能与农田灌溉对地下水的超采及草地开垦为农田等行为而影响草地退化指数有关，但其影响未通过10%水平的显著性检验。可能由于锡盟牧区在研究期内人均耕地面积变化不大，并且耕地面积占农用地（包括草地与耕地）面积比重非常小（研究期内锡盟耕地最高年份占农用地比例不及1.5%）所致。

文中用人均非农GDP衡量矿产资源的开采与交通运输业等非农经营活动对草地退化的影响，人均非农GDP在回归方程中的回归系数为0.114 1，且在1%的显著性水平上对草地退化指数产生正向影响，而且其每上升1%，草地退化指数将会增加0.114 1。这说明在研究区以矿产开发及交通运输业为主的非农经营活动对草地退化影响显著。

从夏季降水量对草地退化指数的影响看，在其他条件不变的情况下，研究区夏季降水量每增加100毫米，草地退化指数将下降0.53，且通过了1%的显著性水平。并且估计结果降水量系数的 $|t|$ 值最大，说明降水量是影响草地退化指数最关键的因素。从夏季平均气温对草地退化指数的影响看，其在1%的显著性水平上对草地退化指数产生正向影响。而且，气温每上升1℃，草地退化指数上升0.052 8，是影响草地退化的重要因素。

对估计模型进行多重共线性与异方差检验，模型不存在较强的多重共线性，也不存在异方差性，估计结果有效。

四、结论与建议

为寻求抑制和治理草地退化的路径与措施提供科学依据，对草地退化驱动因素的实证研究十分必要。基于此，本文采用锡盟10个牧区旗（市）1981—2013年的面板数据，对影响草地退化的直接驱动因素进行了实证研究。结果显示：(1) 夏季降水量的多寡是决定草地质量状况的关键因素之一；夏季平均气温升高会使草地退化指数增加，导致草地退化严重。全球变暖与气候干旱对陆地生态系统的胁迫，被认为是造成草地退化的重要因素。(2) 单位草地载畜量越多，草地退化越严重，即草地载畜量是草地退化的主要因素之一[35-37]。(3) 非农经济活动对草地退化有显著的推动作用，由于矿产资源的不合理开采及草原交通运输对草地的碾压破坏等非农经营活动，草地生态系统遭到了严重破坏，导致草地退化。

根据以上研究结论提出以下政策措施：(1) 对于气候变化对草地退化的显著影响作用，可通过加强智慧气象信息网络平台建设与气候变化的科学研究，开展持久深入的草地生态系统与气候变化的响应研究，为草地生态系统的健康发展提供足够的理论与实证支持。(2) 针对农业生产经营活动中畜牧业生产即草地载畜量对草地退化的显著影响，应严格控制草地载畜量。2000年之后中国执行的草畜平衡、禁牧等，以及2011年开始实施的草地生态保护奖励补助机制等旨在控制草地上放牧数量的政策对控制牲畜数量起到了显著作用，使得草地生态系统不断恢复和改善。因此，为实现草地生态保护补助奖励机制在控制草地载畜量以及其对保障草地生态功能的长治久效，应从法律上确定草地生态补偿机制的合法性与长效性，并根据不同时期的实际情况，不断进行草地政策的创新研究。另外，为了析出更多影响草地载畜量的实证研究也具有重要意义。(3) 建立草地开发利用管理制度，尤其要加强草原工矿业管理和限制新增草原工矿业，应从源头上控制工矿企业数量，加强工矿企业的生产管理，坚持“在保护中生产，在生产中保护”的工矿企业生产管理与草原生态系统保护的原则，从重审批向重管理、重监督转变，将草原生态系统保护与矿业勘查开发等工作科学、有效、和谐地结合起来，对现有工矿企业强化监管，从严从紧审批新增工矿企业，以工矿业与草地生态系统包容性发展为终极目标，实现草地生态系统保护与矿产资源开发双赢的局面。

参 考 文 献

[1] 尚占环，龙瑞军，马玉寿．江河源区“黑土滩”退化草地特征、危害及治理思路探讨 [J]. 中国草地学报，2006，28 (1)：69-74.

[2] 赵志平，吴晓莆，李果，等．青海三江源区果洛藏族自治州草地退化成因分析 [J]. 生态学报，2013，33 (20)：6577-6586.

[3] 王云霞，修长柏，曹建民．气候因子与过度放牧在内蒙古牧区草地退化演变中的作用 [J]. 农业技术经济，2015 (8)：112-117.

[4] 艳燕，阿拉腾图雅，胡云锋，等．1975—2009 年锡林郭勒盟东部地区草地退化态势及其空间格局分析 [J]. 地球信息科学学报，2011，13 (4)：549-555.

[5] 巴图娜存，胡云锋，艳燕，等．1970 年代以来锡林郭勒盟草地资源空间分布格局的变化 [J]. 资源科学，2012，34 (6)：1017-1023.

[6] 杜际增，王根绪，李元寿. 近 45 年长江黄河源区高寒草地退化特征及成因分析 [J]. 草业学报，2015，24 (6)：5-15.

[7] 师华定，周锡饮，孟凡浩，等．30 年来蒙古国和内蒙古的 LUCC 区域分异 [J]. 地球信息科学学报，2013，15 (5)：719-725.

[8] Xu M，Xie F，Wang K. Effects of Grazing Intensity on Semi-Arid Grasslands of Northern China [J]. Plos One，2014，9 (5)：1-9.

[9] Kosmas C，Detsis V，Karamesouti M，et al. Exploring ong-term inpact of grazing management on land degradation in the Socio-Ecological system of Asteroussia Mountains [J]. Greece. Land，2015 (4)：541-559.

[10] 郭泺，杜世宏，薛达元，等．长江源区土地覆盖变化与草地退化格局的时空分异 [J]. 应用生态学报，2012 (5)：1219-1225.

[11] 骆成凤，许长军，游浩妍，等．2000—2010 年青海湖流域草地退化状况时空分析 [J]. 生态学报，2013 (14)：4450-4459.

[12] 褚林，黄翀，刘高焕，等．2000—2010 年黄河源玛曲高寒湿地生态格局变化 [J]. 地球科学进展，2014，33 (3)：326-335.

[13] Li Z，Ma W，Liang C et al. Long-term vegetation dynamics driven by climatic variations in the Inner Mongolia grassland：findings from 30-year monitoring [J]. Landscape Ecology，2015，30 (9)：1701-1711.

[14] 张翀，李强，李忠峰．三江源地区人类活动对植被覆盖的影响 [J]. 中国人口·资源与环境，2014，24 (5)：139-144.

[15] 郑伟，朱进忠．新疆草地荒漠化过程及驱动因素分析 [J]. 草业科学，2012，29 (9)：1340-1351.

[16] 周华坤，赵新全，周立，等．层次分析法在江河源区高寒草地退化研究中的应用 [J]. 资源科学，2005，27 (4)：63-70.

［17］臧淑英，那晓东，李雁，等．大庆地区草地退化驱动机制分析［J］．北京林业大学学报，2007，29（2）：217-221.

［18］Charney J G. Dynamics of deserts and drought in the Sahel［J］． Quarterly Journal of the Royal Meteorological Society，1975（101）：193-202.

［19］李飞，赵军，赵传燕，等．中国干旱半干旱区潜在植被演替［J］．生态学报，2011，31（3）：689-697.

［20］Li Z，Ma W，Liang C，et al. Long-term vegetation dynamics driven by climatic variations in the Inner Mongolia grassland：findings from 30-year monitoring［J］． Landscape Ecology，2015，30（9）：1701-1711.

［21］姜晔，毕晓丽，黄建辉，等．内蒙古锡林河流域植被退化的格局及驱动力分析［J］．植物生态学报，2010，34（10）：1132-1141.

［22］Min-yun Xu，Fan Xie，Kun Wang. Effects of Grazing Intensity on Semi-Arid Grasslands of Northern China［J］． Plos One，2014，9（5）：1-9.

［23］Li N，Yan C Z，Xie J L. Remote sensing monitoring recentrapid increase of coal mining activity of an important energy base innorthern China，a case study of Mu Us Sandy Land［J］． Resources，Conservation and Recycling，2015，94（1）：129-135.

［24］戴声佩，张勃，王强，等．祁连山草地植被 NDVI 变化及其对气温降水的旬响应特征［J］．资源科学，2010，32（9）：1769-1776.

［25］李博．中国北方草原退化及其防治［J］．中国农业科学，1997，30（6）：1-9.

［26］Purevdorj T，Tateishi R，Ishiyama T，et al. Relationships between percent vegetation cover and vegetation indices.［J］． Remote sensing，1998，19（18）：3519-3535.

［27］Leprieur C，Kerr Y H，Mastorchio S，et al. Monitoring vegetation cover across semi-arid regions：comparison of remote observations from various scales［J］． Remote Sensing，2000，21（2）：281-300.

［28］Wittich K P，Hansing O. Area-averaged vegetative cover fraction estimated from satellite data.［J］． International Journal of Biometereology，1995，38：209-215.

［29］陈云浩，李晓兵，史培军，等．北京海淀区植被覆盖的遥感动态研究［J］．植物生态学报，2001，25（5）：588-593.

［30］中华人民共和国国家质量监督检验检疫总局．天然草地退化、沙化、盐渍化化的分级指标：GB19377—2003［S］．北京：中国标准出版社，2003.

［31］张镱锂，刘林山，摆万奇，等．黄河源地区草地退化空间特征［J］．地理学报，2006，61（1）：3-14.

［32］Eric Vermote-NASA GSFC，MODAPS SIPS-NASA. MOD09A1 MODIS and the Terra Surface Reflectance 8-Day L3 Global 500m SIN Grid V006［DS/OL］．［2018-11-19］．https：//modis. gsfc. nasu. gov/data/dataprod/mod09. php. DOI：10.5067/MODIS/ MOD09A1.006

［33］Land processes distributed active archive center，NASA，USGS science for a changing world. Vegetation Indices 16-Days L3 Global 250m（MOD13Q1）［EB/OL］．［2008-11-19］．htt-ps//lpdaac. usgs. gov/lpdaac/products/modis _ products _ table/vegetation _ indices/16 _ day _ l3 _ global _ 250m/v5/terra.

［34］Land processes distributed active archive center，NASA，USGS science for a changing world. Surface Reflectance 8-Day L3 Global 500m（MOD09A1）［EB/OL］．［2008-11-19］．https// lpdaac. usgs. gov/lpdaac/products/modis _ products _ table/surface _ reflectance/8 _ day _ l3 _ global _

500m/v5/terra.

[35] 李政海，鲍雅静，王海梅，等．锡林郭勒盟草原荒漠化状况及原因分析 [J]. 生态环境，2008，17 (6)：2312-2318.

[36] 李政海，鲍雅静，张靖，等．内蒙古草原退化状况及驱动因素对比分析——以锡林郭勒草原与呼伦贝尔草原为研究区域 [J]. 大连民族学院学报，2015，17 (1)：1-5.

[37] 王关区．中国草原退化加剧的深层次原因探析 [J]. 内蒙古社会科学（汉文版），2006，27 (4)：1-6.

中国农业生产水环境承载力、布局及优化建议①

郑微微

（江苏省农业科学院，南京 210014）

摘要：基于污染排放视角评价农业生产水环境承载力，对合理规划农业生产新格局、实现可持续发展意义重大。利用中国2006—2014年七大农区24省份统计数据，采用过剩氮和水盈余方法测算农业生产水环境承载力及其污染风险，并据此提出我国农业生产力布局的优化方案及相关对策建议。得出：目前我国水资源总量能够承载农业生产总量，但其环境警报值不断向污染威胁临界值逼近，并且存在显著的区域差异；东北平原、长江流域和华南绝大部分地区的农业生产在环境承载力范围内，可适当增加农业生产规模；汾渭平原和河套灌区的农业生产对环境存在略微的污染风险，应加强污染物质消减措施；甘肃、新疆和黄淮海平原的农业生产严重超出环境承载力，污染风险最为严重，应强制实行生产总量控制与污染消减措施。同时，还可以从减排技术、农牧循环体系、作物耕作制度、节水技术及政策法规等方面入手，全面提高农业生产水环境承载力。

关键词：农业生产；水资源；环境承载力；布局

改革开放以来，中国农业经济取得了巨大增长，但该增长是以环境损失为代价的，产生了大量的农业面源污染[1]。据第一次全国污染源普查资料显示，我国农业面源污染已远超过工业与生活源污染，成为污染源之首。主要表现为，畜禽养殖粪便的不合理排放、种植业农药和化肥等农用物资的不合理和过量施用，使氮素和磷素等营养物质、农药及其他有机或无机污染物质，在降水或灌溉过程中通过农田地表径流、壤中流、农田排水和地下渗漏进入水体，进而引起地表和地下水环境的污染[2-4]。农业面源污染已成为水环境污染的主要来源之一[5]。《2014年中国环境状况公报》显示，全国废水中COD排放总量为2 294.6万吨，其中农业源排放占48.08%；NH_3-N排放总量为238.5万吨，其中农业源排放占31.66%。事实上，水环境对农业生产污染物具有一定的净化能力，但在一定时间内，该净化能力是有限的。区域农业生产应该符合该地区水环境承载能力，其农业生产密度应不超过该地区水环境的最大承载能力。农业部《关于进一步调整优化农业结构的指导意见》明确指出，农业生产新格局当与资源环境承载能力相匹

① 本文原载于《中国农业资源与区划》2017第5期。

配。因此，对农业生产水环境承载能力进行科学评价是构建农业生产新格局，实现农业可持续发展的前提和基础。

目前，关于水环境承载力的研究主要集中在两个方面：一是对水资源承载力状况的判断，主要通过灰色关联度（聚类）分析法、模糊评价法及主成分分析法等方法构建水资源承载力评价指标体系，综合评价水资源、社会、经济及生态环境对水资源承载力的影响[6-10]。二是对水资源承载规模的判断，通常采用常规趋势法、系统动力学方法及多目标决策分析法等计算在一定条件下的最大可承载规模[11-14]。但以上研究较少考虑环境污染对水资源承载力的影响[15]。而随着环境污染问题被不断重视，这将不断扩大对水资源承载力的预测误差。因此，本文从农业面源污染出发，以扣除各业生产用水后的水盈余量对农业面源污染的负荷作为农业生产水环境承载力的评价指标，重新评价我国农业生产的水环境承载力，并据此提出我国农业布局的优化方向及相应的政策建议，为加强农业可持续发展能力建设提供依据。

一、研究方法与数据来源

（一）研究方法

1. 农业面源污染衡量

根据曲劳（Truog）养分平衡法理论，当进入农业生产系统的氮（磷）素，包括畜禽粪便中的氮（磷）素和化学肥料中的氮（磷）素，及土壤本身蓄积的氮（磷）素超过了作物需要时，就会发生养分冗余问题，该养分冗余便是导致水体富营养化污染的主要原因。本文参考张晖等（2009）[16]的研究成果，以冗余的氮素为例来计算农业面源污染排放，称之为过剩氮，具体计算公式如下：

$$N_{surplus} = N_{animal} + N_{CF} + N_{land} - N_{crop} \tag{1}$$

式中，N_{animal} 、N_{CF} 、N_{land} 、N_{crop} 分别为牲畜粪肥中的含氮量，化肥中的含氮量，土壤的蓄积氮量及作物的氮素需求量。N_{animal} 、N_{CF} 、N_{land} 、N_{crop} 的计算公式如下：

$$N_{animal} = \sum_i \alpha_i X_i \tag{2}$$

$$N_{CF} = \sum_j \beta_j Y_j \tag{3}$$

$$N_{land} = \sum_k \gamma_k Z_k \tag{4}$$

$$N_{crop} = \sum_k \delta_k W_k \tag{5}$$

式中，α_i 、β_j 、γ_k 、δ_k 分别为 i 种畜禽的粪肥含氮系数，j 种化肥的含氮系数，k 种作物土壤中的氮蓄积系数及 k 种作物的耗氮系数，X_i 、Y_j 、Z_k 、W_k 分别为 i 种畜禽的饲养量，j 种化肥的使用量，k 种作物的播种面积及 k 种作物的产量。出于数据可获得性的考虑，本文计算的畜禽品种包括猪、牛、羊和家禽，化肥以总化肥使用量及平均含氮系数表示，作物品种包括谷物、豆类等粮食作物、棉花、油料、麻类、蔬菜及瓜果等。

2. 水盈余量测算

水盈余量，即地区水资源总量扣除各业用水量后的水资源量。当水盈余量为正数时，说明该地区的水资源能够稀释更多的污染物至可接受的水平；当水盈余量为负数时，表明该地区的水资源量相对短缺，不存在多余的水资源供稀释污染物质，有必要对相关产业生产进行调整和控制。水盈余量计算公式如下：

$$WS = WA - WB \tag{6}$$

式（6）中，WS 为水盈余量，WA 为水资源总量，WB 为现有技术经济水平下各业用水量，包括农业用水、工业用水①、生活用水和生态用水。

3. 农业生产水环境承载力测算

根据前文对农业面源污染排放（过剩氮）及水盈余量的测算，本文以单位水盈余量对过剩氮负荷来表征农业生产水环境承载力，其计算公式为：单位水盈余量过剩氮负荷=过剩氮量/水盈余量，采用单位水盈余量过剩氮负荷除以水资源理论最大适宜氮素承载量，其比值即为地区水环境对农业生产污染物负荷量承受程度的警报值，随着数值的增大，水环境对农业生产污染物负荷量承受能力逐渐下降，农业生产对环境造成的污染威胁性越大。参考土壤污染物负荷警报值分级，本文对水环境污染物负荷警报值分级情况如表 1 所示。以欧洲联盟农业政策中推荐的水体含氮量 50 毫克/升作为水环境承载力的标准[17]。值得注意的是，当水盈余量为负数时，表明该地区已不存在能够稀释污染物质的水盈余量，现有技术水平下的农业生产对水环境的污染威胁极其严重。此时，计算得的警报值为负值，表示水环境不仅不能再承载农业生产规模的扩大，而且对该地区耗水量大的产业都应该进行必要的调整。

表 1　水环境污染物负荷警报值分级

警报值	0～0.4	0.4～0.7	0.7～1.0	1.0～1.5	1.5～2.5	＞2.5
分级级数	1	2	3	4	5	6
对环境的威胁性	无	稍有	有	较严重	严重	很严重

注：警报值＜0，表示对环境的威胁性极其严重。

数据来源：上海市农业科学院 1994 年《家畜粪便土地负荷分级标准研究》。

（二）数据来源及说明

农业生产水环境承载力评价应围绕农业生产主产区展开。对农业生产主产区进行水环境承载能力评价，提高农业生产与主产区水环境承载之间的适应性，对指导全国农业可持续发展更具有针对性和重要性。为此，本文参考“七区二十三带”农业战略核心区域划分方法，将我国农业生产主产区划分为七大主产区：东北平原（包括辽宁、吉林和黑龙江）、黄淮海平原（包括河北、河南和山东）、长江流域（包括安徽、湖北、湖南、江西、浙江、江苏、四川和重庆）、汾渭平原（包括山西和陕西）、河套灌区（包括宁夏和内

① 《中国统计年鉴》对工业用水的统计口径为：“工矿企业在生产过程中用于制造、加工、冷却、空调、净化、洗涤等方面的用水，按新水取用量计，不包括企业内部的重复利用水量。”已经包含工业污染“净化”的用水量，因此本文不重复考虑工业污染排放对水资源的负荷。即使存在少量“不达标”的排放，由于工业污染排放中，与水资源密切相关的多指重金属污染，而水资源对重金属没有“净化”能力，因此，理论上可忽略工业污染对水资源的负荷。

蒙古）、华南（包括广西、广东、福建和云南）和甘肃新疆（包括甘肃和新疆），覆盖全国24个省份，涉及水稻、小麦、玉米、棉花、大豆、油菜、甘蔗、棉花、生猪、肉牛、羊、奶牛和家禽等全国主要农产品产业。其中，测算模型中，畜禽饲养量数据来源于《中国畜牧兽医年鉴》，化肥施用量、作物播种面积、产量及各业水资源数据来源于《中国统计年鉴》，各类含（耗）氮系数分别来源于公开出版（发表）的论著[18]（期刊文献）[19-20]。

二、农业生产水环境承载力测算结果与分析

根据以上计算方法，测算得到2006年和2014年七大农区农业生产水环境承载力情况（表2）。

表2　主产区农业生产水环境承载力

单位：万吨、亿立方米、毫克/升

主产区	2006年				2014年			
	过剩氮	水盈余	水负荷	警报值	过剩氮	水盈余	水负荷	警报值
东北平原（3）	108.37	812.50	13.34	0.27	62.36	757.40	8.23	0.16
黄淮海平原（3）	599.61	340.75	175.97	3.52	643.35	−78.70	−817.47	−16.35
长江流域（8）	996.06	6 097.53	16.34	0.33	1 032.33	7 602.00	13.58	0.27
汾渭平原（2）	116.39	220.65	52.74	1.05	136.77	301.50	45.36	0.91
河套灌区（2）	112.18	165.59	67.75	1.36	112.50	295.60	38.06	0.76
华南（4）	508.60	6 326.60	8.04	0.16	601.80	5 550.40	10.84	0.22
甘肃新疆（2）	123.25	501.90	24.56	0.49	145.49	222.80	65.30	1.31
合　计	2 564.46	14 465.52	17.73	0.35	2 734.60	14 651.00	18.66	0.37

注：括号内为农区涵盖的省份数量。

表2数据显示，2014年我国农区水盈余过剩氮负荷为18.66毫克/升，警报值为0.37，较2006年略有增加，说明目前我国的水资源总量能够承载农业生产总量，但其环境警报值已逐渐向污染威胁临界值逼近，这不得不引起相关部门的重视。并且，数据还显示，各农区的水环境负荷还存在显著的区域差异：（1）东北平原、长江流域和华南三大农区水盈余过剩氮负荷为8.04～16.34毫克/升，警报值取值分布区间为0.14～0.33，表明农业生产对水环境污染几乎不存在威胁。主要原因是：东北平原的化肥施用强度较低，2014年为262.06千克/公顷，接近国际标准（255千克/公顷）施肥量，化肥的有效利用率较高，致使该地区的过剩氮量较少，对水环境的压力较小；而长江流域和华南位于我国南部地区，水资源量较为充沛，使得这两个农区的水盈余量相对较多，对农业污染物质的承载能力较强。（2）汾渭平原和河套灌区2014年水盈余过剩氮负荷警报值在0.7～1.0之间，较2006年1.0以上的警报值有较大改善，表明农业生产对水环境污染的威胁有所缓解，但仍存在污染风险。这与刘海启等对西北旱区（也包括山西、陕西、宁夏和内蒙古等）农牧业水资源利用的研究结论“还不能说是对水资源的严重透支”[21]基本相符。（3）甘肃新疆的水盈余过剩氮负荷警报值为1.31，黄淮海平原的

警报值为－16.35，表明这两个农区的农业生产已超出了水资源的承载负荷，对水环境造成了较为严重的污染威胁，尤其是黄淮海平原，水盈余量为负值，表明农业生产本身已出现水资源短缺现象，再加上农业生产污染物排放对水资源的压力，农业生产对环境污染的威胁难以想象，环境污染风险极高。因此，急需对该农区的农业产业进行控制和调整，包括控制畜禽粪便排放、减少化学投入品、调整耗水量大的产业及提高水资源利用率等。

2014年，我国七大农区24个省份水资源对过剩氮负荷的警报值分级情况显示，农业生产水环境承载能力不仅存在农区差异，即使在同一农区，不同省份间也存在显著差异。具体的除吉林、黑龙江、湖南、江西、浙江、四川、重庆、广西、广东、福建以及云南外，其他省份均处于污染威胁级别。农业生产对当地环境有“极其严重影响”的地区是河北、山东、江苏和宁夏；有“很严重影响”的地区是辽宁和河南；有“较严重影响”的地区是山西、甘肃和新疆；“有影响”的地区是陕西；安徽、湖北和内蒙古对当地环境“稍有影响”。因此，有必要因“区”制宜、因“地”制宜地制定农业产业发展和农业污染减排政策。

三、农业生产力布局优化建议

根据各地区不同的环境承载能力及污染风险评价，结合各地区各异的农业产业发展状况及自然资源条件，本文对农业生产新格局的优化建议如下：

1. **无污染风险区**（东北平原、长江流域和华南）

可适当增加农业生产规模，同时要加大“一控二减三基本”推进的步伐。但需要注意的是，这些农区的局部地区仍存在较高的污染风险，如长江流域的江苏污染风险“极其严重”，东北平原的辽宁污染风险“很严重”。因此，还需加强对局部地区的污染物消减和总量控制；或是以扩大其他优势产区生产规模为前提，适度调减该地区的农业生产，如江苏，可适度调减生猪养殖至浙江，充分发挥浙江的生态养殖优势等。此外，在粮食安全不受威胁前提下，还可以推广套种豆类模式。

2. **低污染风险区**（汾渭平原和河套灌区）

结合农区优势产业发展特征，重点加强污染物质消减措施。如汾渭平原以小麦和玉米为主导产业，则应在稳定小麦和玉米生产能力的前提下，侧重科学施肥技术的推广与应用，从源头控制污染排放；河套灌区以小麦、肉牛、奶牛和羊为主导产业，则应立足农牧结合，促进循环发展，重点开发有机肥产业，加大畜禽粪便资源化利用的步伐，减少污染排放。此外，宁夏地区还应开发节水品种，发展节水工程。

3. **严重污染风险区**（甘肃新疆和黄淮海平原）

强制实行农业生产总量控制与污染消减措施，以“保生态”为底线，发展旱作农业、特色农业和规模化农业。甘肃新疆农区：建设新疆优势高产棉区，实现棉花全程高标准机械化生产，降低生产成本，减少污染排放；发展草食畜牧业，发展牧草业，“为牧而种”，提高农业生产系统对冗余养分的利用，减少污染排放。黄淮海平原农区：以

“节水”为重点，粮食生产以高标准良田建设为抓手，以节水品种为关键，稳定粮食生产能力；畜禽养殖以园区规模养殖为主要发展模式，促进循环发展。

四、相关政策建议

综合以上分析与讨论，本文提出如下配套政策建议。

1. 构建化肥减量技术体系

减少化肥施用量是提高农业生产水环境承载力最经济的办法。众多研究和数据表明，我国化肥施用量已远超过经济最优量和国际标准量，适当减少化肥施用量不仅不影响产量，而且节约资源、保护生态环境。化肥减量技术体系建设应包括三个方面：一是推广精准施肥技术，通过深入推广测土配方施肥等精准施肥技术，科学分析基于目标产量的施肥量，合理调整基肥、分蘖肥和穗肥的施用比例，防止过量施肥；二是推广节肥增效技术，在化肥减量的基础上进行有机肥、无机肥配合施用，使用缓控释肥、掺混肥等，减少氮素损失；三是完善过程管理技术，完善基肥深施、肥料运筹、控制氨挥发等过程管理技术，提高氮素利用效率。

2. 建立农牧循环生产体系

立足农牧循环生产，促进农业废弃物资源化利用，是提高农业生产水环境承载力最环保的办法。此处农业废弃物资源化利用主要指畜禽粪便的资源化利用。如若将我国所有畜禽粪便进行资源化利用，则可减少 1 468.6 万吨过剩氮排放，相当于减少 2 259.4 万吨化肥施用量①。而耕地是消纳畜禽粪便最经济有效的办法，实现各地区农牧业生产规模相匹配是畜禽粪便有效消纳的关键。因此，第一，应合理布局农牧业生产。按照耕地承载力划分畜禽养殖禁养、限养、宜养区；第二，完善农牧废弃物综合利用技术体系，创新技术模式，完善技术标准。根据养殖规模、品种类型、区域生产条件等，研发相应的废弃物资源化利用、无害化处理技术集成模式，促进畜禽粪便资源化利用，完善畜禽规模养殖土地消纳配比、沼渣沼液还田等相关技术标准，实现综合利用、达标排放；第三，探寻种养循环模式。把畜禽养殖业发展与绿色食品、有机食品生产基地建设结合起来，通过技术服务与创新，探寻生态养殖—沼气生产—机肥还田等多级种养循环模式，实现农业生产与生态环境全面协调发展。

3. 建立合理的农作物轮作、休耕制度

不同的农业产业结构对环境的污染程度不同，一些是对污染物质的排放量不同，一些是对污染物质的吸收量不同。从排放量来看，经济作物比粮食作物的化肥施用强度更高且增长更快，对环境的污染程度更加严重[22]；从吸收量来看，豆科、豆科牧草等作物具有较强的生物固氮功能，对氮素的吸收能力大于其他作物，对环境的污染程度小于其他作物。因此，各地区的产业结构，可在保障粮食安全的基础上，一方面，建立与豆科等固氮作物的轮作、混套作制度，或适当实施休耕制度，缓解单一轮作或长期连作带

① 根据本文计算的畜禽养殖 TN 排放量，按照化肥平均含氮系数进行折算。

来的作物产量和质量问题，增强作物固氮能力，提高氮素利用效率；另一方面，适度发展草食畜牧业，发展牧草业替代饲料粮产业，建立豆科、禾本科等固氮牧草轮作制度，完善农牧结合的养殖模式，推动牧草业和草食畜牧业可持续发展。

4. 推广创新农业节水技术

推广创新农业节水技术，尤其对水资源短缺地区（如河北、山东、江苏和宁夏），是提高水资源利用效率、提高水环境承载能力的主要战略选择。主要包括三个方面：一是推广节水灌溉技术，积极推进“喷灌”“滴灌”等集约型用水方式，逐步淘汰传统“漫灌”粗放型用水方式，提高水资源利用效率；二是研发节水品种，研发地区优势产品的节水品种，大面积减少作物需水量，提高水环境容量；三是加强水利设施建设，实现水资源地区间调配，缓解水资源匮乏地区的现实问题。

5. 加强政府政策规制与补贴

充分运用强制性政策工具，在区域性养殖发展规划、养殖总量控制、养殖排放标准、畜禽规模养殖场市场准入、种养布局调整、环境监管等方面做好顶层设计，完善法律规章，掌握污染防治主动权，从源头减少污染排放。同时，建立绿色生态导向的补贴制度，减少并逐步取消对化肥企业的财政补贴和税收优惠，提高对新型环保肥料和测土配方施肥等的补助力度，从外源投入控制农牧系统中的过量养分。最后，将氮（磷）等元素纳入土地质量等级评价体系，真实反映污染物排放对土地产能的影响，明确土地整治方向，系统控制农业面源污染排放。

参 考 文 献

[1] 陈锡文．环境问题与中国农村发展［J］．管理世界，2002（1）：5-8.

[2] Lee S L. Non-point source pollution［J］. Fisheries，1979（2）：50-52.

[3] 李秀芬，朱金兆，顾晓君，等．农业面源污染的现状与防治进展［J］．中国人口·资源与环境，2010，20（4）：81-84.

[4] 段玉杰．我国农业面源污染现状及改善对策探讨［J］．环境保护与循环经济，2010（3）：19-21.

[5] 金书秦，武岩．农业面源是水体污染的首要原因吗？——基于淮河流域数据的检验［J］．中国农村经济，2014（9）：71-81.

[6] 张鑫，王纪科，蔡焕杰，等．区域地下水资源承载力综合评价研究［J］水土保持通报，2011，21（3）：24-27.

[7] 石汝杰．基于三角白化权函数的重庆市水资源承载力灰色聚类评价［J］．中国农业资源与区划，2015，36（6）：22-29.

[8] 朱一中，夏军，谈戈．西北地区水资源承载力分析预测与评价［J］．资源科学，2003，25（4）：43-48.

[9] 闵庆文，余卫东，张建新．区域水资源承载力的模糊综合评价分析方法及应用［J］．水土保持研究，2004，11（3）：14-16.

[10] 李高伟，韩美，刘莉，等．基于主成分分析的郑州市水资源承载力评价［J］．地域研究与开发，2014，33（3）：139-142.

[11] 蒋晓辉，黄强，惠泱河，等．陕西关中地区水环境承载力研究［J］．环境科学学报，2001，21（3）：312-317.

[12] 吴九红，曾开华．城市水资源承载力的系统动力学研究［J］．水利经济，2003，21（3）：36-39.
[13] 张腾，张震，徐艳．基于SD模型的海淀区水资源供需平衡模拟与仿真研究［J］．中国农业资源与区划，2016，37（2）：29-36.
[14] 徐中民，程国栋．运用多目标决策分析技术研究黑河流域中游水资源承载力［J］．兰州大学学报（自然科学版），2000，36（2）：122-132.
[15] 张保成，孙林岩．国内外水资源承载力的研究综述［J］．当代经济科学，2006，28（6）：97-101.
[16] 张晖，胡浩．农业面源污染的环境库兹涅茨曲线验证——基于江苏省时序数据的分析［J］．中国农村经济，2009（4）：48-53，71.
[17] Oenema O，van Liere L，Plette S，et al. Environmental effects of manure policy options in the Netherlands［J］．Water Science & Technology，2004，49（3）：101-108.
[18] 国家环境保护总局，自然生态保护司．全国规模化畜禽养殖业污染情况调查及防治对策［M］．北京：中国环境科学出版社，2003.
[19] 李靖，张正尧，毛翔飞，等．我国农业生产力布局评价及优化建议——基于资源环境承载力的分析［J］．农业经济问题，2016（3）：26-33.
[20] 张晖．环境库兹涅茨曲线在中国农业生产中的验证——以江苏省为例［C］//南京农业大学．第五届长三角研究生“三农”论坛论文集．南京：南京农业大学，2007：163-171.
[21] 刘海启，王迎春．我国西北旱区农牧业综合开发潜力分析及水资源支撑能力研究［J］．中国农业资源与区划，2015，36（3）：1-9.
[22] 金书秦，周芳，沈贵银．农业发展与面源污染治理双重目标下的化肥减量路径探析［J］．环境保护，2015（8）：50-53.

基于规模视角的生猪养殖户粪污资源化利用及其影响因素分析[①]

——来自吉林省的调查

王桂霞　杨义风

（吉林农业大学经济管理学院，长春　130000）

摘要：基于吉林省476份生猪养殖户的调研数据，从养殖户个人及家庭禀赋、生产经营特征、心理认知及政府政策等方面选取10个变量，采用Logistic模型，从规模视角出发，实证分析了不同规模生猪养殖户粪污资源化利用的影响因素。研究结果表明：生猪养殖规模与环境污染呈现倒U形关系，中小规模养殖户的粪污资源化利用率低，废弃率最高；生猪散养户的显著影响因素为养殖收入比例和政府补贴，中小规模生猪养殖户的显著影响因素为风险偏好、养殖收入比例、耕地面积、环境认知、政府补贴及政府监督，大规模生猪养殖户的显著影响因素为户主文化程度、环境认知、健康认知、政府补贴及政府监督；农牧结合程度、政府环境约束、环境补贴等是生猪养殖户粪污资源化利用影响因素存在差异的主要原因。

关键词：不同规模；生猪养殖户；粪污资源化利用；影响因素

一、引　　言

随着我国畜禽养殖规模化水平的不断提高，畜禽养殖环境污染问题日益严峻[1]。根据第一次全国污染源普查结果显示，2010年，我国畜禽粪便排放量约为17.3亿吨，相当于工业固体废弃物排放量的2.7倍。畜禽污水的化学需氧量是工业污水的3.23倍，占全国化学需氧量排放总量的45%；氨氮的排放量是工业污水排放量的2.3倍，占全国氨氮排放总量的25%[2]。畜禽养殖规模与环境污染大致呈现倒U形关系，中小规模养殖粪污的排放量大且分散，农牧结合经营的有效微观模式形成缓慢，畜禽规模养殖对

---

① 本文原载《湖南农业大学学报（社会科学版）》2017年第3期。

作者简介：王桂霞，吉林长春人，博士，教授，博士生导师。主要研究方向为畜牧业经济管理。杨义风，河南人，吉林农业大学硕士研究生。

大气、土壤和水源等自然环境造成严重破坏[3]。如何解决规模养殖与环境污染的矛盾是当前亟待解决的现实问题。

养殖户作为畜禽产业主体，是否进行粪污处理和资源化利用是养殖业污染治理成败的关键因素。养殖户粪污资源化利用受到哪些因素的影响？已有研究表明，养殖户粪污资源化利用是养殖户个人及家庭禀赋、生产经营特征、心理认知及政府政策等因素综合作用的结果。养殖户户主受教育程度、养殖经验、风险偏好、配套农田面积、家庭生产条件、养殖规模、政府污染防治政策等因素对养殖户粪污资源化利用具有不同程度的影响[4-6]。绿色环境补贴政策对养殖户环境行为具有显著的正向调节作用[7]。我国畜禽养殖粪污处理方式正在发生变化，且受经济发展水平、资源环境禀赋等因素影响，养殖户粪污资源化利用及处理方式等存在区域差异[8]。

综上，学界对养殖户粪污资源化利用进行了大量研究，但很少分养殖规模进行探讨。政府相关环境补贴政策和环境约束政策的实施范围均与养殖规模密切相关，忽略规模因素来研究养殖户粪污资源化利用是不准确的。孔凡斌虽注意到规模因素，但没有深入探讨分析差异形成的原因[9]。基于此，笔者拟基于养殖户规模视角和吉林省生猪养殖户的调研，实证分析不同规模生猪养殖户粪污资源化利用的影响因素，并深入挖掘影响因素存在差异的原因，以期为政府制定和优化相关政策提供依据。

二、理论分析与模型构建

从经济学角度看，畜禽养殖污染问题主要是由环境外部不经济引起的。根据计划行为理论，作为以收益最大化为目标的理性养殖户，是否进行粪污资源化利用主要取决于这一行为给其带来的成本和经济效益。养殖户家庭资源禀赋、生产经营特征，如户主受教育水平、风险偏好和养殖经验、养殖收入比重、农田面积等因素都会成为养殖户粪污资源化利用的影响因素。养殖户户主受教育水平、环境认知、养殖收入比重等方面的提高，会增强养殖户粪污资源化利用的意识和能力；养殖规模的扩大，粪污得以集中处理和资源化利用，会降低粪污处理的单位成本，实现规模经济。此外，养殖户粪污资源化利用还受到社会环境、政府政策等其他因素的影响。根据“理性经济人”假设，养殖户行为的最终目标是实现利益最大化，而粪污资源化利用会增加畜禽养殖成本，如果没有相应的政府环境补贴政策的扶持和环境约束政策的监督，养殖户是不会进行粪污资源化利用的。粪染治理最有效的方式是将治污成本内部化，使粪污资源化利用增加的养殖成本由政府和养殖户共同承担，兼顾经济效益与环境效益。因此，养殖户粪污资源化利用是多种因素综合作用的结果，不同规模养殖户的禀赋不同，粪污资源化利用就会存在差异。畜禽规模养殖与环境污染大致呈现倒 U 形关系。家庭散养户普遍将粪污发酵还田，实现种养结合。大规模养殖户在环保压力和农业补贴扶持下，粪污处理设备完善，资源化利用率高，污染得以较好地控制。而中小规模养殖户既不是政府环境补贴政策和环境约束政策实施的重点对象，也缺乏足够的农田承载粪污，污染问题正在逐渐恶化。

在总结已有研究成果和实地调研生猪养殖户情况的基础上，笔者将影响不同规模生猪养殖户粪污资源化利用的影响因素归纳为以下 4 个方面：

一是养殖户的个人及家庭特征。一般来说，养殖户户主年龄越大，思想越守旧，接受粪污资源化利用新思路、新技术的可能性越小，预期为负向影响。养殖户户主受教育程度越高，对环境污染的危害性认知越深刻，越有利于促使养殖户将粪污进行资源化利用，预期为正向影响。养殖年限越长，养殖经验越丰富，对粪污资源化处理技术的使用越熟练，养殖户越注重农牧经营间的良性循环，将粪污发酵还田利用的可能性越大，预期为正向影响。粪污资源化处理设备建设所需投入成本大，养殖户需要承担的风险高。养殖户户主风险偏好程度越高，承担风险的意愿就越强，为减少污染问题带来的损失，获得更多盈利机会，会增加对粪污处理设备的投入，将粪污进行资源化利用。预期为正向影响。

二是养殖场生产经营特征。养猪收入比例指养猪收入占家庭总收入的比例，一般来说，养猪收入比例越高，养殖户越注重生猪养殖的长远效益，越有利于促使其将粪污进行资源化利用，降低污染带来的损失，预期为正向影响。耕地面积越大，粪污承载力越强，越有利于养殖户将粪污发酵还田利用，预期为正向影响。

三是养殖户心理认知特征。一般来说，养殖户对生猪养殖污染的环境和健康认知水平越高，越有利于促使其将粪污进行资源化利用，以降低污染物对生猪生存条件、人体健康及自然环境的威胁，预期两者均为正向影响。

四是政府政策。政府政策包括政府补贴和政府监督。一般来说，环保部门对养猪场环保标准实施的监督力度越大，环保压力有利于促使养殖户将粪污进行资源化利用，降低污染以符合环保标准；享受环境补贴政策，政府与养殖户共同承担粪污资源化利用增加的养殖成本，有利于促使养殖户更好地将粪污进行资源化利用。预期两者均为正向影响。主要变量的定义及预期作用方向如表 1 所示。

表 1　变量的定义及描述性统计

变　量	含义及赋值	养殖规模			影响方向
		散养	中小规模	大规模	
粪污资源化利用 Y	否=0，是=1	0.4 (0.51)	0.3 (0.60)	0.83 (0.38)	
年龄 X_1	户主年龄（周岁）	49.9 (6.62)	47.36 (5.24)	45.80 (6.18)	−
文化程度 X_2	文盲=1，小学=2，中学=3，高中=4，大学=5	2.77 (0.59)	2.79 (0.66)	4.13 (0.97)	+
养殖年限 X_3	从事养殖业年限（年）	7.56 (4.60)	7.91 (3.95)	8.29 (3.92)	+
风险偏好 X_4	厌恶型=1，中立型=2，偏好型=3	1.31 (0.58)	1.60 (0.64)	2.28 (0.56)	+
养猪收入比例 X_5	养猪收入占家庭总收入的比例（%）	0.32 (0.10)	0.60 (0.19)	0.82 (0.11)	+
耕地面积 X_6	实际自有及租赁耕地面积总和（亩*）	19.1 (13.71)	17.08 (12.70)	5.10 (5.70)	+
环境认知 X_7	无污染=1，污染一般=2，污染严重=3	2.15 (1.09)	2.02 (0.99)	2.43 (0.66)	+
健康认知 X_8	无危害=1，危害一般=2，危害严重=3	2.08 (0.90)	1.84 (0.82)	2.51 (0.80)	+
政府补贴 X_9	无补贴=1，有补贴=2	1.44 (0.59)	1.48 (0.91)	1.83 (0.38)	+
政府监督 X_{10}	没有检查=1，很少检查=2，经常检查=3	1.23 (0.49)	1.30 (0.63)	2.60 (0.74)	+

注意："+"表示解释变量对因变量呈正向影响，"−"表示解释变量对因变量呈负向影响；左侧括号外为平均值，右侧括号内为标准差。

* 亩为非法定计量单位，1 亩等于 1/15 公顷。

养殖户粪污资源化利用分为“是”和“否”两个选项，因变量为二分类变量。因此，适合采用 Logistic 模型实证分析不同规模生猪养殖户粪污资源化利用的影响因素。设生猪养殖户粪污资源化利用 Y，“是”赋值为 1，“否”赋值为 0。若设养殖户进行粪污资源化利用的概率为 P_i，则养殖户不进行粪污资源化利用的概率为 $1-P_i$。Logistic 模型的具体公式为：

$$\ln\frac{p_i}{1-p_i}=\beta_j X_j=\beta_0+\beta_1 x_1+\beta_2 x_2+\cdots\cdots+\beta_j x_j$$

其中，β_0 为模型截距，x_j 为影响因素，β_j 为影响因素的估计参数，j 为影响因素的个数。

三、数据来源与计量结果分析

（一）数据来源及样本特征

为获取生猪养殖户粪污资源化利用的实际情况，笔者所在课题组设置了初始问卷并于 2016 年 7 月选取吉林省双阳区进行预调研，然后对调查问卷进行了完善，并于 2016 年 11～12 月采用随机抽样调查的方法，选取吉林省生猪典型养殖区：榆树市、德惠市、公主岭市、农安县、梨树县、东丰县生猪养殖户为调查对象，同时在散养户、中小规模和大规模养殖户当中选取适当的比例进行分层抽样调查。发放问卷共 500 份，获取有效问卷 476 份，问卷有效率为 95.3%。

调查问卷的内容包括 5 个部分：第一部分为生猪养殖户个人及家庭禀赋，包括养殖户户主年龄、受教育程度、养殖年限、风险偏好。对养殖户风险偏好判断，在问卷中询问养殖户“假如您手中有一笔闲散资金，有两个经营项目，第一个项目风险高，相应利润丰厚；第二个项目风险低，相应利润也低。您会投资哪一个项目?”选项包括：①投资第一个，即视为风险偏好型；②投资第二个，即视为风险中立型；③两个投资项目均有风险，不进行投资，即视为风险厌恶型。第二部分为生猪养殖户生产特征，包括养殖规模、养猪收入比例、耕地面积等情况。第三部分为生猪养殖污染及粪污的资源化利用情况，主要包括养殖户生猪粪污资源化利用的选择情况、生猪粪污资源化利用的投入产出情况。第四部分为生猪养殖户环境认知和健康认知情况。对养殖户健康认知的判断，在问卷中询问“您认为生猪养殖会对人和牲畜的健康造成哪些危害?”选项包括：①人畜共患病（如禽流感、口蹄疫等）；②动物疫病；③兽药残留。养猪户能说出其中一个即视为危害一般，养殖户能说出两个或两个以上即视为危害严重，养殖户一个都不选，即视为无危害。对养殖户环境认知的判断，在问卷中询问“您认为生猪养殖对环境造成的污染有哪些?”选项包括：①空气污染；②水源污染；③土壤污染。判定方式同健康认知。第五部分为政府政策，包括政府补贴和政府约束。政府补贴政策主要包括沼气池补贴、有机肥补贴、生猪粪便资源化利用行为奖励制度等。养殖户只要获得一项补贴，即视为有补贴。政府监督力度，用环保等相关部门到养殖场检查次数表示。在整理调查问卷后，将环保部门没有到场检查的视为没有检查，检查次数在 10 次以内的视为很少检查，10 次以上的视为经常检查。

在476个样本中，家庭散养户39户，中小规模养殖户402户，大规模养殖户35户，占样本总数的比例分别为8.2%、84.5%、7.3%。从养殖户个人特征看，养殖户户主年龄基本集中在40～60岁之间，散养户、中小规模、大规模养殖户户主平均年龄分别为49岁、47岁、45岁，不同规模养殖户户主平均年龄差异性较小；散养户、中小规模养殖户受教育程度以中小学为主，大规模养殖户受教育程度相对较高，多为高中或大学学历。养殖年限4年以上的居多，不同规模养殖户平均养殖年限均在7～8年左右，养殖经验较丰富，差异性较小。

养殖户的生猪粪便处理主要包括发酵还田、制作沼气、制成有机肥、废弃等几种方式。对调研样本进行整理得知（表2）：家庭散养户的生猪粪便处理方式主要是发酵还田，占比为98.3%，废弃占比为1.7%。中小规模养殖户的生猪粪便处理方式主要是发酵还田和废弃，分别占63.2%和35.2%，制成沼气的占比较小，为1.6%。在调研过程中发现，中小规模养殖户大多将粪便堆放在猪舍外，一部分免费送给附近种植户发酵还田使用，还有一小部分养殖户利用户用沼气池制作沼气用来照明、做饭等。由于吉林省冬季温度低，在当前技术条件下，沼气池使用时间短，沼气产能效果不佳，沼气池闲置的情况较普遍。大规模养殖户的生猪粪便处理相对及时，且利用率高。发酵还田占比为64.9%，制作沼气和有机肥占比分别为18.7%和11.6%，废弃率为4.8%。综上所述，中小规模养殖户粪污的废弃率最高，利用率最低，对环境造成的威胁最为严重。这与前述分析一致。

表2 不同规模养殖户生猪粪便处理方式（%）

处理方式	家庭散养户	中小规模养殖户	大规模养殖户
发酵还田	98.3	63.2	64.9
沼气	0	1.6	18.7
有机肥	0	0	11.6
废弃	1.7	35.2	4.8

数据来源：来自吉林省生猪养殖户调研数据整理。

（二）影响因素的计量结果及差异解析

为检验变量的多重共线性问题，笔者运用SPSS17.0统计软件，采用方差膨胀因子（Variance inflation factor，VIF）进行检验，结果表明，容差的取值均大于0.1，且0<VIF<10，因此，变量不存在多重共线性。

表3 不同规模养殖户模型回归结果

变　量	家庭散养户		中小规模养殖户		大规模养殖户	
	系数	标准误	系数	标准误	系数	标准误
年龄 X_1	−0.112	0.118	−0.081	0.089	−0.143	0.075
文化程度 X_2	0.119	0.941	0.514	1.577	0.052*	0.024
养殖年限 X_3	1.191	0.536	0.083	0.092	0.016	0.009

（续）

变　量	家庭散养户		中小规模养殖户		大规模养殖户	
	系数	标准误	系数	标准误	系数	标准误
风险偏好 X_4	1.189	1.508	0.924*	0.49	0.745	0.857
养猪收入比例 X_5	1.787**	0.764	1.785**	0.767	3.094	1.732
耕地面积 X_6	0.152	0.093	0.031***	0.01	0.054	0.04
环境认知 X_7	3.009	1.893	1.922*	0.902	1.004*	0.526
健康认知 X_8	0.884	0.842	0.231	0.17	0.645*	0.309
政府补贴 X_9	5.742**	2.379	1.099***	0.335	4.418***	1.506
政府监督 X_{10}	2.26	1.513	1.017**	0.457	2.760**	1.153

注："*""**""***"分别表示在10%、5%和1%水平下显著。

模型回归结果表明：生猪散养户粪污资源化利用的显著影响因素为养猪收入比例和政府补贴；中小规模生猪养殖户粪污资源化利用的显著影响因素为养殖户风险偏好、养猪收入比例、耕地面积、环境认知、政府补贴及政府监督；大规模生猪养殖户粪污资源化利用的显著影响因素为养殖户户主文化程度、环境认知、健康认知、政府补贴及政府监督。结合不同规模生猪养殖户的情况，具体分析如下：

文化程度对大规模养殖户粪污资源化利用有显著正向影响，对散养户、中小规模养殖户的影响不显著。其原因在于，相较于散养户、中小规模养殖户，大规模养殖户受教育水平普遍较高，对生猪养殖污染的危害有较好的认识，同时运用新技术及设备进行粪污资源化利用的能力也较强，养殖户的文化程度越高，越有利于促使养殖户将粪污进行资源化利用。散养户、中小规模养殖户受教育水平整体偏低，差异性较小，对粪污资源化利用的影响不显著。

风险偏好对中小规模养殖户粪污资源化利用有显著正向影响，对散养户、大规模养殖户的影响不显著。养殖户的风险偏好一定程度上影响着养殖者生产投入的力度。中小规模养殖户正处于向规模化养殖的过渡阶段，产生的粪污量大，而粪污资源化处理设备建设和运转所需投入成本较高，养猪户的风险偏好程度越高，越有利于促使养殖户将粪污进行资源化利用，以减少污染带来的损失，获得更多盈利的机会。而散养户大多为风险厌恶型，大规模养殖户大多为风险偏好型，他们风险偏好的差异性都较小，对粪污资源化利用的影响不显著。

养猪收入比例对散养户、中小规模养殖户粪污资源化利用有显著正向影响，对大规模养殖户的影响不显著。散养户和中小规模养猪户多为副业饲养，养猪收入比例越高，对从事养猪业越有信心，越注重生猪养殖的长远效益，越有可能考虑减少因养殖污染带来的收入损失而将粪污进行资源化利用。而大规模养殖户多为专业饲养，养猪收入占家庭总收入的比重普遍很高，差异性较小，对粪污资源化利用的影响不显著。

耕地面积对中小规模养殖户粪污资源化利用有显著正向影响，对散养户、大规模养殖户的影响不显著。还田发酵是粪污处理方式中操作最为简单、成本最低、养殖户最愿意采用的方式。而缺乏足够的农田吸纳粪污，是造成中小规模养殖户粪污直接排放，污染问题日益严峻的重要原因。农田面积越大，承载粪便的能力越强，养殖户将粪便还田利用的比例就越高。而散养户普遍拥有足够的土地吸纳粪污，差异性较小，对散养户粪污资源化利用影响不显著。大规模养殖户多为专业饲养，拥有的农田面积普遍较少，且大多利用治污设备将粪污进行无害化处理和资源化利用，农田面积大小对大规模养殖户粪污资源化利用的影响不显著。

环境认知对中小规模、大规模养殖户粪污资源化利用有显著正向影响，对散养户的影响不显著。中小规模、大规模养殖产生的粪污量大，且为环保等相关部门重点宣传和检查对象，养殖户对粪污的危害性认识更加直观深刻，有利于促使养殖户将粪污进行资源化利用以降低污染物对生猪生存条件和自然环境的破坏。而散养户普遍对生猪养殖环境污染危害性认识不足，且差异性较小，对粪污资源化利用影响不显著。

健康认知对大规模养殖户粪污资源化利用有显著正向影响，对散养户、中小规模养殖户的影响不显著。大规模养殖户的知识层次普遍较高，对人畜共患病、动物疫病等情况更为了解，更有可能考虑避免因疫病传播带来的收入损失和对人体健康的危害而将粪污进行资源化利用。而散养户、中小规模养殖户的知识水平整体偏低，对畜禽养殖造成的健康危害性认识不足，且差异性较小，对粪污资源化利用影响不显著。

政府补贴对散养户、中小规模、大规模养殖户粪污资源化利用均有显著正向影响，且相较于散养户，对中小规模、大规模养殖户的影响更为显著。经济因素是制约养殖户粪污资源化利用的重要因素。粪污资源化处理设备建设及运转所需投入成本较大，政府补贴使粪污资源化利用增加的养殖成本由政府与养殖户共同承担，大大缓减少了养殖户粪污处理的成本压力，有利于促使养殖户将粪污进行资源化利用。散养户产生的粪污量小，一般不需要建立大型的粪污处理设备。而中小规模、大规模养殖户产生的粪污量大，在经济利益和环保压力下，对政府补贴的需求更为迫切，因此，政府补贴对中小规模、大规模养殖户的影响更为显著。对散养户粪污资源化利用相关的政府补贴基本没有。对中小规模养殖户污染治理的政府补贴主要是户用沼气池补贴，补贴力度不足。对大规模养殖户粪污资源化利用的政府补贴力度相对较大，主要包括大型沼气池等粪污资源化处理设备补贴，以及粪污资源化利用行为补贴。但系统性畜牧业粪污资源化利用补贴政策尚未形成，多数是政策性资金的偶尔倾斜，政策不具有持续性。

政府监督对中小规模、大规模养殖户粪污资源化利用有显著正向影响，对散养户的影响不显著。相较于散养户，中小规模、大规模养殖户产生的粪污量大，是政府环保等相关部门重点监督对象，环保压力有利于促使养猪户将粪污进行资源化利用。而散养户基本没有来自政府环保监督的压力，因此，政府监督对散养户粪污资源化利用的影响不显著。

综上分析，农牧结合程度、政府环境约束及环境补贴政策等因素的差异，是粪污资源化利用影响因素存在差异的主要原因。养殖者文化程度、风险偏好、环境认知、健康认知虽然对污染治理有显著影响，但基本属于养殖户个人及其心理特征范畴，且只在10%的水平下显著。

四、结论与政策建议

上述研究表明：一是生猪养殖规模与环境污染大致呈现倒U型，中小规模养殖户粪污废弃率高、资源化利用率低，对环境的威胁最为严重。散养户普遍拥有足够的农田吸纳粪污，实现种养结合，粪污的废弃率很低，对环境造成的污染小。大规模养殖户在政府环保压力和环保补贴扶持下，粪污处理设备较完善，资源化利用率高，污染得以控制。而中小规模养殖户既不是政府环境补贴政策和环境约束政策的重点作用对象，也缺乏足够的农田承载粪污，污染问题正在逐渐恶化。二是由于养殖户在个人及家庭禀赋、生产经营特征、心理认知、政策约束及补贴等方面均存在差别，不同规模生猪养殖户粪污资源化利用的影响因素存在差异。其中，生猪散养户粪污资源化利用的显著影响因素为养猪收入比例和政府补贴；中小规模生猪养殖户粪污资源化利用的显著影响因素为养殖户风险偏好、养猪收入比例、耕地面积、环境认知、政府补贴及政府监督；大规模生猪养殖户粪污资源化利用的显著影响因素为养殖户户主文化程度、环境认知、健康认知、政府补贴及政府监督。三是农牧结合程度、政府环境约束及环境补贴政策等因素的差异，是粪污资源化利用影响因素存在差异的主要原因，环境约束与环境补贴政策并举，有利于促进和稳定养殖户粪污资源化利用行为。

基于此，为鼓励生猪养殖户将粪污进行资源化利用，降低规模养殖带来的环境污染，促进中国生猪养殖业健康发展，笔者提出以下几点建议：一是环境约束与环境补贴政策并举，重视中小规模养殖户的环境污染问题。一方面通过政策鼓励和资金支持等方式，引导中小规模养殖户适度扩大养殖规模，逐步向大规模养殖过渡，实现粪污的集中治理和资源化利用，降低粪污处理的单位成本。另一方面，注重政策的有效性。政府环境约束和环境补贴政策的制定要符合当地养殖实际，切实满足养殖户的经济利益诉求。在加强对中小规模养殖户环保监督的同时，增加中小规模养殖户的环境补贴项目，制定合理的补贴标准，提高中小规模养殖户粪污资源化利用的能力。二是实行粮改饲，倡导农牧结合经营。实施粮改饲，优化生猪生产布局，因地制宜地形成农牧结合经营的有效微观模式，养殖规模与农田承载力相适应，实现种植业与养殖业的良性对接。三是加强污染宣传和粪污资源化利用技术培训，提高养殖户粪污资源化利用的意识和能力。加强生猪养殖污染危害性的宣传，提高养殖户对污染危害性的认知，使其充分认识到粪污处理的紧迫性。同时，重视对养殖户将粪污制作沼气、有机肥等资源化利用技术的培训，增强养殖户粪污资源化利用的能力。

参　考　文　献

[1] 张晖. 中国畜牧业面源污染研究 [D]. 南京：南京农业大学，2013.

[2] 环境保护部，农业部. 全国畜禽养殖污染防治“十二五”规划 [EB/OL]. http：//www.gov.cn/gzdt/2013-01/05/content_2304905.htm.

[3] 潘丹. 规模养殖与畜禽污染关系研究——以生猪养殖为例 [J]. 资源科学，2015，37 (11)：2279-2287.

[4] 孔凡斌，王智鹏，潘丹. 畜禽规模化养殖环境污染处理方式分析 [J]. 江西社会科学，2016（10）：59-65.
[5] 孟祥海，况辉，孟桃，等. 规模化畜禽养殖场污染防治意愿影响因素分析 [J]. 湖北农业科学，2015（6）：1502-1506.
[6] 虞祎，张晖，胡浩. 排污补贴视角下的养殖户环保投资影响因素研究——基于沪、苏、浙生猪养殖户的调查分析 [J]. 中国人口·资源与环境，2012（22）：159-163.
[7] 张郁，孟祥海，张董敏，等. 生态补偿政策情境下家庭资源禀赋对养猪户环境行为影响——基于湖北省 248 个专业养殖户（场）的调查研究 [J]. 农业经济问题，2015（6）：82-112.
[8] 仇焕广，莫海霞，白军飞，等. 中国农村畜禽粪便处理方式及其影响因素：基于五省调查数据的实证分析 [J]. 中国农村经济，2012（3）：78-87.
[9] 孔凡斌，张维平，潘丹. 基于规模视角的农户畜禽养殖污染无害化处理意愿影响因素分析——以 5 省 754 户生猪养殖户为例 [J]. 江西财经大学学报，2016（6）：75-81.

第二篇　产业发展与供给侧改革

中国奶业产业政策的发展及成效①

刘长全[1]　杨洋[2]

（1. 中国社会科学院农村发展研究所、畜牧业经济研究中心、
国家奶牛产业技术体系产业经济研究室　2. 中国社会科学院研究生院）

摘要：本文从养殖与加工两个方面对奶业产业政策的发展进行梳理，包括奶牛养殖业相关的补贴政策、生鲜乳质量安全监管政策、发展优质饲草料种植的政策与国家重大产业规划等，乳制品加工业相关的市场准入与企业标准、规范标识与竞争的政策、严格企业生产经营管理的政策等。通过以上政策的实施，奶业产业素质得到全面提升，产业发展格局更趋合理，以婴幼儿配方乳粉为代表的奶业市场更加规范健康。

关键词：奶业经济；产业政策；供给侧结构性改革

2017年中央1号文件提出全面振兴奶业，这是农业供给侧结构性改革的重要任务和突破口，也为农业供给侧结构性改革提供新动能。首先，加快奶业发展是城乡居民食品消费结构升级的需要。随着经济发展，包括乳品在内的畜产品在食品消费中的占比还将有大幅增长，乳品在提供动物源营养方面成本优势突出，发展奶业是应对食物结构升级的合理选择。其次，近年乳品供需缺口持续扩大，是农业发展面临的重要结构性短板。再次，奶业可以发挥以养带种功能，带动青贮玉米、苜蓿等优质牧草种植，促进粮经饲种植结构调整优化。但是，当前中国奶业发展还面临一些突出的问题，包括竞争力不足、消费者对国内乳品依然缺乏信心、产业利益联结机制不合理、环境问题随着规模养殖的发展日益突出等。如何进一步完善奶业产业政策，以增强政策对产业发展的支撑能力、促进产业素质提升、加快奶业发展方式转变、提高乳品质量和消费者信心，是实现奶业全面振兴的关键。本文从养殖和加工两个方面对婴幼儿奶粉事件以来中国奶业产业政策的发展进行梳理，并对政策效果进行评述。

一、奶牛养殖业的主要政策

（一）补贴政策

补贴政策是农业产业政策的重要内容。为促进奶业发展，近年国家先后出台了多项

① 本文原载于《中国奶牛》2017年第10期。

促进奶业发展的补贴和扶持政策。

1. 奶牛标准化规模养殖

为提高奶牛标准化规模饲养水平，根据国务院2007年颁布的《关于促进奶业持续健康发展的意见》，国家发展和改革委员会自2008年开始安排专项投资用于支持奶牛标准化规模养殖，用于支持养殖场（区）的水电、道路、粪污处理、防疫和挤奶等配套设施和饲草料基地建设[1]。2015年，中央财政安排10亿元，对900多个存栏300头以上的养殖场（小区）给予了补贴。依据养殖场（区）存栏量，300～499头、500～999头、1 000头以上3个规模分别予以80万元、150万元和170万元补贴。2011年以前，补贴起步标准为200头以上。2008—2015年，累计安排资金超过50亿元，支持奶牛养殖场（小区）近5 800个。

2. 奶牛良种补贴政策

2005年，农业部颁布《奶牛良种补贴试点项目资金管理暂行办法》，开始实施奶牛良种补贴政策。根据中国奶业统计资料，2005—2014年，奶牛良种补贴资金从0.15亿元增加到2.6亿元，享受补贴的能繁奶牛头数从67.5万头增加到900多万头，补贴品种从荷斯坦扩展到荷斯坦、奶水牛、牦牛、褐牛、乳用西门塔尔牛、娟姗牛、三河牛等多个品种。2015年，奶牛良种补贴资金投入2.565亿元，补贴能繁奶牛837.9万头（表1）。

表1 2005—2014年奶牛良种补贴实施情况

年度	补贴资金（亿元）	补贴品种	能繁奶牛头数（万头）
2005	0.15	荷斯坦	67.5
2006	1.0	荷斯坦、奶水牛、牦牛、褐牛	347
2007	1.0	荷斯坦、奶水牛、牦牛、褐牛	346
2008	2.4	荷斯坦、奶水牛、牦牛、褐牛、乳用西门塔尔	600
2009—2014	2.6	荷斯坦、奶水牛、牦牛、褐牛、乳用西门塔尔、娟姗牛、三河牛	896～902
2015	2.565	荷斯坦、奶水牛、牦牛、褐牛、乳用西门塔尔、娟姗牛、三河牛	837.9

3. 奶牛生产性能测定

2008年，农业部立项在16个省（自治区、直辖市）建立了18个奶牛生产性能测定（DHI）实验室，对全国参加生产性能测定的25万头奶牛进行补贴，并得到中央财政每年2 000万元项目经费资金支持。2015年，补贴资金增加到4 000万元，累计投入资金已近2亿元。在此期间，参加测定的奶牛场由337个增加到1 292个，参加测定的奶牛数量由11.5万头增加到78.9万头，收录各类生产、育种数据3 513万条（表2）。

表 2　2008—2015 年 DHI 参测情况统计表

年度	参测牛场（个）	参测牛只（万头）	测定记录（万条）
2008	592	24.49	121.85
2009	905	35.18	192.36
2010	1 034	41.41	277.77
2011	1 054	46.37	326.17
2012	1 043	52.6	357.00
2013	1 042	52.9	467.00
2014	1 178	72.36	637.00
2015	1 292	78.90	1 135.00

4. 奶牛政策性保险

为增强奶农抵御风险的能力，保障奶牛养殖安全，2008 年奶牛保险被列入中央财政农业保险补贴范围。2012 年，奶牛保险从部分试点地区扩大至全国并实施地区性差异化补贴，其中中西部占 50%，东部地区占 40%。中西部地区中央财政给予适当补助，东部地区补贴由地方财政负担。2008—2015 年，中央财政拨付奶牛保险补贴资金 34.06 亿元，带动全国实现奶牛保险保费超过 70 亿元，累计约 250 万户次农户承保奶牛 2 000 多万头，提供风险保障约 1 400 亿元。2015 年，中央财政拨付奶牛保险保费补贴资金 8.28 亿元，提供风险保障 400 多亿元。

（二）发展优质饲草料种植

发展优质饲草料种植，一方面是调整粮经饲结构、扭转因粮食安全政策引起的资源错配的必然要求，另一方面也是支撑奶牛养殖等草畜产业发展的客观需要。近年，国家政策积极支持优质饲草料种植的发展。

1. 振兴奶业苜蓿发展行动

2012 年，中央 1 号文件决定在全国范围内实施“振兴奶业苜蓿发展行动”，重点在东北、华北和西北三大苜蓿优势产区和奶牛主产区建设高产优质苜蓿示范片区。当年，在河北、天津、内蒙古、辽宁、吉林、黑龙江、陕西、甘肃、宁夏、新疆等 10 个省（自治区、直辖市）扶持建设 50 万亩高产优质苜蓿示范区，对集中连片 3 000 亩以上的苜蓿种植，按 600 元/亩的标准给予补助。2012—2015 年，中央财政每年安排项目资金达 5.25 亿元。

2. 发布《全国苜蓿产业发展规划（2016—2020 年）》

2016 年 12 月，农业部发布《全国苜蓿产业发展规划（2016—2020 年）》（以下简称《规划》），提出到 2020 年全国优质苜蓿产量达到 540 万吨，并且明确了“十三五”期间苜蓿产业发展思路、区域布局与发展重点。《规划》指出，苜蓿产业发展要按照加快发展草牧业、振兴奶业和种植业结构调整的总体要求，加大政策扶持和引导，优化种植、养殖区域布局，加强苜蓿草种繁育基地建设，大力发展高产优质苜蓿种植和加工，推行种养结合发展模式，提高苜蓿生产标准化、规模化、市场化、产业化水平。

《规划》确定了东北及内蒙古、西北、华北和南方4个苜蓿产业发展区域和238个重点县，要求发挥区域比较优势，突出重点，分类实施。其中，东北及内蒙古区要推行草田轮作，发展苜蓿干草生产，促进种养结合；西北区要重点建设良种繁育基地，推进苜蓿产业化，提高加工水平和商品化率；华北区要充分利用“粮改饲”政策，加快建设优质苜蓿生产基地；南方区要因地制宜，发展苜蓿青饲和半干青贮。

《规划》还提出了苜蓿产业发展的四项重点任务：一是提升苜蓿良种生产能力。加强苜蓿育种技术研究，加大苜蓿新品种选育和推广力度，提高苜蓿良种化水平；二是加强优质苜蓿基地建设。在全国新增或改造优质苜蓿种植基地600万亩，加强田间设施建设和技术服务，提高苜蓿标准化生产水平；三是推进苜蓿生产机械化。实施苜蓿生产机械化提升示范行动，改造提升100个苜蓿种植企业（合作社）机械化生产水平；四是促进种养结合发展。建设500个高产优质苜蓿生产基地＋奶牛（或其他草食动物）的种养结合示范场。

3. “粮改饲”试点

2015年中央1号文件提出“加快发展草牧业，支持青贮玉米和苜蓿等饲草料种植，开展粮改饲和种养结合模式试点，促进粮食、经济作物、饲草料三元种植结构协调发展。”当年，农业部在10个省份的30个县开展“粮改饲”试点，并发布《关于“镰刀弯”地区玉米结构调整的指导意见》，主要引导种植全株青贮玉米，同时也因地制宜，在适合种植优质牧草的地区推广牧草种植，将单纯的粮仓变为“粮仓＋奶罐＋肉库”，每个县每年平均补助资金1 000万元。2015年，“粮改饲”计划落实面积150万亩，实际达到286万亩，收储优质饲草料995万吨，超出预期目标将近1倍。2016年，试点县达到100个，涉及区域由原来的东北、华北、西北地区的农牧交错区延伸到华东、西南、华南，预计落实面积600万亩。2017年，农业部继续加强“粮改饲”试点，试点面积扩大到1 000万亩。

（三）生鲜乳质量安全监管

提振消费者信心的根本是乳品质量安全，其基础是生鲜乳质量安全。近年，围绕生鲜乳质量标准、生产环节管理等，国家加强政策建设。

1. 出台《乳品质量安全监督管理条例》

2008年婴幼儿奶粉事件以来，我国奶业质量安全监管不断加强。2008年，国务院颁布《乳品质量安全监督管理条例》，明确了各个相关管理部门的职责分工。根据该条例，奶畜养殖者、生鲜乳收购者、乳制品生产者和销售者对其生产、收购、运输、销售的乳品质量安全负责，是乳品质量安全的第一责任人；县级以上地方政府对本行政区域内乳品质量安全监督管理负总责；发生乳品质量安全事故，造成严重后果或者恶劣影响的，对有关人民政府、有关部门负有领导责任的负责人依法追究责任。

2. 加强质量安全环节监管

为加强对生鲜乳质量安全的监管，相关部门出台了一系列政策举措。2008年，农业部和国家工商行政管理总局制定了《生鲜乳购销合同（示范文本）》，要求在生鲜乳购销中采用统一合同文本，明确生鲜乳交易的数量、质量、价格、计价标准和违约责任等。农业部颁布了《生鲜乳生产收购管理办法》，明确了对生鲜乳管理的责任，规范了生鲜乳生产、收购、贮存、运输和销售活动行为。2010 年，国务院办公厅发出了《关于进一步加强乳品质量安全工作的通知》，其中明确规定，严格乳制品生产许可。禁止向经工商登记的乳制品生产企业、奶畜养殖场、奶农专业生产合作社之外的单位和个人发放许可证。2011 年 4 月 11 日，农业部发布《奶畜养殖和生鲜乳收购运输环节违法行为依法从重处罚的规定》。2014 年初，农业部召开常务会议研究部署婴幼儿配方乳粉奶源安全监管工作，从建设优质奶源基地、保证优质饲草料供应、强化奶站及运输车辆监管、加大奶源质量安全抽检密度到技术培训、政策扶持等方面采取六项措施确保婴幼儿配方乳粉奶源安全。

3. 完善生乳标准，加强生乳质量监测

2009 年开始，国家以奶站和运输车监管为重点，生鲜乳质量安全抽检实现两个全覆盖，即抽检覆盖全国所有奶站，检测指标覆盖卫生部公布的所有违禁添加物。农业部实施了全国生鲜乳违禁药物专项监测计划、生鲜乳质量安全异地抽检计划、《生乳》国标指标监测计划、婴幼儿配方乳粉奶源基地质量安全监测计划等四项监测计划。2010—2011 年，每年安排专项资金 1 500 万元用于生鲜乳质量安全监测，2012 年专项资金提高到 3 500 万元。生鲜乳质量安全监管重点是监测生鲜乳收购站和运输车，检测指标包括乳蛋白、乳脂肪、菌落总数、黄曲霉素 M_1、体细胞数、铅、铬、汞、三聚氰胺、革皮水解物等 10 项指标。截至 2015 年，累计抽检生鲜乳样品 15.1 万批次。

2010 年，卫生部公布《生乳》（GB19301—2010）等 66 项新乳品安全国家标准，包括乳品产品标准 15 项、生产规范 2 项、检验方法标准 49 项。

（四）重大产业发展规划

近年，一系列重大规划相继出台，在产业发展方向、产业布局等方面明确了奶业发展的思路。

1. 《全国草食畜牧业发展规划（2016—2020 年）》

2016 年，农业部出台《全国草食畜牧业发展规划（2016—2020 年）》。该规划提出要优化发展传统农区和农牧交错区，适度发展北方牧区，保护发展青藏高原牧区，积极发展南方草山草坡地区。关于奶牛养殖业发展，该规划提出，要巩固发展东北及内蒙古和华北产区，稳步提高西部产区，积极开辟南方产区，稳定大城市周边产区。奶牛养殖业发展的重点任务包括：推进品种改良和生产性能测定，提升荷斯坦牛单产水平，因地制宜发展乳肉兼用牛；强化规模养殖场疫病净化；加快发展全株青贮玉米及优质苜蓿高效生产，推进种养结合与农牧循环；引导奶业企业与奶农建立紧密的利益联结机制，引导乳品企业投资奶源基地建设，加快奶业一体化发展。

2. 《全国奶业发展规划（2016—2020 年）》

2016 年 12 月，农业部、国家发展和改革委员会、工业和信息化部、商务部、国家食品药品监督管理总局联合印发《全国奶业发展规划（2016—2020 年）》。

该规划从四个方面明确了奶业的战略定位。健康中国、强壮民族不可或缺的产业；食品安全的代表性产业；农业现代化的标志性产业；一二三产业协调发展的战略产业。

该规划提出了2020年奶业发展的具体目标，包括：奶类总产量达到4 100万吨、奶源自给率不低于70%、100头以上规模养殖比重超过70%、泌乳奶牛年均单产超过7.5吨、粪便综合利用率超过75%等。

该规划提出了奶业发展的11项重点任务：优化区域布局、发展奶牛标准化规模养殖、提升婴幼儿配方乳粉竞争力、推动乳制品加工业发展、加强乳品质量安全监管、加快推进产业一体化、打造国产乳品品牌、加强良种繁育及推广、促进优质饲草料生产、推进奶牛粪污综合利用、加强奶牛疫病防控等。

针对乳品质量安全问题，该规划还提出修订《生乳》国家标准，改变《生乳》国家标准相关指标设置过低问题；建立生乳分级标准体系引导优质优价；把乳品质量安全放在优先地位，建设以安全为核心的法规标准体系，落实“四个最严”要求，强化质量安全监管措施，消除产业链各环节监管漏洞。

二、乳制品加工业的主要政策

2008年婴幼儿奶粉事件以来，国家奶业相关主管部门围绕市场准入、规范竞争、完善标准等不断加强政策建设。

（一）规范市场准入与加工企业标准

相关主管部门着力整顿乳制品加工企业，关闭了一批规模小、企业和食品安全管理能力低的乳制品加工企业。

2008年，国家发展和改革委员会等多个部委联合制定《奶业整顿和振兴规划纲要》，纲要提出，所有乳制品生产企业限期执行《乳制品企业良好生产规范(GB12693)》，3年内必须全部达标，达不到标准的必须停产整顿；对于不符合产业政策和行业准入条件或整改后仍然达不到验收条件的企业，要依法关闭。2009年，工信部和国家发展和改革委员会制定《乳制品工业产业政策（2009年修订）》，对新建和改（扩）建乳品加工企业进一步做出详细规定，新建和扩建乳粉项目日处理生乳能力必须达到300吨以上；新建液态乳项目日处理生鲜乳能力须达到500吨以上；新建乳制品加工项目已有稳定可控的奶源基地生产鲜奶数量不低于加工能力的40%。

2013年，国家食品药品监督管理总局颁布《婴幼儿配方乳粉生产许可审查细则(2013版)》，进一步提高乳品加工企业门槛。该细则规定：仅有包装场地、工序、设备，没有完整生产工艺条件的，不予生产许可。仅生产婴幼儿配方乳粉基粉，不生产婴幼儿配方乳粉最终产品的，不予生产许可。

该细则发布之日起，不再受理新建企业以基粉为原料，采用干湿法复合工艺异地生产婴幼儿配方乳粉的生产许可申请。

该细则还规定，主要原料为生牛乳的，其生牛乳应全部来自企业自建自控的奶源基地，并逐步做到生牛乳来自企业全资或控股建设的养殖场。加工企业需要建立原料供应商审核制度；对采购的全脂、脱脂乳粉进行批批检验，乳清粉、乳清蛋白粉应实施批批检验；婴幼儿配方乳粉出厂应全项目逐批自行检验。出厂检验合格的产品应当保留检验报告，并做好检验记录、检验报告保存3年。产品需留样，留样数量应满足复检要求并保存至保质期满。细则规定加工企业需要建立产品召回制度及消费者投诉处理机制。

（二）完善法规，规范标识和竞争

2007年，国家质量监督检验检疫局与农业部联合下发《关于加强液态奶标识标注管理的通知》，要求生产企业要按照有关法律法规和国务院办公厅有关规定，严格执行液态奶标识制度。该通知规定，用复原乳做原料生产液态奶的，要严格按照《国务院办公厅关于加强液态奶生产经营管理的通知》的要求，标注“复原乳”字样，并在产品配料表中如实标注复原乳所占原料比例；如以生鲜牛乳为原料，经巴氏杀菌处理的巴氏杀菌乳标“鲜牛奶/乳”；以生鲜牛乳为原料，不添加辅料，经瞬间高温灭菌处理的超高温灭菌乳标“纯牛奶/乳”；自2008年1月1日起生产企业必须在巴氏杀菌乳和UHT奶包装主要展示面上紧邻产品名称的位置，分别标注“鲜牛奶/乳”“纯牛奶/乳”等。

2015年4月24日，第十二届全国人民代表大会常务委员会第十四次会议审议通过了新的《中华人民共和国食品安全法》，并于2015年10月1日起正式实施。该部食品安全法被称为史上最严食品安全法，进一步明确了预防为主、风险管理、全程控制、社会共治的原则，着力构建最严格、覆盖全程的监管制度。根据新修订的《中华人民共和国食品安全法》，婴幼儿配方食品生产企业应当实施从原料进厂到成品出厂的全过程质量控制，对出厂的婴幼儿配方食品实施逐批检验，保证食品安全。明确规定，婴幼儿配方乳粉的产品配方应当经国务院食品药品监督管理部门注册，不得以分装方式生产婴幼儿配方乳粉，同一企业不得用同一配方生产不同品牌的婴幼儿配方乳粉。

针对市场上婴幼儿配方乳粉产品配方过多、过滥，品牌与配方的混乱以及夸大宣传造成消费者选择困难，生产过程中频繁更换配方造成产品质量安全隐患等问题，2016年6月国家食品药品监督管理总局发布《婴幼儿配方乳粉产品配方注册管理办法》（以下简称《配方注册管理办法》），自2016年10月1日起正式施行，以严格婴幼儿配方乳粉产品配方注册管理，保证婴幼儿配方乳粉质量安全。根据《配方注册管理办法》，在我国境内生产销售和进口的婴幼儿配方乳粉产品配方均实行注册管理；同一企业申请注册两个以上同年龄段产品配方时，产品配方之间应当有明显差异，并经科学证实。每个企业原则上不得超过3个配方系列9种产品配方。

《配方注册管理办法》对乳粉命名、标签标识做了严格规定：要求配料表将食用植物油具体的品种名称按照加入量的递减顺序标注；产品名称中有动物性来源的，应当根据产品配方在配料表中如实标明使用的生乳、乳粉、乳清（蛋白）粉等乳制品原料的动物性来源。使用的乳制品原料有两种以上动物性来源时，应当标明各种动物性来源原料所占比例；声称生乳、原料乳粉等原料来源的，应当如实标明具体来源地或者来源国，不得使用“进口奶源”“源自国外牧场”“生态牧场”“进口原料”等模糊信息。标签和说明书不得含有下列内容：涉及疾病预防、治疗功能；明示或者暗示具有保健作用；明示或者暗示具有益智、增加抵抗力或者免疫力、保护肠道等功能性表述；对于按照食品安全标准不应当在产品配方中含有或者使用的物质，以“不添加”“不含有”“零添加”等字样强调未使用或者不含有。

（三）严格加工企业生产经营管理

2014年8月8日，国家食品药品监督管理总局就《婴幼儿配方乳粉生产企业食品安全信用档案管理规定》公开征求意见。根据该规定要求，国家食品药品监督管理总局负责组织建立全国婴幼儿配方乳粉生产企业食品安全信用档案；县级以上食品药品监管部门要按照“一企一档”的原则，建立本行政区域所有婴幼儿配方乳粉生产企业的食品安全信用档案。食品药品监管部门要真实、准确记录企业基本信息、监管信息和社会监督信息，重点记录食品药品监管部门在监管工作中发现的问题信息、不合格产品信息、违法违规行为及其处理信息、产品召回信息、食品安全事故信息、消费者投诉举报信息、社会组织监督信息、媒体曝光信息等。食品药品监管部门可以根据婴幼儿配方乳粉生产企业质量安全信用档案记录的信息，评定企业信用等级，作为对企业分类监管的依据并进行公布。对有不良信用记录的企业，增加监督检查和产品监督抽检频次。

2015年12月31日，国家食品药品监管总局出台《婴幼儿配方乳粉生产企业食品安全追溯信息记录规范》，推动婴幼儿配方乳粉生产企业建立和完善食品安全追溯体系，规范食品安全追溯信息记录。根据该规范要求，各地食品药品监督管理部门要督促指导本行政区域内的婴幼儿配方乳粉生产企业结合实际，真实、准确、有效记录生产经营过程的信息，建立和完善婴幼儿配方乳粉生产企业食品安全追溯体系，实现婴幼儿配方乳粉生产全过程信息可记录、可追溯、可管控、可召回、可查询，全面落实婴幼儿配方乳粉生产企业主体责任，保障婴幼儿配方乳粉质量安全。根据该规范规定，记录信息包括产品配方研发、原辅材料管理、生产过程控制、成品管理、销售管理、风险信息管理、产品召回等主要内容。

三、相关政策对中国奶业发展的影响

（一）产业素质全面提升

在奶牛养殖方面，政策的积极作用体现在几个方面：第一，稳定了原料奶生产能力。在国际市场下行、国内需求不振的大背景下，原料奶产出总体上保持稳中有增的态势，为奶业的进一步发展奠定了基础。第二，推动奶牛养殖规模化、集约化和标准化建设，提高了行业素质。2015年，100头以上奶牛规模养殖比例达到48.3%，比2008年提高28.8个百分点，2016年进一步提高并超过50%。2015年，机械化挤奶率达到95%，规模牧场全部实现机械化挤奶，规模场全混合日粮饲养技术（TMR）普及率达到70%。第三，奶牛品种持续改良。2008年以来DHI累计测定奶牛404.21万头（次）。2015年，泌乳奶牛年均单产6吨，比2008年提高1.2吨。2016年，泌乳奶牛年均单产进一步上升至6.4吨，年产9吨以上的高产奶牛超过180万头。第四，产业发展支撑条件明显改善，尤其是优质饲草料的供给得到增强。振兴奶业苜蓿发展行动在4个方面促进了苜蓿生产，包括苜蓿良种化、标准化生产、改善生产条件、提升质量水平。第五，生鲜乳质量大幅提高，奶站基础设施、卫生、检测等条件显著改善。2015 年，生鲜乳抽检合格率 99.34%，生鲜乳中的乳蛋白、乳脂肪抽检平均值均高于《生乳》国家标准，规模牧场指标达到发达国家水平。2016 年，三聚氰胺等重点监控违禁添加物检测合格率连续 8 年保持 100%。

在乳制品加工方面，通过对加工企业的整顿，淘汰了一批布局不合理、奶源无保障、技术落后的产能。2008—2015 年，规模以上乳制品企业（年销售额 2 000 万元以上）从 815 家减少到 638 家。乳制品企业整体素质明显提高，加工装备、加工技术和管理运营已接近或达到世界先进水平。通过标准和管理的完善，乳制品质量也达到较高水平。2015 年，乳制品抽检合格率 99.5%，婴幼儿配方乳粉抽检合格率 97.2%。

（二）产业发展格局更趋合理

按照市场特点，发挥区位、交通与资源比较优势是提升产业竞争力的基础。近年，通过产业政策的完善，产业发展重点和方向日益明确，有利于发挥各地区资源条件、比较优势的奶业产业发展格局正在形成。《全国草食畜牧业发展规划（2016—2020 年）》与《全国奶业发展规划（2016—2020 年）》先后对奶业发展格局做了部署。根据《全国奶业发展规划（2016—2020 年）》，在东北和内蒙古产区引导奶业生产实现规模化、标准化和专业化，以荷斯坦奶牛为主，兼顾乳肉兼用牛发展，重点发展奶粉、干酪、奶油、超高温灭菌乳等，根据市场需要适当发展巴氏杀菌乳、发酵乳等产品；在华北产区，加快养殖小区改造升级为牧场，发展专业化养殖场，提高集约化程度，以荷斯坦奶牛为主，适当发展奶山羊等品种，重点发展奶粉、干酪、超高温灭菌乳、巴氏杀菌乳、发酵乳等产品；在西部产区，着力发展奶牛规模养殖场、家庭牧场和奶农合作社，提高奶类商品化率，提升价值链，以荷斯坦奶牛为主，发展乳肉兼用牛，兼顾奶山羊、牦牛等品种，重点发展奶粉、干酪、奶油、羊乳及相关乳制品，适度发展超高温灭菌乳、发酵乳、巴氏杀菌乳等产品，鼓励发展具有地方特色的牦牛奶、骆驼奶等乳制品；在南方产区，积极发展适度规模养殖场，重点发展巴氏杀菌乳、干酪、发酵乳，适当发展炼乳、超高温灭菌乳、乳粉等产品，鼓励发展水牛奶等具有地方特色的乳制品；在大城市周边产区，稳定奶牛数量，提高生产效率，重点发展种业龙头企业，主要发展巴氏杀菌乳、酸奶等低温产品，适当发展干酪、奶油等其他乳制品，鼓励新型乳制品的开发。

（三）以婴幼儿配方乳粉为代表的奶业市场更加规范健康

婴幼儿配方乳粉是社会关注最多，也是近年政策的焦点。《配方注册管理办法》完善了对生产资质、注册程序、标签等的规范化管理。就对企业品牌数量限制来说，对婴幼儿配方乳粉市场长远健康发展也有着重要的影响。多品牌、多系列是一种常见的企业经营策略，是为了定位细分市场、满足差异化需求。对乳品加工企业来说，多个系列、多个配方的做法起到的也应该是这个作用。但是，在中国婴幼儿配方奶粉市场，甚至在整个乳品市场，这样一种策略很大程度上被企业用来将消费者引向“高端化”的非理性消费模式。乳品的特点是同质化，只要达到质量安全相关指标的要求，即使脂肪、蛋白含量有一点差异，产品品质也是非常接近的，没有所谓高端、低端之分。但是，目前存在各种配方高度相似，甚至完全相同的奶粉，被分别冠上高端、低端的标签。这种情况下，高端系列向消费者传递的实际上是微乎其微、甚至根本不存在的品质差异。这不仅仅误导消费者的选择，在消费行为不成熟、消费者对乳品质量缺乏信心的情况下，还会因为消费者“非优则次”的疑虑，加剧消费者对大众消费乳品的不信任，阻碍整个乳品行业的健康发展。长远来看，《配方注册管理办法》的出台将有助于规范婴幼儿配方奶粉生产企业的行为，让产品系列的设定能够提供正确的、有利于消费者选择的信息，也进一步帮助恢复消费者对大众消费乳品的信心，将消费者引向理性消费模式，最终起到促进乳品市场健康发展、持续发展的目的。

参考文献

［1］中国奶业协会．中国奶业年鉴［M］．北京：中国农业出版社．

我国肉鸭产业发展转型对策研究[①]

鄢朝辉

（江西农业大学经济管理学院，南昌 330045）

摘要：近年来，肉鸭产业在我国畜禽业经济中的地位逐渐凸显。伴随肉鸭产业化水平的提升与养殖规模的扩大，我国已成为肉鸭第一生产大国。但限于肉鸭产业起步较晚等桎梏，与其他产业相比，肉鸭产业生产方式总体上仍较为落后。本文从养殖户、养殖企业与市场等多角度进行分析，针对目前我国肉鸭产业发展过程中面临的潜在问题，结合肉鸭产业的发展趋势，从增强优势产品竞争力、产品多元化、改善养殖模式与环境，延伸产品供应链角度入手，提出肉鸭产业转型发展的相关对策。

关键词：畜禽；养殖模式；产业转型

一、研究背景

我国是世界水禽第一生产与消费大国，水禽饲养量占世界总量的 75%以上。水禽包括鸭（肉鸭、蛋鸭、番鸭等）、鹅、鸿雁、灰雁、迁徙水鸟等以水面为生活环境的禽类动物，而肉鸭产业是水禽产业的重要组成部分，其产业规模逐年扩大，进出口量也逐年增多。数据统计分析指出，2015 年世界鸭肉及鸭肝进口总量为 27.7 万吨，其中，从鸭肉进口状况上看，以中国 4 万吨为最大进口国，其次是德国、沙特阿拉伯、法国、英国、捷克等。从鸭肉出口状况上看，以中国 10 万吨高居榜首（主要为中国香港市场，约占 65%），其次为吉尔吉斯斯坦、格鲁吉亚语、泰国、巴林以及中国澳门地区等[1]。

在我国肉鸭产业快速发展的同时，由于市场供求关系变化，肉鸭产业出栏量、产肉量、价格等波动频繁且幅度较大，还存在肉鸭产品质量保障能力差等问题，导致企业市场竞争力不足，出现肉鸭出栏量增加，但肉鸭总产值下降的现象。至 2015 年，世界肉鸭出栏量约 45 亿只，亚洲约占 84.1%，欧洲约占 11.2%，美洲与非洲约占 4.7%。中国 2015 年商品肉鸭出栏量为 28.62 亿只，占世界出栏量的 68.4%，肉鸭总产值为 831.9 亿元。相比之下，中国 2016 年商品肉鸭出栏量为 30.41 亿只，较 2015 年增长了 6.3%，但是肉鸭总产值为 744.8 亿元，较 2015 年下降了 11.7%。[2-3]

---

① 作者简介：鄢朝辉（1997—），男，硕士研究生，研究方向为畜牧经济，E-mail：1349565144@qq.com。
基金项目：江西省现代农业产业技术体系水禽产业经济岗专家项目（JXARS-09）。

二、肉鸭产业发展面临的问题

（一）养殖区域划分约束养殖范围

近年来，畜牧业生产快速发展，对增加农民收入发挥了重要作用。但是，随着养殖总量不断上升，农村环境承载压力增大，畜禽养殖污染问题日益凸显。为统筹推进畜牧业生产发展与畜禽养殖污染防治，农业部和环境保护部共同制定了《畜禽规模养殖污染防治条例》和《水污染防治行动计划》，提出了对禁养区和限养区的划分，地方政府对畜禽养殖进行“三区划分”，这使得肉鸭的养殖生产受到了很大的约束，可养区的范围明显缩小。

（二）落后的养殖模式导致疫病防控与食品安全问题突出

疾病对我国水禽养殖业的危害十分严重。一方面疾病危害水禽健康，降低水禽的生产性能和养殖业的经济效益；另一方面给食品安全性带来隐患，危害人类健康。能否严格控制疾病已经成为我国水禽养殖业能否健康发展、水禽产品能否进入国际市场的关键。鸭与鸡相比，抗病力较强。但是我国现行饲养模式粗放，不利于鸭疫病的预防与控制。

目前我国的肉鸭养殖业主要采用低投入、开放式大棚生产模式，农村家庭庭院大棚分散饲养占全国总饲养量的90%。因为庭院式饲养以地面平养为主，部分养殖户采用网上平养，且一味追求养殖数量，不讲合理密度。导致养殖户之间棚舍相距太近，肉鸭饲养密度过大，使肉鸭互相拥挤，采食、饮水不均匀。并且，其基础设施和设备非常简陋，饲养卫生条件较差，用具到处乱放，粪便及垫料不及时清理，养殖技术落后，鸭病交叉感染十分严重。

更值得注意的是：我国大部分从业者对水禽疾病存在严重的错误认识，即“重治轻防”，对防疫认识不足，重视不够，存在侥幸心理。我国肉鸭养殖从业者有相当一部分人是小农户，药物使用非常普遍、频繁、严重。养殖户消毒也是各自为政，养殖小区内的养殖户不能互相配合．没有统一严格的消毒计划，很难做到统一的消毒频率和时间。甚至有的养殖户平时不注意消毒．当周围棚舍或自己的鸭群发生疫病时再消毒，为时晚矣。

我国肉鸭年出栏量约24亿只，成活率平均按95%计算，每年因疾病死亡造成的直接经济损失可达18亿元，因疾病引起的生产性能下降、兽医卫生开支加大和其他经济损失难以估量。近年来，禽流感、小鸭肝炎、鸭浆膜炎、大肠杆菌等疾病已经给我国的养鸭业造成重大经济损失。尤其是禽流感的暴发，对肉鸭等养殖产业更是造成毁灭性的影响。例如，H7N9禽流感自2013年来势汹汹席卷了整个中国乃至全球的肉鸭养殖业，到2017年H7N9流感已经影响了肉鸭养殖业整整4年，4年间肉鸭类产品严重滞销，价格大幅下跌，养殖户可谓损失惨重，然而接连出现人感染H7N9流感，更是增加了人们心中的不安全感，加剧了肉鸭等禽类产品的滞销，也加大了养殖户的损失。

除了肉鸭企业自身因疾病造成的影响，其他相关企业的食品安全问题也会加大消费者对整个产业的抵触心理。我国食品安全事件屡屡发生，毒奶粉，死猪肉等相继出现，媒体常热炒这类事件。越来越多的食品安全报道以负面和揭露为主，甚至刻意渲染，让消费者更加恐慌，给消费者心理带来了一定的负面影响。加上最近微信、微信公众号等自媒体的出现，更让媒体行业良莠不齐，部分媒体为了追逐自身利益，报道失实或有偏差，以致造成无辜企业甚至产业的不当损失以及其他社会不良影响。

（三）中小企业难以应对市场经营风险

我国肉鸭养殖企业大多数为中小企业，在经济全球化不断发展的趋势下，企业间的竞争逐渐演化成产业链间的竞争。由于我国肉鸭养殖企业发展较晚，在供应链管理能力上存在明显不足，面临客户需求波动、运营资金短缺等方面诸多风险。

第一，我国肉鸭养殖企业存在信息传递风险。当信息传递不准确时，就会导致供应链行为主体决策失误，中小企业在获取市场信息方面具有劣势，获取的信息滞后、不完全的风险较高。由于上游供给企业凭借自身优势牢牢控制着信息的传播和供给，中小企业便不能迅速调整产业规模或者结构来适应市场需求变化。当肉鸭养殖有利可图时，有些养殖户不根据市场需求盲目扩张，买入雏鸭，新建棚舍，盲目扩大再生产。由于市场的滞后性，待到肉鸭上市时，太多养殖户增加了养殖量，扩大了规模，这时市场上肉鸭供过于求，价格降低，甚至出现肉鸭无处可销，只能贱卖或者含泪屠杀，导致养殖户严重亏损。

第二，我国肉鸭养殖企业缺乏市场定价权和谈判能力。处于供应链中核心地位的主要客户的需求变化对企业发展具有较大的影响，而中小企业往往只能依托少数大客户，因此缺乏市场定价权和谈判能力。中小企业对存货的管理能力偏弱，当肉鸭市场需求不足时，养殖过多的肉鸭导致企业大量资金占压，而在肉鸭市场需求旺盛时存货不足，难以满足需求，导致顾客流失。我国肉鸭养殖企业在短期内难以形成品牌效应，因此具有很低的客户忠诚度，使企业面临需求的不确定性。中小企业在生产运营环节由于资金占压，导致资金循环不畅、周转困难，应对市场波动风险的能力有限，最终导致利润大幅度减少，甚至破产和淘汰。

（四）消费结构转变加快，供给侧结构调整缓慢

随着我国居民收入水平的持续提高，城乡居民消费需求也在不断升级，不仅要吃得饱更要吃得好，居民对农产品质量安全的关注度和要求不断提高，对安全、优质农产品的需求增多，市场需求变化将倒逼畜禽养殖生产调整，推动低碳化、循环化发展。

而近年来，我国肉鸭行业和主要生产企业重视产量增长，盲目扩张，忽视消费引导、产品宣传和品牌创立工作，导致鸭肉产品区分度较低、同质化强，缺乏高质量产品，很难迎合居民对优质肉鸭产品的需求；加之我国肉鸭产品出口竞争力不强，导致我国肉鸭产品出现结构性相对过剩——一般性同质化产品量大价低，高品质产品供给无法满足消费需求，这种现象进一步反映了供给侧结构性改革缓慢的问题。

（五）出栏量增加，加工能力不足

我国肉鸭出栏量近年持续上升，但是肉鸭加工行业却发展缓慢，有些肉鸭加工企业出现经营艰难，甚至有些厂家倒闭，目前只有河南华英、山东乐港、临沂八湖、香河正大等几家规模较大的厂家从事鸭肉加工，其他的便是一些小屠宰场对肉鸭进行一些简单的粗加工，加工能力严重不足。我国肉鸭行业整体深加工水平较低，产品品种少、保存期短、附加值低，深加工水平有待提高。

（六）融资难问题依然存在，企业规模扩张受限

畜禽企业目前普遍反映生产经营活动中存在的主要问题是“融资难、难融资”。究其原因主要是：

第一，畜禽有些企业生产经营中存在欺诈经营、制假售劣等，恶意逃避银行债务，报虚假财务信息，再加上行业先天风险性的制约，这些因素都共同导致畜禽行业整体诚信形象欠佳；

第二，银行等金融机构风险控制。金融机构认为养殖业生产周期长、风险大、工作量大、获利少，不愿将资金往畜牧业上投，在信贷营销方面始终坚持“一压”（压畜牧业贷款规模）、“二并”（撤并信贷机构）、“三减”（减少畜牧业信贷人员）、“四重”（重点行业、重点企业、重点地区、重点客户）方针；

第三，行业企业或个人融资渠道偏少。目前，由于行业企业或个人的自身信用较差，出现了恶性循环。企业资本金少，原始积累不足，有效资产不多，银行等金融机构借款少，开出的银行承兑汇票有限。

以上种种因素合力导致肉鸭生产、经营、加工等相关行业的企业或个人向银行等金融机构融资一直十分困难，资金不足已成为制约行业发展的“瓶颈”。企业规模扩张也受到了限制。

三、肉鸭产业发展转型升级对策

综上所述，我国肉鸭产业目前面临传统养殖模式所占比重较大、产业规模小、产品单一、层级低、布局不合理、污染严重、产业链短、产品同质化强、缺乏高质量的优质产品、加工能力不足等诸多问题，肉鸭产业发展亟待转型升级。

目前肉鸭产业转型升级具体方法包括培育优良品种，提高行业深加工能力和水平，对落后的饲养模式进行全面改进，延长产业链，培育和引进优秀的管理人才和管理经验，运用物联网技术和大数据等。由于肉鸭产业转型升级能够促进农业现代化、产业绿色化，我国应加快形成一批特色鲜明、优势明显、质量效益好的支柱肉鸭相关企业。根据之前的分析，以下为本文对肉鸭产业发展转型升级的一些对策。

（一）增强优质特色产品竞争力

樱桃谷鸭是英国樱桃谷农场引入我国经多年培育而得到的优良品种，因楼桃谷鸭具

有生长快、瘦肉率高、净肉率高、饲料转化率高及抗病力强等优点，且性情温驯、既耐寒又较耐热，不善飞翔、易合群、好调教、方便大群管理。因此很多养殖户便大批量采购这种鸭进行养殖，如今以樱桃谷鸭为主体的肉鸭已经严重生产过剩。因此，肉鸭产业发展一定要突出区域优势、特色，因地制宜。

调查显示，以地方优质鸭或者其杂交鸭产品消费需求有明显增加，如江西丰城华英禽业利用丰城市当地丰富的硒资源，大力生产加工富硒麻鸭，受到了消费者广泛的喜爱。丰城华英禽业在肉鸭饲料全面采用“玉米＋豆粕＋豆油”型配方，不使用任何动物源性的饲料原料；在肉鸭养殖方面采取“公司＋基地＋农户”的合作模式发展肉鸭养殖生产，养殖基地（占公司肉鸭出栏总量的80％以上）由公司按照统一标准规范化建造，严格的生产管理制度和先进的生产设备保障了华英公司肉鸭产品一流的品质。2016年11月6日，江西丰城华英产业园屠宰加工主项目在江西省丰城市生态硒谷现代农业示范区开工建设。丰城华英产业园项目总投资6.6亿元，计划兴建年屠宰3 000万只富硒麻鸭、年产2万吨精品熟食、年产30万吨富硒畜禽饲料3个子项目的禽类综合加工园区。大力推动了传统农业向现代农业转型，促进了肉鸭产业发展转型升级。

（二）推动肉鸭产品多元化发展

我国地方肉鸭品种突出，肉鸭品种具有多样性的特点。优良的品种有北京鸭、高邮鸭、巢湖鸭、建昌鸭、花边鸭等。肉鸭产品消费市场呈现出多元化的特点：华北地区多以烤鸭为主，华南地区为烧鸭，在华东、华中地区则主要以销售咸水鸭、酱鸭、板鸭、卤鸭为主，而西南地区卤鸭、板鸭、酱鸭、樟茶鸭的市场份额较大。肉鸭品种的多样性和消费市场的多元化特点决定了肉鸭产品需向多元化发展。

肉鸭产品多元化也是肉鸭产业转型升级的必由之路。肉鸭产品多元化一是可以分散肉鸭产品的风险，多种产品有利于规避市场风险；二是可以充分利用资源，肉鸭产品多元化有利于行业内的资源整合，形成资源互补，提高行业竞争力；肉鸭产品多元化可以充分利用行业内部优势，增加利润来源渠道，促进肉鸭产业进一步转型升级。所以肉鸭行业需要增强肉鸭产品的竞争力、整合行业内资源、利用行业内部优势拓宽利润来源渠道、规避市场风险、共同推动肉鸭产品多元化发展。

（三）养殖技术转型

目前肉鸭养殖较为成熟的技术共三种：肉鸭笼养、肉鸭网床养殖、肉鸭网床结合发酵床养殖。

肉鸭笼养，广义上是指将肉鸭饲养于笼子中的生产和生活方式；狭义上的肉鸭笼养是将肉鸭全程饲养于笼子中，并配备自动化的养殖、粪污处理等设备。肉鸭笼养能够有效解决传统肉鸭养殖带来的环境污染严重、鸭肉质量得不到保障、鸭群疾病得不到有效防控等问题，提高劳动效率3倍以上，增加单位面积饲养量50％以上，优点越来越被行业和市场认可，已陆续有许多肉鸭养殖企业相继引进和应用，前景非常广阔。

肉鸭网床养殖即指利用竹木、钢网、钢筋水泥等材料搭建起一个网床，将肉鸭放置于网床上饲养的方法。利用网床养殖具有以下优点：①动物离开地面，减少冬季地面传导散热的损失。②由于粪尿、污水能随时通过网格漏到粪尿沟内，减少了畜禽接触污染的机会，床面清洁卫生、干燥，能有效遏制畜禽疾病的发生和传播。③能有效提高畜禽的成活率、生长速度、个体均匀度和饲料利用率[6-7]。肉鸭网床饲养与放牧和地面平养相比，具有发育整齐、成活率高、省工、易管理、不受季节限制、饲养周期短、发病少、饲料转化率高等优点，极具推广价值。

肉鸭网床结合发酵床养殖模式是指将肉鸭网上养殖和生物发酵床养殖技术相结合，兼具两者的优点，通过对网架结构、发酵床和饮水管进行创新改进和完善，在鸭舍内实现粪便原位降级，肉鸭养殖真正实现粪污的零排放。采用专用的管式饮水器代替传统的饮水区，节约了鸭舍冲洗用水，同时也增加了有效使用面积，一般可增加 10%～20%，提高了鸭舍的载鸭量；肉鸭不与垫料接触，有利于控制球虫病、沙门氏菌菌病的感染概率，降低了生物安全风险，节省了用药成本；肉鸭网养密度可以达到 8～10 只/平方米，比平养密度提高 30%；且垫料通过旋耕机耙翻后变蓬松，肉鸭接触不到垫料，垫料不再被压实，确保里面有充足的空气，易于通风散湿，使用期更长，能使用养殖 30 个批次，使用期限延长 30%～50%[8]。这种养殖模式与传统方式相比，一是实现了肉鸭养殖零排放，节约了用水，二是改善了养殖环境，三是提高了养殖效率和效益，非常值得推广。

（四）践行绿色生态养殖理念

国家主张推行绿色发展和可持续发展，加之新《中华人民共和国环境保护法》的实施，畜禽业生态养殖理念渐渐深入人心，现代肉鸭生态养殖是有别于农村一家一户散养和集约化、工厂化养殖的一种养殖方式，是介于散养和集约化养殖之间的一种规模养殖方式，它既有散养的特点——畜禽产品品质高、口感好，也有集约化养殖的特点——饲养量大、生长相对较快、经济效益高。

新型的肉鸭笼养模式、网床饲养、发酵床饲养、网床加发酵床饲养、立体循环养殖模式的逐渐推广，有效地改善了肉鸭养殖环境、降低了粪污的排放，并且降低了疫病的发病率，提高了养殖效率和效益。

此外，新型的养殖模式利用无污染的水域如湖泊、水库、江河及天然饵料，或者运用生态技术措施，改善养殖水质和生态环境，按照特定的养殖模式进行增殖、养殖，投放无公害饲料，不施肥、洒药，使污水粪便能够有效地排出舍内，减少了畜禽接触污染的机会，有效遏制畜禽疾病的发生和传播，养殖周边环境得到了明显改善，有利于减少疫病发生。

生态养殖和新型养殖模式的推广，有利于提高肉鸭等相关产品的质量，有利于建立肉鸭产品可追溯体系，建立食品的召回制度，逐步建立我国食品安全信息系统，保障食品安全，提高民众的信心，帮助企业出口到已经实施可追溯的国家，具有深远的社会和经济意义。

（五）延伸产业链

肉鸭产业链大致为：玉米、小麦、豆粕等饲料原料种植—饲料生产—繁育及养殖—

屠宰及肉类加工—肉类深加工产品销售和生鲜冻品及副产品（羽绒）销售—消费者。

可以看出，肉鸭养殖及屠宰加工行业的上游是粮食产业，主要粮食产品如玉米、豆粕、小麦等的价格、产量对禽类产品的生产、销售都有一定的影响。国内肉鸭上游产业发展中饲料品种缺乏科学开发且饲料价格波动幅度较大，这便需要肉鸭产业进入到饲料行业并且对饲料品种进行科学开发，能够在一定程度上稳定饲料价格，规避市场风险。

肉鸭中游产业化程度偏低，除了小部分大型企业如华英农业、内蒙古塞飞亚集团等已经拥有了完善的鸭苗培育体系和规模培养体系，大部分肉鸭养殖户采取小规模经营方式，养鸭生产从供种、供料、技术服务、产品加工、流通等主要生产环节，产业链相互脱节，产供销信息不灵，产销矛盾突出，利益分配不均，造成市场波动大，生产起伏不平，严重影响了商品生产者的积极性和生产的持续稳定发展。

肉鸭下游产业的最终产品附加值偏低，下游产业与肉鸭业快速发展的形势不相适应，并且形成“瓶颈”效应，肉鸭产品加工业跟不上。不但无法缓解由于市场经常性价格大幅波动所带来的经营风险，也无法增加肉鸭加工产品附加值。我国传统的肉鸭产品加工业多是手工作坊式的，加工手段落后、加工产品档次低，产品质量与卫生标准已不能满足现代生活的需要。

通过分析，显然目前肉鸭产业链并不合理。随着人们生活水平的逐步提高，消费者的食品卫生与生物安全意识亦愈加强化，出于长远考虑，一是必须建立肉鸭加工产品国内、国际市场准入标准，以使肉鸭加工产品在保障食品安全的前提下，顺利进入国内、国际两大市场。二是建立肉鸭产品深加工体系，不但解决好肉鸭屠宰加工工艺、技术、设备与配套，还要形成既包含烤鸭、腊鸭、板鸭等传统加工产品，又包含羽绒、羽毛粉、分割肉、肥肝、掌、翼、肉骨粉、油脂等系列产品的配套加工体系。建立完善的肉鸭产品加工体系，充分发挥好肉鸭加工业的优势，将根本消除肉鸭业发展中的制约“瓶颈”，为肉鸭业发展形成新的产业链和增长点，极大地推动肉鸭产业发展。

（六）开展“互联网+”肉鸭养殖加工销售，探索O2O一体化模式

物联网所构建的渠道为消费者带来了购买肉鸭产品的便利，并为人们提供了一条方便快捷的信息通道。生产者能够快速了解市场，了解竞争对手以及用户的要求，调整自己的行为及趋向，实现向消费者的直接配送，减少流通交流环节，降低流通成本降低或节约，使顾客得到更多实惠。网络营销职能的虚拟化能够使一些消费者或者企业对肉鸭产品进行比较进而再选择，用低廉的价格获得最好的服务。消费者网络订单有利于降低库存，因此降低了流动资金占用费，节省了大量成本。例如，江西泰和汪陂途公司从传统的泰和乌鸡活鸡和鲜蛋销售逐步拓宽到熟食乌鸡加工食品和乌鸡蛋桃酥、面条等衍生产品的开发销售，并建立“农超对接”的线下销售超市和天猫、京东旗舰店等线上销售平台，产品热销省内及北京、深圳、上海、南京等地，年销售收入由2015年的1 200万元增至1 800多万元，是产业融合实现跨越发展的一个典型案例。

参 考 文 献

[1] 侯水生，黄苇，张林，等．我国养鸭业发展现状与问题分析［J］．中国禽业导刊，2016（24）：23-24.

[2] 王晓峰．国内外现代化肉鸭养殖系统简析［J］．水禽世界，2010（6）：12-14.

[3] 贾雁．现代高效水禽业的突围之路——西南地区水禽繁育技术研讨暨养殖技术培训集萃［J］．农村养殖技术，2010（17）：6-9.

[4] 王丹．肉鸭笼养优缺点［J］．乡村科技，2013（9）：33.

[5] 刘芝美．肉鸭养殖存在的问题及对策［J］．新农业，2013（17）：33-34.

[6] 段杰．畜禽高效养殖模式——网床养殖［J］．农村新技术，2016（4）：4-7.

[7] 常维山，陈静，付石军，等．零排放网床结合肉鸭发酵床养殖模式初探［J］．北方牧业，2016（6）：24.

[8] 汲贵菊．高网发酵床生态养鸭综合技术［J］．中国畜牧兽医文摘，2016，32（08）：93，69.

中国休闲农业发展中的鸡文化挖掘①

邓蓉[1]　陈余[2]

（1 北京农学院，北京 102206；2 北京市畜牧总站，北京 100107）

摘要：中国有悠久的养鸡历史，产生了丰富多彩的鸡文化。本文从中国悠久的养鸡历史和鸡文化历史、关于鸡的美好传说、关于鸡的诗词歌赋、有关鸡的各种艺术品、鸡美食文化和鸡文化助推休闲农业发展等几个方面，分析了中国休闲农业发展中的鸡文化挖掘问题。

关键词：养鸡历史；鸡文化；休闲农业

中国是世界上养鸡历史最长的国家，从已有的文献来看，中国养鸡起源于新石器时代，至今已有约 7 000 多年历史。据《农业考古》杂志统计，我国考古发掘出的与养鸡有关的史料有 180 处，其中新石器时期 18 处、商周春秋战国时期 7 处、汉代 72 处、三国时期 12 处、魏晋南北朝时期 36 处、隋唐时期 28 处、五代十国时期 7 处。由此可见，中华民族养鸡历史悠久，养鸡与我们祖先的生活密切相关。伴随着养鸡这一农事活动的几千年传承，有关养鸡的乡土文化也在不断传承和发展。

在经历了改革开放以来近 40 年的经济高速增长之后，中国的农业和乡村经济也呈现出了繁荣发展的趋势，农产品的供给和保障水平也有了很大的提高。伴随着中国新农村建设的开展和城乡一体化发展进程的加速，休闲农业也开始萌芽和发展。休闲农业的发展是农业多功能拓展的重要路径，也是促进乡土文化的挖掘与传承的重要途径，而其中传承几千年的中华民族优秀的鸡文化挖掘就是乡土文化挖掘与传承的重要内容。在中国发展休闲农业的背景下，深入挖掘和传承历史悠久的鸡文化，对于繁荣和发展乡村经济、对于保护和发扬悠久的乡土文化传统都有着重要的现实意义。

一、中国有着悠久的养鸡历史和鸡文化历史

（一）新石器时代的遗址出土过家养的鸡骨和陶鸡

有大量的历史资料已经证明了中国有着悠久的养鸡历史。在新石器时代的许多遗址都曾出土过家养的鸡骨，这说明当时人们已经能把野雉驯化为家鸡。在湖北省天门市境

① 基金项目：国家社会科学基金项目（项目编号：13BGL098）、北京市哲学社会科学规划重点项目（项目编号：10AbZH172）。

内的石家河文化遗址中（新石器时代）[1]，就有大量的陶鸡出土，其中包括陶制雄鸡、雌鸡和雏鸡，造型十分生动（详见图 1）。另外，石家河文化遗址中还有鸡形陶壶等鸡形器物的出土。

图 1　湖北省天门市境内的石家河文化遗址出土的陶鸡

注：图中 1、2、3 为雄鸡，4、5、7 为雌鸡，6 为雏鸡

从许多遗址发掘的成果可以看出，在长江流域与黄河流域，我们的祖先很早就有了养鸡的习俗而且开始产生了对鸡的崇拜。河北武安磁山遗址，属于华北新石器时代的遗址，从出土文物来看，当时的农业已经很发达，从遗址中发掘出的动物骨骼不仅数量大，而且种类很多。经科学考证，从河北武安磁山新石器时代遗址发掘出的鸡骨属于距今约 7 000 年前我们祖先驯养的家鸡。这就从实物证据上证明了中华民族驯养家鸡的历史已经长达 7 000 多年[1]。

（二）大汶口遗址出土了刻画有鸡形状的陶器

在距今 5 000 年前的大汶口文化遗址中，出土了刻画有鸡的形状的陶器。由于当时养鸡与人们的生活习俗关系密切，从出土的陶器来看，有的鸡形象已经被神化，“鸡”作为文化符号已经开始登上了神坛。考古学家邹衡先生经研究认为，这种器物应该属于“鸡彝”（刻画有鸡形图饰的祭祀用的酒尊），“鸡彝”后来被山东龙山文化、夏文化继承并改造，成为夏代的重要礼器——灌尊。“鸡彝”早期形态是袋足鬶，后期形态为封口盉，形状都与鸡相似。中国山东地区是“鸡彝”的主要原产地。

山东及其邻境地区原本就是东夷之地，因为鸡鸣以后才有日出东方，所以古人认为是鸡唤起了太阳，鸡是太阳的使者或是传令者。由此，山东及其邻境地区就产生了对于鸡的图腾崇拜。山东地区的陶制礼器“鸡彝”，后来传入了长江流域。从新石器时代晚期到夏商时期，长江流域也广泛流行着与鸡图腾崇拜相关的“鸡彝”，在四川、重庆、湖北、湖南、江西、安徽、江苏、浙江、上海等地均多有“鸡彝”出土、这就说明这种器物当时已经遍布长江流域。而且，从“鸡彝”在长江流域不同地区出土文物的年代顺序来看，可以证明“鸡彝”是由山东及其邻境地区传到东南地区、中南地区，最后再传到西南地区的[2]。

（三）中国最早的农事历书记载了鸡生蛋育雏的规律

在公元前2100—前1600年夏代的《夏小正》（中国现存最早的一部农事历书）一书（图2），就详实地记载了鸡的习性，并描述了“正月鸡孵粥”，意思是“母鸡生蛋自孵鸡雏”，同时，这也表明“正月”是孵小鸡的最好季节。这一传统一直为后世所采用。在传统的农耕时代，农家的确是以正月鸡生蛋育雏的孵化率高、出雏率也高，同时这也有利于雏鸡在春暖花开的季节快速生长发育。在我国某些偏远的山区，至今仍然保留着正月里老母鸡抱窝孵蛋的传统。时至今日，尽管现代鸡蛋人工孵化技术已经打破了传统的育雏季节性，但鸡的孵化育雏仍然是以正月种蛋为最优。

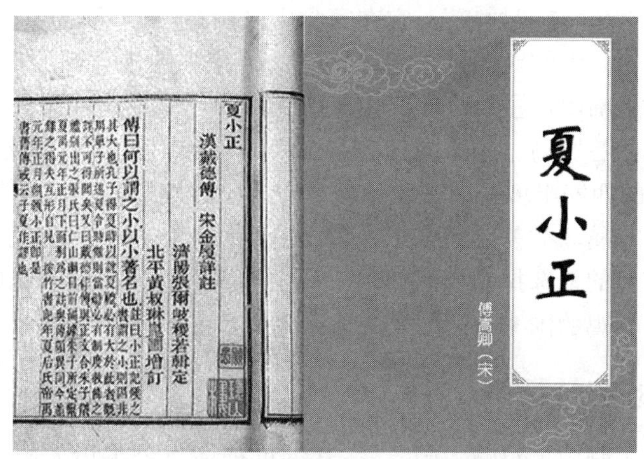

图2 中国最早的农事历书《夏小正》

（四）三星堆遗址出土了青铜制作的“金鸡”

在四川广汉三星堆商代晚期遗址出土了青铜制作的“金鸡”和青铜“扶桑神树”，二者都是当时人们对于日神崇拜的产物。《神异经·东荒经》：“盖扶桑山有玉鸡，玉鸡鸣则金鸡鸣，金鸡鸣则石鸡鸣，石鸡鸣则天下之鸡悉鸣。”扶桑山因传说有扶桑树栽种而得名。所谓扶桑树，就是古代传说中一种两两同根偶生，像互相扶持的神树[3]。三星堆遗址所出土的青铜神树共6株，如置两株于一处，正是两树相扶。青铜树有9枝，每枝上有一鸟，符合传说中的扶桑“九日居下枝，一日居上枝”的说法。金鸡与扶桑神树同出，说明在当时的祭祀礼仪中，二者都具有重要作用。

金鸡与扶桑、太阳的关系源出于古代现实生活中鸡与桑树、太阳的关系。东晋陶渊明在《归田园居》中写道："鸡鸣桑树颠"。由此可知，古代的鸡可以飞至桑树的最高枝啼鸣，鸡啼则日出。在民间流传的神话传说中，就成了"扶桑金鸡鸣，日出扶桑树"，金鸡就居于扶桑树枝上了[4]。

二、关于鸡的美好传说

（一）鸡的神话意义

鸡在中国的创日神话中，有幸充当了创日第一日所造之物。《太平御览》卷三十引《谈薮》注云："一说，天地初开，以一日作鸡，七日做人。"鸡成为创日神话第一日所造之物，这与鸡的神圣意义有关。叶舒宪先生在其《原型数字"七"之谜》中这样描写鸡，"人日创日神话中第一日所造之鸡，表面看是一种动物，在神话思维中却是某一特定的空间方位——东方的象征。神话学家们认为，创日神话表达的从混沌到有序，从黑暗到光明的主题，是以初民日常经验中的东方日出，白昼取代黑夜的自然现象为蓝本。"我国民间视鸡为吉祥物，认为它可以避邪。事实上，鸡确实可以吃掉各种毒虫，为人类除害。所以，新年第一天民间常常以红纸剪鸡做窗花，而且还把这一天定为"鸡日"[1]。

鸡古称"德禽"，又名"烛夜"。它在家禽中虽然是小个子，但它却是动物中的"元老"之一。自古以来，人们对鸡都是深怀好感的。家鸡的祖先叫原鸡，原鸡身轻能飞，雄鸡喜欢栖息在树上啼唱，主要分布于南亚次大陆由巴基斯坦往东一直到中南半岛，并延伸向爪哇岛和苏门答腊岛。中国的云南省、广西壮族自治区和海南省均有原鸡分布。早在 6 000 多年前的西安半坡仰韶文化遗址就曾出土过鸡骨，经鉴定其属于原鸡属的鸟类。这说明那时原鸡属鸟类就已经分布在黄河流域一带。把原鸡驯化为家鸡，是人类利用生物的变异性有目的地选择驯养的结果。从全球来看，家鸡的驯化以亚洲为最早，中国就是世界上最早养鸡的国家之一[5]。

（二）苗族的鸡神话

苗族鸡神话的主题为"鸡喊太阳"。在其创世神话《公鸡请太阳》中说，远古的时候，天上没有太阳和月亮，地上草木不生、庄稼不长[6]。先民们就造了 12 对太阳和月亮挂在天上。12 对太阳和月亮不听从人们的安排，一齐出来就晒得天下草木干枯、万物生烟。一个神箭手就把 11 对太阳和月亮射了下来，剩下的一对太阳和月亮被吓得魂飞魄散、再也不敢露面，顿时大地又沉浸到黑暗之中。

先民们又开始商量该派谁去把太阳请回来。先是派了蜜蜂、黄牛、老虎、狗去请太阳回来，结果都没把太阳请回来。最后，还是派了大公鸡去，大公鸡引吭高歌，结果就把太阳请了出来。此后，天空中剩下的一对太阳和月亮轮流出现，地上有了白天和黑夜，每当大公鸡鸣唱，太阳就会升起，大地上万物生长、庄家茂盛，人们则安居乐业。

（三）鸡有“五德”

西汉燕人韩婴所著的《韩诗外传》说：“头戴冠者，文也；足搏距者，武也；敌在前敢斗者，勇也；见食相呼者，仁也；守夜不失时者，信也。”由此，人们开始认为鸡有“五德”。其一，“头戴冠者，文也”，其中的“冠”与“官”谐音，“文”即“礼”之意，这说明鸡寓意“有礼”；其二，“足搏距者，武也”，“距”是脚后面突出的类似足趾之物，故含有“趾高气扬、英武”之意；其三，“敌在前敢斗者，勇也”，在遇到危险时，鸡会高声尖叫，勇敢迎战，展现出英勇气概；其四，“见食相呼者，仁也”，鸡找到吃食之后，会“咯咯咯”地呼唤同伴前来一起食用，说明鸡不吃独食，关照同伴，有仁爱之心；其五，“守夜不失时者，信也”，雄鸡天天报晓，从不失时，展现出准时而守信的优良品性。

（四）鸡是禽鸟——象征爱情

东汉时期著名哲学家王充在《论衡》中说：“鸟兽含情欲，有与人相类者矣。”在鸟类与兽类之间，中国人往往对于禽鸟之爱表现出更多的关注与倾慕，人们常常借助禽鸟来象征社会生活中的男女之爱。黄梅戏传统曲目《天仙配》中，也用“树上的鸟儿成双对”来描写董永与七仙女的恩爱生活，这就是用禽鸟来比喻爱情的一个例子。

古人对禽鸟之爱的艺术化、理想化的加工与升华，是古人对于理想化的两性情感境界的形象化表达。所以，“比翼鸟”常被用来比喻形影不离的爱侣，白居易在《长恨歌》中便有“在天愿作比翼鸟，在地愿为连理枝”的著名诗句。唐代诗人李商隐写下了著名的《无题》诗篇：“相见时难别亦难，东风无力百花残。春蚕到死丝方尽，蜡炬成灰泪始干。晓镜但愁云鬓改，夜吟应觉月光寒。蓬山此去无多路，青鸟殷勤为探看。”诗中还把禽鸟（即青鸟）当作爱的使者，这也从一个侧面表达了鸡象征爱情的寓意。

（五）鸡护佑儿女健康成长

在河南的灵宝一带，每年到了五月五的“端午节”（民间又称“端阳节”或“女儿节”），为祈盼儿女健康成长，妇女们都会剪一对昂首挺胸的大公鸡剪纸贴在自家门上[7]，公鸡的嘴里叼着蝎子，或是肚子里装着蜈蚣等毒虫，用来护佑孩子健康成长。他们还用黄表纸书写：“五月里五端阳，吃粽糕啊饮雄黄，金鸡贴在房门上，害人毒虫全死光”，以此来保佑家人平安。

在鲁南一带，每到立春前夕，妇女都会用彩色碎布缝制一种叫“迎春公鸡”的小饰物，并在立春那天给孩子们佩戴在身上，寓意是“驱邪纳吉（鸡）”。到了端午节时，家家都要缝制一种叫“鸡心香袋”的小饰物（内装香料，样子像鸡心），“鸡心”的谐音是“记性”。母亲们给孩子佩戴“鸡心香袋”，就是祝愿儿女们长大后读书有好记性[7]。

（六）“鸡”寓意“吉祥”

鸡者，吉也！大吉大利是中华传统文化的重要组成部分，也是人类共同的文化心态。农历的酉年为鸡年，因此人们常说“酉鸡有吉”。以“鸡”为主题的艺术品和精神产品历代都是层出不穷，比如远古时代的“鸡彝”、唐代的彩色釉陶鸡、清乾隆年间的玉鸡等[1]。

鸡作为吉祥之物被运用至各种民俗艺术中。我国民间有给小孩穿“鸡头鞋”的习俗，在小孩过周岁生日时，小孩的外婆要赠送“鸡头鞋”给小孩。民谣这样说：“过岁不穿鞋（即“鸡头鞋”），长大不成才。”鸡头鞋造型有趣，寓意孩子一生吉祥。还有些地方流行“鸡枕”，据老人们说：“娃娃枕鸡枕，乖巧又聪明。”

此外，民间寓意吉祥的手工艺品还有鸡香袋、鸡围嘴、鸡兜肚、鸡寿枕、鸡围裙、鸡坎肩、鸡荷包等。表现吉庆的鸡剪纸在我国许多地区都很流行，比如有鸡窗花、鸡灯笼花等。民间剪纸的最大特点就是借用鸡的形象取其谐音，再与其他相关物象有机组合，以达到吉祥口彩的效果。如剪纸“鸡吃梨”寓意“大吉（鸡）大利（梨）”，剪纸“公鸡牡丹”寓意“吉（鸡）祥富贵”。

另外，鸡也意味着财富。养鸡多者就能发财致富，这种寓意也反映在神话传说中。《列仙传》就说：“祝鸡翁者，洛阳人也。居尸乡北山下，养鸡百余年。鸡有千余头，皆立名字。墓栖树上，昼放散之。欲引呼名，即依呼而至。卖鸡及子，得千余万。辄置钱去。”由此可见，养鸡可以得千余万钱，历来就是民间致富的路径。这一点，在中国当今社会也有应证。在当今的中国，以发展养鸡起家实现原始积累，进而积聚大量财富者众多。

三、关于鸡的诗词歌赋

中国有悠久的养鸡历史，也由此产生了丰富多彩的鸡文化。自古以来，文人墨客一直在以诗词歌赋的形式吟咏鸡。

在古老的《诗经》中，就有这样的诗句：“风雨凄凄，鸡鸣喈喈；风雨潇潇，鸡鸣胶胶；风雨如晦，鸡鸣不已。”战国时期楚国的爱国大诗人屈原写有“宁与黄鹄比翼乎？将兴鸡鹜争食乎？”的诗句。三国魏诗人曹植写过“斗鸡东郊道，走马长楸间”的诗句。东晋诗人陶渊明在其《归田园居》中就有“暧暧远人村，依依墟里烟。狗吠深巷中，鸡鸣桑树巅”的诗句。南朝宋诗人鲍照有“鸡鸣洛城里，禁门平旦开”的诗句。南朝乐府民歌《华山畿》中也有“长鸣鸡，谁知侬念汝，独向空中啼”的诗句。

唐朝是中国诗歌发展史上的巅峰时代，吟咏鸡的诗句与诗篇为数众多。比如唐人崔道融就写过题为《鸡》的诗：“买得晨鸡共鸡语，常时不用等闲鸣。深山月黑风雨夜，欲近晓天啼一声。”大书法家颜真卿在其《劝学诗》中写道：“三更灯火五更鸡，正是男儿读书时。黑发不知勤学早，白首方悔读书迟。”温庭筠在其《商山早行》中有“晨起动征铎，客行悲故乡。鸡声茅店月，人迹板桥霜”的诗句。诗仙李白在《南陵别儿童入京》一诗中写过“白酒新熟山中归，黄鸡啄黍秋正肥；呼童烹鸡酌白酒，儿女嬉笑牵人衣”的诗句。诗人孟浩然在《过故人庄》中写道：“故人具鸡黍，邀我至田家。绿树村边合，青山郭外斜。”王驾在题为《社日》的诗中写道：“鹅湖山下稻粱肥，豚栅鸡栖半掩扉。桑柘影斜春社散，家家扶得醉人归。”诗圣杜甫也曾借物言志写下了题为《鸡》的诗句：“纪德名标五，初鸣度必三。殊方听有异，失次晓无惭。问俗人情似，充庖尔辈堪。气交亭育际，巫峡漏司南。”唐朝徐寅也写过赞美诗《鸡》：“名参十二属，花入羽毛深。守信催朝日，能鸣送晓阴。峨冠装瑞璧，利爪削黄金。徒有稻粱感，何由报德音。”

宋代可谓是诗歌发展史上的又一座高峰，留存至今的吟咏鸡的诗句与诗篇数量超过了唐朝。比如宋代大文人王安石在《登飞来峰》中就写过这样的诗句：“飞来峰上千寻塔，闻说鸡鸣见日升；不畏浮云遮望眼，只缘身在最高层。”陆游写过题为《鸡犬》的诗：“乡村年久竞农务，秋敛春耕恐失时。我老元无夙兴事，嬾鸡啼晓恰相宜。”刘兼在其诗作《晨鸡》中写道：“朱冠金距彩毛身，昧爽高声已报晨。作瑞莫惭先贡楚，擅场须信独推秦。淮南也伴升仙犬，函谷曾容借晓人。此日卑栖随饮啄，宰君驱我亦相驯。”宋代著名词人辛弃疾所作的《菩萨蛮》写道：“旌旗依旧长亭路，尊前试点莺花数。何处捧心颦，人间别样春。功名君自许，少日闻鸡舞。诗句到梅花，春风十万家。”民族英雄文天祥曾写过《闻鸡》诗：“军中二十日，此夕始闻鸡。尘暗天街静，沙张海路迷。铜驼随雨落，铁骑向风嘶。晓起呼詹尹，何时脱蒺藜。”大文豪苏轼也著有《食雉》诗：“雄雉曳修尾，惊飞向日斜。空中纷格斗，彩羽落如花。喧呼勇不顾，投网谁复嗟。百钱得一双，新味时所佳。烹煎杂鸡鹜，爪距漫槎牙。谁知化为蜃，海上落飞鸦。”

宋代以后，也流传下来不少吟咏鸡的诗词。比如明代“江南四大才子”之一的唐寅的《咏鸡诗三首》就很著名，其一为：“武距文冠五色翎，一声啼散满天星。铜壶玉漏金门下，多少王侯勒马听”；其二为：“头上红冠不用裁，满身雪白走将来。平生不敢轻言语，一叫千门万户开”；其三为：“血染冠头锦做翎，昂昂气象羽毛新。大明门外朝天客，立马先听第一声”。清代的袁牧以《鸡》为题作诗：“养鸡纵鸡食，鸡肥乃烹之。主人计固佳，不可使鸡知。”

四、有关鸡的各种形式的艺术品

有关鸡的艺术品种类众多，内容丰富多彩。这里只介绍陶塑、绘画和剪纸。

（一）有关鸡的陶塑

大汶口-龙山文化出土的“鸡彝”，其造型就是引吭高歌的雄鸡。新石器时代晚期的屈家岭遗址也有陶塑鸡出土。在汉唐时期，出土的鸡雕塑艺术品质地有陶鸡、陶罐、鸡首壶等，有的鸡陶塑品还极富情趣并有一定的文化内涵。

（二）有关鸡的绘画

以鸡入画始于何时，由于遗留下来的实物不多，因此很难确定。汉代画像石上存留的有关鸡的图案就是最早的鸡绘画证明。甘肃嘉峪关魏晋墓中的“扬场图”，其中就有鸡啄食的画面，太原北齐娄睿墓壁画中的鸡是作为十二生肖之一入画的，这也是现存较早的鸡绘画。

在《历代名画记》中，相传记载了一部分关于鸡的绘画，但可惜这部《画记》如今已不复存在。现今节庆时人们在门户上贴的鸡画也是我国鸡绘画历史悠久的一个证明。在门户上粘贴有关鸡的绘画，在我国民间较为普遍。据《荆楚岁时记》记载，“正月一日，三元之日，鸡鸣而起，先于庭中爆竹，贴画鸡，或镂五彩及鸡于户”，宋代就有雏鸡待饲图，八大山人和齐白石都以鸡为题材做过画。

（三）有关鸡的剪纸

剪纸是重要传统民间艺术形式之一，中国于辛酉年、癸酉年、乙酉年三次发行了鸡年邮票，其中癸酉年发行的鸡年邮票就是鸡剪纸。这张剪纸的原型出自河北省献县本斋乡邓家庄的民间剪纸艺术家蔡大娘之手，她曾用一年的时间，剪裁出了剪纸“百鸡图”。鸡是中国民间剪纸的重要创作元素，因此鸡剪纸在我国各地都广为流传。

五、关于鸡的美食文化

鸡肉含有丰富的蛋白质，能维持人体正常的免疫功能、激素平衡以及肌肉收缩力，对人的健康，尤其是大脑健康有着特殊重要的意义。

早在狩猎时代，远古的先民就将鸡作为狩猎对象之一。狩猎得来的鸡经过烧熟成为美食，这也就刺激了他们很早就开始将原鸡驯化为家鸡，并通过圈养以便随时食用。在夏商周时代，人们以鸡祭神祭祖，这也说明鸡肉是当时最好的食物之一。到了秦汉时期，对鸡的烹调方法已经相当讲究。比如，马王堆一号汉墓出土的遣策中就写有“濯鸡”“炙鸡”“鸡白羹”等多种有关鸡的美食。

无论是北京油鸡曾作为宫廷御膳用鸡，还是海南文昌鸡作为国宴用鸡，或是今天人们常说的“中华宫廷黄鸡”，有关鸡的美食文化绵延不断。科学技术文献出版社 2002 年出版的李慧文主编的《鸡肉制品 694 例》中，记述了 694 种有关鸡肉的菜肴。

这 694 种鸡肉制品共分为以下 12 大类：

（1）脱水制品类。鸡肉松、义乌鸡松、鸡肉脯等共 13 种；

（2）腌腊风熏制品。河南腌鸡、琵琶腊鸡、扬州风鸡、熏仔鸡、太原六味斋熏鸡等 52 种；

（3）蒸制品。徽州蒸鸡、湖北粉蒸鸡、汽锅鸡、红扒八宝鸡、枣菇蒸鸡等 101 种；

（4）煮烧煨炖烩制品。白斩鸡、芥末鸡、脱骨扒鸡、板栗煨鸡、香菇炖鸡、桶子鸡、四川棒棒鸡、人参乌骨鸡等 176 种；

（5）酱卤制品。常熟酱鸡、五香酱鸡、广州卤鸡、红卤仔鸡、资溪酒卤鸡等 32 种；

（6）糟醉制品。福建糟鸡、安徽古井醉鸡、醉八仙鸡、酒蒸鸡等 30 种；

（7）煎炒制品。葱段生煎鸡、辣炒仔鸡、栗子鸡、大千鸡块、莲藕炒鸡丁等 30 种；

（8）烤制品。天德居烤鸡、荷叶烤鸡、叫花童鸡、东江盐焗鸡、烤脱骨鸡等 38 种；

（9）炸制品。干炸仔鸡、炸虎头鸡、淮安酥炸鸡、纸包鸡、椒盐八宝鸡、烤鸡串等 68 种；

（10）鸡翅、鸡腿、鸡爪制品。黄焖鸡翅、番茄鸡翅、栗子凤翅、清炸鸡腿、太师鸡腿、香酥凤爪、蒜泥凤爪、琥珀凤爪等 56 种；

（11）内脏制品。烩鸡杂、松仁鸡心、蛋包鸡肝、炒鸡肝、酱鸡胗、红焖鸡腰等74种；

（12）鸡肉糜制品。煨鸡饼、白汁绿叶鸡糕、鸡蓉肉丸、山西炸鸡盒、茭白鸡泥夹等24种。

由此可见，全国各地鸡美食的品种之多和流传之广。重庆早在2000年就举办过“泉水鸡美食文化节”，在传播鸡美食文化的同时也促进了鸡美食的流行。以鸡为题材的饮食文化在全国各地都非常流行，每个地方都有不同的鸡烹饪方式，也伴生出了不同风格的鸡饮食文化[8]。比如，广东清远鸡、花雕鸡、湛江鸡的独特烹饪方式；四川的特色食品罐罐鸡；重庆美食辣子鸡；广西的柳州手撕鸡；贵州的干锅阳郎鸡；河北的御土荷叶鸡（又名叫花鸡）；安徽的茶叶熏鸡、符离集烧鸡；潍坊的芥末鸡；河南的白土岗辣子鸡、醋焖柴鸡；吉林的人参汽锅鸡等。鸡的存在，装点了中国的饮食文化，那一道道诱人鸡美食，既满足了人们的口食之欲，也充实了人们的精神世界。

六、鸡文化助推休闲农业发展

鸡在人们生活中用途广泛，鸡鸣叫早、鸡蛋鸡肉美食、鸡毛掸子等羽毛制品、祭祀用品、占卜用品、精神崇拜对象等。抛开物质层面，鸡的文化功能内容也十分丰富，这是在人类社会生活中任何一种其他家禽所不能代替的。因此，鸡对人类文化生活的影响也是任何一种家禽都不可比拟的。今天，也许人们养鸡与饲养其他家禽没有多大的不同，但纵观中华鸡文化的发展历史，养鸡已经成为华夏文化生态中的一个重要组成部分。

在大力发展休闲农业的今天，深入挖掘中国悠久的鸡文化历史，探寻当下休闲农业发展中的鸡文化基因，对于休闲农业的深入发展将会有很大的促进作用。休闲农业是物质消费与精神文化消费的结合，是乡村风貌观赏、乡村物产消费与乡村文化体验的结合。只有从文化基因的层面深入挖掘中国古老农耕文明中的各种文化基因，才能使休闲农业的发展更具文化感召力，更能传承历史、打动人的灵魂，也更能提升乡村社会的文化自信。

总之，文化承载历史、积淀文明、生生不息。以文化人，化于无形；以文育人，细语无声。在未来的休闲农业发展中，努力传承历史悠久的优秀鸡文化，不仅有利于人们放松身心、有利于青少年健康成长、有利于促进城乡和谐发展，同时，也是在通过乡土文化的传播来传承我们的历史。

传承历史悠久的鸡文化，是中国未来休闲农业发展的重要路径之一。有关鸡的创日神话、鸡有“五德”的传说、鸡是禽鸟象征爱情的寓意、鸡护佑儿女健康成长的习俗、“鸡”寓意“吉祥”的美好希冀，这些都可以变成当今发展休闲农业的素材和确立乡村文化自信的底蕴。只有以乡村传统文化作为未来发展休闲农业的文化基因和创意源泉，才能拓展出独具地域特色的休闲农业产业。总之，继续传承中国历史悠久的鸡文化，对于发展乡村畜牧业和乡村休闲文化产业都有着十分重要的现实意义。

参 考 文 献

[1] 邓蓉．黄羽肉鸡品牌底蕴的挖掘和时代性拓展［J］．中国家禽，2018（20）：7-13.

[2] 庞宏志．中国璀璨绚丽的鸡文化（一）［J］．中国禽业导刊，2015（2）：46-51.

[3] 李合群．《清明上河图》中“表木”新论［J］．河南大学学报（社会科学版），2007（11）：125-129.

[4] 李娜．明寓滇诗人之诗总集《沧海遗珠》研究［D］．武汉：中南民族大学，2016.

[5]《上海商业》编辑部．感恩大地之馈赠（下）［J］．上海商业，2012（8）：64-76.

[6] 龙耀宏．中国的金鸡神话与鸡文化［J］．贵州民族大学学报（哲学社会科学版），2018（4）：32-54.

[7] 倪宝诚．金鸡报晓喜迎春——中国民间鸡文化信仰［J］．寻根，2005（2）：620-70.

[8] 邓蓉，陈余．北京油鸡的品种保护与文化挖掘［C］．第六届（2013）中国蛋鸡行业发展大会论文集，2013：157-159.

北方牧区畜牧业经营中的问题与对策分析[①]

恩和　马晓萍　苏日古嘎　孙素素

（内蒙古大学经济管理学院，呼和浩特 010021）

摘要：内蒙古牧区是北方牧区的核心部分。随着几十年的发展，内蒙古牧区经济的重点已经不再是低级生产力的转型升级问题，而是转为现有草场牲畜的有效管理、后续劳动者的保障及其解决水资源不足等环境条件的短板。根据阿马蒂亚·森（Amartya Sen）的理论，边缘地区的不发达会导致利益表达能力短缺、经济参与能力降低、获得社会机会不足等问题。本文着眼于内蒙古牧区的牧户经营管理、劳动力不足、水资源保障等根源性问题，探讨对策。

关键词：牧户管理；牧民劳动力；水资源

一、引　　言

内蒙古在“一五”计划（1953—1957 年）期间，牲畜总数增加 2 424.4 万头（只），平均每年总增加 484.9 万头（只），年平均总增率达到 23.9%。1957—1965 年，全区累计总增大牲畜和羊 5 801.61 万头（只），牧区牲畜总头数增长 76.63%。1966—1976 年，全区牲畜总头数平均年增长率 0.17%。按牧业年度统计，1997 年的牲畜头数比 1978 年增长 70%，其中大牲畜和羊年增长 63.66%（牧区牲畜增长 94.06%）（根据“内蒙古畜牧业发展史”提供的数据作者整理）。到 2013 年牧业年度，大牲畜和羊合计 10 291.26 万头（只）初次超过 1 亿大关，年末头数达到 6 058.81 万头（只），总增头数 5 597.37 万头（只）。2016 年牧业年度统计，全区牲畜总头数达到 13 597.92 万头（只），同比增长 0.1%，人均 4.9 头（只）。出栏牲畜总头数 8 439.68 万头（只），同比增加 536.52 万头（只），增幅为 6.8%。

不难看出，内蒙古畜牧业生产的核心问题不再是生产力升级问题，而是减轻销售压力为目的的销售管理问题。尤其是在纯牧区地区现有生态环境承载力条件下，牲畜头数的增长接近极限，已有生产方式短时间内无法改变，单位生产提高措施效果不明显的状

① 本课题研究获得国家自然科学基金项目“北方牧区生态建设中牧民本土知识的作用研究：41361105”的资助。

态下，现有投入要素的更有效管理才是草原畜牧业牧户经营的唯一途径。其中包括草场管理和牲畜管理。

二、内蒙古牧区畜牧业发展中存在的问题

近几年，内蒙古牧区畜牧业经济由于生态环境的局限性，逐渐采取“舍饲化”模式，但这一措施一方面失去草原畜牧业原有的低成本经营优势，另一方面避免不了现有利益与隐性损失之间的矛盾。牧民追求更多利益的行为往往造成更大的“贷款”困境。

（一）牧户高成本经营的现实与原因

1. 调查地概况和数据来源

呼伦贝尔市新巴尔虎右旗（简称新右旗）是自治区 19 个边境旗（市）和 23 个牧业旗之一。2013 年末新巴尔虎右旗总户数 14 864 户，总人口 35 201 人，其中：城镇人口 18 947 人。在总人口中：蒙古族 28 906 人，汉族 5 521 人，分别占总人口的 82.12% 和 15.68%。项目组从 2013 年开始连续对新巴尔虎右旗牧户进行田野调查。该论文使用的数据都是实际调研中获得的数据。

2. 牧户高成本经营的现状

牧区畜牧业中存在的最大的问题之一是，牧户只关注收入，不管理成本。每笔收入所付出的机会成本过大，牧户经营根本无法实现进一步发展的资本积累。这一现象用人均纯收入来表达更为准确。

根据统计年鉴数据，2013 年内蒙古牧民人均纯收入为 12 668 元，而新巴尔虎右旗牧民人均纯收入达到 19 119 元。但是实地调研中发现 2013 年随机抽样调查的 33 户牧户中有 48% 的牧民人均纯收入没有达到内蒙古全区平均水平（图 1）。

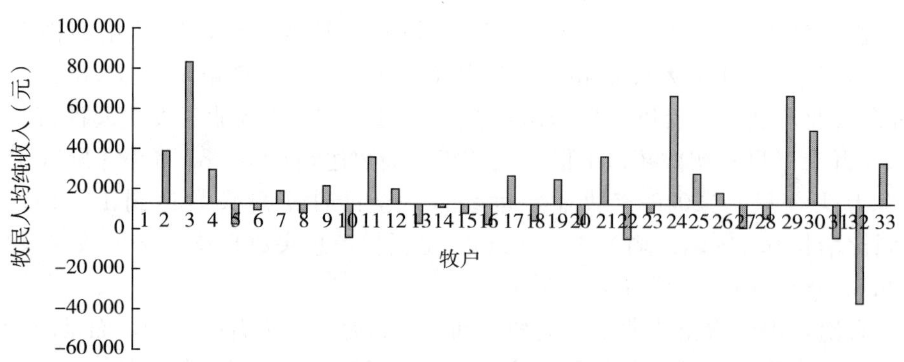

图 1　2013 年呼伦贝尔市新巴尔虎右旗牧民人均纯收入

为了避免静态分析与经济存量分析的局限性，2015 年再次对新右旗进行随机抽样调查 40 户。得到的结论与上次大致相同。调研的牧户中 48% 的牧民人均纯收入没有达到 2015 年的全区平均水平。而更严重的是 43% 的牧户 2015 年人均纯收入呈现负增长，2013 年该指标为 12%（图 2、图 3）。

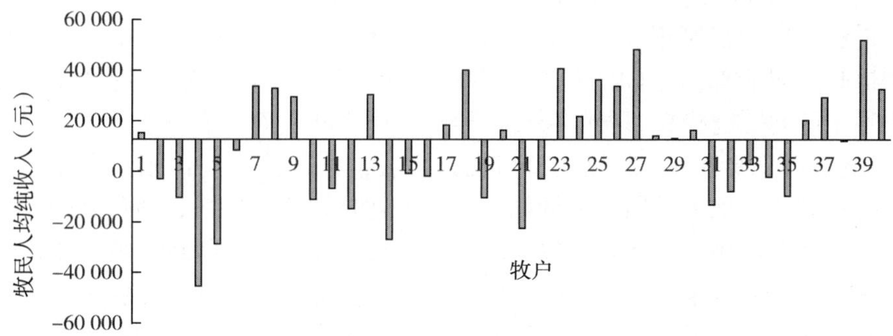

图 2　2015 年呼伦贝尔市新巴尔虎右旗牧民人均纯收入

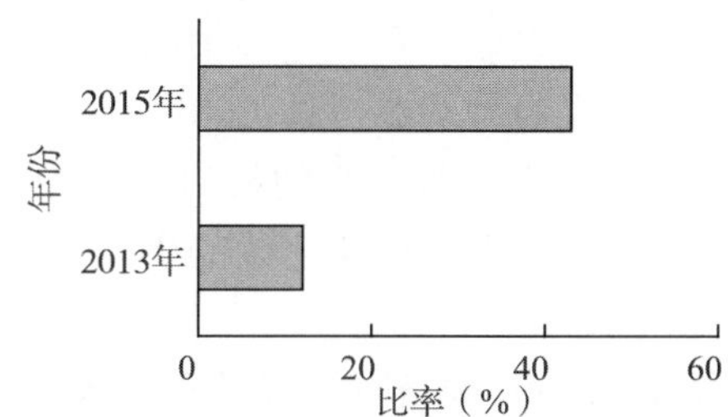

图 3　呼伦贝尔市新巴尔虎右旗牧户负增长比率

总之，相比全内蒙古农牧民人均纯收入直线上升的趋势，被调查地的牧民人均收入实际水平并没有上升，反而下降（图 4）。在纯牧区“高收入、高支出、低生活”才是问题的根本。

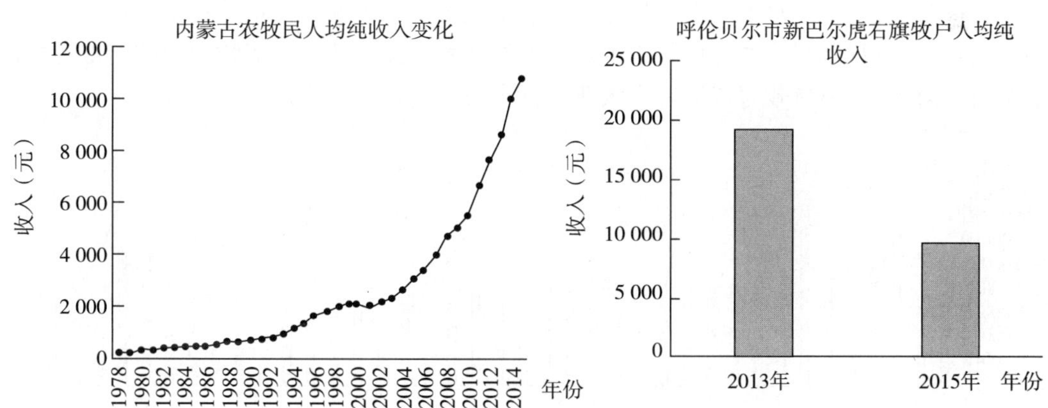

图 4　内蒙古农牧民人均纯收入变化和新巴尔虎右旗牧民收入变化

3. 牧户高成本经营的原因

根据阿马蒂亚·森（AmartyaSen）的理论，边缘地区不发达的原因有利益表达能力短缺（徐琴，2006 年）、经济参与能力低、获得社会机会不足[1]。

（1）利益表达能力短缺。实际上，在我国现有体制下，党政、行政、人大、政协、公安等民众可以利益表达的相关机构健全，相关法律也应有尽有。但是，调研中发现基层牧民接近和利用的机制很少。基层牧民只能相信“万能的政府”和“万能的领导”，根本不知道政府职能部门之间的相互约束机制和关系。解决问题只找“管事的领导”，越是解决不了的问题越找高一层的领导，导致上访不断。而政府职能部门的行动规则是“不出事”逻辑，只要不利于自己的事情想方设法推给其他部门，相互推卸责任，能够解决问题的只有“一把手”领导。例如，社会上越是知识水平高、地位高的人可选的利益表达方法就越多，相反而言，就越少[2]。基层牧区发生草场纠纷，牧民能找的只有嘎查、苏木领导。本应该很容易解决的“事”变成“关系”，谁的“关系硬”谁就占绝对上风，容易引起苏木、嘎查领导的“寻租”行为，更多基层牧民的利益损失就无法正确表达，甚至选择体制外的解决方式。

（2）经济参与能力短缺。在“三大产业”理论和主流经济学发展实践中，“农业”是最弱的部门，而畜牧业又是“大农业”众多选择中的一部分，从而产生畜牧业“边缘之边缘”的说法，进而基层牧民成为“弱势群体”。由于社会利益的分化和制度安排等原因，牧民群众缺乏维权和实现自我利益主张的权力和能力（范斌，2004）[3]。最为明显的特点是经济参与能力的短缺。或者他们所生计的生产能力在经济社会中无法得到平等的体现。[4]

第一，畜牧业生产疲软。内蒙古草原畜牧业经营中，大部分草场都在“超载”放牧。因为，为了保持至少达到平均水平的生活水准，每一个牧户必须维持一定数量的牲畜，初步估算 3 口人家庭至少需要饲养 322 只羊。根据当地当年的草畜平衡标准，该牧户应该需要 8 050 亩草场。但是，现实中无法达到理论设计的标准。调研地约 65％的牧户经营中出现“超载”放牧现象（图 5）。如果“禁牧”“休牧”等方式限制他们的牲畜数量，牧户经营马上进入“极度贫困”状态[5]，出现一部分用补贴来维持生计的“生态贫困群众”。甚至，为了保持现有生活水平或者满足更好生活水平的追求不断增加饲养牲畜数量，在禁牧与反禁牧之间进行博弈，本应该属于市场行为的畜牧业经营活动变成牧户与政府部门之间的零和博弈行为，浪费政府资源，畜牧业经营本身也走不出生产疲软的困境。

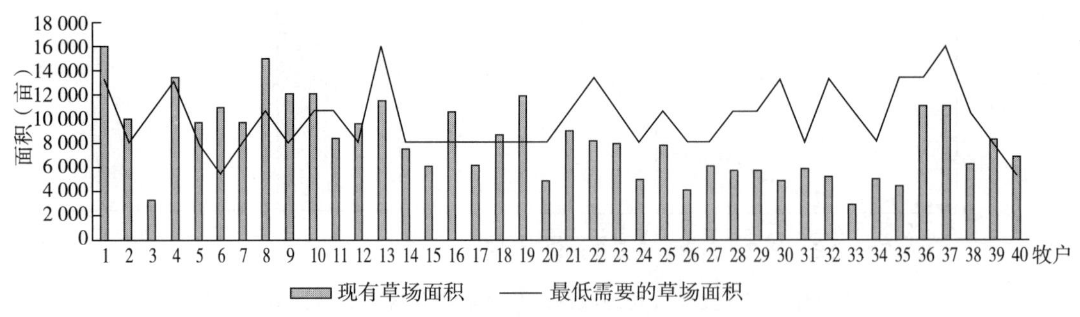

图 5 呼伦贝尔市新巴尔虎右草场超载状况（2015 年）

同时，把牧户推向贫困边缘的是贷款“横行”。根据调查数据发现，99.975％的牧户都有贷过款，而 43％的牧户每年都要贷款，并且 99.95％的牧户每次贷款金额超过 5 万元。也就是说，牧户每年养殖的牲畜当中有 116 只羊的出售价值相等于还贷款成本。

因此，最典型的3口人牧户也无法维持只有332只羊的养殖规模。从而，牧户经营进入两种“怪圈”；其一，养殖规模越大贷款越多，贷款越多养殖规模越大。有些牧户的养殖规模已经超过1 000只羊，但贷款金额远远超过养殖规模的总价值。为了还贷款他们不断扩大养殖规模。其二，为“贷款”而“贷款”。这一年的贷款是补前一年的贷款，下一年的贷款用来归还这一年的贷款。大部分新增长的生产能力都在还贷款利息中而消耗掉，根本无法考虑到生产技术的改进和经营方式的转型。

第二，牧户畜产品销售行为很被动，正常收入无法保证。2015年，约23%的牧户选择了羊羔出售给冷库，7%的牧户选择了给中间商出售活羊和出售给冷库的方式并行，而70%的牧户选择了向中间商出售活羊的方式。选择不同的销售方式，获得的收入差距甚远。活羊出售价格和加工产品之间的价格差额达到7.9倍。正因为生产者和消费者之间的中间层的存在，销售价格方面层层加价，推高消费价格，一定程度上影响羊肉销售量，而增加替代品牛肉、鸡肉、猪肉等销售量。而收购价方面，经层层压价，牧户获利极低。

牧户销售活羊与市场上加工品销售过程中价格的变化过程见图6。

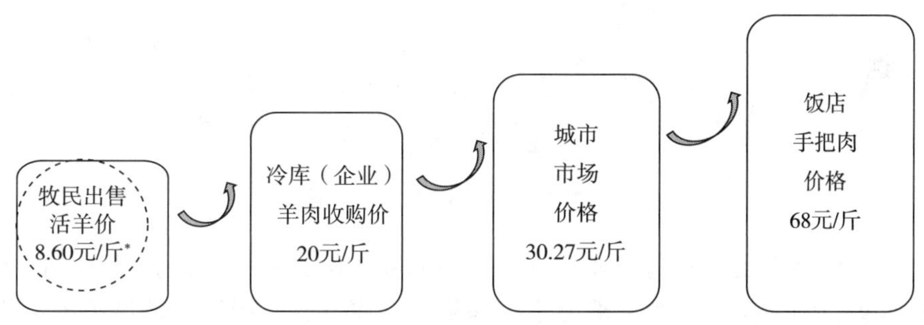

图6　牧户销售活羊与市场上加工品销售过程中的价格变化

第三，家庭收入分配不合理，更多的收入投入到与生产无关的支出里。据调查，2015年这些与生产无关的支出里，汽油费占绝大部分份额（图7）。这些工业制成品一旦进入消费者手里形成一种消费习惯或偏好时，消费者为了获得更多的“便利”只得付出更多代价的。而在牧户生产还没有实现“工业化”之前，消费进入“超工业化”模式，容易引起更多的收入流入生活消费领域，而不是扩大再生产领域，传统生产方式不可能改变。生产方式与生活方式的背离共存，导致牧户收入来源的单一化，牧民们更多的收入只能在简单劳动中获得，贫困化的风险增大。

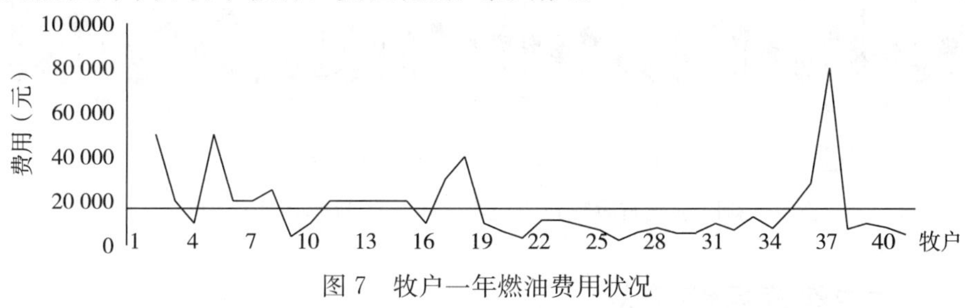

图7　牧户一年燃油费用状况

* 斤为非法定计量单位，1斤等于0.5千克。

另外，牧户每年人均红白喜事费用达到 6 838 元（图 8），相等于当年价格计算的 16 只羊市值。而且这些在“人际关系”上投入的费用，远远超过“随礼”的范畴，逐渐变成“送礼—还礼”的简单重复过程，甚至出现越是亲戚送礼金越多的怪现象。牧户经营成本增多，生产投入减少，自我发展能力受限制，不利于增加收入。

总之，生产疲软、销售被动、家庭收入分配不合理等导致牧户收入与支出失去平衡，无法实现最佳匹配，体现为牧户在生产经营过程中应对市场风险的脆弱性，即不能生产更高附加值的产品、相比农耕生产受生态压力更大、在产品价值链中处于低端、收入再投入过程偏向于生活支出等原因导致牧户经营进入一种迷茫状态，与其他生产部门一样，缺乏平等参与社会经济活动的能力。

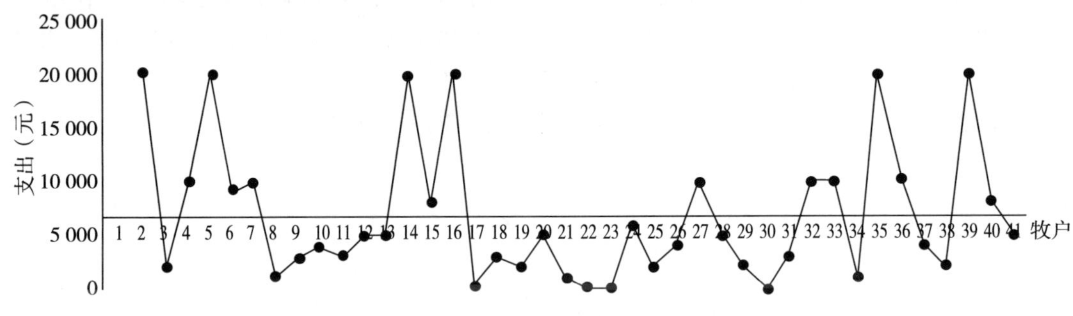

图 8 牧户一年红白喜事支出状况

（3）社会机会不足。阿马蒂亚·森理论中的社会机会是指在社会教育、医疗保健及其他方面所实行的安排。因为大部分学校都集中在旗（县）级以上的城镇里，牧区孩子们为了受教育平等而付出的成本远远高于其他地区孩子（如图 9），大部分有学生的家庭教育费用（专门为学生上学而支付的相关费用）高于生活性支出。同时、医疗设施、医院都集中在大城市，牧民看病治病费用高于城镇居民。其他公共服务系统也集中在城镇，牧区与城镇居民难以平等享受社会福利。

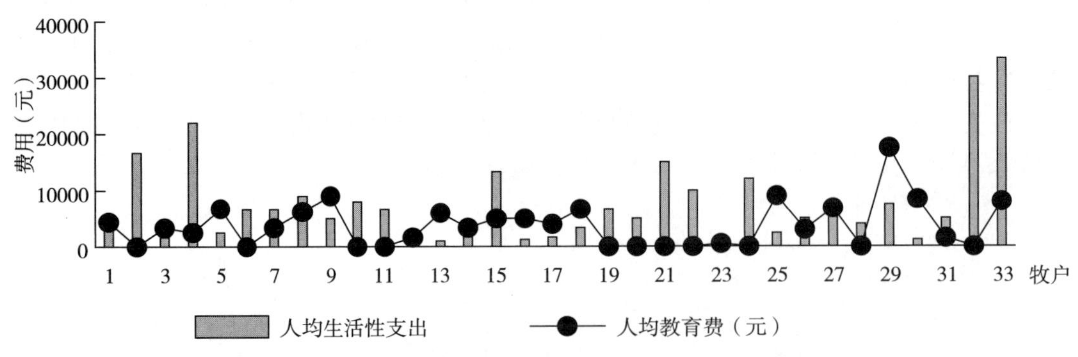

图 9 新巴尔虎右旗牧户供应学生家庭的教育相关费用状况

（二）牧户经营后继乏人

对于牧户经营来讲，年轻人大量脱离畜牧业经营是最大的问题之一。几年的调研数据显示，牧户经营主要依靠 40～50 岁的牧民，并且主要生产劳动都以 40 岁以上的中老年人为主。2014 年的调研中，呼伦贝尔市牧户户主平均年龄 49.94 岁，锡林郭勒盟牧户户主平均年龄 49 岁，阿拉善盟牧户户主平均年龄 51.82 岁。2017 年的调研中，锡林郭勒盟 51.5 岁，阿拉善盟 48.63 岁（图 10）。这一现象发生的原因有以下几点：

第一，受计划生育政策的影响，新生孩子数量减少。虽然牧区允许二胎政策，但实际上还是以独生子女为主，导致如今劳动供应不足。

第二，执行草场承包后，草场被多块化分割[7]，传统经营模式很难实现规模化经营[8]，收入来源的有限性导致更多年轻人脱离畜牧业。

第三，由于畜产品价格的不稳定性导致收入不稳定，部分年轻人失去对畜牧业经营的信心，导致进城打工，换掉职业工种等。

第四，升学率的提高，导致年轻人进城找工作的机会大为增加，大部分年轻人不愿意回乡参加畜牧业经营。

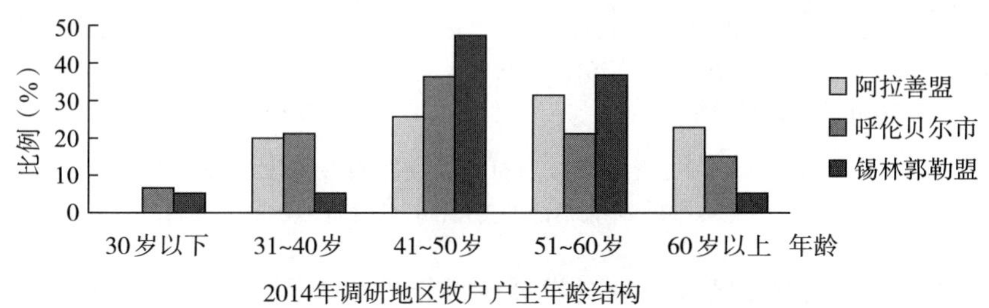

2014年调研地区牧户户主年龄结构

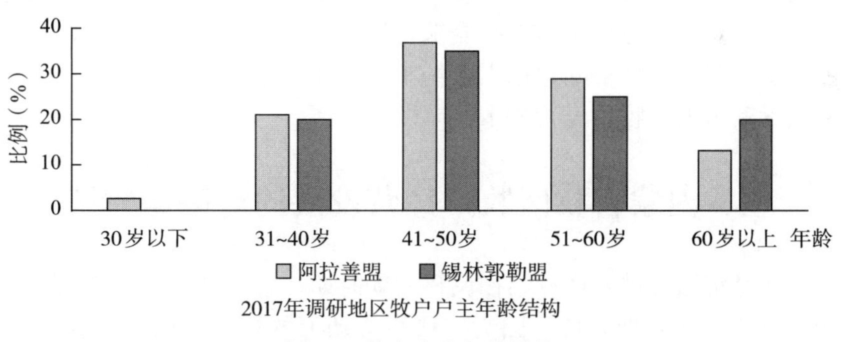

2017年调研地区牧户户主年龄结构

图 10　牧户户主年龄结构

总之，北方牧区畜牧业经营中劳动力的短缺有两个方面的表现：一方面，年轻劳动力的绝对数量的不足。另一方面，年轻劳动者长时间脱离畜牧业生产导致熟练劳动力日益缺乏。甚至有些年轻人认为畜牧业经营就是放羊、饮水、圈养的简单劳动组合，既没有传统畜牧业“天地人和”的经营哲理，也没有现代集约化的管理智慧，最终还是不能成为真正意义上的后续劳动力量。

（三）水资源短缺导致经营成本增加

内蒙古牧区大部分分布在干旱、半干旱地带，平均降水量较低。相对于北方大部分地区水资源不足对经济社会发展的重要影响，牧区更是这样。20 世纪 60 年代和 90 年代，两次大规模种植业面积的扩展和 2000 年以后大规模矿产开发，主观上加剧了水资源的短缺。加之极端天气的频发导致降水量分布不均匀，降水时间不及时等客观因素，都会对牧草生长产生直接影响。

对于自身的生态脆弱性，牧户的应对措施只有打井，通过地下水资源开发来补充地表水资源的缺陷。但是，地下水资源的利用对牧户来说具有较高的成本。调查中发现，每一个牧户都有两个以上井，原有的大口井逐渐枯涸并被放弃，逐渐转为更深的机井。打井费用普遍为 400 元/米以上（如图 11）。从 2000 年前后挖井的对比来看，井的深度越来越深，打井费用越来越高。

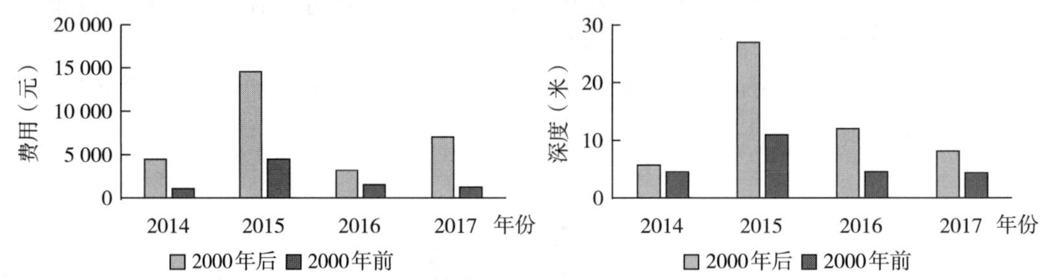

图 11　阿拉善左旗牧户打井费用与打井深度比较

注：2000 年前后的分类是按打井时间区分

总之，水资源是北方牧区经济社会发展的关键性生态因素。而对于牧户经营而言则成为最重要的经济因素。因为，牧户必须打井、拉水、牲畜转场等手段来获取更多的水资源来满足日益增加的人与牲畜的生存需求，甚至草场承包后网围栏的普及引起原有天然河水的利用受到限制，牲畜踏过他人草场和饮用他人家草场上的湖水都要支付不同程度的成本。这无疑增加了牧户经营成本。

三、内蒙古牧区牧户经营发展的对策与建议

内蒙古牧区经济已经进入产业结构调整的新时期，牧户经营也从追求产量无限增加转为草场和牲畜的有效管理阶段。因为，熟练劳动力的短缺必然会成为生产经营的短板，阻碍牧户经营的有效管理。劳动力＝人是牧区畜牧业的主体，从而充足的后续劳动者的培养不可缺少。水资源＝生态环境，决定草场、牲畜、人的生存，并且唯一的一个其他资源无法替代的资源，有效配置势在必得。成本管理＝经济是生存方式，取决于利益表达能力的充足、经济参与能力的提高、社会机会的平等。因此，北方牧区畜牧业要实现长远发展需在如下方面进一步发力：

第一，提高牧户的自我发展能力。牧户自我能力的发展不应采用“高投入高产量”式的线性发展模式，而是指现有资源的更有效的利用。其中重要的环节是通过出售牲畜和畜产品来更积极参与市场经济。因此，国家补贴等转移性支付应该更偏向于生产部门（例如销售补贴），而不是生活部门。

第二，保证后续劳动者培养。牧区畜牧业面临的最大问题是缺少对年轻人的吸引力。首先，畜牧业产品的长周期生产和利益滞后性无法满足年轻人的需要。因此，应该建立以畜产品加工业为核心的常年销售体系，让年轻人从中得到锻炼并获得更多收益。其次，不熟练劳动力很容易放弃畜牧业经营。因而，传统畜牧业方面的经验传达和现代畜牧业经营管理方法的培训不可缺少。

第三，“水域”型畜牧业合作制的建立。每一条河流、湖、水源较好的井周围应该建立牧户合作经营机制，杜绝稀缺资源被少数人垄断和减少牧户各自打井所产生的成本。而不是不断地增多打井数量。因为，牧区人口、牲畜数量都会继续增多，而地下水资源短时间内无法回复，供给和需求的方向背离决定了现有资源的节约是实现可持续发展更有效的方法。

参　考　文　献

[1] 徐琴．可行能力短缺与失地农民的困境 [J]. 江苏社会科学，2006 (4)：140-144.

[2] 郭占锋．走出参与式发展的“表象”——发展人类学视角下的国际发展项目 [J]. 开放时代，2010 (1)：13-139.

[3] 范斌．弱势群体的增权及其模式选择 [J]. 学术研究，2004 (12)：73-78.

[4] 常倩，王士权，李兼龙．农业产业组织对生产者质量控制的影响分析—来自内蒙古肉羊养殖户的经验证据 [J]. 中国农村经济，2016 (3)：54-64.

[5] 敖仁其，艾金吉雅，韩柱．牧区合作经济组织的理论与实践研究 [J]. 财经理论研究，2015 (3)：55-59.

[6] 杨浩，汪三贵．“大众俘获”视角下贫困地区脱贫帮扶精准度研究 [J]. 农村经济，2016 (7)：79-83.

[7] 李媛媛，盖志毅，马军．内蒙古牧区政策的变迁与农牧业发展研究 [J]. 农业现代化研究，2010，31 (1)：15-18.

[8] 孟慧君，富志宏．论新型合作经济与建设草原新牧区 [J]. 农业现代化研究，2008，29 (1)：45-49.

我国草牧业推进现状、问题及政策建议[①]

——基于山西、青海草牧业试点典型区域的调研

王明利　崔姹　胡向东　王国刚　石自忠

（中国农业科学院 农业经济与发展研究所，北京 100081）

摘要：基于草牧业均衡配套发展的重要意义及加强草牧业试点建设的政策背景，本文在对全国草牧业发展典型试点区山西和青海实地调研的基础上，从草食畜牧业发展、粮经饲种植结构优化、牧草种植品种区域差异化及“粮改饲”比较效益等方面分析了草牧业推进现状；对各试点区草牧业发展在科技推广、生产经营模式发展、融资平台建设、牧草青贮方式选择、牧草种植与精准扶贫融合、龙头企业带动等方面的经验进行总结；剖析了草牧业发展中仍存在传统种养观念盛行、牧草作业机械及配套设施保有量不足、发展技术制约明显、牧草生产高风险但没有建立政策性保险、金融扶持发展机制不到位等难点与突出问题；最后，本文针对上述难点与突出问题提出了切实做好宣传及科技推广培训工作、加快研制与开发适应不同区域生产的牧草机械设备、全力促进草畜紧密结合、推进多样化牧草产业发展形式、推动牧草产业保险的实施及加大金融支持力度等政策建议。

关键词：草牧业；试点；现状；存在问题；政策建议

一、引　　言

纵观我国农业结构调整历史，其历经了20世纪50年代后期“以粮为纲”、70年代后期“粮＋经”二元结构，乃至90年代后期“粮＋经＋饲”三元种植结构等3个时期的调整。截至目前，“粮＋经＋饲＋草”四元种植结构调整的思路也已在学术界提出[1]，草业在种植业结构调整中的地位开始得到重视。2015年中央1号文件首次提出“加快发展草牧业，开展粮改饲和种养结合模式试点”，第一次提出草牧业的概念。笔者认为，所谓“草牧业”，就是草业与草食畜牧业的总称，更强调两者的融合与协调，草畜结合是草牧业的内核。在中央1号文件出台不久，农业部随即出台了《2016年畜牧业工作要点》和《关于促进草牧业发展指导意见》，都明确提出大力推进草牧业试验试点，促进种植业结构调整和草畜配套，建设现代饲草料产业体系的工作重点，并针对具体区域

① 本文原载于《华中农业大学学报（社会科学版）》2018年第3期。

草牧业主攻方向及具体推介模式提出了指导意见，草牧业试点在全国范围内得以逐步推进。

由于草牧业概念刚刚提出，国内学界相关文献多是对草业、草食畜牧业进行专门研究，而对草牧业研究较少。草业经济研究主要集中于产业发展政策等宏观领域以及产业链中的生产和贸易环节。王明利、杨春、胡向东等[2]研究了发展苜蓿产业对粮食安全的影响，进而提出了发展牧草产业解决粮食安全问题的新思路。生产环节则侧重于经济效益、技术效率及生产影响因素等，石自忠、王明利[3]对苜蓿及其竞争农作物的成本收益进行比较，认为种植苜蓿经济效益较好，且潜在效益大。刘玉杰、李向林、何峰[4]和路登佑[5]等也通过对牧草收益及产量对比得出，青贮玉米成本纯收益率最高；饲喂甜高粱产量最高，饲用效益最好。就牧草技术效率而言，我国苜蓿产业技术效率呈现逐年增长的态势[6]。就影响牧草产量及效益的因素来看，影响紫花苜蓿全年及各茬草产量的主、次气象因子及其时段效应存在差异性[7]；投入不足是影响青贮玉米生产效益提高的主要因素[8]。贸易方面，相关学者认为我国牧草产业的国际竞争力较弱，短期内牧草与草种国际贸易逆差形势不可逆转[9-10]。也有学者将中美牧草国际贸易格局进行对比，并提出益于我国牧草产业发展的启示[11-12]。

就草食畜牧业经济研究而言，其主要集中于对生产和市场环节的研究，生产环节着重于成本收益、生产效率的分析。对草食牲畜的成本收益及效率测算上，现有研究分别从时间和空间两个维度对肉羊生产技术效率进行了测算，认为肉羊技术效率呈现逐年递增的态势，区域间存在差异但具有空间自相关性[13-14]。田露、张杰[15]则针对肉牛产业的组织效率及影响因素进行剖析，认为饲养规模、从事养牛业时间等是影响养殖企业（户）产业链组织模式选择的主要因素。关于市场的相关研究则主要集中于草食畜产品价格波动[16-17]、供需平衡[18]、贸易[19]等方面。

国内对于草牧业的研究仅限于草牧业发展理论、发展概况和发展潜力等方面。草牧业发展理论，主要从草业基础产业论、生态畜产品供需理论、产业融合和耦合等理论方面进行了梳理[20]。发展概况主要基于现有统计资料，从种植业、农牧比例以及养殖业变化情况等方面对西部及西南地区草牧业发展现状进行了初步分析，并指出存在的问题及发展建议[21-22]。发展潜力则主要从农区草业供应、食物安全保障及改善农业生态环境等方面分析，认为农区草业发展潜力较大[23]。上述文献均没有对我国草牧业发展在深入调研的基础上进行现状评价、问题剖析、经验总结及发展对策探讨等方面的研究。

通过上述文献可知，对草业和草食畜牧业经济研究较多，对草牧业经济的相关研究主要基于理论及统计资料，缺少基于实地调研获取第一手资料基础上对草牧业深入的研究。基于前人研究存在的不足及国家加快草牧业发展的宏观背景，国家牧草产业技术体系产业经济研究室于 2016 年 9～10 月分别对首批确定试验试点的山西省朔州市、青海省门源县和湟源县等全国草牧业试点典型区域进行了深入调研。本文基于该典型区域调研的基础上，对我国草牧业推进现状进行分析；并在此基础上对成功经验进行总结，并剖析问题，进而提出对策建议，以供决策参考。

二、当前草牧业推进概况及实施成效

2015 年中央 1 号文件中首次提出加快发展草牧业，农业部在全国 12 个省份的 37 个县（团、场）组织开展了草牧业试验试点。山西省朔州市朔城区和青海门源县、湟源县都是首批确定试验试点的典型区域。山西省朔州市处于我国北方农牧交错带的核心区域，地处大陆东岸中纬度内陆，属温带大陆性季风气候，热量水分条件可满足一年两熟或两年三熟作物的生长。青海省是农业部确定的全国首个草地生态畜牧业试验区，门源、湟源两县属高原大陆性气候，热量水分条件可满足一熟作物要求。本次调研所选处于不同气候带的两类典型地区，既能反映我国草牧业发展的共同特征，又能凸显地方草牧业发展的特点。

（一）消费需求强劲，拉动草食畜牧业迅猛发展

近年来，随着我国工业化、城镇化快速推进，人均收入水平不断提高，居民膳食结构持续优化，城乡居民草食畜产品消费需求持续增强，拉动了草食畜牧业快速发展。2015 年底，作为草牧业试点区之一的山西朔州市，其奶牛存栏量为 18.31 万头，较 2014 年增长 28.9%；肉羊出栏量为 307.7 万头①，较 2014 年增长 11.7%。青海门源县 2015 年草食牲畜（主要以藏系绵羊、牦牛、黄牛为主）存栏量为 56.19 万头（只、匹），较 2014 年增长 123.0%。湟源县 2016 年存栏草食畜 41.13 万头（只、匹），比上年增长 5.0%；出栏 27.2 万头（只、匹），比上年大幅增长 14.0%。

（二）以养带种，“粮＋经＋饲”三元种植结构逐步优化

随着畜牧业转型升级核心向提质、增效、绿色的转变，以及消费者对绿色安全畜产品消费偏好的增强[24]，草食畜牧业发展前景广阔，对牧草需求量持续增加，带动了牧草种植面积迅速扩大。在政策引导和市场拉动下，山西朔州市 2016 年牧草种植面积达到 66.3 万亩，较 2014 年增长 230.0%。其中朔城区 2016 年新增耕地种草 9 万亩。青海门源县 2016 年一年生牧草种植面积达到 17.6 万亩，较 2015 年增长 20.6%；湟源县近两年牧草种植面积均稳定在 20 万亩左右。随着各地区种草面积逐步扩大，“粮＋经＋饲”三元结构逐步趋于优化，朔州市三元结构比例由 2014 年的 77∶19∶4 调整为 2016 年的 68∶19∶13。青海门源县 2015 年三元结构比例为 45∶34∶21，2016 年进一步调整为 42∶33∶25。

（三）牧草种植品种区域差异巨大，多样化趋势明显

从调研的情况看，山西和青海两省都是根据本区域自然气候特点和养殖牲畜差异选择适宜本区域发展的牧草品种。山西朔州市以种植青贮玉米为主，苜蓿和燕麦草为辅。2016 年，青贮玉米占全部种草面积的 59.1%，从其发展趋势来看，青贮玉米仍将占主

① 数据来源于《朔州市 2015 年国民经济和社会发展统计公报》。

导地位，但其占比会有所下降，而苜蓿草及燕麦草占比将呈上升态势。青海省门源县、湟源县以种植燕麦草、小黑麦、青贮玉米等牧草作物为主，且燕麦草居主导地位。2016年，门源县燕麦草种植面积达到17.3万亩，占牧草种植面积的98.1%；湟源县燕麦草的种植面积达到12.5万亩，占牧草总面积的62.5%。可知，山西朔州市以种植青贮玉米为主，青海门源县和湟源县以种植燕麦草为主；但最近几年苜蓿草、小黑麦等适合本区域种植的其他牧草也逐步增加，多样化趋势明显。

（四）"粮改饲"推广迅速，比较效益明显

从全国来看，自2015年实施"粮改饲"试点以来，推广面积扩大迅速，成效显著。2015年全国"粮改饲"实际实施了286万亩，2016年已经达到678万亩，增长了137.1%。据对典型地区调研，"粮改饲"的比较效益显著。表1显示的是山西朔州市朔城区农户种植籽实玉米、青贮玉米、苜蓿（2茬）等作物的成本收益情况，青贮玉米的纯收益为669.0元/亩，苜蓿草的纯收益为770.0元/亩，分别比籽实玉米（粮食）的纯收益高58.9%和82.9%；表2是青海省门源县农户种植青稞、油菜与燕麦草的成本收益情况，燕麦草的纯收益分别比青稞和油菜高198倍和12.3倍；表3是青海省湟源县农户种植小麦、青稞、小黑麦（饲用）、青贮玉米及燕麦草等作物的成本收益情况，小黑麦（饲用）、青贮玉米和燕麦草的纯收益分别比小麦高5.8倍、6.2倍和3.8倍，比青稞更是高10.3倍、10.9倍和7.0倍。可见"粮改饲"的比较效益非常明显。

表1　2016年山西朔州市朔城区农户籽实玉米、青贮玉米和苜蓿生产成本收益信息一览表

单位：元/亩，元/千克，千克，%

种植作物		籽实玉米	青贮玉米	苜蓿草（2茬）
成本	化肥	130.00	130.00	100.00
	租金	40.00	40.00	40.00
	耕种费	85.00	85.00	60.00
	水费	100.00	100.00	150.00
	种子费	50.00	50.00	100.00
	农药费、薄膜费	46.00	46.00	40.00
	收割费	100.00	0.00	140.00
	合计	551.00	451.00	630.00
收益	单价	1.44	0.28	2.00
	亩产	675.00	4 000.00	700.00
	毛收入	972.00	1 120.00	1 400.00
	纯收益	421.00	669.00	770.00

注：数据根据山西省朔州市朔城区农户调研资料整理得出；籽实玉米价格按照2015年估算；荒地开垦后种植，租金较低。

表 2　2016 年青海门源县农户油菜、青稞和燕麦草生产成本收益信息一览表

单位：元/亩，元/千克，千克，%

种植作物		青稞	油菜	燕麦草
成本	化肥	40.00	40.00	50.00
	租金	200.00	200.00	200.00
	耕种费	70.00	70.00	70.00
	农药费	8.00	8.00	8.00
	水费	0.00	0.00	0.00
	种子费	52.00	12.00	48.00
	收割费	40.00	40.00	130.00
	合计	410.00	370.00	506.00
收益	单价	2.06	4.00	0.32
	亩产	200.00	100.00	2 200.00
	毛收入	412.00	400.00	704.00
	纯收益	2.00	30.00	398.00

注：数据根据青海省门源县农户调研资料整理得出。

表 3　2016 年青海湟源县农户小麦、青稞、黑麦等作物生产成本收益信息一览表

单位：元/亩，元/千克，千克，%

种植作物		小麦	青稞	小黑麦（饲用）	青贮玉米	燕麦草
成本	化肥	70.00	86.00	86.00	110.00	40.00
	租金	100.00	100.00	100.00	100.00	100.00
	耕种	100.00	80.00	80.00	100.00	65.00
	农药费	40.00	0.00	0.00	15.00	3.00
	水费	15.00	0.00	0.00	13.00	13.00
	种子费	110.00	76.00	76.00	154.00	80.00
	收割费	100.00	70.00	70.00	200.00	60.00
	合计	535.00	412.00	412.00	538.00	361.00
收益	单价	2.02	2.60	0.32	0.35	0.32
	亩产	300.00	175.00	2 800.00	3 000.00	2 200.00
	毛收入	606.00	455.00	896.00	1 050.00	704.00
	纯收益	71.00	43.00	484.00	512.00	343.00

注：数据来源于青海省湟源县农户调研资料。其中青贮玉米种子费 154 元由政府资助，计算青贮玉米成本收益时将此项计算为 0。

（五）草畜紧密结合，经济、生态效益初步显现

调研发现，在草食牲畜日粮中添加本地青贮牧草，不仅可有效改善瘤胃消化功能，保障牛羊体质健康，提高肉、奶产品品质；还可减少日粮中精料或进口青贮草的用量，

降低成本，间接增加养殖户收益。表4是青海门源和湟源两县草食牲畜养殖过程中“增草减料”具体情况。

表4　2016年青海省典型地区增草减料节约成本情况表

单位：千克/头/天，元/头/天，天，元

地区	养殖品种	增加青贮草	减少精料	减少青干草	日节约成本	养殖周期	养殖方式	周期节约成本
门源县	补饲羊	1.00	0.35	0.50	0.94	180.00	半舍饲	169.20
	育肥羊	0.80	0.40	—	0.96	100.00	舍饲	96.00
	牦牛	5.00	0.50	4.00	2.85	180.00	圈养	513.00
湟源县	奶牛	6.00	1.50	3.00	3.87	365.00	圈养	1 412.55
	肉牛	5.00	0.50	4.00	2.85	180.00	圈养	513.00
	育肥羊	0.80	0.40	—	0.96	90.00	舍饲	86.40

注：其中奶牛通过增草减料，还可增加产奶量0.50千克/天。

通过测算，门源县牦牛节约成本最多，日可节约成本2.85元/头，整个养殖周期可节约成本513.00元/头，育肥羊及补饲羊次之；湟源县奶牛节约成本最多，日可节约成本3.87元/头，年可节约成本1 412.55元/头，肉牛及育肥羊次之。另据调研得知，朔州市山阴县运用本地苜蓿替代进口苜蓿饲喂奶牛，日可节约成本1.75元/头，年可节约成本638.75元/头。总体来看，通过在草食家畜日粮饲喂中添加本地生产牧草，减少精料，可显著降低饲料成本，草畜结合具有明显的经济效益。

此外，促进草畜紧密结合，其生态效益初步显现。其一，实施“草田轮作”，改良土壤生态环境。“草田轮作”可有效改良土壤团粒结构，降低土壤毒素，增加有机质含量。其二，粪肥还田，增加土壤有机质。自实施“粮改饲”、推进草牧业发展以来，朔州市每年粪污沃田总量达到280多万吨，使近50多万亩土地得到改良。其三，有效改善天然草地质量。门源、湟源两县牧区、半牧区以舍饲圈养逐渐取代传统散养放牧方式，减轻牧民过度放牧对天然草场的压力，缓解“草畜”矛盾，使天然草地得到改良。门源县2016年天然草地植被覆盖度及亩均产草量为91.3%和293.2千克/亩，分别较2015年提高0.92个百分点和1.44%。湟源县对退化草地实施免耕补播优良草种，改良草原土壤，亩均产草量达200千克以上，促进了生态环境步入良性循环发展轨道。

三、草牧业推进过程中可借鉴的经验

（一）依靠科技推广提升草牧业发展水平

山西朔州市朔城区在肉羊品种改良方面，应用科学的杂交技术，使改良羊产肉性能平均提高约15%左右；在养殖过程中大力推广疫病防控、科学管理、全混日粮饲喂等实用技术，提高了科技在畜牧业生产中的应用率和贡献率。青海门源县草原技术部门与省级产业技术转化研究平台实现有效对接，进行燕麦新品种选育、饲草科学施肥等试验和科技推广。2016年，该部门推广青海444和加燕2号等饲用燕麦6万亩，科学配方施肥5万亩（含氮量40%的一年生高寒饲草配方肥）；在推进新品种和新技术应用的同时，整合各类项目资金购置牧草刈割和加工机具，以提高机械化水平，进而全面改善牧草品质，提高牧草利用率。湟源县以“一村一品”的模式开展了牧草良种繁育体系建设，使全县牧草良种覆盖率达到90%以上，统一供种率达到80%以上。

（二）发展多种生产经营模式推动草牧业发展

在走访的各试点地区中，草牧业合作社、专业化或一体化公司等新型经营主体逐步涌现，生产经营模式呈多样化发展。（1）专业化的草业经营主体生产经营模式。以门源县顺昌农专业合作社为例，入社农户以自有土地入股，实现牧草连片规模化种植；合作社提供“九统一”集约服务（即统一保险、供种、购肥、机翻、播种、田管、收割、质检、销售），保证了牧草的质量；合作社以土地入股分红为主导，土地分红以240元/亩（当地土地流转价格）作为农民的亩保底收入，其余盈利则由合作社和农民按照4：6的比例分成。（2）种养结合、农牧循环的草牧业经营主体生产经营模式。以湟源县三江一力农业有限公司为例，该公司通过与附近村民签订订单，生产“托富所”牌面包草，年种植牧草可达4.6万亩；公司以“企业＋合作社＋养殖户”的运营模式，通过托牛所与养殖户合作，将肉牛集中饲养，并统一收购加工；公司与湟源等县的运输专业户签订羊板粪收购协议，作为原料生产“托康所”牌有机肥，供应周边蔬菜、特色林果的种植，获得了全产业链的综合效益。

（三）启动融资平台缓解草牧业资金缺乏问题

青海门源、湟源两县政府主要通过向“授信池”注入贷款保证金的方式提升授信规模，提高贷款比例；并通过与银行协调商议的方式，降低贷款门槛，简化贷款手续。受益主体多为牧草种植企业、专业合作社和家庭农牧场等新兴规模经营主体；主要针对购置草种、收割加工机械，青贮、微贮设施建设贷款。2015年，门源县发放贷款1 051万元，受益的牧草种植专业合作社达17家；2016年发放贷款800万元，重点扶持饲草加工和农机服务企业、草牧业专业合作社等共计22家（截至2016年9月）。湟源县依托中国邮政储蓄银行“授信池”贷款平台建立草牧业金融扶持机制，2015年共发放贷款1 000万元用于扶持饲草生产加工企业、草牧业专业合作社和种养大户；2016年发放贷款规模进一步扩大到2 060万元。

（四）牧草青贮方式因地制宜呈多样化形态

山西朔州市位于农区，草食牲畜多以全舍饲饲养，对青贮饲料具有全年性需求。当地青贮多以压窖或裹包的方式储存。临近种植区，需求量较大的养殖场主要以青贮压窖的方式储存；离种植区较远的养殖场多以裹包青贮方式储存。青海省门源、湟源两县农区和半牧区草食牲畜多以全舍饲、半舍饲方式饲养，牧区以放牧方式为主。农区和半牧区对青贮饲料具有全年性需求，牧区枯草期对青贮饲料需求较大，所以当地除上述青贮方式外，因地制宜发展青贮堆和袋装青贮等青贮方式，特别是袋装青贮较为常见。其包装成本低廉且耐磨损，重量约为60千克/袋，易搬运，发酵简单易行，主要向牧区运输销售。走访的门源县当地企业、合作社等多采用该种青贮方式，主要销往本地及临近的互助县牧区。此种青贮方式有助于改善传统牧区草食牲畜“夏肥秋壮冬瘦春死”的现象和枯草期牧民急于出栏牲畜，中间商贩收购牲畜“卡脖子”的现象，有效保障牧民的利益。

（五）牧草种植助推当地精准扶贫顺利开展

门源县草业公司积极与当地精准扶贫相结合，将获得的扶贫资金和牧草种植相结合，助推当地精准扶贫工作。门源县富源青高原草业等 3 家牧草种植企业共为 17 个贫困村 209 户贫困户建档立卡，将 500 万元的扶贫资金集中用于发展牧草产业，每年按扶贫资金的 6％为贫困户分红，每户分红 1 435 元。此外，种植企业还与贫困户签订牧草订单 5.2 万吨，以高于市场价格的协议价格收购（2016 年燕麦草市场收购价为 320 元/吨，协议价格为 360 元/吨，收购每吨让利贫困户 40 元）。2016 年牧草种植企业引导贫困户种植牧草 1 013 亩，实现户均增收 4 171 元，人均增收 1 094 元。此种方式为当地“精准扶贫”工程探索出了一条新途径。

（六）龙头企业带动形成草业产销一体化链条

朔州市朔城区政府引导养殖或草产品加工企业与种植户签订种草收购协议，解决牧草销售问题。该地区约 50％牧草产量通过该种方式进行销售。青海湟源县采取由产业化经营组织与农牧户签订产销合同，实行订单生产，把农牧户的牧草生产与市场紧密联合。青海门源县政府引导和鼓励当地牧草加工企业以及具有牧草加工能力的合作社、家庭农牧场成立牧草联合社，重点对牧草产业进行市场化管理、专业化运作，对全县牧草进行统一种植、统一加工和统一销售；全力搞活草产品销售流通，引导饲草种植企业与养殖、加工企业开展产销加工对接，组织开展草产品促销活动，解决饲草种植、加工销售的瓶颈问题，逐步形成草业产销一体化发展链条。

四、草牧业推进过程中的难点与问题

（一）部分地区传统种养观念依旧存在

调整农业结构、发展草牧业是国家的一项重大农业发展战略，转变传统种养观念和养殖方式势在必行。现在仍有部分地区管理人员及种养企业（场户）认识不到位，传统观念依然存在。在走访的朔州市朔城区，种植户对种植粮食和牧草的比较效益认识不足，“以粮为主”的传统思想仍然存在；仍使用荒地、坡耕地等低产田种植苜蓿草，仍运用传统的籽实玉米品种生产青贮玉米；养殖户在肉羊育肥上仍采用“秸秆＋谷物”的传统饲喂模式，生产效率低下；部分养殖企业对粗饲料的重要性认识还不到位。许多地区对发展牧草产业的认识仍比较单一，认为发展牧草产业就是种植牧草，收割后直接、风干或青贮后喂养牲畜，对发展免受收获加工机械制约和多雨等气象灾害的人工放牧草地等牧草产业发展形势认识不足。

（二）牧草作业机械及配套设施保有量不足

牧草播种、田间管理、收割、打捆等作业机具、草产品加工设备等保有量不足，在很大程度上制约了饲草产业的健康和可持续发展。调研发现，山西朔州市朔城区助农农机专业合作社、金土地公司等都存在刈割及打捆机具保有量不足、性能差的问题，如若机具出现故障，遇天气变化刈割不及时，将使牧草草质受到严重影响，甚至没有有效产量。青海门源县各养殖专业合作社方捆、圆捆包膜机械等草产品加工设备缺乏；湟源县牧草种植集中在浅脑山地区，由于山高地陡地块小，目前仍有 8 万亩耕地靠畜力耕种。特别是在目前国内大量牧草种植占用撂荒地、坡耕地、退耕还林地的情况下，适宜这些土地生产牧草的小型机械设备严重缺乏。此外，许多地区的草产品储存设施严重不足，也影响了草产品的品质。

（三）草牧业发展的技术制约明显

一是不掌握牧草品种的基本知识。在调研中发现，许多地区的企业或农户不了解每个牧草品种适应的自然环境和生物学特征，不能因地制宜选择适合本地发展的牧草品种，跟风追市、盲目引进种植的现象比较普遍，导致生产、市场风险都很大。一方面由于种植者对牧草品种等方面的基础知识缺乏，另一方面也由于适宜本地生长的牧草种子的研发落后于当地草牧业的发展。二是对牧草种植、收获、储存等基本知识和技能缺乏。在走访的青海省门源和湟源两县，许多农户对牧草的播种深度、田间管理、实时收获期、储存方法等基本知识和技能缺乏了解和掌握；部分企业（农户）对牧草青贮的知识和技能掌握不足，致使生产的青贮草质量参差不齐。

（四）牧草生产风险大，对牧草的保险还是空白

牧草生产的目标是获得植物的全株营养体，因而生产难度一般比粮食大，加之许多农户对牧草生产又比较陌生，所以牧草生产的风险很大；另一方面，牧草只是中间产品，其市场受制于草食畜产品的市场，因而市场风险也很大。正因如此，牧草生产的收益很不稳定，成为不少农户尤其是家庭收入低的农户种植牧草意愿不高的原因之一。保险作为牧草生产的后续保障环节，落后于整个牧草产业的发展。目前，我国已很大范围开展了农作物保险和畜牧业保险，但对牧草的保险还未开展。调研发现，青海门源县 2016 年“8·17 雹灾”发生后，受灾农户没有得到相应的补偿，使牧草种植的积极性受到很大打击。可见，缺少灾后保障成为草牧业和“粮改饲”项目实施的最大障碍。

（五）金融扶持发展机制难以满足产业发展需求

在朔州市，目前对牧草种植企业（场户）和养殖企业（场户）金融扶持较少。调研发现，助农农机专业合作社由于缺少相应的金融扶持，专业化机具采购不足。部分规模养殖场由于周转资金缺乏，缺少充足的资金用于收购青贮玉米，经常出现青贮收购量不足或者拖欠种植户售草款的现象。在所调研的门源县和湟源县，“授信池”贷款总体额度还很小，且发放需担保、抵押等手续。由于大多数规模养殖场和专业合作社抵押物不

足，造成担保抵押困难，贷款难度加大，加之项目资金到位较晚，严重影响了牧草生产的及时性。

五、进一步推进草牧业发展的对策建议

（一）切实做好宣传及科技推广培训工作

针对广大种养户传统观念根深蒂固的问题，相关部门应充分利用多种传播方式进行广泛宣传，采取印发宣传材料、设置宣传专栏、召开动员会议等形式，使其充分了解草牧业发展的意义，营造良好氛围；促进企业、种养户之间的经验交流，加强企业示范带动效应。针对管理人员及种养户（企业）种养观念及技术落后等问题，政府应通过各种形式对县级及以下生产经营管理及技术人员强化技术培训，以指导种植、管理、收割晾晒、打捆、草产品加工等全过程，提高草业科技贡献份额；同时，应以科研试验示范基地为基础，以科技推广中心为依托，通过各种形式宣传和推广科研成果，为种养企业（场户）推广先进适用的种养技术；在技术推广和培训中，更多采用现场观摩的形式，向发展人工放牧草地、草产品加工发展较好的企业或基地学习，逐步提高其对发展牧草产业、实施种养结合的技术和技能的认识。

（二）全力加快适合不同区域生产特点的牧草机械设备研制与开发

伴随国家“粮改饲”及草牧业的推进，牧草种植面积迅速扩大。但与牧草生产快速扩展形成鲜明对比的是，适宜我国不同区域牧草生产的机械设备严重不足，现有的一些机械设备也存在性能及可靠性差、适应范围小等突出问题，应全力加快适合不同区域生产特点的牧草机械设备研制与开发。牧草种植及田间管理环节，应加快针对不同区域地形地貌的牧草种植、施肥、灌溉、草地除杂等设备的研发；刈割环节，牧草平原种植地区，应加快牧草刈割、粉碎、打捆等多功能一体化大中型机械设备的研发；在牧草种植还未实现机械化的地形陡峭的山区，应重点研发具有爬行方便、易操作的刈割、压扁、翻晒、捡拾、压捆等功能的小型机具，重点提高其生产性能和耐用性。在加快青贮设施建设的同时，应重点研发加工草颗粒、草粉等多样化草产品的机械设备。

（三）全力推进草畜紧密结合

各地应结合当地实际，因地制宜，在生产及销售环节采取措施扎实推进草畜紧密结合，发展各具地方特色的草牧业。生产环节，在北方土地资源相对丰富的地区，重点推进建设奶牛、肉牛和肉羊养殖配套饲草料地建设，国家种草养畜财政扶持政策，如标准化规模养殖、母畜扩群增量项目、“粮改饲”试点项目等应对具有配套饲草料地的牛羊养殖予以倾斜，特别是对养殖场户自己流转的饲草料地予以重点倾斜。在南方牧草资源开发利用不足的草山草坡地区，重点推进人工放牧场建设或天然草山草坡改良工作，结合母畜扩群增量项目、南方现代草地畜牧业推进行动项目等的实施，重点对拥有草山草坡资源或建设人工放牧场的牛羊养殖场户予以倾斜；同时对于实施草田轮作、利用冬闲田种草，并与种草农户签订稳定供草协议的养殖场户予以优惠支持。销售环节，政府相

关部门应强化畜产品优质优价市场机制的建立和良性的流通体系建设，实现饲用优质牧草生产的畜产品必然比饲用秸秆生产的畜产品价格高，从而由市场直接引导草畜紧密结合。

（四）推进多样化牧草产业发展形式

当前在国内，一提到发展牧草产业就普遍认为是牧草种植、收割和加工等事项，而忽视了建植人工放牧场实施划区轮牧的牧草生产和利用模式。发达国家的实践证明，在自然条件适宜地区，建设人工放牧场实现放牧利用，可以大量节约牧草播种、收割等环节的机械费用，同时还可很大程度降低牧草生产过程中的风险和市场风险，降低母畜的饲养成本，提高母畜的健康水平，进而提高母畜的繁殖成活率。各级主管部门和技术管理人员在指导企业和农户发展种草养畜时，应根据当地土地、气候等资源条件以及养殖畜种情况，从政策引导及技术指导方面，推进种植加工草产品、人工放牧场建设或现割现喂等多样化的牧草产业发展形式。西北、华北等有条件的地区可适度发展人工种草、加工草产品的形式，丘陵区、土地资源丰富地区可发展人工建植放牧场的形式；西南地区、土地细碎化地区、牛羊散养较多的地区，可发展牧草种植、现割现喂的形式。

（五）推动牧草产业保险的实施，加大金融支持力度

逐步建立牧草产业保险制度对产业健康和可持续发展将起到重要的保障和推动作用。鉴于牧草生产风险和市场风险均很高、牧草生产企业（场户）实力又很弱，其自身抗风险能力较差，建议借鉴美国等牧草产业发达国家的保险经验，参考国内农作物保险的具体做法，建立牧草产业保险制度，将牧草列为重点受保对象，支持牧草产业的稳定发展。同时，相关部门应采用财政补贴、免征营业税和所得税等措施，引导和鼓励全国各大保险公司为牧草生产企业（场户）提供牧草产业保险[25]；采取保费补贴、简化理赔程序等方式，调动广大企业（场户）参保的积极性。地方政府部门应积极与金融部门协调商议，构建新型融资平台，创新金融扶持方式，放宽贷款条件、简化办事程序，及时满足牧草生产企业（场户）的融资需求。

参 考 文 献

[1] 王明利．有效破解粮食安全问题的新思路：着力发展牧草产业［J］．中国农村经济，2015，（12）：63-74.

[2] 王明利，杨春，胡向东，等．关于苜蓿产业发展对粮食安全影响的政治经济学思考［J］．草业科学，2012，29（12）：1936-1940.

[3] 石自忠，王明利．苜蓿与竞争农作物投入产出的比较［J］．草业科学，2013，30（8）：1259-1265.

[4] 刘玉杰，李向林，何峰．张家口市塞北管理区种草养畜的成本收益分析［J］．草地学报，2008，16（3）：283-288.

[5] 路登佑．四种牧草产草量和生产成本对比试验［J］．科学种养，2013（4）：46-47.

[6] 刘玉凤，王明利，石自忠，等．我国苜蓿产业技术效率及科技进步贡献分析［J］．草业科学，2014，31（10）：1990-1997.

[7] 刘玉华，史纪安，贾志宽．气候因子与苜蓿草产量的灰色关联度分析［J］．草业科学，2009，26（8）：101-106.

[8] 刘亚钊，王明利，修长柏．我国牧草产品国际竞争力分析［J］．农业经济问题，2011（7）：86-90.

[9] 石自忠，向碧云．我国牧草与草种进出口贸易分析及预测［J］．中国畜牧杂志，2013，49（6）：23-28.

[10] 汪武静，王明利，金白乙拉，刘玉凤．中国牧草产品国际贸易格局研究及启示［J］．中国农学通报，2015，31（26）：1-6.

[11] 汪武静，王明利，吕官旺，等．美国苜蓿贸易—趋势、经验与启示［J］．草业科学 2016，33（3）：527-534.

[12] 杨春，王明利，刘亚钊．中国的苜蓿草贸易—历史变迁、未来趋势与对策建议［J］．草业科学，2011，28（9）：1711-1717.

[13] 刘玉凤，王明利，石自忠，等．我国肉羊生产技术效率及科技进步贡献分析［J］．中国农业科技导报，2014（3）：156-161.

[14] 王海娇，肖海峰．我国肉羊生产技术效率空间关联测度及其影响因素研究［J］．中国畜牧杂志，2016（18）：56-61.

[15] 田露，张越杰．中国肉牛产业链组织效率及其影响因素分析—基于 14 个省份 233 份调查问卷的分析［J］．农业经济问题，2010，31（6）：87-91.

[16] 石自忠，王明利，胡向东．我国牛肉价格波动的门限及政策研究［J］．中国农业大学学报，2014，19（4）：200-205.

[17] 石自忠，王明利，胡向东，等．我国区域牛肉价格波动及冲击效应研究［J］．价格理论与实践，2016（7）：137-140.

[18] 石自忠，王明利，胡向东．中国牛肉市场模型构建与基础模拟［J］．中国农业大学学报，2015，20（3）：278-290.

[19] 石自忠，王明利，柳苏芸，等．中国草食畜产品贸易波动及不确定性冲击［J］．华南农业大学学报（社会科学版），2016，15（5）：87-98.

[20] 候向阳．我国草牧业发展理论及科技支撑重点［J］．草业科学，2015，32（5）：823-827.

[21] 岑慧连，唐祈林．中国西南地区草牧业概况基期发展趋势分析［J］．草业科学，2016，33（3）：535-539.

[22] 中国西部地区草牧业发展的现状中国西部地区草牧业发展的现状、问题及对策［J］．科技导报，2016，34（17）：79-88.

[23] 李向林，沈禹颖，万里强．种植业结构调整和草牧业发展潜力分析及政策建议［J］．中国工程科学，2016，18（1）：94-103.

[24] 王明利，等．中国牧草产业经济 2011［M］．北京：中国农业出版社，2012：11.

[25] 国家牧草产业技术体系．中国现代农业产业可持续发展战略研究（牧草分册）［M］．北京：中国农业出版社，2016：280-281.

苜蓿产业发展适宜性评价及布局研究①

——以内蒙古为例

刘海英[1]　李新[2]

（1. 内蒙古大学鄂尔多斯学院，鄂尔多斯 017000；
2. 内蒙古农业大学图书馆，呼和浩特 010021）

摘要：为了获取苜蓿产业发展适宜性等级和确定苜蓿产业布局，选取生态环境、经济发展和社会环境 3 个方面 13 个指标构建评价模型，利用熵值法获取指标权重，对内蒙古自治区苜蓿产业的发展适宜性及布局进行分类评价。结果表明：相较于农区和半农半牧区，牧区具备更高的苜蓿生产适宜性，苜蓿产业布局适宜性优势区主要分布于中西部黄河流域平原丘陵、东部西辽河嫩江流域平原丘陵及中北东北部锡林郭勒和呼伦贝尔草原。应从改善灌溉条件、变革耕作方式、协调产业布局等方面加强上述区域的苜蓿产业发展。

关键词：苜蓿；适宜性评价；熵值法；产业布局；内蒙古

苜蓿被称为牧草之王，是富含蛋白质、维生素和矿物质的饲草作物，是草食畜牧业健康高效发展的核心物质基础。苜蓿产业是一种集生态、经济和社会效益为一体的产业类型，是牛奶生产的第一车间，也是食品安全的重要源头保障，其健康持续发展是确保牛奶产业健康、优质、可持续发展的基础，也是实现我国畜牧业供给侧结构性改革的重要条件。2012 年农业部和财政部启动实施了振兴奶业苜蓿的发展行动，该行动为苜蓿产业的发展和奶业转型升级提供了有力支撑，并形成了内蒙古科尔沁草地、宁夏河套灌区等一批 6 667 公顷以上集中连片的优质苜蓿种植基地。2016 年，农业部发布《全国苜蓿产业发展规划（2016—2020 年）》，进一步强调了“十三五”期间我国苜蓿产业发展的重要性及发展思路和发展重点。

内蒙古自治区（简称内蒙古）是我国最大的畜牧业生产基地，也是我国苜蓿种植面积最大且苜蓿产业发展成效最显著的地区之一，苜蓿种植面积从 20 世纪 50 年代的 49.5 万亩，发展到 2015 年的 920 万亩，并形成多个 10 万亩以上的规模化苜蓿种植集聚区。尽管如此，内蒙古苜蓿产业的供需矛盾依旧突出，年供需缺口约为 3 000 万吨，同时产业化链条不完善、区域发展不平衡、产业布局不合理等问题也严重制约着其发

① 本文原载《黑龙江畜牧兽医》2017 年 12 月第 24 期。

展。因此，科学评价苜蓿产业在内蒙古牧区、半农半牧区及农区的发展适宜性，并对其进行布局适宜性研究，进而提高苜蓿的产出效益，是破解内蒙古畜牧业发展中饲草料危机的关键路径之一。

适宜性评价最早被应用于生态学中，目的在于利用生态学、经济学、地理学等知识，根据研究区域的资源环境特点及发展规划要求，划分资源与环境的适宜性等级，即考察某一特定地块对于某种特定使用方式的适宜程度[1]。现阶段该评价逐步被用于多个领域的产业适宜性及布局研究，如席广亮等[2]采用构建绿色产业发展适宜性评价指标体系和空间分析相结合的方法，对江苏省绿色产业的发展适宜性做出评价，认为苏北沿河地区是江苏省绿色产业发展适宜性最强的区域；陈凤桂等[3]利用生态位理论，构建系统的指标体系和评价模型，对广东省的产业发展适宜度和优势度进行综合的生态位评价，发现珠江三角洲地区的产业发展区位综合指数明显高于其他地区，具有更好的产业发展适宜性；赵振华[4]选用层次分析法构建指标体系，将山东半岛的人口和产业布局适宜性划分为 5 个等级，发现人口布局适宜性较强的区域位于胶莱盆地及烟台市东部地区，产业布局适宜性较强的地区则分布于威海市中部、青岛市北部等多个区域。可以看出，适宜性评价往往与产业布局分析结合使用，即通过适宜性评价确定产业在地区范围内的空间分布和组合。近年来，适宜性评价逐步被用于冰糖橙产业、香榧产业、猕猴桃产业及葡萄产业等农业领域研究[5-8]，但尚未在苜蓿产业中得到应用。当前学界对苜蓿产业的研究主要集中于苜蓿产业发展现状、问题和对策的定性评价以及少量对苜蓿产业技术效率、科技进步贡献及产业竞争力的定量测算[9-11]。基于此，笔者选取内蒙古自治区 33 个牧区旗（市）、21 个半农半牧区旗（市、区、县）及 46 个农区旗（市、区、县），对其苜蓿产业的发展适宜性进行评价，并提出苜蓿产业优化布局的区域范围，旨在为内蒙古自治区苜蓿产业及畜牧业的发展提供一定的理论依据和政策支持。

一、苜蓿产业发展适宜性评价的指标体系构建

苜蓿产业发展适宜性评价是通过对一定地域范围内发展苜蓿产业的整体评价来实现的，因此其评价指标选取应基于苜蓿产业发展的区域适宜性和产业自身要求来进行。在文献梳理和专家咨询的基础上，按照全局性、生态性、可持续性和可操作性等原则，从生态环境、经济发展和社会环境三个方面构建评价准则层，并将其进一步细化为 13 个评价指标。生态环境层面选择年降水量为评价指标，适宜苜蓿生长的气候条件为温暖半干旱区域且降水量在 250～900 毫米之间；经济发展层面包含 8 个指标，其中畜均草地面积为可利用草原面积与折合后总羊单位的比值，该指标越小，草地系统的生态压力越大。草地生产率则是单位草地面积上的牧草生产量，该指标越小，草地系统的生态压力越大；社会环境层面包含 4 个指标，其中劳动生产率是畜牧业产值与从事畜牧业劳动力人数的比值，该比值越大，表明畜牧业发展越好，见表 1。

表 1　苜蓿产业发展适宜性评价指标体系

目标层	准则层	指标层
苜蓿产业发展的适宜性评价	生态环境	年降水总量（毫米）
	经济发展	多年生人工种草保留（万亩）
		粮食产量（万吨）
		畜均草地面积（亩）
		年末牲畜存栏头数（万头）
		农作物总播种面积（公顷）
		粮食作物播种面积（公顷）
		草地生产率（%）
		农林牧渔业总产值（万元）
	社会环境	年末总人口（人）
		农牧业机械总动力（万千瓦）
		劳动生产率（%）
		农林牧渔业劳动力人数（人）

二、苜蓿产业发展适宜性评价实证分析——以内蒙古为例

（一）原始数据及其标准化处理

本文按照国家统计局农业调查队的划分标准，根据畜牧业产值与种植业产值的比例，将内蒙古全域范围划分为牧区、半农半牧区和农区。相关数据主要来源于《内蒙古统计年鉴》[12]和《中国畜牧兽医年鉴》[13]。从多年生人工牧草的保留面积来看，鄂尔多斯市准格尔旗、呼和浩特市清水河县、赤峰市阿鲁科尔沁旗的牧草保留面积最大，分别为 49 万亩、38.43 万亩和 36.2 万亩；一年生人工牧草保留面积最多的是赤峰市阿鲁科尔沁旗，为 19 万亩；畜均草地面积最高的是通辽市科尔沁区、巴彦淖尔市杭锦后旗和包头市土默特右旗，畜均草地面积越大越有利于畜牧业的发展；年末牲畜存栏头数最多的是通辽市扎鲁特旗、兴安盟科尔沁右翼前旗和鄂尔多斯市达拉特旗，年末牲畜存栏头数越多对牧草的需求越大。显然，天然牧草的产量是有限的，只能依靠人工牧草进行有效补充，而苜蓿则是人工牧草的最佳选择。

由于苜蓿产业发展适宜性评价指标的量纲与单位不同，不具备可比性，所以需对收集到的原始数据进行标准化处理。设：x_{ij} 为第 i 个样本区域的第 j 个评价指标标准化后的值，v_{ij} 为第 i 个样本区域的第 j 个评价指标的原始数据，n 为样本区域的个数，根据正向指标标准化公式，利用阈值法计算可得：

$$x_{ij} = \frac{v_{ij} - \min\limits_{1 \leqslant i \leqslant m}(v_{ij})}{\max\limits_{1 \leqslant i \leqslant m}(v_{ij}) - \min\limits_{1 \leqslant i \leqslant m}(v_{ij})} \tag{1}$$

标准化处理后，所有评价指标均在［0，1］内取值，正向指标数值越大，生态适宜性越好，越有利于苜蓿产业的发展[14]。

（二）评价模型的建立

指标权重的确定是苜蓿产业发展适宜性评价模型建立的关键步骤之一，确定指标权重的方法包括主观赋权法和客观赋权法，其中主观赋权法依靠评价者的主观感受来实现，如德尔菲法和层次分析法（AHP）[15]。客观赋权法则依靠各指标所提供的信息量来确定，熵值法是最典型的客观赋权法，其操作包含3个步骤：原始数据矩阵归一化、定义熵、定义熵权。当指标值差异性大时，熵值会比较小，说明该指标携带的信息量较多，其权重相应较大；反之，若指标值差异性较小，熵值会比较大，说明该指标携带的信息量较小，其权重也相应较小[16]；当各评价对象的某项指标值完全相同时，熵值达到最大，这意味着该指标无有用信息，可以从评价指标体系中去除。总之，可利用熵权法计算指标权重，再结合模糊评价矩阵，根据最大隶属度原则判定分类等级。

设：w_j 为第 j 个指标的权重，x_{ij} 为第 i 个样本区域的第 j 个指标标准化后的值。用熵权法确定指标权重，则 w_j 为公式：

$$w_j = \left[1+\frac{1}{\ln n}\sum_{i=1}^{n}\left[\frac{x_{ij}}{\sum\limits_{i=1}^{n}x_{ij}}\ln\left(\frac{x_{ij}}{\sum\limits_{i=1}^{n}x_{ij}}\right)\right]\right] \Bigg/ \left[m-\sum_{j=1}^{m}-\frac{1}{\ln n}\sum_{i=1}^{n}\left[\frac{x_{ij}}{\sum\limits_{i=1}^{n}x_{ij}}\ln\left(\frac{x_{ij}}{\sum\limits_{i=1}^{n}x_{ij}}\right)\right]\right] \tag{2}$$

将各评价指标的标准化数据带入公式（2），可计算出所有评价区域各指标的权重。根据权重和各指标标准化处理后的取值，可以得到苜蓿产业发展适宜性评价的综合得分 y_i：

$$y_i = w_1x_{i1} + w_2x_{i2} + \cdots w_mx_{im} \tag{3}$$

将该综合得分作为评价苜蓿产业发展适宜性类型的依据，对各地区的综合得分情况进行统计分析。通过各评价地区总分的频率直方图划分各适宜性类型区间，得分在0.5以上为一类地区，即苜蓿产业高适宜区，得分在0.3～0.5之间为二类地区，即苜蓿产业中适宜区，得分在0.3以下为三类地区，即苜蓿产业低适宜区。

（三）评价结果分析

利用SPSS20.0软件，计算出33个牧区旗（市）、21个半农半牧区旗（市、区、县）及46个农区旗（市、区、县）的苜蓿产业发展适宜性评价综合得分情况并对其进行等级划分。结果显示，牧区中，一类地区有2个，均分为0.650 7，最高分为0.762 8，二类地区有6个，均分为0.434 3，最高分为0.463 4，三类地区有25个，均分为0.233 6，最高分为0.265 8；半农半牧区中，一类地区有4个，均分为0.564 5，最高分为0.603 6，二类地区有8个，均分为0.400 2，最高分为0.462 9，三类地区有9个，均分为0.164 1，最高分为0.246 9；农区中，一类地区有4个，均分为0.563 5，最高分为0.615 7，二类地区有10个，均分为0.397 3，最高分为0.478 4，三类地区有32个，均分为0.163 5，最高分为0.300 0。

从均分和最高得分情况来看，牧区的苜蓿生产适宜性评价得分要高于半农半牧区和农区，其可能原因在于牧区的生态环境更有利于苜蓿生长，即牧区的多年生人工种草保留面积、畜均草地面积、年末牲畜存栏头数、农作物总播种面积、草地生产率、劳动生产率等因素综合作用的结果；从地域分布情况来看，牧区中最适宜苜蓿生产的区域为通辽市科尔沁左翼中旗和通辽市科尔沁左翼后旗；半农半牧区中最适宜苜蓿生产的区域为呼伦贝尔市莫力达瓦达斡尔族自治旗、通辽市科尔沁区、呼伦贝尔市阿荣旗和赤峰市敖汉旗；农区中最适宜苜蓿生产的区域为巴彦淖尔市临河区、赤峰市松山区、包头市土默特右旗和呼和浩特市土默特左旗。

三、苜蓿产业布局的适宜性分区研究

（一）苜蓿产业优化布局的原则

1. 宏观布局原则

除土壤、气候等自然条件外，苜蓿种植的空间布局还受到牲畜养殖集中度和边际土地集中度的影响。牲畜养殖集中度可用某地区大小牲畜养殖量换算成标准羊单位后与全区总量的比值来衡量，依据牲畜养殖集中度，可将内蒙古的苜蓿种植空间划分为三类地区：一是位于呼和浩特市周边的奶牛密集养殖区，二是位于通辽市周边的肉牛密集养殖区，三是位于巴彦淖尔市周边的肉羊密集养殖区；边际土地集中度可用某地区适合发展苜蓿种植的非农业土地面积与全区适合发展苜蓿种植的非农业土地面积的比值来衡量，经调研和测算，内蒙古西部大部分地区的边际土地集中度较高，适合发展苜蓿种植。

2. 微观布局原则

微观布局是指苜蓿大面积连片种植的具体选点，除考虑区域经济社会发展趋势、市场需求和苜蓿原料供给现状等宏观因素，微观布局还需重点考虑苜蓿产品的收集、储存和运输等微观因素。在制定科学合理的苜蓿总体布局方案时，要遵循以下原则：第一，土地适宜性原则。根据产业分布现状，结合土地适宜性评价结果，因地制宜地调整用地结构，统筹安排，分步实施，实现总体空间布局的有效配置；第二，相对一致性原则。要求产业相对集中区域在地域特征、生态条件、资源禀赋、产业基础、经济条件及未来发展方向等方面具有相对一致性，以便统一规划与总体布局；第三，集中连片原则。要求产业集中区域土地集中连片，便于区域化布局、专业化开发和规模化生产。对于苜蓿种植，更要选择生态条件优越、基础设施完善、产业基础良好且土地连片的区域优先作为高标准的苜蓿集中生产区；第四，产业化开发原则。尽可能对原料基地、加工企业、批发市场或配套服务完善的区域进行集中布局，从而节省基础设施投资，加快产业集聚和区域产业化开发与发展；第五，动态平衡原则。总体布局是一个动态平衡的过程，一经确定并不代表永远不变，可能会随着时间推移和国家产业政策的变化而相应调整；第六，行政区界完整性原则。为了保留各行政单位自然资源禀赋与社会经济条件的一致性，便于生产管理的统一安排，布局时尽可能保持行政区界的完整性。

（二）苜蓿产业布局的适宜性分区

根据内蒙古牧区、半农半牧区和农区的苜蓿产业发展适宜性评价结果和自治区各市（区、旗、县）的地理方位、地貌特征或草原类型，综合考虑自然、经济和社会环境等因素，结合苜蓿产业优化布局的原则，可将内蒙古划分为 4 个人工牧草产业发展适宜区，即中西部干旱荒漠草原保护区，中西部黄河流域平原丘陵优势区，东部西辽河—嫩江流域平原丘陵优势区，中北东北部锡林郭勒及呼伦贝尔草原优势区。

苜蓿产业布局适宜性分区主要以优势区为主，包括中西部黄河流域平原丘陵优势区、东部西辽河—嫩江流域平原丘陵优势区和中北东北部锡林郭勒及呼伦贝尔草原优势区。(1) 中西部黄河流域平原丘陵优势区。该区地处内蒙古中西部阴山、乌拉山南麓土默川、河套平原及南部丘陵地区，东起丰镇市，西至西鄂尔多斯荒漠。本区地势平坦，土质肥沃，水土热资源丰富，整体上宜农、宜牧、宜草。未来应依托黄河流域优质的灌溉条件，对弃耕地和中低产田进行改造，实施粮草轮作，发展高产优质苜蓿种植，政府也应在资金和政策上予以扶持和侧重，以强化其作为中西部地区苜蓿产业优势发展区的地位。(2) 东部西辽河—嫩江流域平原丘陵优势区。该区地处内蒙古东部燕山以北，西辽河平原、嫩江平原及大兴安岭岭东山地丘陵带，东起大兴安岭岭东，西至燕山北部山地丘陵区。本区土地资源丰富，水热条件优质，适宜灌溉和旱作苜蓿的种植。平原区适合草田轮作，发展农田草地；丘陵区适合套种、混种，发展旱作苜蓿种植；沙地区需要借助水利开发，发展旱作苜蓿种植；此外，还需通过多种形式的政策鼓励，协调产业布局，推进区域内半农半牧区和牧区的退耕还草，不断壮大苜蓿产业的优势地位。(3) 中北东北部锡林郭勒及呼伦贝尔草原优势区。该区地处内蒙古中北部阴山北麓乌兰察布高原、锡林郭勒高原、大兴安岭南段山地丘陵区以及东北部大兴安岭岭北呼伦贝尔草原及山地林业地区，东起鄂伦春旗，西至阴山北麓固阳县。本区气候寒冷，雨热同期，适宜种植蒙古冰草、老芒麦、披碱草、无芒雀麦、羊草、杂种冰草等牧草，抗寒性较强的苜蓿亦可种植，是内蒙古中北和东北部多年生禾本科苜蓿种植的核心区。豆科苜蓿与多年生禾草混播，建立混播人工草地是该区未来的发展重点。

苜蓿产业布局适宜性分区的劣势区较少，仅有中西部干旱荒漠草原保护区。该区地处内蒙古中西部靠北边境地带，东起苏尼特左旗东北部，西至阿拉善。雨水贫乏，热量充沛，适宜种植半灌木和饲用灌木，不适宜多年生人工牧草和苜蓿的种植。在有节水灌溉保证的小片地块，可适当种一些多年生人工牧草或将苜蓿与多年生禾草冰草、老芒麦等进行混播。在无霜期 140 天以上的区域，有节水灌溉保证的条件下，亦可进行豆科、禾本科多年生人工牧草的种植。

四、结论与讨论

构建了包括生态环境、经济发展和社会环境 13 个指标的评价体系，获取了内蒙古牧区、半农半牧区和农区 100 个旗（市、区、县）的苜蓿产业发展适宜性等级，并将内蒙古划分为 4 个人工牧草种植适宜区。研究结果显示：牧区相较于半农半牧区和农区具备更高的苜蓿产业发展适宜性，内蒙古人工牧草产业的适宜性区域中，有 3 个区适合大力发展苜蓿产业，即中西部黄河流域平原丘陵优势区、东部西辽河—嫩江流域平原丘陵优势区和中北东北部锡林郭勒及呼伦贝尔草原优势区。

本研究将生态适宜性评价的思想和方法应用于苜蓿产业发展及布局的适宜性评价，

在研究思路上有一定创新性。但是受到资料获取困难等因素限制，评价指标未能全面反映苜蓿产业适宜性的各项条件，这给评价结果的科学性带来一定影响，最终的布局方案有一部分可能与研究区的土地利用状况和产业发展规划不符。未来还需综合考虑自然、经济、社会等因素，对评价指标体系的选取进行深入研究，力求为苜蓿产业的健康持续发展提供更加实用且可操作的理论分析框架和制度创新安排。

参考文献

[1] McHarg O L. Design with Nature [M]. New York：John Wiley&Sons，1995：45-50.

[2] 席广亮，甄峰．绿色产业发展适宜性评价研究——以江苏省为例［J］．河南科学，2008，26（10）：1276-1280.

[3] 陈凤桂，张虹鸥，陈伟莲，等．基于生态位理论的产业发展适宜性综合评价——以广东为例［J］．人文地理，2011（6）：120-126.

[4] 赵振华．山东半岛人口和产业布局适宜性评价［J］．地域研究与开发，2017，36（2）：45-50.

[5] 胡彩婷，李巧云，关欣，等．永兴县发展冰糖橙产业的土地适宜性评价［J］．水土保持研究，2012，19（6）：228-236.

[6] 裘希雅，蒋玉根，许杰，等．富阳市香榧产业发展的土壤环境适宜性评价［J］．浙江农业科学，2012（10）：1455-1458.

[7] 陈玉龙，付虎艳，张军．基于3S的喀斯特山区猕猴桃产业适宜性评价——以贵州省六盘水市为例［J］．云南地理环境研究，2014，26（2）：70-74.

[8] 贺生兵，范彦鹏，杨科荣．敦煌市葡萄产业适宜性评价及科学施肥建议［J］．农艺农技，2017（5）：81-82.

[9] 刘玉凤，王明利，石自忠，等．我国苜蓿产业技术效率及科技进步贡献分析［J］．草业科学，2014，31（10）：1990-1997.

[10] 王明利，杨春，胡向东，等．关于苜蓿产业发展对粮食安全影响的政治经济学思考［J］．草业科学，2012，29（12）：1936-1940.

[11] 江影舟，南志标，王丽佳．基于钻石模型理论的甘肃省苜蓿产业竞争力分析［J］．草业科学，2016，33（4）：813-820.

[12] 内蒙古统计局．内蒙古统计年鉴［J］．北京：中国统计出版社，2015.

[13] 中国畜牧兽医年鉴编辑委员会．中国畜牧兽医年鉴［J］．北京：中国农业出版社，2015.

[14] 郭显光．改进的熵值法及其在经济效益评价中的应用［J］．系统工程理论与实践，1998（12）：99-103.

[15] 贵立德．兰州市城镇化水平与其生态用地的供求关系［J］．水土保持通报，2012（4）：298-302.

[16] 陆添超，康凯．熵值法和层次分析法在权重确定中的应用［J］．电脑编程技巧与维护，2009（22）：19-20.

清代江浙地区的茅草市场研究

曹瑞冬

（温州大学人文学院，温州 325035）

摘要：茅草作为重要的生产生活资料被投入到江浙地区的经济市场中，并在供需关系的作用下逐渐发展成价格主导的产业体系，很大程度上保持着对盐业生产的依赖性。清代人口之增加和土地之扩张驱动了社会大众对茅草的消费需求，但这类产品的供给在资源不均、产权不明等因素作用下形成了一定垄断，致使价格不能合理地表现茅草的商品价值。故有清代官方通过行政经济等各种管控手段协调茅草在供需方面的冲突，最终在社会资源的耦合力争下使市场结构趋于合理。

关键词：清代；江浙地区；茅草市场；盐业

人口增加、土地兼并盛行和商业渐趋发达向江浙地区的经济发展提出了资源如何有效利用的命题，正如李伯重先生指出，江南地区由于燃料供应不充分，一些消耗燃料多的工业部门，如砖瓦石灰制造业、制盐业等得不到充分发展①。而就燃料资源的利用问题而言，相关方面的研究已渐次展开，比如刘淼注意到了盐业荡地中草荡滩地对于明代煎盐的重要意义②，又有孙峰发现燃料短缺问题是舟山清代盐业生产改革“以晒代煎”的重要原因③。但这些研究无一不在从资源供应的角度探讨生产之发展，却忽略了资源有向市场流通的可能性和必要性，恰如茅草作为一种生产与生活所需的草产品，在进入流通的市场后呈现出深层次的供需矛盾和价格问题。所以，本文旨在以茅草为中心研究清代江浙地区草产品的市场流通过程，着重利用地方志、正史文献等资料，并利用计量统计分析，从市场的需求、供给、价格和政府管控等角度阐明这一时空资源的利用状况。

一、需　　求

关于茅草，公众已作出中肯评价：“漫生坪坡，叶若荠而细，根小如芦而有节春生苗，长者二三尺余。三月结苞开花，亦如荠花而细小，有紫白二色，若持矛状，故加草

① 李伯重：《明清江南工农业生产中的燃料问题》，《中国社会经济史研究》1984 年第 4 期。

② 刘淼：《明代盐业荡地考察》，《明史研究》1991 年第 0 期。

③ 孙峰：《舟山古代海盐生产的燃料问题摭谈》，《浙江国际海运职业技术学院学报》2015 年第 4 期。

以茅名。初出土曰茅针，花曰茅秀，叶曰茅管。叶嫩时芟作绳索，方书取之入药，祝由家取之镇魔。嫩叶可织履，饲牛马，甚壮。叶老，苫屋，经风雨，故号苫草，为薪烧窑，煅磁堪佳，是云司窑草；形细而长，名丝毛草。汤取之以祷雨，周取之以承祭。”[①]由此可知，茅草是农村生产的农产品，除供农业发展和农民生活之外，又供应工业的发展，经由运销而和城市、市镇和其他农村发生交流。同时，茅草不是无偿供应的，须有买卖关系及相关计量规则：“买草料户交堆，与交工堆垛不同，以五万斤为一垛，檐高一丈二尺，除檐顶高七尺，宽一丈五尺，黄运两河俱同长六丈，其运河妙湾堆草，长四丈六尺亦五万斤。”[②] 所以，市场对茅草的需求既有对其价值的利用，也包含了一定的经济行为，像“畜羊必积食料，八九月间带青色获取晒干，多积苜蓿亦好。或山中黄白菅，并一切路旁河滩诸色杂草羊能盒者，于春夏之间草正嫩时，收取晒干，以备冬用。”[③] 这种农家自行消费的行为是不能纳入市场需求的。

农村是茅草主要的消费市场之一。首先，茅草被广泛应用于农业生产中，如四五月中，须塔棚遮阴，以避烈日。其棚约高五尺，许以茅草杉茨等物盖之，當西晒之处亦须结茅草遮住，毋使日光斜射。盖此种，一曝日光，竟有全无收获者，畦中可植西瓜、南瓜、冬瓜等有蔓之物[④]。又如田擬种棉，秋则种草，来年刈。草壅稻留，草根田中，耕转之，若草不甚盛，加别壅，欲厚壅，即并草掩覆之，或种大麦、蚕豆等並掩壅之，皆草壅法也。草壅之收有倍他[⑤]。这些茅草是按照时令刈取的，目的在于种植或增产，而与农家生活密切相关的茅屋建设则需更多的茅草资源。“一路山谷间皆茅屋，或三家，或十余、二十余家，高者曰砦，平者曰围，或曰楼，或在山径巅，或在隘口，皆一径微通。”[⑥] 或许是农村的一般风貌，但对生活在沿海地区的江浙人民而言，茅屋有其实际效用：“作室名囤，先以竹木结成椽桷，编竹为墙，盖以茅草，为两大扇；中竖大梁，备酒豕邀请番众，举上两扇，合为屋。丹舱采色，灿然可观，舍内地净无尘。”[⑦] 可是，这种房屋是不稳定的，破损和重筑在江浙地区时常有之：“江南古来称泽国，十岁九涝患不息。潮灾数十载一遇，不先不后于兹值。彼时闻道多东风，赤龙奋怒长蛟洪，鼋鼍蜩蛹借势雄，磨牙砺爪思腹充。万间茅屋如卷蓬，须臾化作冯夷宫。呜呼四歌兮歌四叠，伤哉吾民命轻叶。”[⑧] 茅屋对贫穷的农家来说是不必固定生产和日常维护的资料，同时也在无意识地制造草料的浪费。而城市居民对茅草的消费则有一种复古心理：“友人俞君负，上虞東东郭门外而居近市，嫌其喧隘，别作娱亲之所，即舍后旷夷之地，数十亩中高矩其址，立亭八九椽，覆以白茅，列树、花果、桑竹数百十，本引泉注渠，而决左右，外则规荡，槿高藩篱。”[⑨] 又有一种模仿行为：“扬州土壤膏沃，有茶盐丝帛之

① （清）张宗法：《三农纪》卷七《茅草》，清刻本。

② （清）李世禄：《修防琐志》堆垛卷二十一《买草按堆折收》，清钞本。

③ （清）杨屾：《豳风广义》卷三《收食料》，清乾隆刻本。

④ （清）杨巩：《中外农学合编》卷八林类植物《蓝》，清光绪三十四年刻本。

⑤ （清）农工商部：《棉业图说》卷二《耕壅》，清宣统农工商部本。

⑥ （清）屈大均：《翁山文外》卷一记《入永安县记》，清康熙刻本。

⑦ （清）黄叔璥：《台海使槎录》卷五《居处》，清文渊阁四库全书本。

⑧ （清）彭元瑞：《孚惠全书》卷十六偏隅蠲缓《御制江南潮灾叹有序丁卯》，民国罗振玉石印本。

⑨ （清）唐煦春：《（光绪）上虞县志》卷二十五上，清光绪十七年刊本。

利，人性轻扬善商贾。俗务儒雅，虽穷巷茅茨之下，往往闻弦诵声。民俗朴厚，而不争好学，而有文实诸贤之遗化也。”[①] 城市之茅草消费注重其文化效用，譬如士绅集团借此标榜品格：“吴有儒曰孟祥氏，读赏续文，志行高洁，家光福山中。相从而向学者甚多，其声名隐然于缙绅大夫。游于西山，必造其庐。孟祥结庐数椽，覆以白茅，不自华饰，惟粉垩其中，宛然雪屋也。既落成，而天适雨雪，遂以雪屋名之。”[②] 市民集团则有意立身扬名：“沈氏，吴江人，从父徙吴，适黄居堂家，壁立工丹青。年二十四，居堂死，敛毕即投缳。父患瞽无子，独楼皋峰山。沈氏曰：非奉养不能，全父余年矣。乃归父茅舍，亲刈草、舂米，以供朝夕。崇祯十年提学御史疏其节孝，诏旌表。”[③]

城市的茅草仰赖于农村供应，然农家须先确保自己的生产生活，如同常宁南乡，徭峒间兰蕙极多种亦繁，有冬开者，有四季者，有红者，有素心者，有茎瘦如织线者，分别莳之奇，可爱玩赏，命仆隶往采，动得担荷。以归，问诸土人，何以不卖，言无售者，贫人刈草供爨兰，不足薪，弃之尔[④]。农业生产需耗费大量的茅草资源，一是循环利用、节约使用的程度较低，二是将其作为燃料使用是不可再生的，这在烧窑等工业生产中尤有体现：“余少游于秦，见烧制之法甚善。于冬月草枯时，寻山间草根最多之地，先刈枯草，铺地尺许，草上又铺干粪。冬则锄枯草根，夏则刈青草，晒半干，或扫碎柴草入地洞，燃火徐薰之，久之，与坑土无异。此堆可大可小，但视所用多寡为之，在于勤力而已。”[⑤] 工业生产为追求效率和质量，故在选取材料上把握精准原则，像茅草通常是用作辅助材料的，一如农业的增产效果，一如晒盐的包装维护：“至八月，停晒各计，获盐之多寡，每千引为一料，于高阜处、筑料台存积，覆以白茅，涂以黄泥，以待配运。”[⑥] 然盐业生产不必遵守农业中的时节，故必须依靠燃料来维持运营，恰如煎盐须刈草荡，以后，秋冬为多；晒盐惟藉烈日之功，春夏为便也[⑦]。江浙地区的盐业对茅草这种优质燃料的需求是非常巨大的，正如“荡刈草图”所描绘的情状：“煮海之利，以草为本，灶荡故皆官地，给灶丁按地配引，输盐于官，名曰额荡。堤外除古熟升科，尽属灶地，专令蓄草供煎，禁私垦及樵爨。其草有红有白，白者胜而红次之。斫必以时：每五六月，新草方茂，谓之钻青，不多斫，厚其殖也。草约十束可煎盐一桶，故售草者皆以束；或以煎盐桶数论值，视丰歉以低昂其价，而盐之消长随之。”[⑧] 由此可见，灶丁对茅草的需求量与民众对盐的需求量成正比。伴随着清代人口的大幅度增加，社会大众对粮食的需求直接刺激了茅草的生产扩大和消费扩张，如“茅针二月生白花如芦，未出叶时，茸茸然味如饴。煮粥可省米，与米曲同。避难无人之境白茅根洗净咀嚼，或石上晒干捣末，水服可不饥。”[⑨] 反映了它们之间存在互补或互相替代的关系。而市场

---

① （清）周古：《（嘉庆）东台县志》卷之十五考九，清嘉庆二十二年刊本。
② 曹允源：《吴县志》卷第三十九上，1934年铅印本。
③ （明）牛若麟：《（崇祯）吴县志》卷之五十二，明崇祯刻本。
④ （清）江昱：《潇湘听雨录》卷八，清乾隆二十八年春草轩刻本。
⑤ （清）孙宅揆：《教稼书》，清光绪区种五种本。
⑥ （清）王守基：《盐法议略》之《河东盐务议略》，清滂喜斋丛书本。
⑦ （清）王守基：《盐法议略》之《山东盐务议略》，清滂喜斋丛书本。
⑧ （清）王定安：《两淮盐法志》卷十五图说门《荡刈草图说》，清光绪三十一年刻本。
⑨ （清）顾景星：《野菜赞》，清昭代丛书本。

对茅草的需求量可从乾隆年间官方对茅草的认蓄数额中看出，如表1所示：

表1　乾隆年间入额认蓄茅草不等则田折实平田亩数

年　代	折实平田亩数	资料来源
乾隆八年（1743）	一顷四十五亩六分二厘六毫五丝四微八纤九沙六尘九渺五漠四埃六巡九须七臾	阮升基：（嘉庆）重修宜兴县志
乾隆十一年（1746）	二十四亩七分六厘五毫七丝七忽八沙三漠一埃二逡九巡二须五清	阮升基：（嘉庆）重修宜兴县志
乾隆十九年（1754）	五十九亩七分三厘六毫二丝八忽一微二纤四沙五尘一汉一埃四逡九巡	阮升基：（嘉庆）重修宜兴县志
乾隆二十二年（1757）	一顷五十九亩八分五厘四毫一丝八忽六微四纤九沙四尘五漠九埃八逡五巡	阮升基：（嘉庆）重修宜兴县志

清代官方通过对茅草的认蓄刺激了整个社会对茅草的需求量，由此驱动了一部分人士加入到茅草市场的经济利润中，成为茅草市场的另一重要组成——供给方，从而消化社会对茅草的生产。

二、供　给

清代江浙地区，茅草资源的地理分布在《各乡水利总论》中有所体现："邓塘乡地高率于上游，凿渎引潮注之，又稍下为碶，以拒卤汐，如楝木、茅针诸所使入渎者，迂徐曲折而弗径也。上河堰，则白杜横溪水注之，与东钱湖通。下河堰，则铜盆浦有堰常，浦进林有碶碶，通奉化。"① 同样地，这种海滩、湿地、江浦的地理分布在其他资料上也有体现，如茅洲闸在慈溪县东南十五里②，旧名茅针碶，宋建以蓄泄管山河之水，鄞、慈、镇三邑俱沾其利③。这种分布与茅草自身的习性有关，因为茅草属塍畔斜生，须节次芟削，取令净尽，免得分耗土力，侵害田苗④，故在地少人多的江浙地区必须尽量防止这类杂草在田地中生长，如十月平道路，刈茅履屋，十一月农人锄麦耘⑤。农家对茅草从心理到行为上的排斥为其创造了另一种土地类型——草地，而江浙的草地主要分布于沿海地区。草地的沿海分布有人为因素作用，通常与江浙地区的海塘建设有关："塘面宜种草，所筑之塘，苟径非对大洋，则未必常有大风浪。而塘面不必全铺大石，寻常之塘不过在潮浪常至之处，铺成石面其余铺砌，泥与砾石而上，种易于繁盛之草，如茅草之类。其根四面交互甚密，泥不外散厄塞。斯海塘上皆种之，亦有种芦苇者。"⑥ 立足于改善土壤和修筑海塘之目的，清代政府购买了大量的茅草等草料，并广

① （清）钱维乔：《（乾隆）鄞县志》卷四《各乡水利总论》，清乾隆五十三年刻本。

② 里为非法定计量单位，1里等于500米。

③ （清）穆彰阿：《（嘉庆）大清一统志》卷二百九十二《隄堰》，四部丛刊续编景旧钞本。

④ （清）鄂尔泰：《授时通考》卷四十二劝课，清武英殿聚珍版丛书本。

⑤ 佚名《绥阳县志》卷一地理下，1929年铅印本。

⑥ （清）杞庐主人：《时务通考》卷十一工政上《海塘》，清光绪二十三年点石斋石印本。

泛应用于沿海地区："而今秋风潮从此涌入，是以宝邑被灾亦重，并宜增筑。今丈见四千二百十八丈一尺有奇，其塘底亦宽五丈，面宽二丈五尺，惟地势较低，而又近海，须加高至一丈五尺，每丈计该小土方五十六方二分五厘，共用土二十三万七千七百三十二方零，共需土方银一万七千一百一十六两零，再此处沙土松浮，须用干枯茅草栽护，则久而根株盘结，草土纠缦，日就坚实，应每土高三尺，栽茅一带，自下至上，栽茅三带，计每塘一丈，应需买运工价银三钱，共用加栽茅草银一千二百六十八两零，又筑坝车水等项，共须银三百三十八两零。"[①] 从这点来看，官方主持的海塘修建包含了对沿海草地资源的建设与维护。

赵彦风主张，受劳动力人口不足、官牧场存在以及海盐生产等多种因素影响，国家将目光转移到沿海的这些荒地，并把一部分山场、草场及荒地圈出来，作为供应煎盐柴薪之地[②]。而笔者认为，上述海塘建设所使用的茅草是一种生态投资，其所产生的回报不仅体现在对生态环境的维护，更作为一种资源供给裨益于社会生产生活的发展，正如宽夫日下七事诗云："百里煤窑渐次空，薪材采自近山中。樵苏海户千堆白，望秩祠官一炬红。旧市昔曾留碧血，重车今不避青骢。何须四六银条炭，土炕烟飞杂马通。"[③]海户生产的茅草燃料经由运销而供应了工业发展，在市场中完成了经济流通。国家曾一度控制着草产品的供给，就像在海塘修建中计划着草产品的生产："应新添筑堤共一百九十丈，顶宽二丈，底宽五六尺至一丈不等，接新添筑堤茅草营之处，有旧大堤一段，长四百五十丈。"[④] 同时，国家有权力回收他们的生态投资："京通各仓，每年秋令，各厫座，拔除茅草，由工部派员，带领工匠前往妥协，修理无庯，交各该仓自雇匠役。"[⑤]最重要的是，国家强制规定资源的分配及使用，例如茅草的生产首先应满足煮盐的需求："白草虽遇丰收，仍行禁止贩卖，以裕灶煎。请将红草免禁，仍听流通。有产草丰盛之年，红草原听，其酌量转售，並非概行禁卖。应再行令盐政，严饬场员遵照原奏，妥协办理，务于民灶两有裨益。"[⑥] 这种计划供给显然不能满足逐步扩大的市场需求，甚至会被官僚资本利用，如刘馥字元颖，流民越江而归者以万数，于是立学校、广屯田，治芍陂及茹陂七门、吴塘诸堨以溉稻田，官民有畜，又高为城垒，多积木石，编茅草苫数千万枚，益贮鱼膏数千斛[⑦]。

因而这一时期的江浙地区出现了一批以灶丁、农民和商人为代表的私草供应者，他们打破了国家垄断的计划供给，在利润驱动下积极寻找草产品的多元需求和供给路径，恰如这段描写："今臣奉命督河，奔走平原、旷野间，目击淮、徐、凤阳之地蒿莱多而禾黍少，是以前于《经理河工疏》内，请将沿河荒地，募丁垦种，以固河防；及方将用

---

① （清）赵宏恩：《（乾隆）江南通志》卷五十七河渠志《海》，清文渊阁四库全书本。

② 赵彦风：《环境史视域中的元代沿海开发——以捍海塘、濒海荒地与煎盐草地为视角》，《学术探索》2015年第12期。

③ （清）李光庭：《乡言解颐》卷五物部下《开门七事》，清道光刻本。

④ （清）陈琮：《永定河志》卷十一《奏议二》，清钞本。

⑤ （清）福趾：《户部漕运全书》卷五十四京通粮储，清光绪刻本。

⑥ （清）王定安：《两淮盐法志》卷二十六场灶门《草荡》清光绪三十一年刻本。

⑦ （清）何庆钊：《（光绪）宿州志》卷十七，清光绪十五年刊本。

其荒地，而即有主出认，多称系伊纳粮之田。臣不解其故，细为访问，始知淮、徐、凤阳一带之民，全不用人力于农工，而惟望天地之代为长养；其禾、麻、菽、麦亦不树艺，而惟刈草以资生者，比比皆然也。”[①] 像“某翁，甯河某郝人。家贫，父子刈草售以为活。郝故滨海草茂，时任人刈取，无禁也。”[②] 即为私草的供给者。而这种任人刈取的可能性有一定的时代因素，譬如江浙地区的倭患：“护塘沟，昔人所以筑此塘者，为捍盐潮，恐其害苗也。国初用为金汤以备倭患，设卫所墩堡于堑濠之外，倭至则捍御于海岸，滩涂不容登泊，万一不支，则踰堑而守倭，进不得攻退，无所掠護，塘之功用岂为小小哉？”[③] 而草地产权不明的属性是有案例体现的：“今吴为善向有吴姓公山，不许外姓偷割茅草，复价买松山一块，与公山毗连，亦经蓄有茅草，众户亦不越界擅割。讵黄学海邀同郑么潜至吴为善山界，窃割茅草，吴为善上前喝拿，扯散草捆，黄学海举担向殴，被吴为善夺过击断。黄学海拾取镰刀，吴为善用断担柄殴伤其脊背，黄学海转身举刀迎面向砍，吴为善复用担格伤其偏左殒命。”[④] 正是这种模棱两可性为贫困的农家在创造资源中提供了一种可操纵性，并且在利润的刺激下将草产品的供给演变成一种产业集聚：“塔山之东，隔十余里为新仓，海中有沙，曰无名镇。煎盐刈草，聚居千家，其来已久，近俱坍去。夫聚居成镇，非一日之积，千家非尺寸之地，有此在城之东，自可恃为藩蔽。塔山去此不远，筑堤以挡其前，十里之间，其沙必聚，则此镇似乎可复。”[⑤] 这些资源纠纷和集聚供给都反映了私人生产在市场经济中的流通，其目的在于通过供给于市场来拓宽自己的生存空间，就比如盐民在国家经营中的生存危机：“经浙江盛法道鄢懋卿召民阴望，地另隆科，而丁仍输裸。此一田雨赋所自始也。故名曰白骨丁银。凡族大丁多者尚可派赔，丁少者止责一人，如一人并故撒派同名，同名若绝摊派同甲，甚至卖男鬻女以完此项。更有惨者，生男不留，寡孀莫娶，恐其贻累也。”[⑥] 故总有灶丁在国家严令下私自蓄草并出售：“禁止荡草出境贩卖，並请定该管官处分一摺，查盐斤为民食所关，而荡草为煎盐之本，自应严禁贩卖，俾草充煎裕。惟是盐法志载，止有放荒蓄草之条，而私贩荡草，该管场员分司州县，並无处分之例，则稽查禁约，不免因循息忽应如所奏。嗣后各场如仍有地棍奸灶，将荡草私贩出售渔利，致误摊煎者，除民灶，各犯该盐政，仍按擬治罪。”[⑦] 同时清代之交通刺激了茅草的私人供给，譬如伏牛山左右有盐井四。相传唐宋来即有之，明设盐课司徵井課，因卤厚薄以定四井之额，迄今不改。郁山镇民多以刈草为业，而衣食于井灶。每溪水涨溢，井辄冲淤他井，灶民购山地画界，刈草以煮其工力，甚苦。惟鹁井藉，给两河之运载，其得草，视他井稍易然，计一煎所得以偿工力[⑧]。综上所述，清代茅草供给群体的变

① （清）贺长龄：《清经世文编》卷二十六户政一《生财裕饷第一疏》，清光绪十二年思補楼重校本。

② （清）张之洞：《（光绪）顺天府志》卷七十一故事志七，清光绪十二年刻十五年重印本。

③ （明）郑若曾：《江南经略》卷一下《海防论二》，清文渊阁四库全书本。

④ （清）祝庆祺：《刑案汇览》卷五十四，清道光棠樾慎思堂刻本。

⑤ （清）查祥：《两浙海塘通志》卷十九《海宁县海潮议四》，清乾隆刻本。

⑥ （清）韩佩金：《（光绪）重修奉贤县志》卷三，清光绪四年刊本。

⑦ （清）王定安：《两淮盐法志》卷二十六场灶门《草荡》，清光绪三十一年刻本。

⑧ （清）丁宝桢：《四川盐法志》卷五井厂五《祀四井前记》，清光绪刻本。

动一定程度上意味着市场结构的多元化，须建立价格机制作为市场竞争的必要条件。

三、价　　格

对沿海居民来说，草业生产获得的利润要明显高于农业生产，从“迁海以来，沙田半荒，主者贱其值以与佃人，佃人耕至三年，田熟矣，又复荒之，而别佃他田以耕。盖以田荒至三年，其草大长，佃人刈草以售，每一日之功，可充十日之食。又有鱼，虾、蟮、蛤、螺、蝗之属，生育其中，潮长辄塞蔽箔取之，其利甚饶。草之未尽刈者。”[①]中可见。其优渥的利润会刺激茅草市场中的投机行为，例如商人因财力有余，能够利用时机，于草价低时囤积茅草，运至价高处出售，或至草价上涨时才售出，如同这段叙述：“两淮岁课，百余万安所取之，取之商也，商安所出，出于灶也。以区区海滨，荒荡莽苍之壤，民穴居露处，魍魅之与群，而岁供国家百余万金之课，自钞法壤而优恤，为虚所恃供课之。外商收其余盐，得钱易粟以餬其口。若商不得利，则徙业海上，饥无所得，食是坐毙耳。故商不得利之祸浅，而灶不得食之祸深，即如迩者中，使一出海上惊惶，焚刈草荡，不顾煎办。”[②] 又有农家因生计所迫，在草价高的时候积蓄茅草并出售：“雍正七年大水，八年复大水，九年春米麦腾贵，草价甚昂，每草一觔制钱十余文，民至有拆草屋，还瓦屋者。”[③] 一般情况下，季节和丰歉的变动是影响茅草价产生变动的重要因素，而价格变动的背后则是供给和需求之间的矛盾，比如七月二十四日，湖水大涨，作屠牛伐树诗：昔闻田夫语，语僿情自真。谓牛之于农，不异五服亲。日供蘽六束，妇子觇动唇。谁遣洪水来，大地竟痡沦。草价顿十倍，谋夕不及晨。典我膝下儿，给龄才踰旬[④]。其中，茅草的供给减少和需求增加存在于同一个空间里，使其价格无法保持均衡状态，自然会引发经济冲突：“林文郎任路南时，明伦堂倾圮，重为修造。又因竹林寺僧侵夺民田，罚令寺田半归书院，以益膏火，诸生肄业，有资日益众，及至，思茅地僻少。”[⑤] 然大多数时候，需求方会根据供给方制定的价格进行策略调整，进而形成内部的价格管理机制，就像急需燃料的烧窑工业会根据变动的价格选择适当材料：“每窑用石碴三百担，出滚灰一百四十担，用草一万二三千斤，如草户包烧，每窑钱八千五百文，此数不能拘定，当以草价贵贱酌之。”[⑥] 但最终在草价的涨落之间，供给方常可以赚取利益，而需求方则易蒙受损失。

首先，对于清代茅草价格的变动，可以从草业的整体价格来观察。海塘修建中反映的草价是江浙地区价格变动的重要依据，而滨海地区盐业草荡中的草价同样可以证明。故本文兹先列举清代时期这两种与江浙地区有关的草价，以见茅草价格的长期变动趋

① （清）屈大均：《广东新语》卷二地语《沙田》，清康熙水天阁刻本。
② （明）汪砢玉：《古今鹾略》卷五《政令》，清钞本。
③ （清）姚鸿杰：《（光绪）丰县志》丰县志卷十六，清光绪二十年刊本。
④ （清）孟毓兰：《（道光）重修宝应县志》卷之九，清道光二十年刻本。
⑤ （清）李佐贤：《石泉书屋类稿》卷三行述行略，清同治十年刻本。
⑥ （清）李世禄：《修防琐志》烧窑卷二十二《灰窑大略》，清钞本。

势。列表2如下。

表2　江浙地区草价

地区	时间	价格/束	资料来源	备考
南京	嘉靖十七年（1538）	三分	陈松岩：《（乾隆）吴江县志》卷之十四《赋役四》	
两淮	万历十六年（1598）	三分	傅泽洪：《行水金鉴》卷三十三《河水》	今年谷草缺乏，价贵一分，属工程
两淮	顺治三年（1646）	五六分	顾炎武：《天下郡利病书》	属草荡，年代以“国初”推定
天津	顺治十五年（1658）	二分四厘三毫	洪若皋：《（康熙）临海县志》卷之十二《艺文志》	年代居任官时间推定，属工程
天津	康熙三年（1674）	三分五厘	洪若皋：《（康熙）临海县志》卷之十二《艺文志》	每束照时价或三分或三分五厘或四分不等，取平均
淮扬	康熙二十四年（1685）	六分	傅泽洪：《行水金鉴》卷一百三十六《运河水》	属工程
浙江	雍正九年（1731）	十余文	姚鸿杰：《（光绪）丰县志》卷十六《纪事类》	价格以斤计算
河南	嘉庆二十年（1815）	大钱一文	那彦成：《那文毅公奏议》初任直隶总督奏议卷四十九	小钱二文抵大钱一文，铅钱三文抵大钱一文
	道光二十八年（1844）	一钱二分五厘	李世禄：《修防琐志》开销卷二十《埽工报销》	年代以著书时间推定，属工程
上海	咸丰八年（1858）	二钱	汪祖绶：《（光绪）青浦县志》卷八《田赋下》	例价，属草荡
两淮	同治四年（1865）	一百四五十文	王定安：《两淮盐法志》卷三十五场灶门	属草荡，价格以桶计算

从上表可知，清代江浙地区的草价总体上呈增长趋势，清末时期相比清初可说是高涨。另外，两淮地区的草价要明显高于其他滨海地区，而城市的草价又明显要高于农村的草价，以及草荡中的草价要高于同一时期工程项目中的草价。当然也有因丰歉变动而引起的草价上涨。而影响清代草价长期变动的因素除了上述的丰歉变动外，还有商人或官僚的投机行为，即在需求扩张的同时对供给有意识地采取限制，类似于这种现象：“灶丁煎盐，首重草薪。垣商收买灶盐，应视草价之贵贱以定桶价之多寡。近来各垣商桶价格任意涨落，致灶丁草本不敷、生计日绌，此亦易致透漏之一端。”[①] 而从这个角

① （清）王定安：《两淮盐法志》卷二十六场灶门《草荡》，清光绪三十一年刻本。

度看，灶丁或农家既是茅草市场的生产者和供应方，也是其他物质生产资料的需求方，他们在与商人的不公平交易中已然蒙受损失："滨海愚灶，罔知盐例。灶户业荡，并不煎盐、煎丁、摊晒，反而额荡所有荡尾产草较丰数百步之地，煎丁、刈草、摊煎。垣商历向灶户输租几数倍，于应完折价草课，每年需费钱一千三百余千，亦摊入成本之内，以致商丁交核。"① 可是，灶丁抑或农家实际上并不具备在茅草市场中独立竞争的能力。

同样，富商或官僚藉由对市场价格的操纵分割了国家的利益："增课，而商民不知此富国之大道也。每年增课百余万两，而商人之成本反轻，获利反厚。盖无草价，无浮费，则商人之成本甚轻，成本既轻，则获利自厚。此培植课源之道也，每年增课百余万两，而江楚之民反食贱盐，盖商人之成本既轻，则江楚食盐之价自减，此裕国便民之道也。"② 此外，他们的投机行为也使整个江浙地区的茅草市场渐趋为一种垄断经济，直接通过价格促使国家认同其市场经济："核报督抚扶混之愆，更难自逭，惟是江南供应满汉各营节年米豆，草价各案不蒙准销，屡驳屡核，万难减报，不得不直陈，仰冀睿鉴者也。访江北舒桐之价一隅耳，一时耳，货物市情之不齐，即二三百里内外，一两月日前后亦有异同，何况远及千余里，历经岁月二三年之久，岂能一律较量乎？若执此为一定，不易之数可以概，远近垂永久，何以下？江苏松接壤之，浙杭与上江安庐接壤之，江右是年，一体报价可以允销，而独驳江南为浮多乎？"③ 正因如此，历代清朝统治者都视江浙地区的市场经济为中央集权和国营经济的威胁，就像他们认为灶户私自贩草是不合规矩的，需重建其生产道德和目标："农之子恒，为农七八岁时，即当使之饷田，使之耙柴、刈草，稍长，则随父兄为耕耘之事，少成习惯。筋力不至，懈弛成人之后，其不为惰农必矣。其劝农之悉本，于诚如此，邑产纸，擅利一方，又桕油糖蔗，亦止通行一时，柴炭息倍称，而木牙招致远商，构贫民、奸利盗、取山儿、画童公，每重惩之婚丧礼俗，一依文公家礼参以时，宜力戒奢侈。"④ 恰如所说，茅草资源经由市场来供给确实满足了不同层次和类型的社会需求，同时也助长了江浙地区的奢侈之风，比如同治五年八月，兹查有闭歇之六合栈，空房九间，拟连地基，给价买定添造茅屋五间，作为西壩办公之所，统共需银二百五六十两，实属一劳永逸。⑤ 而最重要的是，经由市场供需所形成的价格中包含了许多投机因素，和茅草的商品价值是不匹配的，正如靳辅所说："穷厥所由，大抵每地一亩，其岁所产之草，茂者可得于余斤，稀者可得四、五百斤。刈草千斤者，运至城市值银五、六钱，内去运价一半，实可得银二钱有奇。刈草四百斤者运至城市值银二钱，内去运价一半，实可得银一钱，而每亩额税不过征银一、二分不等。在小民有地一亩，不费牛耕、不事耕耘，每亩止输分许之额租，而可得草价一、二钱有奇不等。是以相因成俗，而废弃国家之土地一至于此。此赋轻民惰之弊

---

① （清）王定安：《两淮盐法志》卷二十六场灶门《草荡》，清光绪三十一年刻本。

② （清）杨受廷：《（嘉庆）如皋县志》如皋县志卷七，清嘉庆十三年刊本。

③ （清）贺长龄：《清经世文编》卷二十六户政一《军需报销疏》，清光绪十二年思補楼重校本。

④ （清）李瑞钟：《（光绪）常山县志》卷六十七，清光绪十二年刊本。

⑤ （清）许宝书：《淮北票盐续略》卷四《西壩建造卡房稟》，清同治九年刻本。

也。”[①] 因此，清代官方政府试图加强控制茅草市场，以此协调供需矛盾和重构公平和谐的市场秩序。

四、管　　控

首先必须指出，清代江浙地区的茅草市场一定程度上被两淮地区的盐业市场覆盖。盐业生产不仅供应了丰富的滩涂草荡资源，而且灶丁为煎办盐课，刈草取薪，又直接或间接地充当了市场生产和供给的主体。同时，清代盐业的发展适应于不同层次消费者的需求，也刺激了茅草的市场需求。以赭山为例，即可见盐业与茅草市场的关联：“在仁和旧治东北六十五里，滨海产盐，有盐场，去海宁西南四十五里，高七十五丈，周三里二百步，同西南界仁和与绍兴龛山南北对峙，是为海门。赭山濒海，外洼内湫，其民掺牢盆者、输盐租、治桑麻者，任土贡，非有水草地。”[②] 此外，两者之间的联系还体现在价格变动的一致性上：“一灶户必须加意体恤，而民间食盐亦不得骤为增价也。查海滨贫灶，别无生计，俯仰之资，惟赖于盐煎，盐之场荡草丰歉，价有低昂，晒盐之场，守候阴晴亦复不易，岂容抑勒贱卖，令其亏本？但纲盐买价本亦不轻，挑负买盐並无贵值，惟停运之时，纲商未能随时收买，不若挑负之众，晨夕往来，任意交易故？”[③] 故国家针对同样存在于两个市场中的私人交易问题，提出了平市等管理措施：“夫行盐原欲使商获利，特未可使不纳一课、不行一引之场商坐收倍利。淮北先定场价，始能改票，南盐何独不同？如欲变法轻本，应就目前平市，定为永制，再裁规费，平草价，以轻场商之成本。或仿淮北官局派买，或兼许各食岸融运北盐，则南场自不居奇。且畅销提行场盐，尽煎尽售，有溢无壅，则商灶亦将倍利。故曰场价平而不平。”[④] 这意味着清代政府对茅草市场的管控作为盐业管理的一种补充，并在其框架内进行。

清代江浙地区，私盐与私草泛滥并存，这大概是因为国家无法控制各阶层民众进入到他们划定的利益藩篱中，就像崇明诸沙涨，自扬子江淡水俱可田，惟东北吴家沙享沙咸，水凝结，不可禾。有贫民百家，原非灶丁，奉票于随海滩涂，煎盐供食纳银二十九两[⑤]。而国家仍旧依赖于原始的征役、招募等制度，譬如从前每于农隙之时，即捐发银两，责令各乡保督，率附近居民芟刈茅草、砍取木植，给与工价，並差役购买砖瓦、颜料、什物，随时修葺苫補[⑥]。又如江南苇荡右营草地前，因产柴较旺，奏准归河营采刈，交工岁给，大河旗丁租钱二千串。近因丁力疲乏，据江督奏准，增给租钱五百串，共二千五百串[⑦]。国家想借此宣告其垄断经济和政府权威性，并把一切个体私人经济从

① （清）靳辅：《文襄奏疏》卷七治河题藁，清文渊阁四库全书本。

② （清）翟均廉：《海塘录》卷八《名胜二》，清文渊阁四库全书本。

③ （清）佚名：《皇清奏议》卷六十三《酌收买余盐事宜疏》，民国景印本。

④ （清）魏源：《古微堂集》外集卷七《筹鹵篇》，清宣统元年国学扶轮社本。

⑤ （清）顾炎武：《天下郡国利病书》，稿本。

⑥ （清）李拔：《（乾隆）长阳县志》，清乾隆十九年修抄本。

⑦ （清）福趾：《户部漕运全书》卷三十七计屯起运，清光绪刻本。

暴利行业中排除，例如康熙二十九年水灾之后，蒿目民艰不忍膜视，亲度地势，重建五洞以广水道，庀材鸠工，俱系力捐清俸。凡需用料物工匠俱发现银采买雇募，不动民间一草业，于去年七月告成矣，使有泛溢之患亦不致有旱干之虞[①]。而这些门槛限制或垄断控制导致了行业竞争的不公平，既使国家登上了权力经济的巅峰，也使其从巅峰发展的状态中滑向破产的境地，如倪玉平在分析清代的盐业缉私中指出，清政府分门别类地对灶丁、船户、盐商等加大打击力度，却在举措上忽略了缉私力量的奖惩，导致当时的社会为盐贩违法行私留下了足够的利润空间，致使清代私盐的泛滥[②]。清代在草业缉私中亦如是，比如针对灶丁贩售私草，清廷以印票作为监管依据："泰属南场亭多荡少产，草不敷，向藉北场余草供煎，缘刁灶奸民，每多藉口济煎，将荡草越贩民炊，有妨煎办。是以乾隆六年准前院通饬，嗣后灶户赴邻场买草必须有本场填给印票，酌定限期沿途照验，俟买草回场，仍将原票缴销，各隘巡役如有将无票白草纵放出场者，分别究处。"[③] 又如对商人、官僚私占草荡予以清查："近年以来界限不明，以致豪强军民越界侵耕，日久相沿，任意或肆行樵牧，或占打芦苇，遂使煎办无资课，额多累利归豪猾，害及总催，积习多年，展转益甚，合无查照。题准事例，委差运司官一员，会同府佐州正官一员清查还官，筑立界、墩木竿，分拨灶民管业，以供煎办之需。如有仍前侵占典卖，照依律例；如侵占盗卖官田坐罪，卖者追价，买者追得花粒，俱入官。"[④] 然而清政府的缉私只是一种笼统的制度控制，缺少激励机制，更缺少对缉私力量的管控和奖惩，致使其缉私有名无实又漏洞百出，如对这类力量的选任依据人品却不按照能力："官不能家喻户晓，而村落市镇、深山穷谷，所贵有乡约。讲明义理，平人之忿，息人之争，劝人为善。补官长精力耳目之所不及，最为有益。自古重之今，则用以买粮买草，催呼力役，既贱视之，则高品不出强，为之则所应，非所求无乡约之荣，有苦累之实，所以高年有德之人闻风而求去，强派滥用之人，安能秉直认真，以收忠义之用哉？"[⑤] 同时也包含了统治者对集团内部的不信任心理，如加强对官僚的控制："犹有王公家人争买草炭居积，牟利之禁。盖旗人不善谋生，又悍仆、豪奴、邪民、驵侩导之纵暴以为利，故屡烦朝廷之禁约。"[⑥]

制度控制是清政府管理茅草市场的常规手段，取得了一些短期效果，但长期以来并未达到草价平、市场稳的目标。事实上，加大惩罚力度是为了树立清政府的权威，以非经济的手段迫使民众接受行为规范的约束，类似做法是通过道德来构建茅草市场的公平交易，譬如清政府指责私人经济背后的贪欲："天有明，不忧人之暗；地有财，不忧人之贫；圣人有德，不忧人之危也。天虽不忧人暗，辟户牖必取已明焉，则天无事也；地虽不忧人贫，伐木刈草必取已富焉，则地无事也；圣人虽不忧人之危，百姓准上而比郁

① （清）李亨特：《（乾隆）绍兴府志》卷之十四，清乾隆五十七年刊本。

② 倪玉平：《"激励的悖论"——试论清代的盐业缉私》，《盐业史研究》2006年第4期。

③ （清）王定安：《两淮盐法志》卷二十六场灶门《草荡》，清光绪三十一年刻本。

④ （清）莽鹄立：《山东盐法志》卷十一下前朝奏疏附《清滩荡以补课额疏》，清雍正刻本。

⑤ （清）牛天宿：《百僚金鉴》卷十二《选乡约以鼓劝善》，清忠爱堂刻本。

⑥ （清）王庆云：《石渠余纪》卷四《纪旗人生计》，清光绪十六年龙璋刻本。

下，其必取已安焉，则圣人无事也。故圣人处上能无害人，不能使人无己害也，则百姓除其害矣。”① 但当这些思想或制度手段对茅草市场的调控渐趋无效时，清政府意识到必须直接和江浙地区的私有经济竞争市场：“淮南盐务疲敝，实由口岸之不销。不销之故，则在官价昂于私价，官本重于私本，而成本过重之故，又在银价日贵，浮费日增。为今日计，欲畅销必先敌私，欲敌私必先减价，欲减价必先轻本。欲轻本必先大裁浮费，摊轻科则。”② 而国家一般把江浙地区当作整体利益集团来竞争，就比如为清政府寻找新的供给来源以此打破商人对江浙草业的垄断：“卑场等境内上年自夏徂秋，亢晴少雨，荡草受伤收歉，办煎竭蹶。卑职早虑今春缺草，煎迭经饬令各灶出外购办，以资接济。无如各煎丁，因上年荡草歉收，邻近各场情形相同，无可挹注，若购自远处，又因路途迢遥，价昂费重，力有不逮，兼本年春令，惟二月中下两旬，连得雨泽，亦未霑透。余俱亢晴，以致亭场如裂，卤气不升，煎淋无资，盐产甚歉。目前虽系旺产期内，不过与歉彦收数相仿，各灶补救无术法，莫展一筹。惟有再令设法购办，运灶济煎，以期弥补春产之缺。”③ 另一方面，国营经济注重自身之调整，整合集团资源，以提高生产效率并在价格上争取优势，恰如这则案例：“松郡普济堂，自乾隆七年建设，为留养老民，计时经费未充，仅养数十人。司事即轮华、娄两邑之有力者，逐年更代。迨嘉庆二十一年丙子司，事无人知，府宋公捐廉给养，暨丁丑年皆仰食于官，岂久远计耶？于是劝捐置产，凡二年而得买，陈案入官田，以归堂旧有岁收蒲草，价千余缗，足资倚赖，余如旧籍田租新，拨荡租皆有名无实，继得常稔田四百四十余亩，定以额养二百二十人。”④ 但是，调整自身，改善经营、价格策略和市场竞争始终不是清政府经济管控茅草市场的主题，相反，他们利用盐课、草课、草荡银和滩池银等赋税来控制并抑制私草的生产和销售，有抽分即从运销方面限制了茅草的私贩：“过往客商竹木，元则置司于長洲县，许墅分办于昆山太仓，以客商往來货物多寡为额。本朝设官于本府，阊门对门太仓，平望置场。嘉定常熟税局带办抽分，竹木、柴炭、茅草、芦等，洪武十年分抽分到柴薪茅草七千七百九十九箇。”⑤ 而为了保证这些课征能有效地从私人手中收归中央，清政府必须明确相关草荡、荒地和滩涂的土地属性，正如顾炎武所说：“量田者欲以覆实也，覆实者欲使小民不富虚粮，国家不失旧额也。讵以增额为功，当事者或误听人言，虑其亏折，乃短小其弓步，侵至于道路，不空留其田外之沟塍，是岂朝廷覆实之初意哉：虽然，膏腴硗瘠，苦乐相悬，覆实调停，尤须加意经赋册一款云。比兄丹阳、金坛西南一望荒山，旧亦起粮，计一千九百三十项，彼其原無无种植，徒以荒草供额赋，亦足悲矣。丹阳、金坛亦然，但其山不加于丹徒，故如是者少耳。”⑥ 更有姚啓圣疏请尽复原迁沿海居民，边民之仅存者，不过十之二三已。自复回故土，刈茅为舍，以佃、以渔，皆姚公开复台岛、廓清鲸鲵之赐也。但新增渔税一百八十两，亦因征台啓

① （清）马驌：《绎史》卷一百十九，清文渊阁四库全书本。

② （清）葛士濬：《清经世文续编》卷四十二户政十九《盐不设官议》，清光绪石印本。

③ （清）王定安：《两淮盐法志》卷二十六场灶门《草荡》，清光绪三十一年刻本。

④ （清）博润：《（光绪）松江府续志》卷九，清光绪九年刊本。

⑤ （明）庐熊：《（洪武）苏州府志》卷第十，明洪武十二年刊本。

⑥ （清）顾炎武：《天下郡国利病书》，稿本。

之，至今为例[①]。

清代江浙地区的茅草价格是由社会供给和需求共同决定的，并在投机行为的影响下呈现出长期的增长趋势。针对这种价格变动，清政府基本上以控制管理为原则，以抑制生产和销售为措施，打破江浙草商的私人垄断。但这些强化国家垄断的举措同样不利于市场的自由竞争和公平交易，有待进一步研究。

① （清）王楠：《（康熙）罗源县志》卷之十，清康熙六十一年刻本。

北方农牧交错区“粮改饲”结构调整效益分析①

王怡然　孙芳　刘贵河

（河北北方学院，张家口 075000）

摘要：政府出台的“粮改饲”结构调整、种养结合政策和农业供给侧结构调整是针对现阶段种植业与养殖业发展关键问题提出的重大决策，本文在“粮改饲”策略实施的基础上，以养殖业为突破口，根据北方农牧交错区河北省部分地区以及内蒙古自治区部分地区的相关调研数据，实证分析“粮改饲”策略实施的前后效益，研究结果显示：实施“粮改饲”策略后，奶牛产奶量从 18 千克/（天·头）提升到 30 千克/（天·头），在全产业链一体化经营条件好的企业甚至可以达到 34 千克/（天·头），种植饲草饲料的成本也明显低于购买饲草饲料的价格，养殖业收益明显得到提高。并针对调研过程中发现的问题提出对策建议。

关键词：农牧交错区；“粮改饲”策略；结构调整；规模经济

一、引　　言

近年来，我国种植业与养殖业发展的成绩有目共睹。但是新形势下，部分粮食产能过剩与部分粮食进口的矛盾越来越突出，同时，饲料的营养缺乏、价格高成为国内畜牧业发展的制约因素。因此，种养业供给侧结构调整成为亟待解决的问题。2015 年政府出台发展“粮改饲”结构调整与发展“种养结合”经营模式的政策，之后的 2016 年与 2017 年的中央 1 号文件相继提出种养业结合经营与一二三产业融合发展的策略，并开始实施“粮改饲”试点。对于“粮改饲”相关问题，大多数学者从种植业视角展开研究，有专家认为应该从玉米种植结构的调整入手，以草牧业发展为载体，促进全株青贮玉米的利用，实现农牧结合发展的现代农业[1]。也有专家通过对比测算粮饲生产效益后显示，同样条件的耕地种植小麦单产为 300～500 千克/亩，种植苜蓿草单产干苜蓿 1 000 千克/亩左右，且苜蓿的蛋白质含量是小麦的 2 倍左右，农民种植苜蓿从每亩耕地获得的纯收益是种植小麦的 3 倍左右[2]。虽然不同的文献研究方法不同，但是结论基本认为缩减粮食作物规模，扩大饲草饲料规模使得种植业效益提高了。在大食物的观点

① 基金项目：现代农业（牧草）产业技术体系专项经费（MATS）。孙芳为通讯作者。

下，饲料粮的重要性也更加凸显，将部分籽实玉米改种青贮玉米等优质饲草料，按照为养而种的原则，构建粮草兼顾、农牧结合、种养一体化的和谐格局，这是农业发展到一定阶段后的必然选择[3]。种植饲料饲草实现种养一体化也是为了在生产过程中减少消耗，实现循环利用，提高资源利用效率，最终做到经济效益与生态效益的统一[4]。青贮饲喂下的经济和生态效益显著，青贮以及其他牧草也会减少对耕地的长期消耗，提高土地利用率[5]。“粮改饲”后，苜蓿草作为优质牧草添加到饲料中，会提高奶牛的产奶量，每头泌乳奶牛的产奶量每日可增加 1.5 千克[6]。种植业发展与养殖业发展的关系日益紧密，种植业的收益越来越依靠养殖业，大力发展“养殖企业＋种植大户”“养殖企业＋种植合作社”和“养殖企业＋自有种植基地”等多种种养结合模式是正确选择[7]。

北方农牧交错区是半湿润地区与半干旱地区的气候交汇带，是草地农业和耕地农业的契合发展带，是中东部地区重要的生态安全屏障和京津冀地区重要的水源涵养带，是具有不同于农区和牧区特征的特殊区域。该区域是草食畜牧业优势区域，长期以来，该区域农牧结构失衡、资源环境压力越来越大，该区域籽实玉米种植面积持续增加，种养加脱节问题突出，优质饲草料发展滞后，影响了传统优势产业草食性畜牧业的发展空间。该区域畜牧业内部结构偏重于食粮动物使得高质能转化率低下，由于草畜平衡严重失调，导致农牧系统耦合机制难以稳定[8]。该区域的农业增长方式转变应通过合理调整农牧业结构，有效进行土地流转，扩大经营规模，不断延长和加粗农牧业产业纵横结合产业链条，使土地资源逐渐得到优化配置，农户效益增大[9]。

做好农牧业的适度规模经营，要从天然草地规模、人工草地规模、人工草地品种及收益、家畜饲养规模、羊的适度经营规模、棚圈的建设规模等多方面考虑[10]。面对养殖业的高成本、风险大、产品质量要求高、污染严重的问题，创新养殖业规模化经营模式迫在眉睫，而农牧业纵横一体化是农牧业发展的一种理想模式[11]。

本文选择北方农牧交错区域的养殖业视角调查分析“粮改饲”的效果、存在的问题，以及比较种养业结合经营的规模效益，便于提出农牧业供给侧结构改革、提高农牧业综合生产能力、增加农牧业综合效益的对策建议。研究结论对于研究区以及周边地区，乃至全国“粮改饲”的推行、补贴机制的完善、因地制宜的策略实施具有参考价值。

二、“粮改饲”结构调整理论框架

对于北方农牧交错区“粮改饲”结构调整效益比较分析包括粮食作物与饲草饲料作物的效益比较分析，以及“粮改饲”耕地规模效益比较分析，涉及“粮改饲”的机会成本大小与“粮改饲”规模效益高低的问题。

（一）“粮改饲”机会成本理论分析

机会成本是做出某一决策而不是另一决策时所放弃的收益。在有限的耕地上种植粮食作物还是饲料饲草作物的选择产生机会成本，即实施“粮改饲”策略是将耕地种植粮食作物改种饲料饲草作物，饲草饲料作物收益的代价是放弃粮食作物的收益，即所放弃的粮食作物的收益是种植饲料饲草作物的机会成本，只要该机会成本小于饲料饲草作物的收益，耕地“粮改饲”结构调整是有利的。而耕地上种植饲料饲草主要是为养殖业提供物质，将饲草饲料投入养殖业，降低了养殖业成本，提升了畜产品品质，改善了生态环境，提高了养殖业收益，这些效果与效益比种植粮食作物的收益大，“粮改饲”决策达到帕累托最优。经营主体在粮食作物和饲草饲料作物之间选择产生机会成本分析如图1所示。

图1中，横轴 F 为饲草饲料作物的产量，纵轴 G 为粮油作物产量，OA 表示耕地全部种植粮食作物的产量，OB 表示耕地全部用来种植饲草饲料作物的产量，生产可能性曲线 AB 表示两者产量的组合点的轨迹，并且呈现凹向原点的特征。在 AB 曲线上从 C 点到 D 点移动，增加了饲料饲草产量 HL，减少了粮食作物产量 MN，增加的饲料饲草产量 HL 大于减少的粮食作物产量，即用饲料饲草作物替代粮食作物的机会成本小，同时，将饲料与饲草投入养殖业会产生更大的效益。

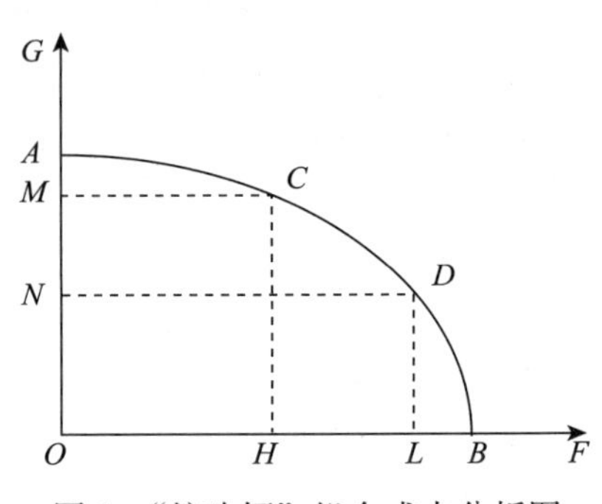

图1 “粮改饲”机会成本分析图

“粮改饲”试点实施之前，耕地种植籽实玉米存在玉米产量过剩、养殖业饲料成本高的问题，既影响耕地资源的综合效益提高，又制约了养殖业的发展。基于上述饲料饲草作物替代粮食作物的机会成本理论分析结论，耕地实施“粮改饲”结构调整策略后，既实现了玉米去产能的目的，又降低了养殖业成本，实现了耕地资源的优化配置，发挥了农牧业综合生产能力，提高了农牧业经济效益。

（二）种养业结合经营规模经济理论分析

规模经济理论反映的是投入与产出的相关关系，旨在表达当生产规模达到一定量时，生产要素（成本）投入最小化。规模经济理论强调当规模不断扩大时，投入的成本一直在降低，当规模达到一定量时，成本降低到最低，这时的规模（产量）为最佳规模。种养业结合经营的规模经济理论分析如图2所示。

图2纵轴 C 表示投入成本，横轴 Q 表示产量（代表规模），LAC 表示长期平均成本，SAC_1、SAC_2、SAC_3、SAC_4、SAC_5 表示不同规模的短期平均成本。Q_1 左边每增加一个单位产量成本一直在递减，直到产量为 Q_1 时平均成本降为最低，为规模经济段；在 Q_1 右边每增加一单位产量成本逐渐增加，为规模不经济段。

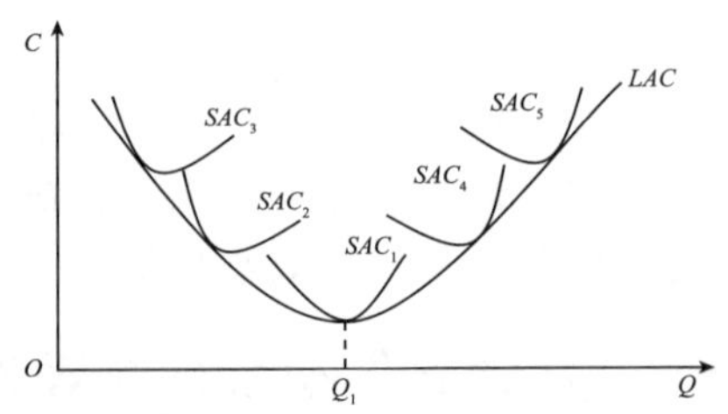

图2 种养业结合经营规模经济效益分析图

所以，生产规模产量为 Q_1 时为最佳生产规模，由 SAC_1 短期成本表达的生产规模是成本投入最低的规模，为适度规模。

无论是种植业，还是养殖业，还是种养业结合，经营的规模经济与不经济的变化都遵循一定规律。如果生产规模太小，达不到规模效益，在最佳规模之前，只要不断扩大规模，成本就会一直降低，会产生规模效益。通过“粮改饲”策略，养殖业发展所需要的饲草饲料如果可以用种植业来提供，就可以减少养殖业的发展成本，提高经济效益，扩大养殖业的发展规模才可以达到降低平均发展成本的目的，实现规模经济。

三、研究区“粮改饲”试点调查分析

2017 年 7～9 月，作者调查了北方农牧交错区河北省部分地区与内蒙古自治区部分地区的“粮改饲”结构调整现状，通过调研所得信息、事实资料与具体的数据资料分析“粮改饲”存在的问题与效益。

（一）“粮改饲”调查对象选择

文章选择北方农牧交错区河北省部分地区与内蒙古自治区部分地区作为调研区域，调查了这两个区域实施“粮改饲”的养殖业与饲料饲草加工业的产加销问题。

1. 调查地区选择依据

研究区域与调查对象的选择主要依据以下原则：

（1）农牧业比较优势凸显原则。在北方农牧交错区中，位于河北省北部的张家口市是较大的畜牧业生产基地，并具有悠久的农牧业结合经营的历史。在 2015 年实施“粮改饲”策略的第一年，河北省张家口市的试点县只有塞北管理区，2016 年增加了张家口市万全区。内蒙古自治区是我国著名的传统放牧地区，拥有广阔的草地与耕地，是北方农牧交错地区的主要组成部分，内蒙古自治区也成为“粮改饲”政策实施的重要对象。

（2）区域特征差异性原则。“粮改饲”试点地区的地理位置、气候条件、土壤条件，以及农牧业发展传统各异，“粮改饲”实施过程中的耕地结构调整以及具体实施措施、方法和效果也有差别。因而，本文选择的两个地区当中，内蒙古自治区农牧业发展历史悠久，属于游牧民族，发展条件等多方面与河北省不同，而且张家口地区选取了坝上的塞北管理区与坝下的万全区两个区进行调查研究，坝上地区属于高寒半干旱农牧交错区，该区域气候寒冷而干旱，无霜期短，适合冷凉短期作物和牧草（如青燕麦）生长，不适宜生长季较长的喜温作物（如全株青贮玉米），加之耕草地交错分布、农牧业产业兼业、耕地资源丰富（人均耕地 10 亩/人左右），长期以来畜牧业较为发达。而坝下的万全区耕地资源较为缺乏（3 亩/人左右），无霜期长，适宜种植喜温作物（如全株青贮玉米），而牧草短缺。选择这两个区域便于比较不同特征区域的“粮改饲”实施绩效。

（3）资料可获得性原则。内蒙古自治区一直以来都是农牧业发展的重点地区，在实地调研的过程中，选择了巴彦淖尔市五原县和赤峰市翁牛特旗作为试点研究地区，这些地区在“粮改饲”策略实施方面较有发展经验。在河北省的“粮改饲”试点地区的选择中，基于2016年已经具有的生产与加工效果选择了2016年就开始“粮改饲”试点的坝上的塞北管理区与坝下的万全区，这两个区具有完整的生产、加工经营数据，便于进行“粮改饲”绩效的分析。

2. 调查对象基本情况

（1）万全区“粮改饲”情况。万全区是张家口市主要的奶牛养殖基地，2016年在张家口市农牧局备案的饲草加工企业4家，年加工量达到18万吨，其中青贮12.4万吨，黄贮5.6万吨，2016年全区共有奶牛养殖小区20家，其中300头以上的奶牛规模养殖场20家，奶牛存栏2.23万头。从2011年以来，万全区连续6年实施京津风沙源治理工程，实施了人工种草、围栏封育、禁牧舍饲圈养、青贮窖和贮草棚建设，加大对畜牧业的扶持力度，使全区畜牧业基础设施得到进一步加强，推动了草牧业的发展。

本文调查了万全区的养殖业主体，包括3个养殖企业、3个养殖场、1个养殖小区和1个养殖合作社，分别为：张家口锦智奶牛良种繁殖有限公司（简称“锦智”）、张家口立宇畜牧养殖有限公司（简称“立宇”）、万全县广恒农牧有限公司（简称“广恒”）；万全区七屯牧业奶牛养殖场（简称“七屯”）、天顺奶牛养殖场（简称“天顺”）、张家口万全区雪塔奶牛养殖场（简称“雪塔”）；天赐养牛养殖小区（简称“天赐”）和科牧养殖专业合作社（简称“科牧”）。

调查饲料加工主体包括张家口市农丰草业有限公司和张家口三利草业有限公司2个饲料饲草加工企业。

（2）塞北管理区“粮改饲”情况。张家口市塞北管理区2015年“粮改饲”面积5万亩，2016年5万亩。目前塞北管理区有奶牛规模养殖场20个，养殖场实际存栏奶牛2.23万头，现有泌乳牛数量1.23万头，奶牛单产6吨以上，日产鲜奶156吨，牛奶销往蒙牛、伊利公司。2015年与2016年养殖场奶牛饲喂全株青贮玉米与青燕麦，以及干燕麦草。草食家畜养殖场（企业、合作社）收贮玉米、燕麦、甜高粱、豆科等青贮饲草料产品1 000吨以上的可以享受补贴。饲草专业收贮加工企业（合作社）收贮玉米、燕麦、甜高粱、豆科等青贮饲草料产品1万吨以上的可以享受补贴。通过试点，初步构建起粮草兼顾、农牧结合、循环发展的新型种养结构。

本文调查了塞北管理区的2个养殖企业，1个饲料加工企业，分别为现代牧业（塞北）有限公司（以下简称“现代牧业”）、张家口富源牧业有限责任公司和张家口市秋实草业有限公司。

（3）五原县“粮改饲”情况。本次调研涉及的五原县位于内蒙古自治区西部，河套平原腹地，隶属巴彦淖尔市，全县总面积2 492平方千米，辖7个镇，117个行政村，总人口30万人，隆兴昌镇为县城所在地。巴彦淖尔市五原县的“粮改饲”品种主要是牧草和葵花，按照养殖业发展需求测算，全市牧草的需求量在50亿斤左右。目前全市牧草的总产量在2亿斤左右。实践证明种植牧草省工、投入少、好管理、收益高。2011年牧草价格达到0.9元/斤，种植牧草的亩收入可以达到1 400元左右。新种多年生优质牧草一次性每亩补贴50元，优势牧草保留面积补贴标准为10元/（亩·年）。作为休闲食品，葵花消费市场相对稳定。

本次调研涉及五原县的企业有：中储草农业生态科技有限公司（以下简称“中储”）、五原县高效草饲料加工场（以下简称“高效”）、五原县京原奶牛养殖小区（以下简称“京原”）、内蒙古北方联牛牧业股份有限责任公司（以下简称“联牛”）、五原县隆兴昌镇隆兴牧场（以下简称“隆兴”）、五原县明泽牧业有限责任公司（以下简称“明泽”）、五原县阳光奶牛养殖专业合作社（以下简称“阳光”）、内蒙古自治区青青草原牧业专业合作社（以下简称“青青”）、五原县荣庆鑫龙农民专业合作社（以下简称“荣庆”）、五原县益川肉羊养殖场（以下简称“益川”）。

(4) 翁牛特旗“粮改饲”情况。翁牛特旗有 11.8 万户农户，其中 2.2 万户实施了“粮改饲”结构调整，有 0.4 万户奶牛养殖大户，0.6 万户肉牛养殖大户。共有 5 个农民专业合作社，5 个养殖业合作社，养殖业合作社社员实施种养业结合经营，种植作物包括青贮玉米、紫花苜蓿，有 3 个养殖业合作社实施了“粮改饲”结构调整，共计 2.7 万亩，合作社联合农户 98 户。翁牛特旗的饲料加工企业有内蒙古恒都农业开发有限公司，肉牛养殖场有赤峰利源肉类加工有限公司，肉羊养殖场有内蒙古蒙都羊业食品有限公司。翁牛特旗的合作社、养殖场不与饲料加工企业合作。翁牛特旗种植的粮食作物包括玉米、水稻、谷子，饲草饲料包括苜蓿、青贮玉米，养殖草食性牲畜包括牛、马、驴、羊和骆驼。

本文调研涉及的翁牛特旗养殖企业包括内蒙古恒都农业开发有限公司（简称“恒都”）、赤峰利源肉类加工有限公司（简称“利源”）。

（二）区域“粮改饲”实施存在的问题

通过对北方农牧交错地区河北省张家口市万全区与塞北管理区以及内蒙古自治区五原县和翁牛特旗的奶牛养殖主体与饲料饲草加工主体的实地调查，发现在实施“粮改饲”策略，调整种植结构和扩大养殖业规模方面存在以下主要问题：

1. 土地流转规模不大，难以实现规模效益

调查区域青贮玉米种植面积小，形不成规模效益，如万全区的耕地种植面积普遍较小，七屯牧业种植青贮的面积为 60 亩，天顺种植青贮 200 亩，天赐种植 250 亩，锦智种植青贮 105 亩，立宇种植青贮 300 亩，广恒种植青贮 60 亩。加之流转地块不整齐，农户的耕地面积最大为 7～8 亩，大多为 2～3 亩，还有的耕地面积不到 1 亩，耕地规模太小，而且较为分散，不利于大型机械作业。难以实现规模效益。

2. 生产要素缺乏，不能满足产加销需求

无论是养殖企业还是饲料加工企业，生产要素投入严重缺乏，不仅缺乏耕地资源，劳动力资源缺失的矛盾更为突出，务农收入不是农民收入的主要部分，青壮年劳动力外出打工，留在家里的老人孩子没有劳动能力。饲草饲料种植在收获时期多采用人工收割，导致劳动用工成本高昂和劳动力缺口巨大。

3. 大型收割青贮设备不健全，基础设施有待完善

由于所调查区域耕地草地面积广大，在收割季节依靠大量的劳动力进行收割费时，

且在部分地区不可行，而大型收割、装载、青贮设备的不完善导致收割时期耗时长、效率低、费用高。很多养殖场缺乏大型收割装载设备，在租赁公司租赁则每吨收费 80 元，或者每个机械设备收割一亩地收费 250 元左右，这样的养殖场不在少数。

4. “粮改饲”结构调整补贴的范围不够全面

所调查区域“粮改饲”补贴一般是按照青贮量计算，而且必须达到一定的量才有补贴，奶牛养殖规模达到 300～1 000 头或饲料加工达到 10 000 吨以上均可享受补贴。按照这样的标准确定补贴对象，有两类“粮改饲”结构调整主体享受不到补贴，一类是“粮改饲”结构调整的饲料种植农户；另一类是实施“粮改饲”策略饲喂全株青贮玉米或加工全株青贮玉米的经营主体。这两类主体由于养殖规模或加工规模达不到要求而享受不到补贴。

四、“粮改饲”结构调整效益比较分析

建立效益模型 $D=P\{(R-C)>I\}$ 分析“粮改饲”结构调整绩效（经济效益）。模型中 R 为“粮改饲”结构调整后收益，C 为成本，I 为结构调整前的收益，D 为结构调整决策函数。如果 $(R-C)>I$，表明“粮改饲”结构调整效益提高。

（一）“粮改饲”结构调整前后效益比较

对张家口市万全区与塞北管理区奶牛养殖主体实施“粮改饲”前后的成本效益进行比较，目的是评价“粮改饲”结构调整的绩效。

1. “粮改饲”结构调整前后养殖业成本

养殖业成本主要分为饲料生产成本、奶牛养殖成本（其中包括饲料购买成本）和机械设备费用。

（1）饲料生产成本。通过对河北省张家口市万全区和内蒙古五原县的几家养殖企业与饲料加工企业的调研，得到表 1 中的具体数据。

七屯种植青贮 60 亩，每亩种植成本为 800 元，表 1 显示每年青贮种植成本为 4.8 万元；天赐种植青贮玉米 250 亩，每亩种植成本为 700 元，从租赁公司租用机械设备花费 7 万元；天顺每年青贮种植成本为 4.8 万元，自己不拥有机械设备；锦智种植青贮玉米 105 亩，每亩种植成本为 700 元，每年青贮种植成本为 7.35 万元，机械设备投入为 50 万元；雪塔种植青贮玉米 1 600 亩，每亩种植成本为 500 元，每年种植成本为 80 万元，机械投入 40.08 万元；立宇种植青贮玉米 300 亩，种植每亩种植成本为 650 元，每年种植成本为 19.5 万元，大型机械 2 台，共 90 万元；广恒种植青贮玉米 60 亩，每亩种植成本为 800 元，每年种植成本为 4.8 万元。科牧是合作社，自己不种植青贮，不需要机械设备。明泽青贮种植面积 400 亩，种植成本为 820 元/亩，青贮种植成本为 32.8 万元，机械设备投入 8 万元；阳光青贮种植成本 9.59 万元，机械设备投入 3.28 万元；隆兴青贮种植成本 30.75 万元，机械设备投入 11.25 万元；联牛青贮种植成本 225.5 万元，机械设备投入 82.5 万元；京原青贮种植成本 12.3 万元，机械设备投入 3 万元。

青贮玉米的种植成本平均为700元/亩（包括化肥、浇地等），养殖场与养殖企业不具有饲料加工设备购置成本，但是产生租用设备的费用，租用设备的费用平均为80元/（吨·个），购买的设备平均价格为28.4万元/个。

表1　所调查奶牛养殖企业2016年企业饲料种植成本

单位：万元/年

	青贮种植	机械设备
七屯	4.8	90
科牧	—	—
天赐	17.5	7
天顺	4.8	—
锦智	7.35	50
雪塔	80	40.08
立宇	19.5	90
广恒	4.8	—
明泽	32.8	8
阳光	9.59	3.28
隆兴	30.75	11.25
联牛	225.5	82.5
京原	12.3	3

资料来源：通过调查数据计算整理所得。

（2）奶牛养殖成本。奶牛养殖成本包括固定资产投入、劳动力投入、物质资料投入、其他投入等。为了体现养殖企业一年的总收益情况，不考虑一次性投入，所以，奶牛养殖成本只包括购入饲料、种植饲草、劳动力投入、粪肥处理费用。

表2是13家养殖企业购买饲料的成本，七屯为368万元，科牧为180万元，天赐为46万元，天顺为92万元，锦智为115万元，雪塔自给自足，不需要购买，立宇为432万元，广恒为450万元，明泽为34.56万元，阳光为49.39万元，隆兴为39.6万元，联牛为180万元，京原为36万元。

表3中显示的是奶牛养殖的成本，对13个养殖企业从雇佣劳动力、购买饲草饲料、种植饲草饲料、堆肥处理4个方面来计算，得出：七屯奶牛养殖总成本为532.4万元，科牧养殖奶牛总成本为260万元，天赐奶牛养殖总成本为113.5万元，天顺奶牛养殖总成本为153.8万元，锦智奶牛养殖总成本为192.35万元，雪塔养殖总成本为156万元，立宇奶牛养殖总成本为631.5万元，广恒奶牛养殖总成本为606.8万元，明泽奶牛养殖总成本为91.36万元，阳光奶牛养殖总成本为85.98万元，隆兴奶牛养殖总成本为94.35万元，联牛奶牛养殖总成本为565.5万元，京原奶牛养殖总成本为108.3万元。13家经营主体平均成本为3 853.85元/（头·年）。

表 2　所调查奶牛养殖企业 2016 年购入饲料成本

	购入饲料（吨）	单价（元/吨）	合计（万元）
七屯	8 000	460	368
科牧	4 000	450	180
天赐	1 000	460	46
天顺	2 000	460	92
锦智	2 500	460	115
雪塔	—	460	—
立宇	12 000	360	432
广恒	10 000	450	450
明泽	960	360	34.56
阳光	1 372	360	49.39
隆兴	1 100	360	39.6
联牛	5 000	360	180
京原	1 000	360	36

资料来源：通过调查数据计算整理所得。

表 3　所调查奶牛养殖企业 2016 年奶牛养殖成本

单位：万元/年

	雇佣劳动力	购入饲料	种植饲草	总计	平均成本
七屯	159.6	368	4.8	532.4	0.38
科牧	80	180	—	260	0.51
天赐	50	46	17.5	113.5	0.38
天顺	57	92	14	153.8	0.38
锦智	70	115	7.35	192.35	0.48
雪塔	76	—	128	156	0.31
立宇	180	432	19.5	631.5	0.39
广恒	152	450	4.8	606.8	0.45
明泽	24	34.56	32.8	91.36	0.29
阳光	27	49.39	9.59	85.98	0.37
隆兴	24	39.6	30.75	94.35	0.29
联牛	160	180	225.5	565.5	0.28
京原	60	36	12.3	108.3	0.55

资料来源：通过调查数据计算整理所得。

通过相关资料与数据的整理与分析，发现河北省奶牛养殖企业购买饲料价格平均为 460 元/吨，饲草种植产量为 3.5 吨/亩；内蒙古自治区的奶牛养殖企业购买饲料的价格为 360 元/吨，饲草种植产量为 4 吨/亩。总体上，养殖企业购买饲料的平均价格为 410 元/吨，饲草种植产量为 3.75 吨/亩。

青贮窖的建设成本平均为 30 万元/个，标准的青贮窖平均贮藏 2 000 吨/个，平均每头奶牛消耗的青贮数量为 8 吨/年，奶牛的防疫检疫工作由农牧局免费开展，养殖经营规模较大的企业会有自己的兽医处等部门做专业处理。

(3)“粮改饲”前后的成本比较。

总成本包括奶牛养殖成本与饲草种植成本，但是青贮种植包括在了奶牛养殖成本中，奶牛养殖总成本是物质投入成本、劳动投入成本和机械投入的总计，由于机械设备为一次性投入，部分企业自己不拥有机械设备，所以机械投入不算入总成本。

实施“粮改饲”策略对于养殖场的成本变化主要体现在部分饲料种植变成了全部饲料购买，实施“粮改饲”结构调整前后的奶牛养殖成本比较结果如下：

按照种植饲草饲料的规模计算：饲料购买的平均价格为 410 元/吨，每亩耕地青贮玉米平均产量为 3.75 吨/亩，所以，“粮改饲”之前全部依靠购买是饲草饲料需要花费：410×3.75=1 537.5 元/亩，“粮改饲”之后，如果是全部依靠自己种植，按照每亩 800 元的种植成本计算，则需要 800 元/亩，“粮改饲”之后比“粮改饲”之前节省成本 737.5 元/亩。

按照奶牛消耗青贮玉米量计算：由于平均每头奶牛消耗的青贮数量为 8 吨/年，“粮改饲”之前一头牛一年消耗青贮的费用为 3 280 元，“粮改饲”之后，如果全部依靠自己种植青贮玉米，平均 2 亩耕地的青贮量可以饲养 1 头奶牛，则一头牛一年消耗 1 600 元，可以节省 1 680 元/（头·年）。

2. 奶牛养殖收益

奶牛养殖总收入包括两个方面，一是牛奶销售收入，二是公牛犊销售收入。根据表 4 中的各个养殖场的产奶量、牛奶销售价格、每年出售牛犊的数量、牛犊销售价格 4 个方面计算出：七屯总收入为 2 800.88 万元，科牧总收入为 908.25 万元，天赐总收入为584.88万元，天顺总收入为696万元，锦智总收入为589.25万元，雪塔总收入为

表 4　所调查奶牛养殖企业 2016 年奶牛养殖总收入

	产奶量（吨）	单价（元/斤）	出售牛犊（头）	单价（元/头）	合计（万元）
七屯	7 842.5	1.75	350	1 600	2 800.88
科牧	2 555	1.75	70	2 000	908.25
天赐	1 642.5	1.75	50	2 000	548.88
天顺	2 000	1.7	100	1 600	696
锦智	1 725	1.65	100	2 000	589.25
雪塔	1 825	1.7	30	1 400	624.7
立宇	8 000	1.75	300	1 500	2 845
广恒	6 800	1.65	300	1 500	2 289
明泽	2 336	2	160	1 700	961.6
阳光	1 679	1.8	115	1 800	625.14
隆兴	2 336	1.8	160	2 000	872.96
联牛	14 600	2	500	1 700	5 925
京原	1 460	2	100	1 700	601

资料来源：通过调查数据计算整理所得。

624.7 万元，立宇总收入为 2 845 万元，广恒总收入为 2 289 万元，明泽总收入为 961.6 万元，阳光总收入为 625.14 万元，隆兴总收入为 872.96 万元，联牛总收入为 5 925 万元，京原总收入为 601 万元。13 个经营主体的平均收入为 20 923.08 元/（头・年）。

实施“粮改饲”后的收益变化主要体现在产奶量的变化上，“粮改饲”之前的产奶量为 18 千克/（天・头），“粮改饲”之后提升到 30 千克/（天・头），提升了 12 千克/（天・头），从上述表格中不难发现，原奶的平均单价为 1.79 元/斤，销售原奶的收入就会提高 42.96 元/（天・头），“粮改饲”之后每年销售原奶就会增加 15 680.4 元/（头・年）。由此可以看出，“粮改饲”策略不仅使成本降低了，而且使产奶量增加，收入提高，使企业获得更多的利润。

（二）“粮改饲”规模效益比较

无论是种养业横向结合经营，还是一二三产业纵向融合经营，都是规模化经营的具体模式，依据上述理论分析，必须达到一定规模才能降低成本，产生规模效益。

1. 奶牛养殖规模与饲料种植规模比较

张家口市万全区是典型的农区，塞北管理区为农牧交错地区，在不同地区，养殖场的经营规模存在明显差别。

表 5 主要是对各个养殖企业的奶牛数量与青贮玉米种植面积进行了汇总，七屯养殖奶牛 1 400 头，种植青贮 60 亩；科牧养殖奶牛 513 头，不种植青贮；天赐养殖奶牛 300 头，种植青贮 250 亩；天顺养殖奶牛 400 头，种植青贮 200 亩；锦智养殖奶牛 400 头，种植青贮 105 亩；雪塔养殖奶牛 500 头，种植青贮 1 600 亩；立宇养殖奶牛 1 600 头，种植青贮 300 亩；广恒种植奶牛 1 360 头，种植青贮 60 亩。万全区上述养殖企业奶牛养殖规模平均为 809 头/个，种植青贮玉米的面积为 321.88 亩/个，

表 5　万全区的所调查养殖企业养殖规模与饲料种植规模比较

单位：头，亩

	七屯	科牧	天赐	天顺	锦智	雪塔	立宇	广恒	平均
奶牛数量	1 400	513	300	400	400	500	1 600	1 360	809
种植面积	60	—	250	200	105	1 600	300	60	321.88

资料来源：通过调查数据计算整理所得。

表 6 为张家口市塞北管理区现代牧业（塞北）有限公司的养殖规模与种植面积，从该表可以看出，现代牧业养殖奶牛 35 000 头，种植青贮 5 000 亩，种植燕麦草 25 000 亩。

表 6　塞北管理区所调查企业现代牧业养殖规模与种植面积

奶牛数量（头）	种植青贮面积（亩）	种植燕麦草面积（亩）
35 000	5 000	25 000

资料来源：通过调查数据计算整理所得。

2. “粮改饲”规模经济效益比较

(1)“粮改饲”不同规模成本比较。以下是现代牧业（塞北）有限公司饲料饲草的种植成本，包括青贮玉米的种植成本，燕麦草的种植成本以及机械投入三个方面。

该企业青贮玉米的种植成本为230万元/年，平均种植成本为460元/亩，燕麦草的种植成本为1 250万元/年，平均种植成本为500元/亩。饲草饲料种植成本共计1 480万元。

表7显示现代牧业的雇佣劳动力投入为2 584万元/年，每年需要购买青贮玉米26万吨，价格为360元/吨，共计9 360万元，种植饲草1 480万元，堆肥处理1 600万元，总投入15 024万元。

表7　河北省塞北管理区所调查企业现代牧业奶牛养殖成本

单位：万元/年

雇佣劳动力	购入饲料	种植饲草	堆肥处理	总投入	平均成本
2 584	9 360	1 480	1 600	15 024	0.43

资料来源：通过调查数据计算整理所得。

(2)“粮改饲”不同规模效益比较。现代牧业（塞北）有限公司养殖的产奶奶牛有35 000头，产奶量34千克/（天·头），直接销售的原奶有171 813吨，成品奶有38 400吨，原奶单价1.9元/斤，成品奶单价为6元/斤，牛奶销售总收入为111 386.79万元。每年出售牛犊5 475头，单价1 500元，出售牛犊收入为821.25万元，奶牛养殖总收入为112 190.04万元（表8）。

表8　塞北管理区所调查企业现代牧业奶牛养殖总收入

生鲜奶销售		加工奶销售		公牛犊销售		总收入
原奶（吨）	单价（元/斤）	成品奶（吨）	单价（元/斤）	数量（头）	单价（元）	（万元）
171 813	1.9	38 400	6	5 475	1 500	112 190.04

资料来源：通过调查数据计算整理所得。

依据表7、表8计算结果，利润为总收入－总成本＝97 166.04万元，总利润较大。

现代牧业的养殖规模明显大于万全区的养殖场，表1中七屯等13个经营主体的平均成本为3 853.85元/（头·年），平均收入为20 923.08元/（头·年），所以表中七屯等13个经营主体收益为1.70万元/（头·年）；现代牧业的利润为97 166.04万元，平均养殖奶牛数量为35 000头，所以，现代牧业的收益为2.78万元/（头·年），现代牧业每头奶牛的收益高于表1中七屯等13个经营主体的奶牛的收益。

(3) 小结。由此可以看出，张家口市万全区的养殖场没有达到规模经济，应扩大养殖经营规模。公司规模大，实施的是全产业链一体化发展模式，从种植全株玉米、燕麦草等饲草饲料到养殖奶牛再到加工成品牛奶，销售到河北、北京、天津、内蒙古等地，实现了种养加结合发展与一二三产业融合的发展模式，再加上政府的财政补贴，使得现代牧业实现了规模经营发展与全产业链一体化发展，这样才能够使公司获利，保证公司收入。

而其他养殖规模在千头数量以下的养殖企业，经营业务只是牛奶生产销售，向大公司提供原奶，经营业务单一，种植饲草饲料的面积小，甚至不种植，仅仅是销售原奶，这样的养殖企业在张家口市占绝大部分，在养殖业发展的寒冬时期，企业盈利微小、存活不易。与大规模的全产业链发展企业形成鲜明对比，因此，要扩大企业发展规模，实现规模经营，实现种养加结合、一二三产业融合的全产业链一体化，这是使企业获得更多利润的有效途径。

五、对策建议

通过调研发现，在养殖企业与饲料加工企业的发展过程中，规模化没有形成，土地的不规则带来了收割的困难，对于小的养殖场来说，大型先进的机械设备的缺乏成为关键问题，对于饲料加工企业来说，劳动力问题成为关键，旺季雇佣劳动力困难，年轻的劳动力不愿意干，年老的劳动力又缺乏劳动能力。依据“粮改饲”机会成本、规模经济理论分析，以及典型地区“粮改饲”结构调整前后与“粮改饲”规模大小的效益比较结果，针对调查发现的问题提出以下对策建议：

（一）从农牧业供给侧入手，引导耕地流转，扩大种养业规模

在现阶段的养殖业发展过程中并未达到使企业持续盈利的发展规模，发展规模经营的首要条件是扩大土地流转规模，创新土地流转模式，如保本分红的土地流转模式，该模式是由农户和企业签订承包土地合同，农户在流转土地收入的基础上，还可以得到企业盈利的分红。该模式使种植饲料饲草农户得到实惠，具有较大的土地流转与“粮改饲”结构调整的激励作用。同时，可以通过几家企业整合资源形成集团公司或协会，扩大规模，既可以共同购买大型机械，解决机械购置资金困难问题，又可以规避债务风险，可以通过耕地流转，使耕地集中连片，实现规模化经营与满足大型机械使用的要求，达到“粮改饲”结构调整的规模经营效益。

（二）从农牧业产业环节切入，延长农牧业产业链条，融合发展“产加销”

通过调研发现，如果企业主营业务是奶牛养殖、饲料加工之一，不能达到全产业链发展的要求，如果企业实施种养业结合经营，种植青贮玉米可以作为养殖业发展的饲料，减少在外购买饲料成本，降低养殖业成本，且青贮玉米的营养价值更高，可以提高牛奶品质。同时，企业增加畜产品加工，如生鲜牛奶加工为成品奶，通过种养加融合发展，做到产前的青贮玉米、燕麦草等饲草饲料种植，产中的饲料喂养、鲜奶加工、销售，产后的物流售后服务的一体化发展，减少大量中间消耗，降低成本，增加企业利润，间接影响签订租地合同的农户收益。通过一二三产业融合实现产业链纵横加粗的规模化经营。

（三）依据区域资源特征，创新粮草轮作模式

基于不同区域资源特征，河北省张家口市坝下地区适宜种植全株青贮玉米，坝上地

区适宜种植燕麦，且土壤条件和气候条件等适合种植马铃薯，在发展燕麦草时可以采取燕麦草与马铃薯轮作方式；内蒙古自治区可以实行牧草与葵花等作物的轮作，可以改善土壤肥力，防止土壤板结，既能保证粮食（马铃薯）或者葵花的有效供给，又能保证满足养殖业对青燕麦饲草的需求，还有利于改善土壤条件，保护耕地资源生态环境。同时，还带动其他产业发展，增加农牧业收入。所以，通过利用当地资源优势，实现粮草轮作，保护土壤，实现饲草持续供应的目的。

（四）依据饲料饲草种植主体规模进行“粮改饲”补贴

“粮改饲”的种植补贴主要是对养殖企业或饲料加工企业按照青贮量进行补贴，养殖企业补贴标准为70元/吨，饲料加工企业的补贴标准是20元/吨，2016年只是对企业进行了补贴，养殖企业很少做到饲草饲料自给自足，饲料加工企业的原料大部分从饲料种植户处收购，但是种植户没有享受到“粮改饲”的直接补贴。这样不利于调动农户种植的积极性以及参与土地流转的积极性。“粮改饲”部分补贴应该直接补给饲草饲料的种植主体，调动农户流转土地的积极性，也有利于青贮玉米规模化种植，达到规模经济，产生规模效益。

参　考　文　献

［1］梁宝文．“粮改饲”提振饲料业 原料供应格局或变［J］．江西饲料，2015（2），50-51.

［2］王明利．有效破除粮食安全的新思路—着力发展牧草产业［J］．中国农村经济，2015（12）：63-74.

［3］马有祥．推广粮改饲构建新型种养关系［J］．北方牧业，2017（1）：14.

［4］朱丽君，王光宇．种养一体化农业基础理论研究［J］．安徽农业科学，2015，43（20）：324-327.

［5］郑瑞强，刘小春，杨丽萍．“粮改饲”政策效应分析与关键问题研究观点［J］．饲料工业，2016，37（3）：62-64.

［6］王明利．关于苜蓿产业发展对粮食安全影响的政治经济学思考［J］．草业科学，2012，29（12）：1936-1940.

［7］顾传学．加快推进粮改饲促进草牧业转型升级［J］．今日畜牧兽医，2016（9）：5-10.

［8］董孝斌，高旺盛，严茂超．基于能值理论的农牧交错带两个典型县域生态经济系统的耦合效应分析［J］．农业工程学报，2005，21（11）：1-6.

［9］孙芳．农牧复合系统农业增长方式转变与资源优化配置——以北方农牧交错带为例［C］//吕新业，黄福华．城乡统筹背景下的农业产业安全．北京：中国农业科学技术出版社，2011：419-428.

［10］赵旭．青藏高原周边地区家庭牧场适度经营模式的研究［D］．兰州：兰州大学，2015.

［11］孙芳，丁满臣，白晨．日本家庭牧场农牧业纵横一体化规模经营启示［J］．日本问题研究，2016（5）：8-16.

发展农区草业，推进农业供给侧结构性改革

林慧龙　吴渊　陈磊

（草地农业生态系统国家重点实验室　兰州大学草地农业科技学院，兰州 730000）

摘要：现阶段我国农业结构供求关系严重失衡，如何有效推进农业供给侧结构性改革已成为全国上下亟待解决的关键性问题。本文试从“藏粮于草”、畜产品与饲草料供给及生态环境保护三个方面阐述发展农区草业对推进农业供给侧结构性改革的作用。结论是：发展农区草业能实现“藏粮于草”；发展农区草业能增加畜产品与饲草料的供给；发展农区草业，能提高土地生产潜力，生态效益显著。

关键词：农区草业；农业供求关系失衡；农业供给侧改革

一、我国农业结构供求关系严重失衡

2015 年，我国粮食产量实现“十二连增”，粮食总产量超过 6.2 亿吨，再创历史新高，从产量上看，成绩喜人，但粮食产量连增的背后却是不断增高的农业生产成本和沉重的环境代价。事实上，“口粮安全”已完全得到保证，而饲草料和畜产品的缺口却逐年增大。农业供需严重错位是主要原因。如何有效推进农业供给侧结构性改革已成为全国上下亟待解决的关键性问题。

（一）口粮供过于求

口粮供过于求，国家财政负担沉重。我国现在的口粮需求约为 2 亿吨左右，对比 6.2 亿吨的粮食总产量，真正能威胁国家政治社会稳定的核心粮食（口粮）安全已完全能够得到保障。大米和小麦这两种主要口粮作物的自给率在“十一五”期间都保持了 100%的自给率[1]。口粮的供过于求产生了一系列问题。首先，虽然粮食产量连增，但我国粮食产品价格一般高于国际市场（80%左右），没有竞争力，农民增收越发困难。其次，为确保粮食安全，鼓励农民种粮的积极性，稳定农民收入，国家给农民大量的农业补贴，对主要粮食进行保护性定价并统一收购，给国家财政造成了巨大的压力。最后，存粮过多，仓储费用极高，造成财政负担。像甘肃这样的产粮小省，每年也要花费 10 亿元用于贮粮，至于产粮大省，像吉林、河南、湖南等省估计在 500 亿元以上。据

专家估计，全国用于贮粮的负担在 3 000 亿～5 000 亿元之间[2]。

（二）畜产品与饲草料供不应求

人民膳食结构明显改变，畜产品供给严重不足。改革开放 30 多年来，我国经济发展取得世界瞩目的巨大成就。人均 GDP 从 1980 年的 463.9 元高速增长到 2014 年的 46 628.5元，农村和城镇恩格尔系数分别从 1980 年的 61.80 和 56.90 下降到 37.70 和 35.00。人民的生活水平得到极大提高。与此同时，全国人民膳食结构中肉、蛋、奶的比重不断增加，带动了动物性食品的消费扩张，促进了膳食营养结构的改善，对口粮消费的替代作用将进一步增大[3-5]。人们对动物性食品需求的大幅度增长与畜产品供给严重不足的现状产生了重大矛盾。

畜产品供给不足实质上是饲草料供给不足。尽管我国绝大部分的粮食消耗均为饲料粮消耗，但由于我国耕地农业、养殖业发展的结构性缺失，使饲料粮供给的相对紧缺成为新的粮食问题[6]。饲料粮的不足，成为畜牧业发展的重要限制因素，从而不能满足人们对畜产品质与量日益增长的需求。

（三）传统农业的资源环境代价巨大

粮食产量连增的背后是高昂的环境代价。从化肥使用角度看，1990—2014 年，化肥使用量从 2 590.3 万吨增加到 5 995.9 万吨，增长 2.31 倍。而化肥的生产消耗着大量能源和矿产资源。从水资源角度看，2000 年全国农业用水占总量的 80%，其中灌溉用水量占总用水量的 67%。而我国水资源利用效率一直很低。根据中国水与农业分析模型（CAPSIM-PODIUM）对 2020 年我国九大流域片灌溉水平衡的研究，如果不提高灌溉用率，2020 年我国灌溉缺水将达 580 亿立方米。从土壤污染角度看，据统计资料，我国粮食主产区受镉、砷、铬、铅等重金属污染的耕地面积近 0.1 亿公顷，受农药污染的耕地面积近 0.09 亿公顷；粮食主产区粮田土壤有机质普遍下降 0.5%[7]。

农业结构供求严重错位，农业供给侧改革势在必行。针对以上问题，在完全保证“口粮安全”前提下，如何改变土地利用方式、提高畜产品与饲草料的供给、兼顾生态环境的保护成为农业供给侧改革的关键。本文试从农区草业的角度，阐述发展农区草业对推进农业供给侧改革的重要意义。

二、发展农区草业推进农业供给侧结构性改革

农区草业，一颗源于耕作的“种子”，却又种在畜产品上开出“花朵”的新型农业模式。发展农区草业，能实现“藏粮于草”；发展农区草业，能增加畜产品与饲草料的供给；发展农区草业，能提高我国土地生产潜力，保护生态环境。

（一）发展农区草业实现“藏粮于草”

发展农区草业，实现藏粮于草，根据粮食需求调整种植结构，将部分草地改为粮田，第 2 年就有粮食生产出来，这就是藏粮于草，经济而又安全[2]。随着经济发展，未

来我国农产品需求结构将发生显著变化，在受到自然资源限制和生产结构变化约束的情况下，“藏粮于草”“存钱于牧”不失为一种保障“食物安全”的“良方妙计”。

发展农区草业，实施农牧区系统耦合。通过建立草地农业系统，将植物生产与动物生产相结合，草地与农田、林地相结合，把牧草或其他饲料作物的生产与利用引入农业生产体系中，通过粮、草、畜的有机结合，建立起多功能、多层次和多系统耦合的产业链[8,9]。设计有利于提高生态系统综合生产力水平的农业资源耦合经营结构，大力种植优质牧草，由传统的二元结构向三元结构转变，充分利用农区丰富的饲料用粮和农作物秸秆的优势，“以农养牧、以牧促农”，提高产业多样化指数与产业群之间的关联度，使农牧业生产与生态环境建设协调发展。

（二）发展农区草业增加畜产品与饲草料供给

发展农区草业，能更好地发挥我国水、热、气候优势。我国气候多样，南北跨越热带、亚热带、温带、寒温带等多个农业气候区。传统农业以收获籽粒为目的，农作物必须完成整个生育期，因此，农作物几乎完整地消耗了其生长期所有的水热资源。而牧草生产则是以收获茎叶等营养体为目的，不需要籽粒成熟，不需要完整生育期，在整个生长期内任何时候都可以收获而获得经济产量。与大田农作物相比，牧草在生长期内对于水、热、光、气等气候资源和土地资源的时间性匹配要求不高，可在全年内比较充分地利用气候和土地资源，生产较多的有机物质产品，可为畜牧业提供充足的饲草料[7]。

发展农区草业，能更合理利用和改良土地。我国中西部地区有大量的中低产田，由于受诸如环境、地域等因素的影响，农作物产量低而不稳定，若将中低产田等空闲地、空隙地用于种植高产优质牧草，不但可以大幅提高我国饲草供给，也能更好地改善土壤条件。进而可以通过农牧系统的耦合，扩大能流、物流、信息流、价值流规模，综合提高系统生产力和生产效益。据测算，如果能同时采取中低产田、南方冬闲田闲时轮作种植牧草，可增加我国牧草干物质产量约 1 亿吨[8,10]。按照平均 10 千克牧草干物质转化 1 千克牛羊肉计算，可增加生产约 1 000 万吨牛羊肉。这将大大缓解饲草市场对于海外市场的依赖。

（三）发展农区草业生态效益显著

发展农区草业能保持水土，培肥地力。目前的水土流失，70%来自耕地，草地一般比农田减少水土流失 70%～80%。黄土高原区的试验，草田轮作一个周期（3～4 年）可以提高土壤有机质 23%～24%，氮素 100～150 千克/公顷[11]。尤其豆科牧草的根，可以大量供给土壤以氮素，如 1 公顷草木樨作为绿肥时，可相当于 1 125～1 500 千克豆饼的肥力。综合考虑全国草田轮作的平均水平：种植 1 公顷苜蓿的每年可以固氮 120～165 千克，以此为据估算，全国 1.07 亿公顷基本农田的 20%施行草田轮作，每年将新增氮素 256.8～353.1 万吨，相当于 2004 年全国尿素产量（1 923.5 万吨，含氮 46%）的 29.0%～39.9%。这还不包括类型繁多、难以计测的全国 2.67 亿公顷可用草地的 8%种植豆科牧草、建立人工草地所产生的新增固氮潜力。

发展农区草业，可减少化肥、农药的施入量，生态效益明显。江苏省常熟市田间试验结果表明，发展稻—草—禽农牧结合模式，土壤有机质、速效氮、速效磷和速效钾分别增长了 20.5%、10.4%、15.8%和 25.6%，而且土壤的物理结构也有明显的改善[12]。该模式与传统的稻—麦种植方式进行复种轮作，麦田杂草不到传统种植方式杂草量的10%；另外，因牧草多次收割，基本不发生病虫害，减少了农药的使用，从而大大降低了化学有毒物质对农田系统的污染。广东省的一些荔枝园种植柱花草 3 年后，种草区比不种草区土壤的有机质增长 70%，全氮增长 20%，全磷增长 30%，全钾增长 25%以上，土壤的 pH 也得到了明显改善[13]。另据江西省资料，通过农牧结合建设人工草场对草山草坡进行综合开发 1～3 年后，不但水土流失得到有效控制，土壤中有机质、全氮、速效氮、速效磷、速效钾含量分别达 24.88、1.43、91.2、17.0 和 58.8 毫克/千克，均比开发前有了较大幅度的增加，土壤 pH 也从开发前的 4.5 左右上升到了 5.8，土壤的理化性状得到了明显改善[14]。可见，农区草业发展的生态效益明显。

三、发展农区草业的历史机遇

2015 年中央 1 号文件中提出“加快发展草牧业，支持青贮玉米和苜蓿等饲草料种植，开展粮改饲和种养结合模式试点，促进粮食、经济作物、饲草料三元种植结构协调发展”。2016 年中央 1 号文件中更进一步提出了“扩大粮改饲试点，加快建设现代饲草料产业体系。加快现代畜牧业建设，根据环境容量调整区域养殖布局，优化畜禽养殖结构，发展草食畜牧业，形成规模化生产、集约化经营为主导的产业发展格局。启动实施种养结合循环农业示范工程，推动种养结合、农牧循环发展”。可见，发展农区草业，已受到国家政策层面的推动与重视。

农区草业的发展初见成效，形势依然严峻。相关资料表明，截至 2013 年，饲草栽培面积较 2001 年增长了 30%，其中，农区饲草栽培面积更是占到了 58.7%。但即使饲草种植面积一直在稳定增长，形势依然不容乐观。首先，农区草业在整个农业生产系统中依然只占有很少一部分，这相对于我国庞大的“粮—经”作物，饲草作物依然“势单力薄”，其次，以 2014 年为例，我国仅干草进口额就达到了 100.8 万吨，很难想象如果过度依赖海外市场，中国草地农业如何发展。最后，生态环境的恶化，农民积极性不高，农产品附加价值不高依然是中国草地农业，尤其是农区草业需要面对和亟待解决的问题。我们只能算是一个“迟到的小学生”，既缺乏经验，又难觅机会。

当然，危机背后永远是机遇，随着国家政策不断完善，过去以粮食作物占绝对优势的种植业结构正在向粮食作物、经济作物和饲料作物协调发展的“三元结构”方向发展。在北方地区，以苜蓿为代表的商品草市场发展势头迅猛，南方草地开发利用也迎来新的发展机遇。同时，发展农区草业对维护生态系统健康、提升生态系统服务功能具有重要作用。在农区推广粮草相结合的农区草业发展模式可以有效提高土壤肥力、控制农区水土流失、提高农区水资源利用效率，对改善生态环境有重大意义。

参 考 文 献

[1] 黄季焜，杨军，仇焕广．新时期国家粮食安全战略和政策的思考［J］. 农业经济问题，2012（3）：4-8.

［2］任继周．藏粮于草施行草地农业系统——西部农业结构改革的一种设想［J］．草业学报，2002，11（1）：1-3.
［3］任继周，南志标，林慧龙．以食物系统保证食物（含粮食）安全——实行草地农业，全面发展食物系统生产潜力［J］．草业学报，2005，14（3）：1-10.
［4］旭日干，任继周，南志标，等．保障我国草地生态与食物安全的战略和政策［J］．中国工程科学，2016，18（1）：8-16.
［5］任继周，南志标，林慧龙，等．建立新的食物系统观［J］．中国农业科技导报，2007，9（4）：17-21.
［6］任继周，林慧龙，侯向阳．发展草地农业确保中国食物安全［J］．中国农业科学，2007，40（3）：614-621.
［7］任继周，林慧龙．农区种草是改进农业系统、保证粮食安全的重大步骤［J］．草业学报，2009，18（5）：1-9.
［8］任继周．节粮型草地畜牧业大有可为［J］．草业科学，2005，22（7）：44-48.
［9］任继周，常生华．以草地农业系统确保粮食安全［J］．中国草地学报，2009，31（5）：3-6.
［10］曾希柏，刘国栋．红黄壤地区草山草坡资源高效利用技术对策［J］．中国农业资源与区划，1999，20（3）：19-25.
［11］任继周．我国传统农业结构不改变不行了——粮食九连增后的隐忧［J］．草业学报，2013，22（3）：1-5.
［12］黄开红，朱普平．稻一草一禽（渔）——水乡生态农业发展之评述［J］．江苏农业学报，2000，16（1）：57-60.
［13］陈三有．从广东草业生产模式看牧草在可持续发展中的战略地位［J］．草业科学，2000，17（1）：75-78.
［14］张卫建，谭淑豪，江海东，等．南方农区草业在中国农业持续发展中的战略地位［J］．草业学报，2001，10（2）：1-6.

农户林业经营视角的集体林权制度改革成效研究①
——基于2010—2015年七省林改监测面板数据分析

刘炳薪[1]　文彩云[2]　吴柏海[2]　温亚利[1]　贺超[1]

（1. 北京林业大学经济管理学院，北京 100083；
2. 国家林业局经济发展研究中心，北京 100714）

摘要：本文以辽宁、福建、江西、陕西、甘肃、湖南和云南七省的3 500户农户为研究对象，采用非平衡面板数据模型对其2010—2015年连续6年的数据进行分析。结果表明，林改中期以后农户家庭林业生产经营投资和涉林收入增长乏力，且省份间存在显著差异。进一步分析其原因发现，农户家庭劳动力数量、林地面积、林改配套改革政策会显著促进农户林业生产经营行为，产权的不稳定对农户林业投资有较大的负向影响。因此，本文认为应进一步深化集体林权制度改革，完善相应的配套改革政策，因省制宜有针对性地实施配套改革政策；转变农户传统林业生产经营观念；完善林权流转市场，实现林业规模化经营。

关键词：集体林权制度改革；农户；投资；收入；配套改革政策

一、引　　言

十八大以来，党和国家高度重视林业，把林业提升到了生态、文明、民生福祉和民族未来的战略高度，这是对林业地位的高度肯定，也对林业在生态建设和产业发展方面提出了更高的要求。集体林业是我国林业的重要组成部分，林业用地占全国林业用地面积的57.6%；集体林业发展水平对我国林业现代化建设、林业增绿增质增效具有重大的现实意义和深远的历史意义。但长期以来，由于产权关系模糊不清，广大林农经营集体林的积极性不高，集体林经营水平极其低下，森林质量较差，对广大农户增收致富贡献较弱。为了充分调动广大农户林业生产经营积极性，充分发挥集体林在经济、生态和社会方面潜在的巨大作用，2003年6月25日，中共中央、

① 本文原载于《世界林业研究》2019年第2期。基金项目：国家林业局“集体林权制度改革跟踪监测”项目（2016FMA-1）。

国务院出台了《关于加快林业发展的决定》，指出要通过深化集体林业产权制度改革，完善家庭承包经营机制，探索多种有效的经营形式，以调动各方面的经营积极性。同年，国家林业局在福建、江西、浙江和辽宁先后开展集体林权制度改革试点。2008年6月8日，中共中央、国务院《关于全面推进集体林权制度改革的意见》决定正式在全国的范围内全面实施集体林权制度改革。截至2016年，全国集体林已确权林地面积27.05亿亩，累计发证面积26.41亿亩，占确权面积的97.6%，共有1亿多农户直接受益[1]。集体林权制度改革的战略目标可以形象地概括为“绿水青山、金山银山”，也就是通过激发农户和社会各界开展林业生产经营的积极性，实现集体林区森林资源持续增长、农民林业收入显著增加、国家生态安全得到保障[2]。自2003年正式试点开始，集体林权制度改革已经15周年之久。近日，习近平总书记对福建省集体林权制度改革工作作出重要指示，对集体林权制度改革成效予以了充分肯定，要求深入总结经验，不断开拓创新，继续深化集体林权制度改革，更好实现生态美、百姓富的有机统一，在推动绿色发展、建设生态文明上取得更大成绩。当前，全国上下正在深入学习贯彻习近平总书记重要指示精神，进一步深化推进集体林权制度改革，积极探索完善集体林地三权分置、落实集体所有权，稳定农户承包权，放活林地经营权，引导和规范集体林权流转等方面的长效制度和机制。在此背景下，从农户视角审视当前林权制度改革的成效，对于深化改革制度完善具有重要的现实指导和参考价值；从改革目标考量，不论提升集体森林资源质量和改善生态安全，还是农户增收致富，都可以从农户林业经营投入和涉林收入水平的变化得到反映。因此，通过分析改革以来农户家庭林业生产经营支出及总收入变化，可以发现集体林权制度改革政策的激励效果，为深化改革指示政策制度完善的方向。

二、相关研究进展及述评

2003年改革试点以来，关于集体林权制度改革成效的研究一直都是农林业经济管理学科领域研究的热点之一。就研究思路看，相关成果普遍根据改革目标确定以林业生产和林农增收两大方面作为评价改革成效的核心内容，同时也有部分学者认为要同时考虑改革在农村社会公平、乡村治理、地方公共收入、区域产业结构和生态改善等方面的效应[3]。绝大多数学者的研究成果对林权制度改革以来上述方面的成效都给予了较高程度的肯定，认为改革显著调动了农户的生产积极性，激励农户增加了林业经营投入，促进了农民增收致富；森林资源得到了更有效保护，林区社会更加和谐，促进了林区产业转型升级和农民转业就业；集体林区生态效益获得了改善[4-14]。

从林业生产和林农增收两大核心成效看，林业生产方面相关研究成果主要聚焦于农户造林行为和生产投资的变化、森林资源的变化、林地规模化经营等方面；林农增收相关研究成果关注重点是林改前后农户涉林收入的变化及其影响来源因素分析。有关研究成果发现，林改中形成的新制度安排，诸如资金的可获性、限额采伐制度、林地面积等，决定了农户的造林和林业生产投资意愿[15-16]；根据相关资料显示，集体林权制度改革取得了明显的经济绩效，突出表现为其激发了广大农民的林业生产积极性，使林地单位面积的产出效益增加[17]，但就森林资源变化量来看，林改对于森林面积和森林蓄积的增加并不显著，长期效益没有显现出来[18]，林改造成的部分林地经营规模细碎化问题，林权流转是其重要的解决途径之一[19]；林改后农户林业年收入显著增加[8]，进一步具体分析其影响因素发现集体林权改革后使得农户获得了对集体林地与林木的占有权、使用权、处分权与收益权，从而增加了农户林业收入。除此之外林业收入结构的优化、林业要素市场化、林业产权交易都会使农户林业收入得以提高[8,11]。一些实证研究进一步发现，影响农户家庭林业生产经营支出的关键因素包括产权的稳定性和完整程度[20]，林权流转、林业合作组织和林业税费政策[19,21]，农民对林改政策的认知[22]。

总体来看，关于林农林业经营支出水平和涉林收入两方面的研究成果仍然存在一些不足：第一，从实证数据时限看，多数研究采用的是全面林改初期的观测数据，如2009 年和 2010 年的经营投入和经营收入，缺少较长时间跨度的连续跟踪数据；一方面难以充分反映林改制度和政策的长期激励效应，另一方面也不能充分反映林业较长生产经营周期在投入需求和收入贡献方面的特点。第二，从数据结构上看，已有成果主要采用截面数据，难以有效反映连续时间序列农户经营投入和涉林收入的变化，而且也难以反映不同地域和不同群体样本农户之间的个体差异。因此，从时间维度，需要更长时期并能覆盖更多地区的连续观测数据才能更好评判改革的成效。第三，研究方法多数以简单描述统计分析为主，主要就是通过直接比较林改之前和研究当期林农经营投入和收入的变化来判断改革的成效。这种简单比较的差异是否在统计学是显著性的变化，还需要进一步采用有关实证计量方法进行分析。第四，从样本规模及抽样空间看，多数文献只是采用个别案例的林业经营投入和收入数据，少量研究采用了农户抽样调查技术；农户样本数量最大为 2 000 多户；抽样空间也多以华中、华东和华南有关省份为主。从研究代表性来说，抽样空间还应进一步扩大范围，以有效覆盖东北、西北、西南地区；样本农户数量也需要相应扩大，适应大数据时代研究发展的趋势。第五，从研究视角或立场看，现有成果多从政府的立场出发，较少站在农民的立场，即从农户的视角来看林权改革的成效。

本文依托国家林业局集体林权制度改革跟踪监测项目数据，采用非平衡面板回归方法，对辽宁、陕西、甘肃、江西、福建、湖南和云南等 7 个省份、70 个县、350 个村，总计 3 500 户样本农户，2010—2015 年连续 6 年林业经营支出和收入的动态变化及其影响因素进行了分析。本文在研究视角、研究方法、样本空间、样本数量、数据时限和结构等方面相较现有研究成果有所发展，进一步丰富了本领域的研究成果，对当前集体林权制度全面深化改革的政策完善具有重要的现实意义。

三、研究方法与数据来源

（一）数据来源

本文数据来源于国家林业局经济发展研究中心牵头、北京林业大学、甘肃农业大学、西北农林科技大学、江西农业大学、中南林业科技大学、湖南理工学院和西南林业大学等单位共同参与的集体林权制度改革跟踪监测项目。本项目旨在跟踪集体林权制度改革进程，把握改革方向，评估改革效果，反映改革中出现的新情况、新问题，为决策提供系统、全面、及时和可靠的信息。项目始于2010年，确定首次抽样后，随后每年对样本农户上年有关生产经营、政策评价等方面内容进行固定回访。项目首次抽样时，为保证调查样本的代表性，首先将全国划分为5个片区，从每个片区抽取1～2个林改典型省，即东部片抽取福建省，东北片抽取辽宁省，中部片抽取江西省、湖南省，西南片抽取云南省，西北片抽取陕西省、甘肃省。进而根据样本省森林资源状况和社会经济条件，采取分层随机抽样的方法抽取样本县，每个样本省大约抽取10个样本县。在样本县中，根据经济状况差异，按照对称等距方法抽取5个样本村。在每个样本村中，根据户籍名单，随机抽取10个样本户。经样本代表性检验后，在7个样本省中最终确定70个样本县、350个样本村、3 500个样本户为固定观测点。最后，采取农户入户问卷调查方式采集研究所需具体数据。截至2016年7月完成调查时，项目组一共获得了2010—2015年连续6年辽宁、福建、江西、陕西、甘肃、湖南和云南等3 500户样本农户的相关监测数据。剔除不完整样本数据后，6年样本农户共有20 067户，其中2010年2 713户，2011年3 383户，2012年3 480户，2013年3 495户，2014年3 497户，2015年3 499户，具体详见表1。

表1　7省农户样本信息表

单位：户

省份	2010年	2011年	2012年	2013年	2014年	2015年	合计
辽宁	483	479	502	497	498	500	2 959
福建	490	473	489	500	499	496	2 947
江西	491	498	498	500	500	502	2 989
陕西	500	500	500	500	500	500	3 000
甘肃	100	500	500	500	500	500	2 600
湖南	150	443	490	499	500	500	2 582
云南	499	490	500	499	500	501	2 989
合计	2 713	3 383	3 480	3 495	3 497	3 499	20 067

（二）样本概况的描述统计

1. 样本农户家庭生产经营支出和收入改革中期以后增长乏力

以2010年数据为基期，运用GDP平减指数法对2011—2015年样本农户林业经营收入和支出数据处理后发现：样本农户家庭经营收入和林业经营收入2011年有较大增长，随后趋于小幅下降；家庭经营支出和林业经营支出 2012 年前稳定增长，之后小幅波动走低，详见图 1。

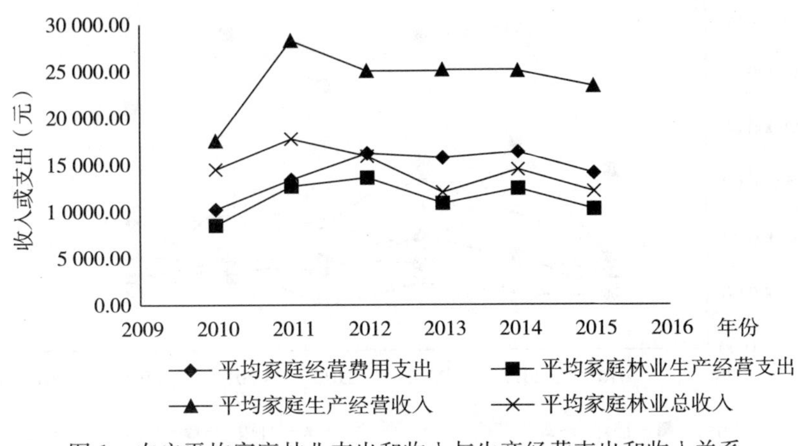

图 1　农户平均家庭林业支出和收入与生产经营支出和收入关系

2. 样本农户林业经营收入和支出家庭占比较高

2010—2015 年样本农户家庭经营费用支出主要用于林业生产方面，平均家庭林业生产经营支出占家庭生产经营总支出的比例在 69%以上，2011 年更是高达 94.67%；家庭生产经营收入则主要来源于林业收入，占家庭经营总收入比例均在 45%以上，最高在 2010 年，为 82.60%，详见表 2。

表 2　农户平均家庭生产经营支出和收入与林业生产经营支出和收入关系

单位：元

收入和支出	2010 年	2011 年	2012 年	2013 年	2014 年	2015 年
经营支出	10 226.51	13 410.66	16 205.76	15 728.14	16 361.07	14 080.70
林业生产经营支出	8 542.40	12 696.35	13 611.76	10 876.32	12 455.45	10 251.48
林业经营支出占比（%）	83.53	94.67	83.99	69.15	76.13	72.81
生产经营收入	17 552.93	28 275.64	25 034.26	25 153.22	25 033.67	23 395.78
林业总收入	14 498.02	17 751.39	15 893.02	12 044.41	14 472.94	12 138.03
林业总收入占比（%）	82.60	62.78	63.49	47.88	57.81	51.88

3. 样本农户家庭林业经营支出和收入省际差异显著

就家庭林业经营支出看，如图 2 所示，不论绝对水平还是年际变化，样本省际都存在显著差异。就年际变化看，福建、湖南、甘肃和云南 4 省的支出波动比较大，陕西、江西和辽宁 3 省的支出总体较为稳定；从绝对水平看，福建省的平均支出水平在历年都远远高于其他 6 个省份，详见图 2。

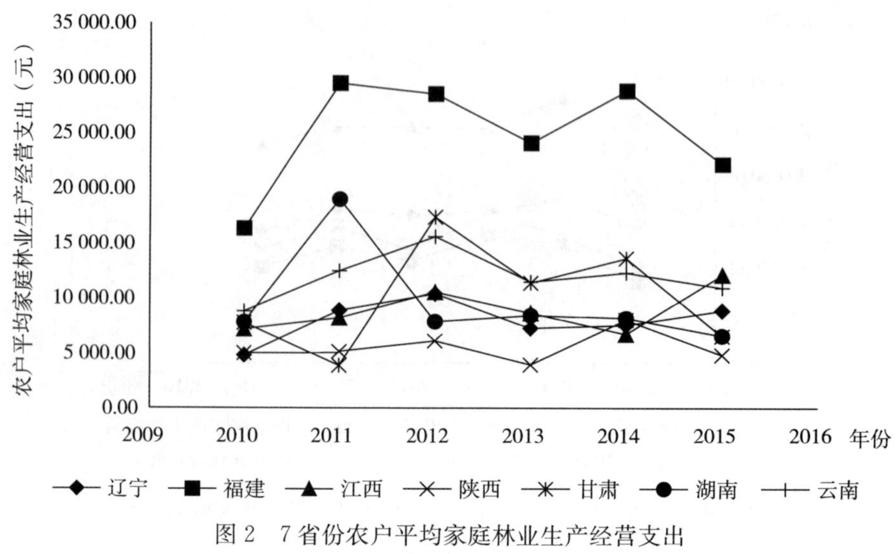

图 2　7 省份农户平均家庭林业生产经营支出

就家庭林业经营收入看，如图 3 所示，福建省与其他 6 省之间存在显著差异，其余 6 省之间差异不甚明显。一方面福建省样本农户家庭林业经营收入的绝对水平大大高于其余 6 个省份，另一方面收入的年际波动变化也较为明显；而其余 6 个省份绝对收入水平都不高，同时年际的波动也比较平稳。

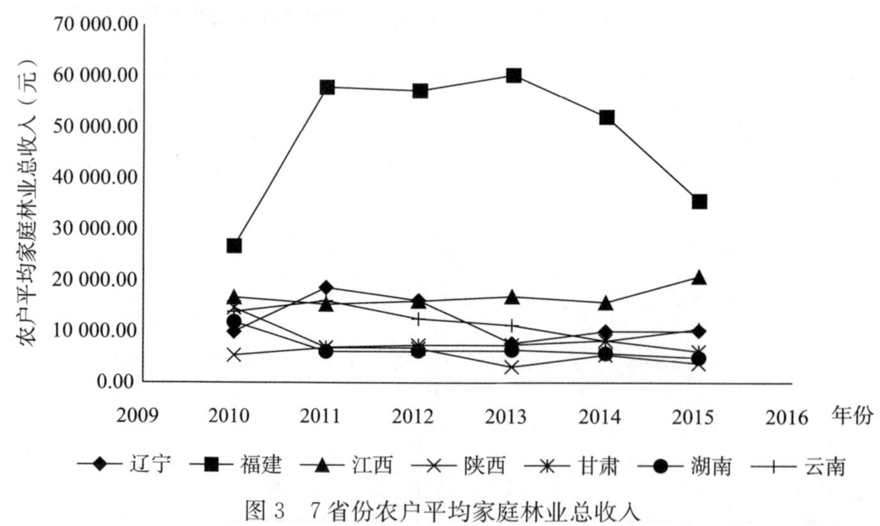

图 3　7 省份农户平均家庭林业总收入

4. 农户平均家庭林地面积变化省份间存在差异

如表 3 所示，从 7 个省份的横向对比来看，农户平均家庭林地面积变化省份间存在较大的差异，其中陕西的农户平均家庭林地面积最大，2010—2015 年 6 年来均超过 150 亩，甘肃的农户平均家庭林地面积最小，基本维持在 35 亩左右。

表3　7省平均家庭林地面积情况表

单位：亩

年份	辽宁	福建	江西	陕西	甘肃	湖南	云南
2010	76.01	63.98	98.30	152.85	18.69	74.82	68.52
2011	89.38	96.58	98.80	165.55	36.14	77.89	70.06
2012	76.57	89.64	98.84	174.93	36.92	58.20	72.42
2013	72.04	82.51	102.85	173.07	36.55	58.93	72.28
2014	75.37	66.24	101.95	171.28	36.96	57.58	75.81
2015	77.17	71.49	116.04	172.62	35.85	49.75	75.03

（三）农户林业经营行为的理论模型

农户在承包林地上的经营活动如整地、良种选育、造林、抚育、间伐、管护、施肥、病虫害防治、林分改造、采伐和必要的道路等基础设施建设，目的是追求承包期内林地收益的最大化。农户在上述各方面投入的资金、劳动力本质上是一种生产经营投资，需要在日后通过木材或其他非木质林产品收回投资并获得合理的利润。假设农户承包林地在t时点可以收获的各类林产品的数量Q是时间t和经营投入水平E的函数，表示为$Q(t, E)$。虽然实际生产过程，某个林分可能同时生产多种木材和非木质林产品，这里为了简化模型，假设各种产出都可以折合成某种主导利用的产品，其产量表示为Q。同时实际的生产过程也需要投入多种生产资料和劳动力，这里同样统一简化折合成某种共同的抽象投入形式，其数量表示为E，单价表示为w。e^{-rt}为连续利率的贴现系数，其中r表示连续利率。进一步假设林分单位产出的价格为P，则农户的预期收益V_s可以表示为：

$$V_s = \frac{PQ(t,E)e^{-rt} - wE}{1 - e^{-rt}} \tag{1}$$

在土地生产力的临界点之前，随着经营投入的增加，可以改善林地的产出水平，从而提高农户的预期收益水平，进而刺激农户在其他条件一定的情况下扩大直至并保持均衡的投入水平。将上式两边对投入水平E求导，可以得到农户经营投入的均衡条件如下：

$$V_E = PQ_E e^{-rt} - w = 0 \text{ 或者 } PQ_E e^{-rt} = w \tag{2}$$

从式（1）可以看出，农户承包期内经营的净收益水平会直接受到木材和非木质产品收获量、木材和木质林产品价格、利率、投入品数量和价格的影响；间接看，木材蓄积量和非木质产品的种类及其产量又受到林地特征（如林种、树种、立地质量）的影响，经营投入成本、实际利率会受到有关林业政策的影响；所以林地特征、相关的政策就会成为影响农户林业经营收益的重要因素。从式（2）可以看出，农户经营投入水平直接受到林产品价格、林分产出水平、利率、收获周期和投入品价格的影响；间接受到林地立地条件和政府有关林业政策的影响，政策性补贴可能会间接提高木材或其他林产品的价格，也可以看作是分担了经营成本。此外，不论是经营投入和收入都会同时受到农户对市场价格信息的掌握和占有情况，经营林业的专业技术水平，对有关经营技术、市场和政策信息预期的影响。而农户的个体、家庭特征又会影响农户在综合决策判断方面的取舍。所以在构建农户林业经营投入和收入影响因素分析模型时必须综合考虑上述因素。

（四）非平衡面板回归

面板数据因其能够控制不随地域和时间变化的变量，可以提供更多的信息，具有更大的变异性，变量间具有更弱的共线性，更大的自由度以及更高的效率，可以解决遗漏变量问题，提高估计的精确度，近些年来，逐渐在经济领域得到了广泛的应用。本文2010—2015年7省的3 500户农户绝大多数是固定回访样本，但也有部分农户因为自然死亡、迁移等原因在个别年份进行了替换，数据结构属于非平衡面板数据。实际中，非平衡面板数据更有可能是在经济学研究中被经验设定的标准形式[23-24]。非平衡面板数据模型的一般形式可以表示为：

$$y_{it}=\alpha+X_{it}'\beta+u_{it},i=1,\cdots,N;t=1,\cdots,T_i \tag{3}$$
$$u_{it}=\mu_i+v_{it}$$

式（3）中，i 和 t 分别表示个体和时间，β 为关于户主年龄、户主受教育程度等解释变量的待估系数矩阵，X_{it}' 为第 i 个个体农户家庭劳动数量、家庭林地面积等解释变量在 t 年的观测值，μ_i 表示不可观测的个体特殊效应，v_{it} 表示剩余的随机扰动。

非平衡面板数据模型同平衡面板数据模型一样，一般有两种形式即固定效应模型和随机效应模型。当不可观测的个体效应 μ_i 与解释变量有关时，则为固定效应模型，反之则为随机效应模型。具体是选用固定效应还是随机效应模型，一般根据Hausman检验结果决定。Hausman检验原假设与备择假设分别如下：

$H_0:E(\varepsilon_{it}\alpha_i)=0$

$H_1:E(\varepsilon_{it}\alpha_i)\neq 0$

Hausman统计量为：

$$H=(\hat{\delta}RE-\hat{\delta}FE)'[Var(\hat{\delta}FE)-Var(\hat{\delta}RE)]^{-1}(\hat{\delta}RE-\hat{\delta}FE)\rightarrow X_M^2 \tag{4}$$

H 统计量渐进服从于卡方，其中：

$M=K-$ 非时变量个$-$ 时变量个数

因此我们可以根据 H 统计量确定模型，当我们无法拒绝原假设时，选用随机效应模型，当原假设被拒绝时，则选取固定效应模型。本文根据Hausman检验结果，拒绝原假设，故最终确定为固定效应模型。

四、实证模型及结果

（一）实证模型和变量选择

根据研究样本数据结构和Hausman检验结果，本文选择的非平衡面板固定效应实证模型具体如下；

$$y_{it} = \alpha_i + x_{it}'\beta + \varepsilon_{it} \quad i = 1,2,\cdots,N; t = 1,2,\cdots,6 \tag{5}$$

式（5）中，y_{it} 表示第 i 个个体在 2010—2015 年的农户家庭林业生产经营总支出和家庭林业总收入，α_i 表示不可观测的个体特殊效应，潜在变量，不可观测的异质性等，x_{it}' 为 16 个解释变量的第 i 个个体在 t 时期的观测值，为 $1*k$ 的矩阵，在本文中 x_{it}' 代表林地块数、林地面积等 16 个变量的第 i 个个体在 2010—2015 年的观测值，ε_{it} 代表剩余的扰动项。

根据理论模型并参照相关实证研究成果，本文具体选择以下变量进入实证模型，详细情况如表 4，其中满意度指数由农户对林业专业合作社满意度、林道满意度、处理林权纠纷满意度、林权抵押贷款满意度和联户经营满意度加权平均数所得。

表 4　变量指标情况

变　量	一级指标	二级指标
被解释变量	林权改革成效	家庭林业生产经营总支出
		家庭林业总收入
解释变量	农户特征	年龄
		受教育程度
		是否为村干部
		家庭劳动力数量
		家庭林地面积
		流入林地面积
	林地特征	商品林比例
		用材林、经济林和竹林面积比例
	产权稳定性	是否全部核发林权证
	配套改革政策及其满意度	林权纠纷地块数
		林业相关补贴金额
		采伐指标申请是否有难度
		是否有林权抵押贷款
		是否参加林业专业合作社
		是否开展林下经济
		满意度指数

（二）模型估计

根据以上对模型的分析，本文使用 Stata13.1 统计分析软件对样本数据进行非平衡面板数据模型估计，回归结果见表 5。

表 5 模型回归结果

解释变量	农户家庭林业生产经营支出模型	农户家庭林业总收入模型
年龄	30.60	−22.67
	(23.30)	(34.26)
受教育程度	47.40	−568.85
	(361.03)	(529.05)
是村干部	−284.63	−1 294.28
	(589.21)	(867.46)
林地面积	20.77***	47.03***
	(3.03)	(4.46)
家庭劳动力数量	678.08***	692.73**
	(190.42)	(274.95)
商品林比例	819.68	2 035.60
	(889.44)	(1 299.08)
用材林、经济林和竹林面积比例	242.90	−66.70
	(399.18)	(590.35)
流入林地面积	53.36***	64.66***
	(4.35)	(6.39)
全部核发林权证	−1 608.35**	−809.77
	(672.14)	(996.58)
林权纠纷地块数	−2 734.15**	2 397.07
	(1 085.72)	(1 598.75)
林业相关补贴金额	1.57***	0.59***
	(0.04)	(0.06)
申请采伐指标有困难	−1 817.38**	−1 966.99*
	(783.44)	(1 163.48)
有林权抵押贷款	3 836.58***	7 726.04***
	(1 426.71)	(2 086.70)
加入林业专业合作社	3 919.85***	4 146.04***
	(906.71)	(1 332.50)
参加林下经济	2 169.09***	3 719.72***
	(516.76)	(746.78)
满意度	1 414.70	1 190.17
	(908.60)	(1 397.88)
常数项	1 682.19	3 782.09
	(1 739.95)	(2 545.82)
观测值	19 063	19 187
农户数量	4 908	4 884
	0.12	0.04

注：*、**、*** 分别表示估计的变量在10%、5%、1%显著性水平上显著。

（三）结果讨论

模型回归结果表明，农户家庭特征、林地特征和林改及配套改革政策三类因素对农户家庭林业生产经营支出和林业总收入有显著的影响，其中农户家庭劳动力数量、林地面积、流入林地面积、林业相关补贴金额、有林权抵押贷款、加入林业专业合作社和参加林下经济均在1%显著水平上对二者有正向的显著影响；申请采伐指标有困难和产权稳定性因素变量只对农户家庭林业生产经营支出有较强的负向影响。

1. 农户家庭劳动力数量对农户的林业生产活动具有积极影响

从回归模型结果来看，家庭劳动力数量对农户家庭林业生产经营支出在1%显著水平上影响显著，对农户家庭林业总收入在5%显著水平上影响显著，且方向为正，这意味着农户家庭劳动力数量对农户家庭林业生产经营支出和林业总收入具有积极影响，农户家庭劳动力数量越多，农户对林业生产经营的投资越多，林业总收入越多。

2. 林地规模化经营会显著地促进农户家庭林业生产经营活动

根据回归结果，林地面积和流入林地面积对农户家庭林业生产经营支出和林业总收入具有强烈的正向影响，说明林地面积越大，流入林地面积越大，农户对于林业生产经营的投入越多，林业总收入越多。林地面积的扩大便于农户对于林业进行规模化经营，而林地规模化经营对于农户进行林业生产经营活动具有显著的促进作用，这也证明了林地规模化经营对于林业发展的重要意义。

3. 林改配套改革政策对农户进行林业生产经营活动具有积极影响

模型回归结果显示林业相关补贴金额、有林权抵押贷款、参加林业专业合作社和林下经济等配套改革政策对农户家庭林业生产经营支出和林业总收入均在1%显著水平上影响显著，且系数为正，说明配套改革政策对农户进行林业生产经营活动具有积极影响，可以显著促进农户参与林业生产经营活动。具体表现为，林业相关补贴金额越高，农户对于林业生产的积极性越高；农户申请到林权抵押贷款可以促进农户家庭林业总收入的增加，农户可以利用申请到的林权抵押贷款进行林业生产投资活动，特别是近几年来，随着林权抵押贷款的逐步规范和完善，农户对林权抵押贷款的需求也在不断增加，林权抵押贷款可以增加农户林业投资的资本，在一定程度上提高了农户的林业生产积极性，对农户林业增收起到了积极的作用；参与林业专业合作社和林下经济也会显著促进农户的林业生产积极性，实现农户林业经营和林业增收的双赢，林业专业合作社大多是农户自愿联合成立的一种新型的互助性的经济组织，林业专业合作社一方面能缓解林地细碎化带来的林地经营不规模问题，另一方面能降低林地的经营风险，减少单个农户获取市场信息和政策信息的成本，有效激发了农户的林业生产经营投资活动。林下经济作为林改的配套政策之一，因其在实现农户增收的同时更好地保护了当地的生态环境，实现了资源共享、优势互补、循环相生、协调发展的生态林业模式，近年来受到各地的大力推广，有效地激发了农户参与林业生产经营活动的积极性。因此，配套改革政策对于促进农户进行林业生产经营活动具有重要作用。

4. 申请采伐指标困难对农户林业投资有显著的抑制作用

申请采伐指标困难对农户家庭林业生产经营支出在5%显著水平上影响显著，且影响为负向，说明申请采伐指标越困难，农户家庭林业生产经营支出越低，农户对林业的投资越少。虽然目前农户的林业生产经营活动逐步丰富起来，但木材采伐收入依旧是农户林业收入的重要来源，采伐指标申请的难易程度直接关系到农户的林业预期收益，决定其是否进行林业投资进行生产经营活动。

五、结论与政策建议

（一）研究结论

本文从农户视角出发，主要通过分析林改配套政策对农户林业生产经营活动投入和涉林收入的影响来评价林改实施成效。根据以上的定性讨论、统计性描述分析和实证模型的计量估计结果，林改中期以后农户家庭林业生产经营投资和涉林收入增长乏力，且省份间存在显著差异。进一步分析其原因发现，农户家庭劳动力人数、林地面积等特征及林改配套改革政策对农户进行林业生产经营投资活动具有显著的激励作用。一方面，对于能显著激励农户进行林业生产经营投资活动的政策要进一步完善并加大实施力度，以更好地发挥政策的积极作用。另一方面，产权的稳定性从6年的数据来看对农户林业总收入无显著的影响，但是从理论分析来看，稳定的产权在提高农户林业生产经营活动的积极性，实现农户增收方面具有重要的现实意义，应尽快找到产权稳定性对农户林业总收入不显著的关键原因并加以完善，以使其更好地激励农户林业生产经营投资活动，实现农户增收。除此之外，申请采伐指标困难的问题也有待进一步深入分析困难的具体原因所在，以促进政策发挥其预期的对农户林业生产经营活动的引导激励作用。

（二）政策建议

1. 进一步深化改革，完善配套改革政策，实现农户林业投资和收入可持续增长

针对林改中期以后存在的农户家庭林业生产经营投资和涉林收入增长乏力的问题，要在进一步深化集体林权制度改革，不断完善相应的配套改革政策的同时，为改革注入新活力，以实现农户林业投资和收入的可持续增长。在深化改革的过程中，一方面要善于发现配套政策存在的问题并不断加以完善，另一方面对于改革中不断出现的问题要探索新的解决办法。对于能显著促进农户进行林业生产经营活动的配套政策，如林业补贴、林业专业合作社和林下经济进行大力的鼓励和扶持；对于部分配套政策现存的问题进行研究分析，如采伐指标申请困难问题，要对其进行深入的研究分析，找出影响的关键因素，并提出相应的解决办法。这样才能保证农户家庭林业生产经营投资和收入的可持续增长，顺利实现最终的改革目标。

2. 因省制宜实施林改及其配套改革政策

由于我国森林资源分布不均衡，导致各个省份间的林业发展也存在差异，尤其是福建作为南方重点集体林区，林业发展水平远远高于其他6省，农户的林业生产经营投资和收入水平也远远高于其他6省，针对林业发展水平存在不同差异的省份的集体林应因省制宜地实施相应的配套改革政策，在各个省份的内部也要因地制宜实施推广林改及其配套改革政策，不搞一刀切，让不同省份的农户都能切实感受到林改及其配套改革政策

所带来的利益，真正保障在保护生态效益的同时实现农户增收。

3. 完善林权流转市场，实现林业规模化经营

林权流转被称为是解决林地细碎化经营现状，实现林业规模化经营的重要途径之一，其发展的程度直接关系到集体林权制度改革的最终成效。随着集体林权制度改革的不断深化，林权流转市场的逐渐发展完善，农户拥有的林地经营规模也在不断地扩大，这一方面促进了农户参与林业生产经营活动的积极性，使得农户增加对林业生产经营的投资，另一方面也实现了林业规模化经营，促进了农户林业增收。鉴于林权流转对农户林业生产经营活动的重要影响程度，政府应加大力度提高农户进行林权流转的积极性，鼓励、引导和规范林权流转市场的完善，在实现林业的规模效益的同时充分保障林农利益。

4. 转变农户传统林业生产经营观念，鼓励多样化林业生产经营活动

随着我国的经济发展不断转型升级，林业的生态效益和社会效益的重要性日益凸显，国家加大了对林业资源的保护力度，特别是划分了公益林和商品林之后，以林木采伐获得木材收入逐渐减少，这对于家庭收入单一依靠木材销售收入的林农来说，所承担的损失是巨大的，对于这部分传统林业经营的农户，国家应出台相应的扶持政策鼓励、引导其进行多样化的林业生产经营活动，以提高农户应对木材限伐后所带来的生计风险，保障农户生计的可持续性。

参　考　文　献

[1] 王胜男．坚定不移推进集体林权制度改革 维护森林生态安全 着力助推精准脱贫［N］. 中国绿色时报，2016-11-28（001）.

[2] 张建龙．坚定不移推进集体林权制度改革维护森林生态安全着力助推精准脱贫［N/OL］.（2016-11-28）［2017-09-04］. http：//www.forestry.gov.cn/main/327/content-938348.html.

[3] 郭斌．新一轮集体林权改革经济成效评价的研究进展与未来展望［J］. 西南政法大学学报，2016，18（02）：81-91.

[4] 李炳坤，叶兴庆．以林权制度改革促进林业健康快速发展——福建深化集体林权制度改革取得明显成效［J］. 林业经济，2006（10）：14-16.

[5] 徐晋涛，孙妍，姜雪梅，等．我国集体林区林权制度改革模式和绩效分析［J］. 林业经济，2008（9）：27-38.

[6] 孔凡斌．集体林权制度改革绩效评价理论与实证研究——基于江西省 2484 户林农收入增长的视角［J］. 林业科学，2008（10）：132-141.

[7] 陈幸良，吴海龙，袁嵩松．集体林权改革成效评价与林农政策意愿分析——基于福建邵武的实例研究［J］. 经济研究导刊，2010（34）：147-155.

[8] 贺东航，田云辉．集体林权制度改革后林农增收成效及其机理分析——基于 17 省 300 户农户的访谈调研［J］. 东南学术，2010，（05）：14-19.

[9] 曹元．辽宁省集体林权制度改革进展与成效［J］. 林业经济，2010（10）：11-13.

[10] 黄美秀，肖湖香，金发根，等．集体林权制度改革后山区农民增收成效的探析——以江西吉安市为例［J］. 中国林业经济，2010（2）：41-43＋54.

[11] 林斌，王文烂．邵武市集体林权改革成效研究［J］. 发展研究，2010（3）：90-92.

［12］华文礼．浙江省遂昌县深化集体林权制度改革成效探析［J］．林业经济，2010（4）：55-58.
［13］张蕾，黄雪丽．深化集体林权制度改革的成效、问题与建议［J］．西北农林科技大学学报（社会科学版），2016，16（4）：131-137.
［14］朱莉华，马奔，温亚利．新一轮集体林权制度改革阶段成效、存在问题及完善对策［J］．西北农林科技大学学报（社会科学版），2017，17（03）：143-151.
［15］黄安胜，张春霞，苏时鹏，郑晶．南方集体林区林农资金投入行为分析［J］．林业经济，2008（6）：67-70.
［16］詹黎锋，杨建州，张兰花，等．农户造林投资行为影响因素实证研究——以福建省为例［J］．福建农林大学学报（哲学社会科学版），2010，13（2）：57-60.
［17］吕德文．林权改革的方向及实践［J］．中国老区建设，2008（9）：7-9.
［18］刘小强，王立群．集体林权制度改革对森林资源影响实证分析［J］．林业经济，2010（6）：40-45.
［19］曹兰芳，王立群，曾玉林．林改配套政策对农户林业生产行为影响的定量分析——以湖南省为例［J］．资源科学，2015（2）：391-397.
［20］孙妍，徐晋涛．集体林权制度改革绩效实证分析［J］．林业经济，2011（7）：6-13.
［21］曹兰芳，王立群，曾玉林，等．农户林改配套政策主观价值判断对生产经营决策行为的影响——基于湖南省50个村500户农户的实证研究［J］．农村经济，2014（5）：56-60.
［22］康小兰，申云，朱述斌．林区农民对林改政策认知的实证分析——基于江西10县400个样本农户的调查［J］．江西农业大学学报（社会科学版），2012（3）：18-22，81.
［23］［美］巴尔塔基．面板数据计量经济分析［M］．白仲林，等，译．北京：机械工业出版社，2010.
［24］吴勇，林悦．非平衡面板数据模型的估计方法及应用［J］．统计与决策，2013（8）：76-78.

从水产品价格的结构性突变看渔业供给侧改革[①]

崔明

（上海海洋大学经济管理学院，上海 201306）

摘要：“鱼贱伤农”的现象在主要水产品中凸显，给整个产业造成很大冲击，本文以主要海水产品大菱鲆为例分析其价格的趋势波动和结构性突变。研究结果显示，2009—2012 年大菱鲆价格呈上升趋势，波动较大，2013—2016 年大菱鲆价格呈下降趋势，波幅较小但波动频繁，结构性突变分别出现在 2011 年 10 月、2013 年 1 月、2013 年 12 月。大菱鲆供给中的库存因素可能是内部突变点的主要动因，产业的整体价格环境、国家政策和食品安全事件等外部冲击也影响者大菱鲆价格的转折。要解决这种高产量高库存低价格的现象，渔业的供给侧改革势在必行。这需要通过科技创新促进渔业资源的有效配置，通过产融结合促进渔业产业链的延伸，着力开发国际市场提高水产品竞争力，发展绿色渔业增加绿色优质水产品供给，促进我国渔业持续健康有序发展。

关键词：水产品价格；结构性突变；供给侧改革

中国是全球水产品的主要生产国。在过去 20 年间，中国水产品产量特别是水产养殖产量急剧扩大，中国渔业对全国乃至全世界人均水产品快速增长贡献巨大[②]。然而长期高速增长的结果是国内渔业资源严重衰退、水域生态环境恶化、渔业可持续发展充满挑战。近年来，在经济发展新常态背景下，国内水产品生产结构性过剩、水产品价格低位徘徊、出口压力增大、生产效益下滑等新问题凸现，渔业增效渔民增收面临较大挑战。尤其在价格领域，“鱼贱伤农”现象在主要水产品如大菱鲆（即多宝鱼）、罗非鱼、草鱼等多个养殖品种中凸显。价格很多时候低于成本甚至停业点，给整个水产养殖产业造成极大冲击。

自 2015 年底中央首次提出农业供给侧改革以来，2016 年、2017 年农业供给侧改革相关政策密集出台。2107 年中央 1 号文件将农业供给侧改革提升到新的高度，以增加

① 本文系国家现代农业产业技术体系建设专项基金“鲆鲽类产业技术体系工厂化养殖与产业经济研究”（CARS-50-G11）阶段性研究成果。

② 联合国粮农组织《2016 世界渔业及水产养殖报告》中盛赞过去 20 年，中国对世界人均鱼品可获得性的增长贡献最大。

农民收入、保障有效供给为主要目标，以提高农业供给质量为主攻方向，以农业调结构、提品质、去库存为主要手段，围绕“农业增效、农民增收、农村增绿”推进农业现代化。这有别于农业增产、农民增收与农业可持续的传统农业目标内涵，在继续推进可持续发展农业的基础上重点突出农民增收以及在产业优化过程中效率的提升。渔业是大农业的重要组成部分，由于渔业在生产方式、消费模式、政策倾向等方面都有别于大农业，其供给侧改革的任务手段、推进方式势必有别于大农业的供给侧改革的侧重点。本文以我国海水养殖的主要产品大菱鲆为切入点，分析水产品价格波动的趋势和结构性突变，及其背后的原因，由点及面分析渔业供给侧改革的必然性，探讨渔业供给侧改革的路径。

一、水产品价格波动分析——以大菱鲆为例

尽管专门研究水产品价格波动的文献较少①，但是农产品价格波动一直受到国内外学者的关注。早期农产品价格波动研究以蛛网模型[1,2]、市场均衡模型[3,4]等结构化模型为主；同时随着时间序列计量的发展非结构化模型被具体化，很多学者用 ARIMA 模型[5]、VAR 模型[6]、GARCH 模型[7]预测农产品价格或研究市场效率和波动频率，此外还有使用协整检验和格兰杰因果检验研究农产品价格波动的原因[8]。这些模型都考虑了价格序列中的所有因素（趋势、季节、循环和不规则），因此要研究价格的趋势和循环变化还经常用 HP 和 BP 滤波法进行周期分解，如李秉龙等（2007）、毛学峰等（2008）、黎东升等（2015）都使用该方法研究生猪价格波动的趋势和特征[9-11]。上述研究主要是在静态视角下探讨农产品价格趋势，而随着内外环境的变化，农产品价格趋势会被打破或呈现出结构性突变。Perron（1989）、Zivot 和 Andrews（1992）、Bai 和 Perron（1998，2003）等学者先后发展了趋势结构突变的检验，并应用于宏观经济序列和商品价格序列的趋势突变确认[12-15]。因此，在新常态的背景下研究水产品价格波动时，我们既要考虑其周期性波动规律，也要探究由外部冲击所导致的价格的结构性突变。

本文中选取的大菱鲆价格是 2009 年 4 月到 2016 年 4 月 7 年（共 86 期）辽宁葫芦岛的大菱鲆月度出池价格，在价格分析中主要分析大菱鲆价格的中长期行为。大菱鲆是以鲜活消费为主、生产高度工厂化的重要海水产品②。根据国家鲆鲽类产业技术体系数据库的数据收集，全国主产区的月度出池价格呈现收敛状态（图 1），主产区辽宁葫芦岛地区的大菱鲆月度出池价格可以反映全国大菱鲆价格的整体走势，因此我们在分析中使用这一极具代表性的数据。在价格波动分析中主要采用时间序列分析方法，来分析大菱鲆价格的趋势、波动和断点。

① 在国外如 Eltizak and Blitzer（1989）用 VAR 模型预测了牛肉、猪肉和鱼的价格，在国内如段青玲等（2017）用时间序列 GA-SVR 模型预测水产品的价格等。

② 连续 5 年大菱鲆生产的工厂化水平超过 90%。其产量在我国海水养殖水产品中位居第一位。

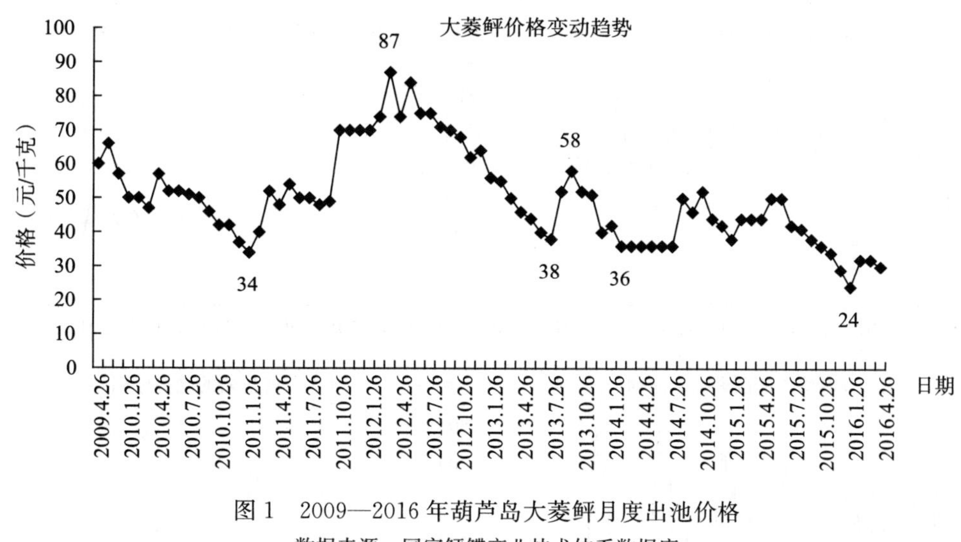

图 1　2009—2016 年葫芦岛大菱鲆月度出池价格

数据来源：国家鲆鲽产业技术体系数据库

（一）趋势与波动分析

农产品价格的时间序列常显示出季节性的循环变动。如大菱鲆价格的月度出池价格就具有较大季节波动性。这和大菱鲆的供需特点有关：在供给端，大菱鲆的养殖生产周期和资金流转周期通常需要 12～18 个月；在需求端，大菱鲆作为婚庆消费和节日消费为主的中高端水产品，其价格一般在每年 5、6 月和 9、10 月出现高点。这些季节性变动可能会掩盖大菱鲆价格变动中的趋势和循环因素。因此，本文在分析价格趋势之前利用 Eviews 8.0 对大菱鲆原始数据进行 X12 季节调整，以期剔除其中的季节变动要素和不规则要素，得到大菱鲆价格的趋势循环序列（图 2）。然后利用 HP 滤波法对大菱鲆价格序列进行分解，得到长期趋势项和周期循环项，以此分析大菱鲆价格的趋势与波动。

从长期趋势的图形（图 3）中可以明显看出，大菱鲆价格在 2009—2012 有缓慢上升的态势，尤其在 2011 年之后上升态势明显，从 34 元/千克上涨到 87 元/千克（2012 年 3 月），上涨幅度达到 155.9%；在 2012 年之后出现了持续的下跌态势，最低达到 24 元/千克（2016 年 1 月），下跌幅度达 262.5%。而大菱鲆价格的循环要素序列实际上是围绕着趋势线上下波动的，其公式为 PV＝Cycle/Trend，显然 PV 是衡量大菱鲆价格波动的指标。从大菱鲆价格的波动来看，其价格波动较大，尤其在 2009—2013 年间，价格波动剧烈，2013—2016 年虽然价格波幅较之前较小，但波动更加频繁。供需因素促成了大菱鲆价格先升后降的态势形成：一方面从供给角度来看，随着 2011 年底价格上涨生产者盲目扩大生产，使得产量和库存量双双高居不下；另一方面，水产品消费增长具有相对稳定性与可预期性，而且随着我国居民食品消费结构的变化，大菱鲆在众多可替代水产品中竞争力下降。受这两重因素的影响势必会带来水产品的价格下跌。

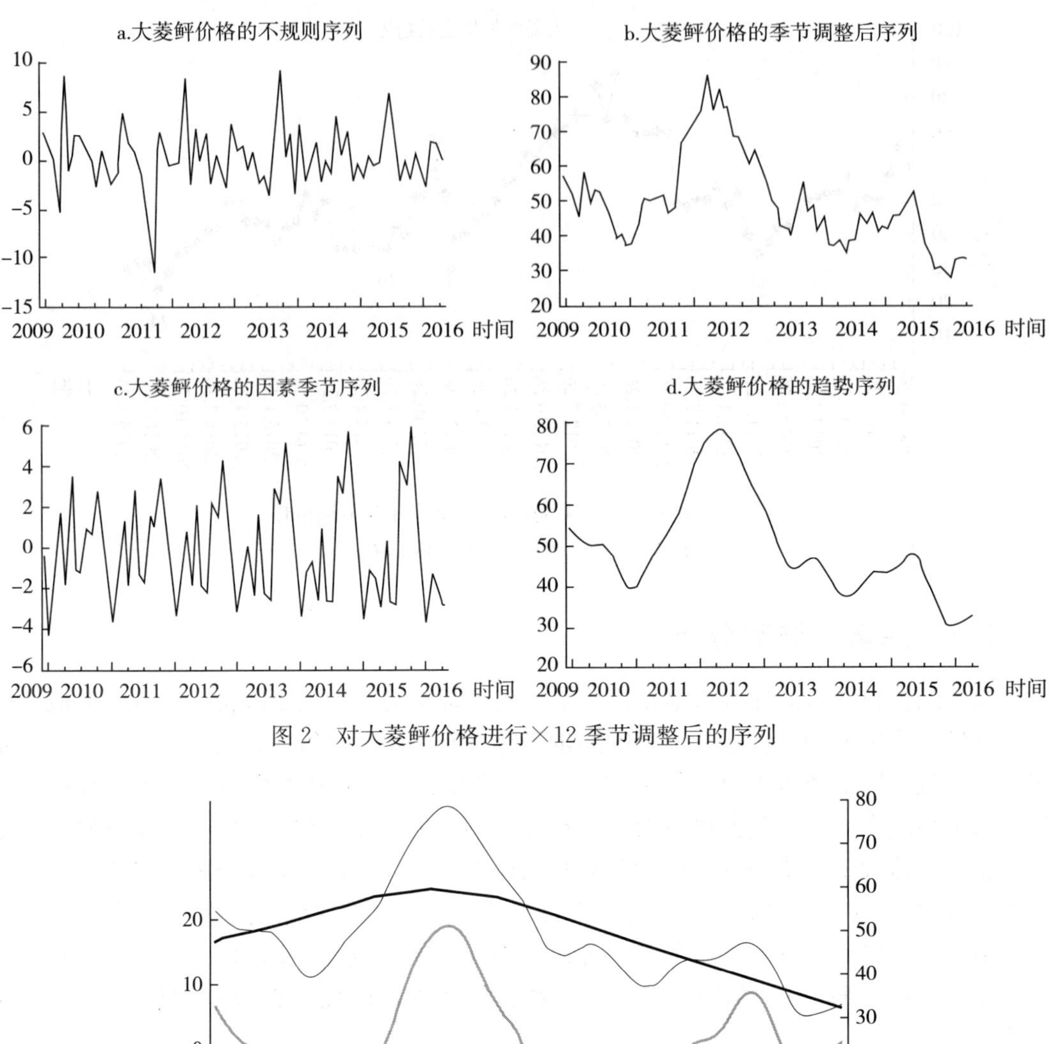

图 2　对大菱鲆价格进行×12 季节调整后的序列

图 3　季节调整后的大菱鲆价格长期趋势及波动

注：图中的 PRICE _ TC 是剔除季节因素和不规则因素后的大菱鲆趋势循环价格序列，Trend 表示大菱鲆价格的长期趋势，Cycle 表示大菱鲆价格的循环要素序列。

（二）结构突变点分析

从趋势线中（图 3），可以发现在近 7 年的大菱鲆价格趋势中存在由升转降的重要转折，在趋势循环线中转折更多，因此对结构突变点的分析尤为重要。在对大菱鲆价格的原始序列进行结构突变点检定之前，需要对其进行单位根检验。如果原序列是平稳的，则不存在结构变化，也就没有必要对价格序列进行结构突变点检定。当我们研究大菱鲆原始价格序列的平稳性时，发现在进行传统的单位根检验时，包括 ADF 检验、PP 检验等都无法得到大菱鲆价格序列是平稳的结论（表 1）。通常在实际情况中，由于经济系统不断受到各种外来冲击，越长的时间序列越有可能包含越大的外部冲击，进而改变序列潜在的数据生成过程[16]，这种序列的结构突变会使序列的基本假设——遍历性条件无法成立，遍历性进而会影响序列的平稳性。

表 1 大菱鲆价格的相关统计值

均值	标准差	偏度	峰度	ADF 检验	DF 检验	PP 检验
49.662 34	13.516 67	0.725 384	3.025 227	−2.104 354	−2.138 826	−2.104 354

注：大菱鲆价格序列在 1%、5%和 10%显著性水平下均接受检验统计量的原假设，即是非平稳的。

Perron（1989）提出了评价和检验商品价格序列中外生结构突变点存在的方法。但该方法在检验时需外生设定结构突变点，从而存在着诸多缺陷，如结构突变点具有主观性和随意性、检验结果对突变点的选取具有条件依赖性等[17]。为此，Zviot 和 Andrews（1992）（ZA 检验）提出通过利用模型内生化确定突变点来解决上述问题，从而将结构突变检验引入了内生化时代[13]。我们用 Eviews8.0 对大菱鲆价格数据进行 ZA 检验，得到单一的内生结构突变点（如图 4）。

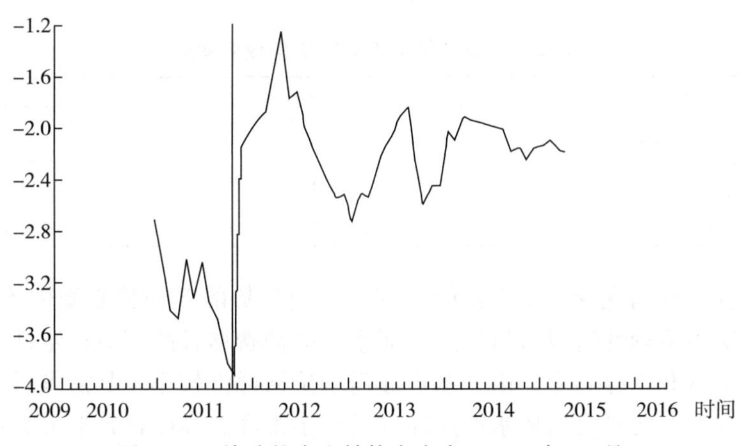

图 4 ZA 检验的内生结构突变点（2011 年 10 月）

Lumsdaine 和 Papell（1997）对内生化方法做了进一步的补充和完善，将 ZA 检验扩展到存在两个结构突变点的情形[18]。然而，上述方法对于可能存在多个结构突变点的序列却无能为力。Bai 和 Perron（1998，2003）通过将上述模型进行改进，提出了一种新的内生化检验方法——内生多重结构突变检验[14,15]。该方法将结构突变点的检验扩展到多个，从而有效地克服了传统内生性检验方法的局限性，该方法也因具备良好的检验效力而被广泛运用于经济金融等领域的各个方面。本文使用 Eview8.0 对大菱鲆价格数据进行 Bai-Perron 内生多重结构突变检验。Bai-Perron 检验要求大样本（超过 15 个观察值），并提出了结构突变点检测的多个统计量，主要包括两类：一是判断序列是否发生结构突变的 L+1 vs L Sequential 统计量和 Dmax 统计量，二是判断结构突变发生时点及发生次数的信息准则统计量等。我们选择 Schwarz 和 LWZ 信息准则进行判定。Schwarz 和 LWZ 信息准则选择了 3 个突变点，分别为 2011 年 10 月、2013 年 1 月、2013 年 12 月（图 5）。未通过检验的突变点包括 2010 年 11 月、2013 年 4 月和 2015 年 6 月。

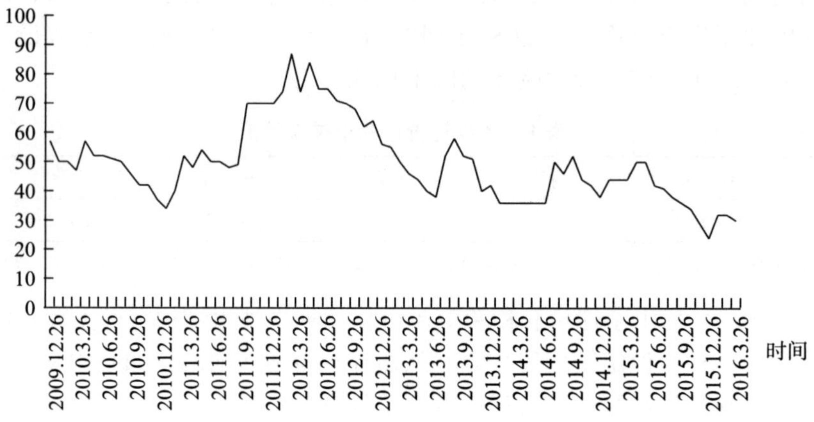

图 5　Bai-Perron 检验内生多重断点

我们将两次检验结果总结如表 2。可以看出，Bai-Perron 检验判定的内生多重结构突变点包含了 ZA 检验所判定的内生结构突变点。

表 2　大菱鲆价格走势的结构性突变点

检　　验	结构性突变点出现时间	突变点之后价格走势
ZA 检验，Bai-Perron 检验	2011 年 10 月	上涨
Bai-Perron 检验	2013 年 1 月	下跌
Bai-Perron 检验	2013 年 12 月	下跌

结构性突变点的出现受多重因素的影响。长期趋势的变动势必受供给需求的影响，当渔业因生产决策不理性造成盲目增产，而水产品消费增长的相对稳定性，势必会带来水产品的价格下跌和库存高企，由于水产品需求价格弹性较小，其需求量的幅度通常小于价格下降的幅度，势必会造成水产品库存进一步推高。高库存是造成大菱鲆价格趋势转变的主要因素，大菱鲆季末库存在 5 年中达到 35 000 吨以上的峰值只出现过 4 次（图 6），分别是 2011Q4、2013Q1、2013Q4-2014Q2、2014Q4，而结构性突变点均包含在峰值时段中。此外从成本收益角度，成本利润率和销售利润率在 2012 年达到峰值，从 2013 年开始剧烈下跌。

趋势的结构性突变也显示了外部环境的冲击。第一，从政策角度，2012 年 12 月中央颁布了“八项规定”和“六项禁令”严肃整治公务接待、公款吃喝浪费之风，不仅是对公务接待依赖较大的企业，整体中高端酒店餐饮行业都受到了极大冲击。大菱鲆是一种以酒店消费为主的中高档水产品，因此“八项规定”和“六项禁令”对大菱鲆的消费和需求产生了直接影响。这在很大程度上解释了 2013 年 1 月出现的价格结构性突变点。

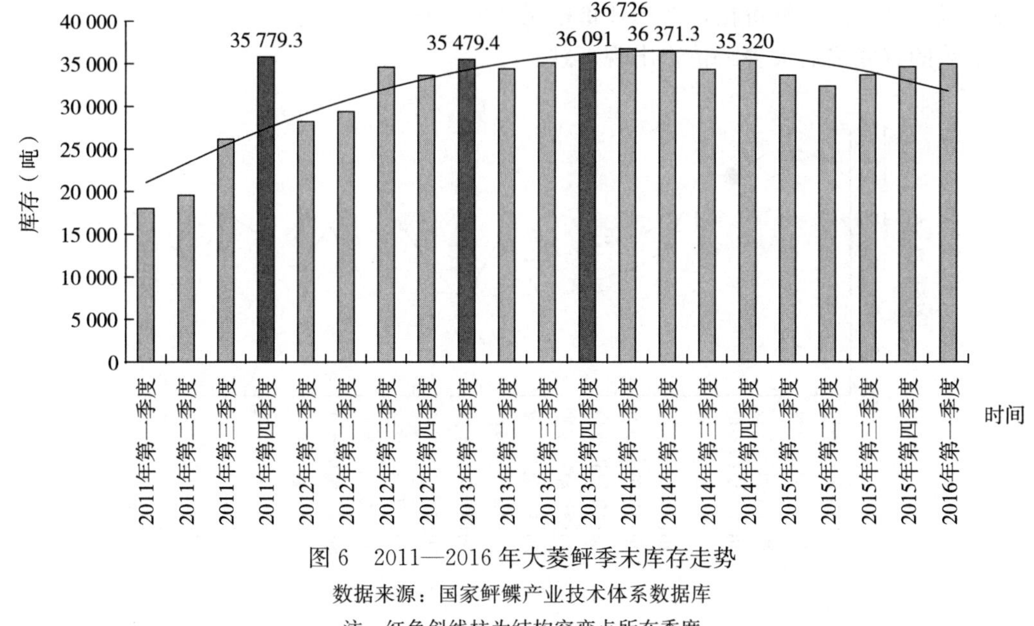

图 6　2011—2016 年大菱鲆季末库存走势

数据来源：国家鲆鲽产业技术体系数据库

注：红色斜线柱为结构突变点所在季度

第二，大菱鲆价格趋势的转变受渔业产业整体景气程度的影响。生产和消费领域的渔业生产价格指数、海水养殖渔业生产价格指数、水产品消费价格指数都在 2011 年底出现了价格峰值。海水养殖渔业生产价格指数最低点分别出现在 2013 年 Q1 和 2013 年 Q4（图 7，图 8，图 9）。产业价格指数明显领先于大菱鲆价格波动，产业的价格变动通

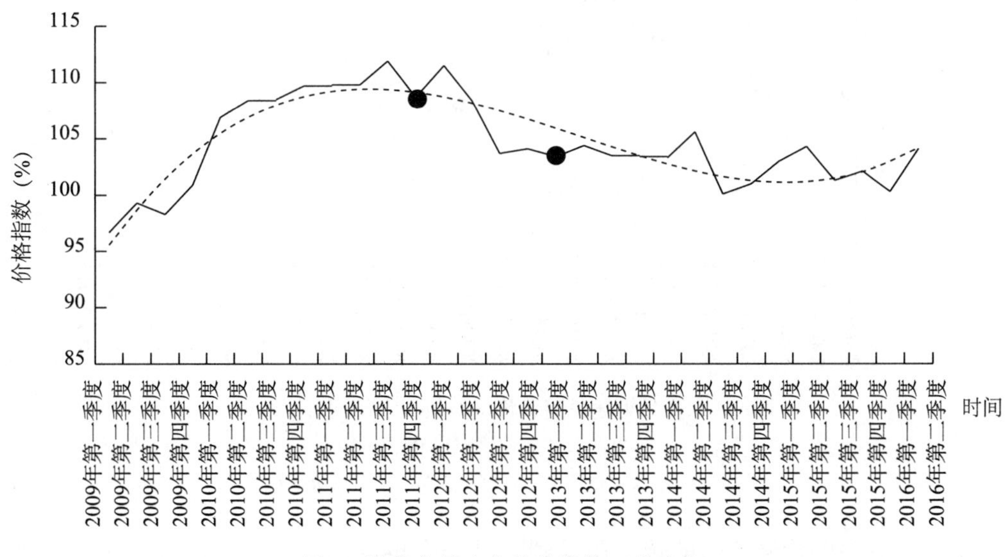

图 7　渔业产品生产价格指数（当季值）

数据来源：国家统计局网站

注：渔业产品生产价格指数反映渔业产品生产者实际所得，国家统计局从 2003 年第二季度开始发布。

1. 虚线为趋势线　2. 圆点为结构突变点所在季度

过传导机制影响大菱鲆价格，在产业价格指数的峰值之后大菱鲆价格出现上涨，在产业价格指数的谷底之后大菱鲆价格出现下跌。

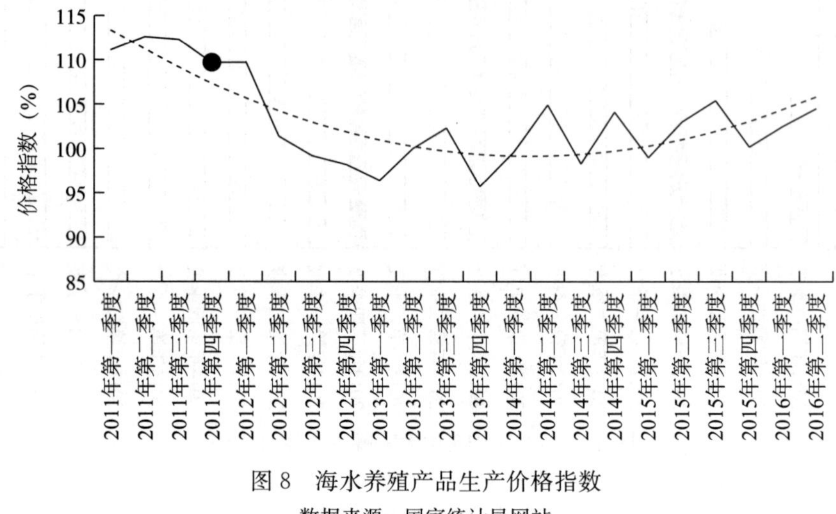

图 8　海水养殖产品生产价格指数

数据来源：国家统计局网站

注：海水养殖产品生产价格指数反映海水养殖产品生产者实际所得，国家统计局从 2011 年第一季度开始发布。

1. 虚线为趋势线　2. 圆点为结构突变点所在季度

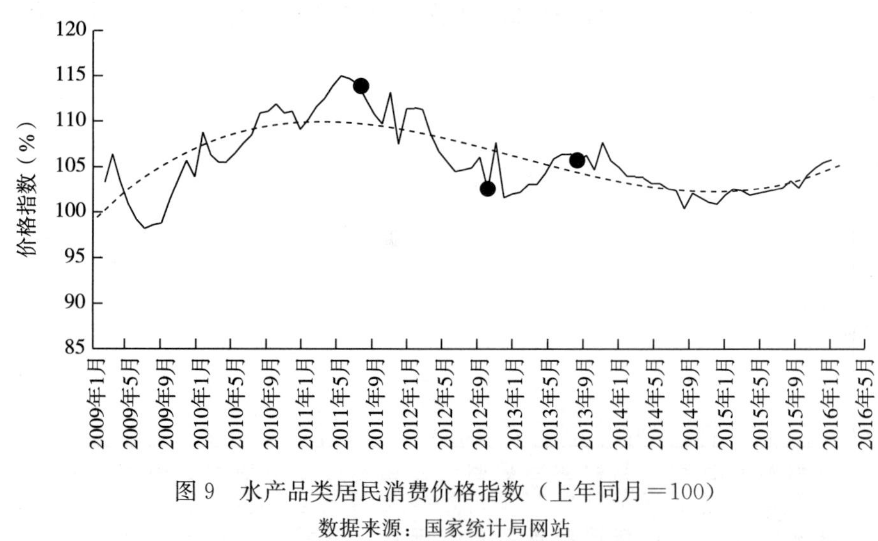

图 9　水产品类居民消费价格指数（上年同月＝100）

数据来源：国家统计局网站

注：1. 虚线为趋势线　2. 圆点为结构突变点所在月

第三，大菱鲆价格趋势的转变还受到食品安全事件的冲击，2015 年 7 月，山东济南出现养殖多宝鱼（大菱鲆）产品因用药违法事件，引起消费者对大菱鲆质量安全的质疑，随着媒体推波助澜，网络谣言四起，消费者信心不断下降，市场需求受到极大影响。2015 年 7 月之后大菱鲆价格持续走低，直到如今仍在低谷价位运行。由于数据不足，2015 年 6 月的结构突变点，没有通过检验，但仍能说明一些问题。

由此可见，大菱鲆价格的结构性突变受多重因素的影响。其中供给的高库存因素是价格出现突变的主要内部动因，产业的整体价格环境、国家政策和食品安全事件等外部冲击也影响着大菱鲆价格的转折。

二、从水产品价格的结构性突变看渔业供给侧改革的必要性

大菱鲆价格波动的背后反映的是渔业生产的资源属性。和工业大规模生产不同，渔业的供给相对稳定，供给弹性较小，在价格快速上升时，扩大生产，这势必会引起市场上供大于求，从而引发价格的下跌。由于水产品价格弹性较小，在市场机制的作用下，其价格下跌的幅度通常要大于需求量增长的幅度，这势必会出现然“鱼贱伤农”的现象。这种现象在大农业中通常需要政府实施价格支持或产量限制政策。然而在水产品市场中，尤其是养殖领域较少存在直接价格补贴和收储政策，主要通过市场价格来协调生产与消费。因此一旦价格下跌，由于养殖技术依赖和投资渠道匮乏，价格只要还能维持变动成本产能很难下降，造成的势必是高产量、高库存和低价格并存的现象。这种市场失灵现象才是大菱鲆价格的结构性变动的深层经济学原因。

农业供给侧改革是以增加农民收入为主要目标，同样在渔业供给侧改革中需要将渔户增收放在首位，极力解决渔业生产中的“鱼贱伤农”现象。近年来水产品价格领域的结构性下跌集中体现了渔业生产和消费中的主要问题。

（一）水产品消费结构性升级引发的渔业供需结构性矛盾

近年来我国人均水产品消费量稳定增长，2013 年达到约 37.9 千克（1993 年为 14.4 千克），在 1993—2013 年间年平均增长率为 5.0%①。纵观水产品消费市场，与国产养殖水产品价格低迷相对应的是，越来越多的进口水产品或野生水产品通过电商平台进入中国百姓的餐桌，而这些水产品通常价格不菲。这直接反映了消费者对水产品的需求正在经历从“吃饱”到吃得安全、营养、健康的结构性转变。从全球城镇居民和农村居民食品消费结构及其变动情况来看，质量和安全因素受消费者更多关注的鲜奶、家禽、水产品、水果等需求变动较为明显[19]。而渔业产业在供给方面没有关注市场容量和需求变动，一味追求产量，造成了供给和需求的错配，使整个产业处于供需的结构性矛盾之中。渔业供给侧结构性改革“去库存、降成本、补短板”的内在要求就是提升渔业生产的质量水平与产出效率，解决这一错配问题。在消费结构升级的背景下，渔业向中高端方向发展是大势所趋。

（二）我国水产品仍处于全球价值链的低端，亟待提升国际竞争力

尽管我国连续 14 年位居全球水产品出口量的首位，但是目前出口水产品还主要以初级加工品为主，水产品出口的升级仍主要是在全球价值链的低端部分进行，而水产贸

① 数据来自 FAO《2016 世界渔业及水产养殖报告》。

易强国挪威、印度、智利与美国实现升级的主要出口水产品中都含有深加工水产品，并且这些国家的高端出口水产品比重大大高于我国[20]。受国内水产品生鲜消费习惯和产业技术方面的影响，我国的水产品加工业并不发达，缺少大型加工企业和有影响力的企业联合会，导致我国虽是水产品贸易大国却不是水产品贸易强国。必须依靠渔业结构转型升级和创新驱动的新型渔业组织，改变分散、组织化低、信息滞后问题，从根本上提升渔业竞争力。

（三）渔业资源及生态环境约束的必然要求

渔业资源的过度开发会严重影响渔业的可持续发展，而水产养殖业作为增长最快的渔业部门，如果规划不当将给海洋和沿海生态系统带来巨大压力。渔业资源过度开发和生态环境破坏的最直接影响是水产品质量和安全。一方面随着近海生态环境的恶化、人力资本的上涨，水产品企业盲目追求利润，水产品质量难以得到保障。另一方面，受水产品养殖成本提高，渔业生产资料的限制，大多渔民会通过增加养殖密度来提高养殖产量和收入，然而高密度养殖造成了水产品质量的最大安全隐患。抓住当前供给侧结构性改革的机遇，改变渔业资源利用方式和水产品生产方式，以科技创新为突破口，加快水产养殖污染治理和海洋渔业资源总量管理，实现资源节约型和环境友好型渔业发展。

三、渔业供给侧改革的路径分析

农业供给侧改革中提出的“调结构、提品质、去库存”为渔业供给侧改革的实施路径指明了方向，我们针对渔业生产和消费中的问题，结合渔业政策环境提出了相应的改革路径。

（一）通过科技创新促进渔业资源的有效配置

当前我国主要水产品结构性、阶段性供给过剩，部分高品质水产品供给不足，与水产品价格长期在低价徘徊并存，表现出市场价格的传导机制没有有效发挥。这就需要解决水产品从生产到消费各环节存在的信息不对称。通过科技创新和机制创新推动渔业生产结构和经营结构转变，积极发挥新型农业经营主体（如农村合作社）和其他社会化服务体系的力量，从信息、科技、资金各方面提高渔业生产主体进入市场的组织化程度。通过信息化和科技平台促进优质化、特色化、品牌化水产品有效供给。运用科学方法建立水产品产量和价格预警体系，提高渔民及渔业企业进行理性生产决策的能力。

（二）通过产融结合促进渔业产业链的延伸

水产品价格长期下行造成的直接后果是渔民收入下降，在供给侧改革中可以通过推动一二三产业互动融合，提高渔业发展的质量和效益，增加渔民收入。在产业融合过程中，需要发挥农民专业合作社等新型农业主体的核心作用，依据产业供需的变动背景，走水产品生产高端发展之路，将渔业产业链向微笑曲线的两端，即高附加值研发和营销环节推进延伸。大力发展水产品龙头企业，推动水产品相关技术的研发，包括育苗与产前、产中、产后技术及保鲜、储藏、运输技术等，结合互联网平台增强其市场拓展能力，使其在产业融合中起到引领作用。

（三）着力开发国际市场提高水产品的竞争力

虽然我国仍保持着全球水产品出口第一的位置，但从 2015 年开始，我国水产品进出口金额和数量均有所下降，这一现象有国际经济变动的因素，但归根结底还是我国水产品在高端产品中缺乏竞争力。现在我国出口水产品和出口产品产地较为集中[21]，如本文涉及的大菱鲆量高价低，但每年的进出口量极少。因此要着力开发国际市场，就要不断优化水产品贸易布局，逐步增加产地和产品的多样性。积极推动水产品加工业的转型升级，支持深加工水产品贸易的发展；着力增强本土水产品企业“走出去”和培育自主品牌的能力；树立良好的中国水产品企业形象。

（四）发展绿色渔业，增加绿色优质水产品供给

发展绿色渔业最契合渔业供给侧改革要求。随着人们收入和财富的增长，人民越来越多地关注食品的安全和健康。从“多宝鱼事件”可以发现，每一次食品安全事件都会给产业发展带来沉重的打击。因此有效扩大绿色、优质的水产品供给是符合现代渔业发展方向的，是渔业供给侧改革的着力点。绿色渔业提供的绿色优质水产品除了要确保苗种优良、无药残无添加剂无污染之外，还要求提高水产品的品味和质量。这一方面需要切实实施渔业生产标准化战略，健全水产品质量和食品安全标准体系。另一方面需要严厉打击各种违禁违法使用鱼药和添加剂等行为。

参　考　文　献

[1] Coase R H，Flower R F. The Pig-cycle in Great Britain：An Explanation [J]. Economica，1937，4：55-82.

[2] Ezekiel M. The Cobweb Theorem [J]. Quarterly Journal of Economics 1938，52：2，255-280.

[3] Labys W C. Dynamic Commodity Models：Specification，Estimation and Simulation [M]. New York：Lexington Books，1973.

[4] Lord M J. Imperfect Competition and International Commodity Trade [M]，Clarendon：Oxford University Press. 1991.

[5] Rausser G C，Cater C. Future Market Efficiency in the Soybean Complex [J]. The Review of Economics and Stitistics，1983，65：3，469-478.

[6] Park. T. Forecast Evaluation For Multivariate Time-Series Modles：The U. S. Cattle Market [J]. Western Journal of Agricultural Economics，1990，15：1，133-143.

[7] Roache S. What explains the rise in food price volatility [R]. IMF Working Papers，2010，1-29.

[8] 王孝松，谢申祥．国际农产品价格如何影响了中国农产品价格？[J]. 经济研究，2012（3）：141-153.

[9] 李秉龙，何秋红．中国猪肉价格短期波动及其原因分析 [J]. 农业经济问题，2007（10）：18-21,110.

[10] 毛学峰，曾寅初．基于时间序列分解的生猪价格周期识别 [J]. 中国农村经济，2008（12）：

4-13.

[11] 黎东升，刘小乐．我国生猪价格波动新特征——基于 HP 和 BP 滤波法的实证分析 [J]. 农村经济，2015 (6)：52-55.

[12] Perron P. The Great Crash, The Oil Shock and the Unit Root Hypothesis [J]. Econometrica, 1989, 57: 1361-1402.

[13] Zivot E, Andrews D. Further Evidence on the Great Crash, the Oil-Price Shock, and the Unit Root Hypothesis [J]. Journal of Business and Economic Statistics, 1992, 10: 271-287.

[14] Bai J, Perron P. Estimating and Testing Linear Models with Multiple Structural Changes [J]. Econometrica, 1988, 66 (1): 47-78.

[15] Bai J, Perron P. Computation and Analysis of Multiple Structural Changes Models [J]. Joural of Applied Econometrics, 2003, 18: 1-22.

[16] 张阳．内生结构突变理论与应用研究 [D]. 天津：南开大学，2013.

[17] 吴振信，万埠磊，王书平．碳交易市场、原油市场和股票市场的联动关系——基于结构突变检验和 VAR 模型的实证研究 [J]. 系统工程，2015，(03)：25-31.

[18] Lumsdaine R, Papell D. Multiple Trend Breaks and the Unit2root Hypothesis [J]. The Review of Economics and Statistics, 1999, 79: 212-218.

[19] 胡冰川，董晓霞．乳品进口冲击与中国乳业安全的策略选择——兼论国内农业安全网的贸易条件 [J]. 农业经济问题，2016 (1)：84-94，112.

[20] 李晨，迟萍．中国水产品出口的升级趋势及贸易地位研究——基于全球价值链视角 [J]. 世界农业，2017 (1)：121-126，240.

[21] 王新华，胡怡华，王锐．我国水产品贸易发展的现状、影响因素及对策 [J]. 价格月刊，2017 (3)：67-70.

03

第三篇　消费行为与市场动态

消费者对标识羊肉产品的认知及支付意愿的实证分析[①]

——基于北京市的调查

刘子涵　李军

（中国农业大学经济管理学院，北京 100083）

摘要：畜产品标识能够减少信息不对称，既是畜产品可追溯的基础，也是畜产品信息的直接载体，具有引导消费、促进销售的重要作用。消费者对畜产品标识的认知对消费者畜产品购买意愿和购买行为具有重要影响。本文以羊肉产品标识为例，基于对北京市 227 份消费者的实地调查问卷，运用二元 Logistic 回归模型，分析了消费者对羊肉产品标识的认知情况，和对标识羊肉产品的支付意愿。研究表明：消费者个体特征中的文化程度，态度因素中的情感成分，意动成分中清真标识以及认知成分中对羊肉产品标识的认知等因素对消费者标识羊肉产品的支付意愿具有显著影响，分别在 5%、10%、10%和 5%统计水平上显著，其他因素则影响不显著。为此，应采取合理渠道加大对羊肉产品标识作用的宣传力度，提高消费者对羊肉产品标识的认知水平，以促进完善我国羊肉产品标识体系的构建和制度的完善。

关键词：羊肉产品标识；认知；支付意愿

羊肉的搜寻属性、经验属性和信任属性等多重属性易使其具有信息不对称的特征，不利于消费者做出理性的消费决策。消费者作为羊肉产品标识的最终使用者，是整个羊肉产品安全管理过程的最终目标指向，其对羊肉标识的重视程度直接影响了生产者实施标识的积极性和重视程度，其购买决策对肉羊业发展具有重要影响。羊肉产品标识规范生产者如实提供其掌握的产品信息，有利于消费者根据标识详细了解羊肉产品的信息从而做出正确的消费决策；并且一旦羊肉产品质量安全出现问题，消费者或有关的监管部门可以根据羊肉产品标识迅速、准确地找到问题源头和责任主体，既能维护消费者的合法权益，又能降低危害的影响范围和影响程度，有利于增强消费者的消费信心。同时羊肉产品标识也是提高羊肉产品品牌信誉和产品差异化的重要手段，有利于羊肉产品企业树立“规范、安全品牌”的良好品牌形象，增强产品的差异化程度和竞争优势，拉近与消费者的距离，为消费者提供更好的服

① 基金项目：国家现代农业产业技术体系——肉羊产业经济，编号：CARS-38。

务，获得更多的消费者信任。

国内外众多学者已经认识到产品标识的重要作用，并对消费者标识认知意愿以及购买行为进行了研究。周应恒等实证分析了消费者对加贴可追溯标签牛肉支付意愿的主要影响因素[1]。王一舟等研究发现性别、年龄、家庭规模等是影响消费者购买可追溯蔬菜支付意愿的主要因素，且男性比女性支付意愿强，年龄与支付意愿成正向作用[2]。闫晓军等、周政华等、李香亭等分析了消费者对食品营养标签的认知情况，并指出年龄、文化程度、收入等因素对消费者的认知有不同程度影响[3-5]。刘增金等分析了消费者对“三品”认证食品标签的信任程度对消费者食品购买行为具有正影响[6]。Grimes、Clare Hall 调查发现，消费者在购买时会查看食品标签的信息[7,8]，Verbeke 指出保质期是消费者最重视的标签信息之一[9]。Cowan 也指出在一些国家食品来源、有机认证和食品成分等信息都是消费者重视的标识信息[10]。黄圣男等研究了消费者对畜产品标识的认知情况[11]；李惠阳从消费者保护的角度分析了对产品标识标注要求等[12]。但是从目前研究来看，国内对于羊肉产品标识以及消费者对羊肉标识认知的研究甚少且不系统。

北京作为我国的超大型城市之一，是重要的羊肉消费市场，并且北京羊肉产品的品质安全程度、可追溯体系的完善程度等在全国位居前列。因此，本次调研主要选择了北京作为调研地点，调研消费者对羊肉产品标识的认知水平和对标识羊肉产品的支付意愿的影响程度。通过调研深入了解我国羊肉产品标识制度的实施情况，发现其存在的不足，并提出完善我国羊肉产品标识体系的几点思考，希望为完善我国羊肉产品标识制度和可追溯制度提供一定的参考借鉴。

一、数据来源

调研抽取北京市具有代表性的大中型超市（美廉美超市、物美超市、华联超市、超市发、幸福超市和 BHG 等），采用随机方式，选择超市中具有羊肉消费意愿或曾经有过羊肉购买行为的消费者作为调研对象，累积发放问卷 230 份，问卷实际回收 230 份，回收率 100%，有效问卷 227 份，占总量的 98.7%。由于调研人员事先接受过系统培训，对问卷问题有详细了解，且具备一定的专业基础，因而问卷数据真实可信。

表 1　消费者个人特征

变量		频数	百分比（%）
性别	男	83	36.6
	女	144	63.4
年龄	20～30 岁	50	22.0
	31～40 岁	58	25.6
	41～50 岁	83	36.6
	50 岁以上	46	15.9

（续）

	变量	频数	百分比（%）
文化程度	初中	16	7.0
	高中或中专	37	16.3
	大专	47	20.7
	本科	73	32.2
	研究生及以上	54	19.4
收入	3 500 元以下	44	19.4
	3 501～5 000 元	83	36.6
	5 001～8 000 元	70	30.8
	8 000～15 000 元	24	10.6
	15 000 元以上	3	1.3
职业	无业人员	19	8.4
	公司职员	60	26.4
	党政机关	15	6.6
	社会团体	7	3.1
	事业单位工作人员	74	32.6
	离退休人员	17	7.5
	其他	30	14.5

根据表 1 的分析可知，消费者的个人特征信息包括性别、年龄、文化程度、收入和职业，具体样本个体特征统计如表 1 所示。227 名受访者中男性消费者占 36.6%；女性消费者占 63.4%。从年龄结构看，20～50 岁的消费者是超市购物的主体，占总量的 84.1%，其中以 40～50 岁人群最多，占总样本的 36.6%，50 岁以上只占 15.9%。从文化程度来看，具有大专及以上学历被调查者占总人数的 76.7%。从收入情况看，大多数被调查者月收入集中在 3 501～8 000 元。其中，3 501～5 000 元占 36.6%，5 001～8 000 元占 30.8%。2016 年上半年北京市居民人均可支配收入 26 191 元（中商情报网），月均可支配收入为 4 365 元，被调查者中月收入高于 5 000 元的有 41.4%。从职业分布看，任职于党政机关、社会团体和事业单位的工作人员占样本的 42.3%，公司职员占总人数的 26.4%。

二、消费者对羊肉产品的认知情况

根据计划行为理论，消费者对某一事物的认知对其行为意愿和行为选择具有重要影响。因此本次调研了解了消费者对北京羊肉产品质量安全状况的认知情况、消费者对羊肉产品标识的认知情况、消费者对超市悬挂羊肉品牌的标识牌认知情况以及对《食品标识管理规定》的认知情况 4 个方面。

（一）消费者对北京羊肉产品质量安全状况的认知情况

调研结果表明，3.5％的消费者认为北京目前的羊肉产品质量安全情况非常好，18.1％的消费者认为“较好”，而67.4％的消费者认为“一般”；认为“差”和“非常差”的消费者仅占7.4％，所占比例较小，因此可以认为北京羊肉产品质量安全情况整体较好，但67.4％的消费者认为产品质量安全状况一般，质量提升的空间还很大。

（二）消费者对羊肉产品标识的认知情况

调研前，调研人员会简单向消费者介绍产品标识的主要内容。调研结果表明，对羊肉产品标识“非常清楚”的消费者为0；而对标识“清楚”“了解”和“仅听说过”的消费者分别仅占3.1％、11.5％和21.1％；64.3％的消费者明确表示“不清楚”。表明消费者对产品标识的认知现状很不理想，一方面可能是由于目前的羊肉产品标识实施仍不完善；另一方面也可能是由于相关主体对羊肉标识的宣传和推广力度不足，消费者对羊肉产品及其他产品的重视程度不足，或获取重要信息的渠道不畅等。

（三）消费者对超市悬挂的羊肉品牌的标识牌认知情况

超市悬挂的羊肉品牌标识包含了不同品牌羊肉产品的重要信息，有利于消费者对产品有更好的认知。但根据调研了解到，仅29.1％的消费者认为标识牌的信息“很有用”。而认为“没用”或“作用不大”或“作用一般”的消费者分别占8.4％、32.2％和29.1％。表明超市悬挂的羊肉品牌的标识牌并没有发挥对消费者的良好引导作用。根据调研情况，其可能的解释是：超市的羊肉品牌的标识牌信息并不完善，未对消费者的购买意愿产生大的影响；其次，超市并没有加大对标识牌作用的宣传，消费者并不重视；而且还有的消费者不能很好地了解标识牌相关信息的具体内容，又得不到专业的解释，所以认知程度较低。

（四）消费者对《食品标识管理规定》实施的认知情况

《食品标识管理规定》作为产品标识的法规性文件，仅有1.8％的被调查者表示对此法规“清楚”，31.3％和7.5％的被调查消费者表示“听说过”和“了解”，表示“不清楚”的比例高达59.5％。结果表明，消费者对维护自身合法权益的法律武器认知程度较低，不利于消费者维护自身的合法权益，也不利于消费者发挥其市场监督者的积极作用，不利于产品标识体系以及产品质量可追溯体系“上下”结合的良性发展；如果仅停留在顶层设计，而不从消费者的需求和真实意愿出发，则政策和体系实施的效果将会受到影响。

三、消费者标识羊肉产品支付意愿的实证分析

（一）模型变量定义

表2定义了消费者支付意愿模型变量，为简化问题、方便研究，本文对变量取值进

行了重新划分以适应二元 Logistic 回归分析的需要。其中因变量为支付意愿；自变量则包括消费者的个体特征、经济因素和态度因素。具体定义见表 2。

表 2　消费者对标识羊肉支付意愿模型的变量定义

变量	取值	赋值定义
因变量		
支付意愿（*Y*）	0～1	不愿意=0，愿意=1
自变量		
1. 个体特征		
性别（*X*1）	0～1	男=1，女=0
年龄（*X*2）	1～4	20～30 岁=1，31～40 岁=2，41～50 岁=3，50 岁以上=4
收入（*X*3）	1～5	3 500 元以下=1，3 501～5 000 元=2，5 001～8 000 元=3，8 001～15 000 元=4，15 000 元以上=5
文化程度（*X*4）	1～5	初中=1，高中或中专=2，大专=3，本科=4，研究生及以上=5
2. 经济因素		
羊肉产品价格（*X*5）	1～3	相对合理=1，价格偏高=2，难以承受=3
3. 态度因素		
3.1 情感成分		
羊肉产品标识是否有用（*X*6）	1～5	没用=1，作用不大=2，一般=3，很有用=4
3.2 意动成分		
是否选择绿色食品标识（*X*7）	0～1	否=0，是=1
是否选择有机标识（*X*8）	0～1	否=0，是=1
是否选择清真标识（*X*9）	0～1	否=0，是=1
3.3 认知成分		
羊肉产品质量安全认知（*X*10）	1～7	非常差=1，差=2，一般=3，好=4，非常好=5
羊肉产品标识的认知（*X*11）	0～5	不清楚=1，听说过=2，了解=3，清楚=4，非常清楚=5

（二）模型回归结果分析

运用 Stata13.0 软件进行二元 Logistic 回归，结果见表 3。回归结果显示，消费者个体特征中的文化程度，消费者行为学理论中态度因素中的情感成分，意动成分中清真标识以及认知成分中对羊肉产品标识的认知这 4 个变量的概率值 *P* 均小于 0.1，通过了显著性检验，表明这些变量对支付意愿影响显著，其他变量则影响不显著。

表3 模型 Binary Logistic 的回归结果

		Coef.	Std. Err.	z	$P>z$
个体特征因素					
	性别	0.268	0.400	0.67	0.503
	年龄	−0.275	0.209	−1.32	0.187
	收入	−0.030	0.226	−0.13	0.895
	文化程度	0.372**	0.177	2.11	0.035
经济因素					
	羊肉产品价格	−0.263	0.315	−0.83	0.404
态度因素					
情感成分	羊肉产品标识是否有用	0.362*	0.203	1.79	0.074
意动成分	是否选择绿色食品标识	−0.064	0.410	0.16	0.875
	是否选择有机标识	−0.186	0.770	−0.24	0.81
	是否选择清真标识	0.692*	0.406	1.71	0.088
认知成分	羊肉产品质量安全的认知	0.317	0.293	1.08	0.279
	羊肉产品标识的认知	0.866**	0.362	2.39	0.017

注：*** 、** 和 * 分别表示变量在1%、5%和10%的统计水平上显著。

1. 消费者个体特征对支付意愿的影响

回归结果显示，文化程度对消费者支付意愿具有正影响，且在5%的统计水平上显著，表明文化程度越高，购买标识羊肉产品的意愿就越强烈。可能的解释是：高文化程度的消费者对生活品质要求也较高，标识羊肉产品包含了丰富的产品信息，一定程度上反映了产品的品质；另外，文化程度较高的消费者接受新事物的能力和对标识的认知能力也较好。因此更愿意购买具有标识保障的品质更好的羊肉产品。

回归结果显示，收入因素并未通过显著性检验。可能的解释是：北京市消费者整体收入水平相对较高，对羊肉产品的品质更加注重，再者北京市消费者食品支出占家庭总支出的比重较小，而羊肉产品支出在食品支出所占的比重更小，据调查显示59.6%消费者的羊肉月支出在100元以下，因此收入因素对消费者标识羊肉的支付意愿影响不显著。

2. 经济因素对支付意愿的影响

回归结果显示，羊肉产品价格对消费者支付意愿的影响不显著。可能的解释是：从2014年年底到2016年，羊肉产品的价格一直呈现下降趋势，从整体而言，近2年羊肉产品的市场价格较低，消费者对目前羊肉产品的市场价格比较认可。根据调研结果统计，57%的消费者认为目前羊肉产品的价格相对合理，39%的消费者认为价格略高但可以承受。因此如果价格波动在消费者可承受范围内，消费者对标识羊肉产品的购买意愿对价格波动则不会很敏感，消费者在羊肉价格合理波动范围内，会更加注重羊肉产品的品质，即更加注重产品标识对羊肉产品品质的保障作用。联系上文已经解释到北京市消费者整体收入水平较高，加之对羊肉产品的支出在其收入中所占比重较小，因此价格对其支付意愿的影响程度可能较低。

3. 态度因素对支付意愿的影响

认知是消费者态度的基础，认知成分中消费者对羊肉产品标识的认知对消费者支付意愿具有正影响，且在5%的统计水平上显著，说明消费者购买加贴标识羊肉产品的意愿具有较强的理性色彩。认知越充分，越能了解标识的积极作用，因而支付意愿也就越强烈，这符合标识有利于消除产品信息不对称的重要作用。

情感是人对客观事物的内心体验和态度，可能给支付意愿带来正向影响或负向影响，而影响方向的根源在于对客观事物的认知。回归结果表明消费者认为产品标识是否有用，对消费者的羊肉产品支付意愿具有正影响，且在10%的统计水平上显著。这可能由于消费者对羊肉产品标识正确认知与支付意愿正相关，因而其影响下情感因素会对支付意愿产生正向影响。

意动是消费者对标识羊肉产品采取行动的倾向。加贴清真标识对消费者支付意愿具有正向显著影响，且在10%的统计水平上显著。在中国，清真食品通常是指按照中国穆斯林饮食习惯屠宰、加工、制作的符合清真要求的饮食产品，生产、销售清真食品的专用运输车辆、专用计量器具、储藏容器和加工（储存、销售）的专用场地应当保证专用，不得运送、称量、存放清真禁忌食品或者物品。因此消费者认为清真标识是对羊肉产品品质的保证，对羊肉加贴清真标识十分认可，支付意愿也受其影响较大。

四、结论及建议

（一）结论

根据消费者行为学理论以及文献综述中关于消费者支付意愿部分的研究结果，将影响消费者对标识羊肉产品支付意愿的主要因素设置为包括消费者个体特征、经济因素以及消费者行为学理论中的态度这三个主要变量，Logistic 回归实证结果表明，影响消费者对标识羊肉产品支付意愿的显著因素包括消费者个体特征中的文化程度，态度因素中的情感成分，意动成分中的清真标识以及认知成分中对羊肉产品标识的认知，其他因素则影响不显著，并针对各影响因素做了比较详细的解释。

（二）促进羊肉产品标识系统完善的几点建议

（1）消费者个体特征表明，羊肉消费者以50岁以下的人员为主，并且文化程度对支付意愿具有显著的正向影响，因此实施羊肉产品标识制度可以采取由点及面的方式，通过对“重点”人群宣传和引导，利用消费行为“从众心理”的特征，使全体消费者最终选择购买加贴标识的农产品。

（2）同收入相比，消费者对羊肉每月100元以下的支出反映出其对羊肉产品的偏好较低，而且模型显示价格对支付意愿影响不显著。因此，完善标识制度，改善信息不对称的情况有利于刺激消费者对羊肉产品的消费。此外，为了避免因额外成本阻碍了羊肉产品标识制度的实施，政府应对生产者予以一定资金支持和政策扶持，通过降低其生产成本来消除终端市场的价格因素带来的不利影响。

（3）调查结果显示消费者对安全属性非常关注，消费者对羊肉产品标识的认知以及加贴清真标识对消费者的支付意愿有正向显著的影响，但是消费者对羊肉产品的认知程度很低，说明实施羊肉产品标识制度具有良好的市场基础，但由于缺乏足够的信息，特别是权威信息，造成了消费者对羊肉产品标识认知不充分的现状，因此对购买加贴标识的羊肉产品所获得的效用持怀疑态度。鉴于此，政府应加强对羊肉产品标识的宣传，使消费者能够对标识形成正确的态度。

综上所述，消费者对具有改变羊肉产品质量安全能力的标识的认知水平不高，因此政府应加大对羊肉产品标识及其相关法规的宣传，努力提高消费者的认知水平，引导消费者逐步提高支付意愿与支付水平。另外，政府应对加贴标识的羊肉产品价格予以一定的关注，在保证生产者成本收益的基础之上，确保加贴标识的额外成本不会对支付意愿产生显著影响。最后，监管部门也应加强对羊肉产品标识的监督检查，确保消费者的合法权益。

参 考 文 献

[1] 周应恒，王晓晴，耿献辉．消费者对加贴信息可追溯标签牛肉的购买行为分析：基于上海市家乐福超市的调查［J］．中国农村经济，2008（5）22-32.

[2] 王一舟，王瑞梅，修文彦．消费者对蔬菜可追溯标签的认知及支付意愿研究：以北京市为例［J］．中国农业大学学报，2013，18（3）：215-222.

[3] 闫晓军，吴秋君，袁兵翔，等．漯河市郾城区居民食品营养标签的认知与应用调查［J］．河南预防医学杂志，2017（2）：88-90.

[4] 周政华，周倩，鲁新华，等．四川省农村居民对食品营养标签认知态度行为及其影响因素［J］．职业与健康，2017（3）：347-350.

[5] 李香亭，夏蒨，周蔚．上海杨浦区居民食品营养标签宣传干预效果评价［J］．公共卫生与预防医学，2017（2）：122-125.

[6] 刘增金，乔娟，徐琳君．“三品”认证食品标签信任对消费者行为的影响——以猪肉产品为例［J］．中国农学通报，2015（36）：283-290.

[7] Grimes C，Riddell L，Nowson C. Consumer knowledge and attitudes to salt intake and labeled salt information［J］．Appetite，2009（53）：189-194.

[8] Hall C，Osses F. A review to inform understanding of the use of food safety messages on food labels［J］．International Journal of Consumer Studies，2013（37）：422-432.

[9] Verbeke W，Ward R. Consumer interest in information cues denoting quality，traceability and origin：an application of ordered Probit models to beef labels［J］．Food Quality and Preference，2006（17）：435-467.

[10] Cowan C. Irish and European consumer views on food safety［J］．Journal of Food Safety，1988（18）：275-295.

[11] 黄圣男，韩青，王志刚．大城市居民对畜产品安全认证标识的认知和信任态度研究——以北京市为例［J］．农产品质量与安全，2013（2）：62-64.

[12] 李惠阳．消费者保护对产品标识标注的要求［J］．法治论丛（上海政法学院学报），2008（4）：109-114.

基于BP神经网络模型的江西生猪价格波动预警分析①

付莲莲[1a,1b]　张雅燕[1b]　翁贞林[1b]

(1. 江西农业大学　a. 理学院；b. 江西现代农业发展协同创新中心，南昌330045)

摘要： 研究生猪价格波动的风险预警无论是对于政府决策部门、消费者或是生猪生产者都具有重大意义。基于2000年1月至2015年6月的数据，本文根据逐步回归筛选生猪价格的影响因素，选择生猪价格波动率作为警情指标，借助时差相关法，确定风险预警指标，最后建立BP人工神经网络模型，对生猪价格波动风险进行预警分析。结果表明，玉米价格、仔猪价格、猪肉价格、活鸡价格、豆粕价格、生产者预期和疫情为风险预警模型的主要警情指标，其中仔猪价格和生产者预期是生猪价格波动率的先行性指标，玉米价格、猪肉价格和活鸡价格是同步指标，豆粕价格和疫情是滞后指标；除个别样本点外，BP神经网络模型输出的生猪价格预警值和实际价格数据比较接近，输出警度和实际警度基本吻合，生猪价格波动风险预警模型具有良好的预警效果。最后根据不同级别的风险程度提出相应的建议。

关键词： 生猪价格；风险；预警；波动率；BP神经网络

一、引　言

2016年7月中旬开始，南北方地区出现暴雨天气，养猪户猪舍被淹，很多生猪被淹死，接下来，南方又处于高温炙烤的状态，使得生猪价格整体上呈现止跌趋稳的趋势，“猪周期”高点有可能延长到2017年中期②。自国家取消统购统销实行多渠道经营以来，我国生猪价格波动历经了数次飙涨、暴跌及其相互转换的过程[1]。2006年以后，表现更为突出，2010年5月至2011年9月，生猪价格出现长时间的持续上涨，累计涨幅达95.48%，而2011年10月至2012年7月，生猪价格快速下跌，跌幅达33.07%。

---

① 本文原载于《价格月刊》2017第9期。

本文研究得到国家自然科学基金“生猪价格波动的形成机理及风险预警仿真”(71561014)、江西省教育厅项目“基于支持向量机和马尔科夫模型的江西省生猪价格预警研究”(GJJ160410)、江西省社会科学项目“结构突变视角下江西农产品价格市场形成机制研究”(16YJ34)的资助。

作者简介：付莲莲(1981—)，女，江西九江人，管理学博士，研究方向为农业经济管理。

② 数据来源：生猪价格网，http://www.shengzhujiage.com/view/446423.html。

此后，我国生猪价格又出现了两次较为明显的上涨和下跌过程，但波动幅度均有所减缓。进入 2014 年以来，“猪周期”再次来临，2014 年 4 月，生猪价格仅为 10.97 元/千克，全国生猪出场价格持续 19 周下跌，累计降幅达 31.11%。2015 年 5 月全国能繁母猪存栏量为 3 923 万头，同比和环比分别下跌 15.5%和 1.2%，2015 年 3 月开始，猪价在 4 个月里上涨 50%，截至 2016 年 6 月，生猪价格为 20.58 元/千克，比上年同期上涨 39.91%，相比 2015 年 12 月，上涨 23.38%①，此轮猪价上涨出乎意料，在淡季出现了价格大逆转。生猪价格波动关系到养殖户和消费者的福利，对中低收入群体尤其是困难群众的生活影响更大。同时，价格波动具有联动性、传导性、同步性和放大效应[2]，给生产者带来巨大经济损失，影响市场供求，是困扰生猪产业健康发展、价格稳定的难题[3]。

目前国内外学者关于生猪价格的研究主要是围绕生猪价格波动的特征、成因和传导机制三个方面展开研究。早期国内外学者主要以蛛网理论、适应性预期理论来探讨生猪价格波动的周期，主要从价格标准差、变异系数、移动平均、Coppock 指数等对生猪价格波动进行测量[4]。近期一些学者将谱分析引入到生猪价格波动周期的研究[5]。在研究生猪价格波动聚集性和非对称性时，学者大部分运用（G）ARCH 类模型研究生猪市场波动群集性和非对称性。Shively（1996）对加纳粮食价格、Swaray（2005）对次撒哈拉非洲国家农产品出口价格、Jordaan 等（2007）对南非牛肉价格等波动的研究都运用了 ARCH 和 GARCH 模型[6]；吕东辉、杨祚、金春雨（2012）基于 MS—ARCH 模型研究得出生猪价格波动具有较高的持续性且三种波动状态差异性显著，生猪价格变动序列的中高波动状态无条件方差分别是低波动状态无条件方差的 15.5 倍和 28.7 倍[2]。

在生猪价格波动的成因方面，国内外学者主要从生猪的生产成本、流通成本、养殖主体行为、生猪生产周期、替代品价格、疫情等生猪价格波动的原因进行了探讨。近年来，豆柏、玉米等饲料价格的上涨使得我国生猪生产的物质与服务费用增加，从而导致生产成本上升[7]，随着城镇化的推进，我国生猪养殖人员的工资上涨，间接推动了生猪价格的上升[8]。我国生猪饲养大都以农户散养为主，散养户基本不具备市场分析能力和决策能力，经常简单地依据市场价格做出生产决策。价格上涨时大家一窝蜂涌入市场，而价格下跌时纷纷退出，这种频繁进退市场行为容易引起生猪市场价格的剧烈波动[9]。长期来看，收入水平、宏观经济、经济结构变动等趋势性因素对猪肉价格的影响较大，从而牵动着生猪价格的波动。Yu（2014）的研究得出宽松的货币政策对中国大豆油、家禽、猪肉、牛肉和棉花价格有着显著的负作用[10]。Shiva 等（2014）构建 VAR 模型研究能源和农产品之间的价格发现功能，发现乙醇通过玉米价格间接影响着生猪价格的波动[11]。Chen 和 Zapata（2015）构建 MGARCH-BEKK 模型研究 1996 年 6 月至 2013 年 12 月美国生猪价格和中国生猪价格的波动和溢出效应，发现中国生猪价格是美国生猪价格的单向格兰杰原因，中国生猪价格波动主要是因为自身价格波动和前期价格波动[12]。除了供给和需求层面的因素外，疫病、突发性事件和国家政策等外部冲击同样

① 数据来源：中国养殖网。

会影响生猪价格[13]。Abao 等（2014）运用误差修正模型和历史事件分解的方法测算了 1995—1999 年手足口病对菲律宾吕宋岛生猪价格的影响，得出 1995 年 1 月爆发的手足口病使得生猪出场价格和猪肉零售价格分别下降 11.8%、15.7%[14]。

学者对生猪价格波动的成因尚未达成共识，有些学者认为生猪生产周期、生猪养殖规模是生猪价格波动的主要原因，有些学者认为生猪饲料价格、人工成本、物流成本是生猪价格波动的驱动力，这主要是因为这些研究是从一个或几个角度来分析，缺少对诸多因素共同作用的综合集成分析。其次，江西省作为生猪调出大省之一，生猪价格波动对养殖者的收益带来很大的不确定性，如果在生猪价格不正常波动之前能给出预警，则可规避生猪价格波动带来的风险，保障生猪养殖者收入稳定。故建立生猪市场指标体系、对生猪价格波动进行风险预警分析是个亟待解决的科学问题。目前国内的风险预警研究主要集中在鸡蛋、肉鸡畜产品领域[15,16]，仅有个别研究涉及生猪产业预警。杨瑢（2011）利用结构方程模型中的 MIMIC 模型构建了我国生猪价格波动预警系统，发现 2010 年 4 月至今，生猪价格波动强度有进一步增强的趋势，2011 年 6 月达到最高位，之后又形成新的上升曲线，需要积极预警和监控[17]。刘芳、王琛、何忠伟（2013）以生产、市场和价格传导机制等 6 个一级指标、18 个二级指标构建了生猪市场价格预警体系，以 2009 年 1 月至 2011 年 5 月的数据作为学习样本，运用 BP 神经网络模型预测 2011 年 6～8 月数据，得到生猪价格预警指数的预测为 0.405、0.413、0.413[18]。

国内对畜产品价格预警模型主要是采用 ARMA、结构方程模型等方法，但计量经济学模型在非平稳发展和缺乏规范行为理论的经济过程中显得心有余而力不足。生猪生产、销售是复杂的社会经济活动，价格月度数据具有非线性、不平稳性、时变性等多个特点，一般的预警模型很难满足构建生猪价格风险预警模型所需的要求。BP 人工神经网络，是一种非线性的建模过程，不需要分清非线性关系，便能从学习样本集中隐式地抽象出各个因素数据之间的规律，从相似的、不确定的甚至相互矛盾的环境中做出准确决策。为此，文章首先运用逐步回归法筛选生猪价格的成因，在此基础上，构建 BP 神经网络模型，建立江西省生猪价格波动的风险预警模型。建立有效的生猪价格波动的风险预警机制，有助于政府能够及时掌握生猪市场的情况、合理地制定宏观调控政策，有助于生猪养殖者能够有效规避生猪价格不平稳波动所带来的风险，从而保持生猪生产市场平稳健康地发展。

二、生猪价格波动风险预警模型设计

（一）生猪价格波动的特点

以待宰活猪（HOG）月度价格表示江西生猪价格，样本期定为 2000 年 1 月至 2016 年 4 月，数据来自中国畜牧业信息网，从价格走势图 1 发现，2000 年 1 月至 2016 年 4 月江西省生猪价格波动较为剧烈，总体来说，价格呈上涨趋势，存在明显的周期波动规律。2000—2016 年生猪价格至少经历了 7 个波动周期，在每个完整的周期内或多或少地存在小周期。2000 年 1 月至 2003 年 7 月期间，生猪价格较为稳定，平均值为 6.037

元/千克，标准差为 0.26；2003 年 8 月至 2006 年 6 月期间，价格较前一阶段波动更为剧烈，平均值为 7.87 元/千克，标准差为 1.05，是上一阶段的 4 倍多；2006 年 7 月至 2009 年 9 月期间，生猪价格的平均值为 11.99 元/千克，标准差为 2.95；2009 年 10 月至 2014 年 4 月期间，价格的平均值为 14.35 元/千克，标准差为 2.5，在这时间段内，存在 3 个小周期，表明价格波动更为频繁，其背后的成因更为复杂。2014 年 5 月至今，生猪价格在经历小幅度下降的同时一路上涨，到 2016 年 4 月，价格高达 20.29 元/千克。整个样本期内，生猪价格波动的幅度是愈来愈大，随机性越来越明显，周期呈缩短趋势。

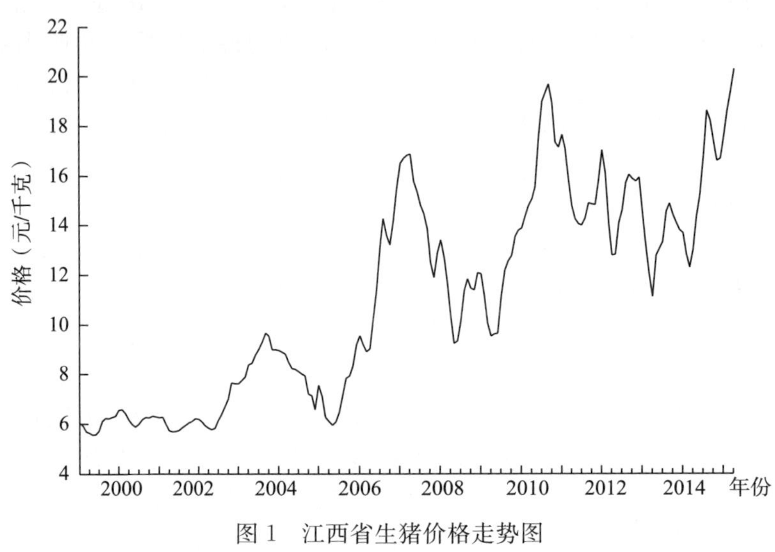

图 1　江西省生猪价格走势图

（二）生猪价格波动风险预警模型设计

一般来说，经济预警模型通常包括明确警义、寻找警源、分析警兆和预报警度这几个阶段。

1. 警情指标的确定

采用增长率指标作为警情指标往往比较合适，因为在经济指标中，绝对指标呈现的状态是递增型的，而增长率指标呈现的状态是波动型，波动型的指标能够更方便地确定警限和警度，故选取生猪价格的波动率作为模型的警情指标。从图 1 可以看出，江西省生猪价格是增长型指标，故按公式（1）将其进行转换。

$$R_t = (\ln P_t - \ln P_{t-1}) \times 100 \tag{1}$$

其中，P_t 和 P_{t-1} 分别表示第 t 月和第 $t-1$ 月的生猪价格，R_t 为生猪价格波动率。

2. 警限的确定

生猪供求关系的变化在很大程度上决定了生猪的市场价格，在生猪市场处于健康状态时，生猪价格表现出的是在一定范围内的平稳波动。当生猪市场处于非平稳的状态时，生猪价格波动会表现出超出这个范围的不平稳波动，此时将会发生价格波动风险。

因此，价格的波动状态可以在一定程度上反映出生猪价格波动的风险程度。以消费者价格指数为基础来划分警限是一种可行的选择，生猪价格波动需与近期的消费价格指数相适应，如果波动偏离了价格消费指数，视作发生了警情（唐江桥，2011）。本文的警限及对应警度、信号灯和状态情况如表 1 所示。

表 1　警限和警度

警限	(−∞，−4)	[−4，−2)	[−2，2)	(2，4]	(4，+∞)
警度	负向重警	负向轻警	无警	正向轻警	正向重警
信号灯	白灯	蓝灯	绿灯	黄灯	红灯
状态	价格下跌过快	价格下跌较快	价格稳定	价格上涨较快	价格上涨过快

3. 生猪价格波动影响因素的确定

基于前面的文献回顾及理论分析，选取玉米价格、猪肉价格、猪肉替代品价格（活鸡、牛肉）、仔猪价格、豆粕价格、汇率、疫情等作为生猪价格波动成因（宁攸凉，乔娟，2010；唐江桥，2011）。基于数据可得性，样本范围定为 2000 年 1 月至 2015 年 6 月，其中玉米价格、仔猪价格、猪肉价格、活鸡价格、牛肉价格和豆粕价格数据来源于中国畜牧业信息网，人民币有效汇率来自国际清算银行，疫情以虚拟变量表示，通过文本挖掘，如果当年发生疫情，记为 1，否则，记为 0。

基于上述影响因素，建立线性模型对生猪价格的影响因素进行筛取，模型具体形式如下：

$$P_d = \alpha_0 + \alpha_1 P_y + \alpha_2 P_z + \alpha_3 P_p + \alpha_4 P_j + \alpha_5 P_n + \alpha_6 P_c + \beta_1 R + \beta_2 D \quad (2)$$

其中，P_d、P_y、P_z、P_p、P_j、P_n、P_c、R、D 分别表示待宰活猪价格、玉米价格、仔猪价格、去皮带骨猪肉价格、活鸡价格、牛肉价格、豆粕价格、人民币有效汇率和疫情。

求 P_y、P_z、P_p、P_j、P_n、P_c、R、D 之间的相关系数，发现，玉米和豆粕价格、牛肉和活鸡价格之间的相关系数达到了 0.9 以上，表明模型可能存在多重共线问题，故采用 stepwise 逐步回归法回归，考虑生猪价格可能存在滞后效应，依次加入生猪价格的 n 阶滞后项进行调试，最终确定为滞后 3 期价格，这个变量代表生产者预期，估计结果如下：

$$\begin{aligned} P_d = & \underset{[-1.478]}{-0.628} + \underset{[2.64]}{1.032} P_y + \underset{[3.559]}{0.121} P_z + \underset{[9.54]}{0.392} P_p + \underset{[-4.42]}{0.122} P_j + \underset{[2.3]}{0.264} P_c \\ & + \underset{[2.52]}{0.123} P_{d-3} - \underset{[-1.724]}{0.096} D \\ & R^2 = 0.978, F = 1\,259.39 \end{aligned} \quad (3)$$

上式方括号内表示 t 统计量，在 5%的显著性水平下，玉米价格、仔猪价格、猪肉价格、活鸡价格、豆粕价格、生产者预期和疫情对生猪价格的影响均比较显著。玉米价格的边际影响系数为 1.032，高于其他因素的影响程度，表明生产成本对生猪价格的影响较大。其次，猪肉价格产生的需求拉动效应对生猪价格的影响也比较明显。

综上，确定玉米价格、仔猪价格、猪肉价格、活鸡价格、豆粕价格、生产者预期和疫情为生猪价格波动预警涉及的主要指标，主要代表了供给、需求以及外部冲击对生猪价格的影响（表 2）。经济预警模型需要参照警情指标，区分出同步指标、先行性指标以及滞后指标。在此，运用 Eviews 软件对相应的指标进行时差相关分析，最终得到仔猪价格和生产者预期是生猪价格波动率的主要先行性指标，玉米价格、猪肉价格和活鸡价格是生猪价格波动率的主要同步指标，豆粕价格和疫情是生猪价格波动率的主要滞后指标。

表 2 生猪价格波动风险预警的相关指标

预警指标	一级影响因素	二级影响因素	指标类型
生猪价格波动预警指数	供给	仔猪价格	先行性指标
		玉米价格	同步指标
		豆粕价格	滞后指标
		生产者预期	先行性指标
	需求	活鸡价格	同步指标
		猪肉价格	同步指标
	外部冲击	疫情	滞后指标

4. 基于 BP 神经网络生猪价格波动预警模型设计

如今应用最多的神经网络是采用 BP 算法的多层前馈网络，在该网络中应用最为广泛的是三层前馈网络，包含输入层、隐层和输出层（图 2）。

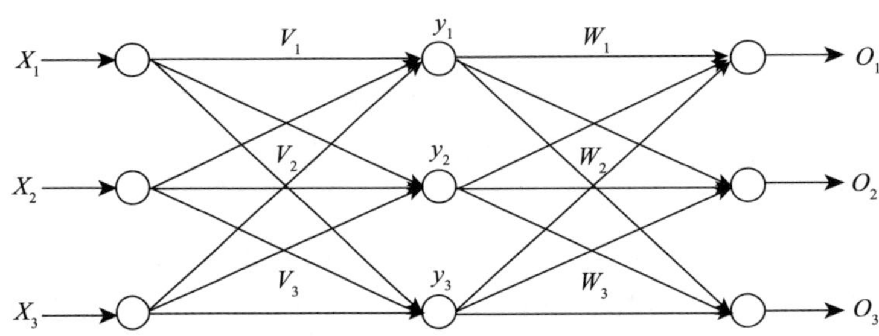

图 2 单隐层（三层）BP 神经网络模型

三层前馈网络中，输入向量为 $\boldsymbol{X}=(x_1, x_2, \cdots, x_i, \cdots, x_n)^{\mathrm{T}}$，隐层输出向量为 $\boldsymbol{Y}=(y_1, y_2, \cdots, y_i, \cdots, y_n)^{\mathrm{T}}$，输出层向量为 $\boldsymbol{O}=(o_1, o_2, \cdots, o_n)^{\mathrm{T}}$，期望输出向量为 $\boldsymbol{D}=(d_1, d_2, \cdots, d_n)^{\mathrm{T}}$。输入层到隐层之间的权值矩阵为 $\boldsymbol{V}=(\boldsymbol{V}_1, \boldsymbol{V}_2, \cdots\boldsymbol{V}_j, \cdots, \boldsymbol{V}_N)$，其中列向量 $\boldsymbol{V}_j$ 为隐层第 j 个神经元对应的权向量。隐层到输出层之间的权值矩阵为 $\boldsymbol{W}=(\boldsymbol{W}_1, \boldsymbol{W}_2, \cdots\boldsymbol{W}_k, \cdots, \boldsymbol{W}_N)$ 表示，其中列向量 $\boldsymbol{W}_k$ 为输出层第 k 个神经元对应的权向量。

BP 是一种监督（导师）学习算法，建立的网络通过不断地比较样本经过学习后实际输出的误差与网络初始设定误差之间的差异，不停地调整权值以及阈值，使误差不断接近网络初始设定的误差值，以达到网络初始设定的精度。

根据本文选取的生猪价格风险预警的影响因素，确定网络的输入节点数为 6，构建初始网络结构为 $6\times10\times1$，根据网络输出结果逐步调整隐层节点数量。选取 2000 年 1

月至2013年6月的江西省月度生猪价格作为训练数据用以训练建立的网络，2013年7月至2015年6月的数据作为测试数据以检验网络性能好坏。

输出层的节点数可以根据实际要求选取，因本文所需生猪价格波动预警指数为生猪价格波动率，需建立已知生猪价格的前提之上，因此确定输出层为生猪价格，即输出节点为1。根据网络预测结果计算月度生猪价格的波动率，确定当月生猪价格警情，根据不同级别的警情做出对应的风险警报提示。

三、生猪价格波动风险预警模型结果分析

（一）数据归一化

由于生猪价格波动影响因素数据单位不一致，本文借助Matlab软件按公式（4）将数据归一化至［－1，1］区间。

$$inputn = 2(I_i - I_{\min})/(I_{\max} - I_{\min}) - 1 \tag{4}$$

得到模型预测值后，将预测结果进行反归一化，得到目标值。实现如下：

BPoutput＝mapminmax（′reverse′，an，outputps）；

接下来对建好的神经网络进行初始化，常用的初始化方法为两种：一种方式是使用initwb函数，其值一般设置为［－1，1］之间的随机数值。另一种方式则是Initnw函数，该函数适用于当网络使用的转换函数为曲线函数时，它根据网络可变参数初始化方法（即Nguyen-Widrow方法）为每一层网络初始化权重和阈值，该方法可以使隐层神经元的线性区间能比较均匀地分布在输入空间。本文在使用newff建立网络时默认同步完成权值和阈值的初始化。

（二）BP神经网络的训练

在神经网络生成和初始化后，本文选取2000年1月至2013年6月的月度生猪价格数据为训练样本。在MATLAB中训练已经建立的神经网络一般需要调用train函数。根据不同的问题在训练之前需要根据特定需求确定所需的初始化训练参数，表3列出了一些常用训练参数。

表3　常见的训练参数

训练参数	参数含义	设置值
Net. trainparam. epochs	训练次数	10 000
Net. trainparam. show	显示训练结果的间隔步数	25
Net. trainparam. goal	训练目标误差	0.01
Net. trainparam. lr	学习率	0.1
Net. trainparam. min _ grad	训练中最小允许梯度值	1e−6

train函数调用方式为：

$$[net, tr] = train(net, P, T)$$

其中P为输入训练样本，T为对应的输出目标样本，net分别表示训练前后的神经网

络对象，*tr* 存储训练过程中步数信息和误差信息。当训练结果满足预先设定的训练参数后，将会自动停止，并返回已经训练好的网络。

（三）模型的验证

取 2013 年 7 月至 2015 年 6 月的数据作为测试数据，对建立 BP 神经网络模型进行验证，并计算出其波动率，根据前面章节中所划分的警限区间，做出不同的警情提示，结果见表 4。为方便验证本文建立的 BP 神经网络模型的预警结果效果，列出生猪真实信息，如表 5。

表 4　2013 年 7 月至 2015 年 6 月生猪价格预测及预警结果

月份	预测值	波动率（%）	警度	信号灯	状态
201307	15.21	4.03	正向重警	红灯	价格上涨过快
201308	16.09	5.61	正向重警	红灯	价格上涨过快
201309	16.42	2.01	正向轻警	黄灯	价格上涨较快
201310	16.22	−1.20	无警	绿灯	价格稳定
201311	16.07	−0.91	无警	绿灯	价格稳定
201312	16.15	0.45	无警	绿灯	价格稳定
201401	15.24	−5.78	负向重警	白灯	价格下跌过快
201402	14.32	−6.20	负向重警	白灯	价格下跌过快
201403	13.33	−7.19	负向重警	白灯	价格下跌过快
201404	12.21	−8.79	负向重警	白灯	价格下跌过快
201405	13.33	8.80	正向重警	红灯	价格上涨过快
201406	13.61	3.58	正向轻警	黄灯	价格上涨较快
201407	13.84	1.66	无警	绿灯	价格稳定
201408	14.65	5.69	正向重警	红灯	价格上涨过快
201409	15.08	2.92	正向轻警	黄灯	价格上涨较快
201410	14.64	−2.98	负向轻警	蓝灯	价格下跌较快
201411	14.06	−4.01	负向重警	白灯	价格下跌过快
201412	13.675	−2.87	负向轻警	蓝灯	价格下跌较快
201501	13.53	−0.66	无警	绿灯	价格稳定
201502	12.95	−4.25	负向重警	白灯	价格下跌过快
201503	12.50	−4.01	负向重警	白灯	价格下跌过快
201504	13.28	6.04	正向重警	红灯	价格上涨过快
201505	14.43	8.29	正向重警	红灯	价格上涨过快
201506	15.18	5.10	正向重警	红灯	价格上涨过快

表 5　2013 年 7 月至 2015 年 6 月生猪价格真实信息

月份	预测值	波动率（%）	警度	信号灯	状态
201307	14.61	3.55	正向轻警	黄灯	价格上涨过快
201308	15.70	7.19	正向重警	红灯	价格上涨过快
201309	16.04	2.14	正向轻警	黄灯	价格上涨较快
201310	15.86	−1.13	无警	绿灯	价格稳定
201311	15.77	−0.57	无警	绿灯	价格稳定
201312	15.92	0.95	无警	绿灯	价格稳定
201401	14.46	−9.62	负向重警	白灯	价格下跌过快
201402	13.11	−9.80	负向重警	白灯	价格下跌过快
201403	12.05	−8.43	负向重警	白灯	价格下跌过快
201404	11.12	−8.03	负向重警	白灯	价格下跌过快
201405	12.79	13.99	正向重警	红灯	价格上涨过快
201406	13.06	2.09	正向轻警	黄灯	价格上涨较快
201407	13.34	2.12	正向轻警	黄灯	价格上涨较快
201408	14.56	8.75	正向重警	红灯	价格上涨过快
201409	14.88	2.17	正向轻警	黄灯	价格上涨较快
201410	14.42	−3.14	负向轻警	蓝灯	价格下跌较快
201411	14.09	−2.32	负向轻警	蓝灯	价格下跌过快
201412	13.81	−2.01	负向轻警	蓝灯	价格下跌较快
201501	13.69	−0.87	无警	绿灯	价格稳定
201502	12.85	−6.33	负向重警	白灯	价格下跌过快
201503	12.30	−4.37	负向重警	白灯	价格下跌过快
201504	13.02	5.69	正向重警	红灯	价格上涨过快
201505	14.31	9.45	正向重警	红灯	价格上涨过快
201506	15.22	6.17	正向重警	红灯	价格上涨过快

从表 4 和表 5 对比可知，BP 神经网络模型输出的生猪价格预警值和实际价格数据比较接近，预测警度和实际警度基本完全吻合。只有以下 3 个样本点的预警值和真实值出现了差异：2013 年 7 月预警结果价格的波动率为 4.03%，警度为正向重警；真实值的波动率为 3.55%，警度为正向轻警。2014 年 7 月预警结果价格的波动率为 1.66%，警度为无警；真实值的波动率为 2.12%，警度为正向轻警。2014 年 11 月预警结果价格的波动率为−4.01%，警度为负向重警；真实值的波动率为−2.32%，警度为负向轻警。这 3 个样本点预警结果和真实价格的差别甚微，有些样本点可能是处于价格上涨和下跌状态的转折处，故预测结果可能会受到影响。总体来说，除个别样本点外，2013 年 7 月至 2015 年 6 月的模型预警结果与真实信息非常接近，由此可见，该模型对具有非线性性的生猪价格数据具有良好的预警效果。

（四）风险预警信号输出

为更直观地表征生猪价格的风险预警情况，根据表 4 的预警结果，输出 2013 年 7 月至 2015 年 6 月期间生猪价格波动情况警报信号，得到江西生猪价格波动风险预警信号图，如图 3。

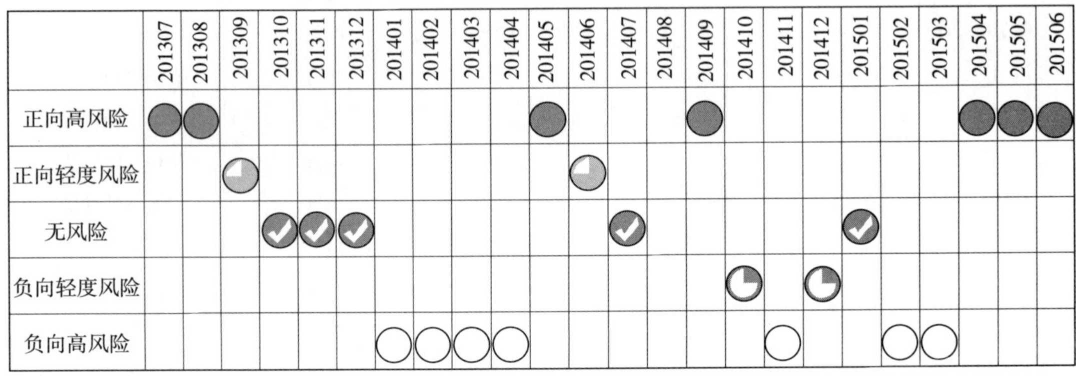

图 3　江西生猪价格风险预警信号图

四、结论和启示

本文首先剖析了 2000 年 1 月至 2016 年 4 月江西生猪价格的波动规律，接下来以生猪价格波动率为基准警情指标，运用逐步回归法识别出 2013 年 7 月至 2015 年 6 月生猪价格波动的影响因素，再借助时差相关法确定生猪价格波动预警体系指标，最后构建 BP 神经网络模型，根据模型输出结果得到江西生猪价格风险预警信号图，对比预测值和真实值发现，BP 神经网络在处理生猪价格预警方面具有良好的预测效果和应用前景。具体结论如下：

（1）2000 年 1 月至 2016 年 4 月江西省生猪价格月度数据具有明显的非线性性，在这期间至少经历了 7 个波动周期，在某些完整的大周期内存在多个小周期，生猪价格波动幅度加大，随机性越来越明显。

（2）玉米价格、仔猪价格、猪肉价格、活鸡价格、豆粕价格、生产者预期和疫情为 2000 年 1 月至 2015 年 6 月生猪价格波动预警涉及的主要指标，其中仔猪价格和生产者预期是生猪价格波动率的主要先行性指标，玉米价格、猪肉价格和活鸡价格是生猪价格波动率的主要同步指标，豆粕价格和疫情是生猪价格波动率的主要滞后指标。

（3）以 2000 年 1 月至 2013 年 6 月的月度数据为训练样本，2013 年 7 月至 2015 年 6 月的数据为测试样本，BP 神经网络模型输出的生猪价格预警值和实际价格数据比较接近，预测警度和实际警度基本吻合。本文建立的生猪价格波动风险预警模型具有良好的预警效果，在数据准确充分的情况下能起到良好的预警作用。

基于本文建立的预警模型的各个预警区域采用不同的政策，以保障生猪价格在正常范围内平稳波动。

当预警结果处于红色区域，表现为生猪价格急速上涨，各级政府可以考虑大规模冻猪肉投放，提前引导养殖户合理补栏，避免由于生猪价格上涨引起生产者加大养猪量，导致下期生猪产量的剧烈增加，生猪价格大幅下降，给生猪生产者带来不必要的损失。

当预警结果处于黄色区域，生猪价格处于走高阶段。当处于该区域时，政府需要找出引起生猪价格上涨的原因，并根据不同的原因采取相应的措施。

当预警结果处于绿色区域，该区域说明生猪价格水平合理，政府可根据市场情况，进一步完善生猪市场管理机制，确保生猪价格持续平稳并处于合理范围。

当预警结果处于蓝色区域，该区域说明生猪价格处于走低状态，政府可根据不同原因导致的生猪价格下跌要采取相应的解决措施。如果是由于短期内的生猪供给量增大，政府需加大生猪收购量，保证生猪生产者的基本利益。

当预警结果处于白色区域，往往表现为生猪价格的暴跌，生猪产业处在亏损状态。政府对整个生猪市场应该采用宽松政策，增加农场收入补贴力度，必要时可以限制生猪产品的最低价位，保证生产者基本利益，同时防止市场出现混乱。

本文建立的生猪价格波动风险预警模型虽然具有良好的预警效果，但由于文中用到的都是月度数据，使得本文并未充分考虑如居民人均收入、生猪存栏量等变量，理想的模型应对影响生猪价格的各种因素亦进行充分考虑。

参　考　文　献

[1] Gale F，Marti D，Hu D. China’S Volatile Pork Industry [J]. A Report From the Economic Research Service. 2，2012.

[2] 吕东辉，杨祚，金春雨．基于 Ms-Arch 模型的我国生猪价格波动特征检验及其与 CPI 变动关联性分析 [J]. 农业技术经济，2012（09）：96-103.

[3] Zhang Q，Wang K，Huo R. Study On Stabilizing Price of Hog Market in China [C]. Springer，2014.

[4] Futrell G A，Grimes G. Understanding Hog Production and Price Cycles [J/OL]. AGRIS，1978. http：//agris. fao. org/openagris/search. do? recordID=US9009942.

[5] Dawson P J. The Uk Pig Cycle：A Spectral Analysis [J]. British Food Journal，2009，111（11）：1237-1247.

[6] Jordaan H，Grove B，Jooste A，et al. Measuring the Price Volatility of Certain Field Crops in South Africa Using the Arch/Garch Approach [J]. Agrekon，2007，46（3）：306-322.

[7] 宁攸凉，乔娟．中国生猪价格波动的影响与成因探究 [J]. 中国畜牧杂志，2010（02）：52-56.

[8] Tan Y，Zapata H O. Hog Price Transmission in Global Markets：China，Eu and Us [J]. 2014.

[9] 王明利，王济民．本轮生猪市场波动暴露的问题及启示 [J]. 中国畜牧杂志，2007（22）：4-7.

[10] Yu X. Monetary Easing Policy and Long-Run Food Prices：Evidence From China [J]. Economic Modelling，2014，40：175-183.

[11] Shiva L，Bessler D A，Mccarl B A. On the Dynamics of Price Discovery：Energy and Agricultural Markets with and without the Renewable Fuels Mandate [J]. 2014.

[12] Chen Jr R，Zapata Jr H O. Dynamics of Price Volatility in the China-Us Hog Industries [C]. Atlanta，Georgia：2015.

[13] 毛学峰，曾寅初．基于时间序列分解的生猪价格周期识别 [J]. 中国农村经济，2008（12）：4-13.

[14] Abao L N B，Kono H，Gunarathne A，et al. Impact of Foot-and-Mouth Disease On Pork and Chicken Prices in Central Luzon，Philippines [J]. Preventive Veterinary Medicine，2014，113（4）：398-406.

[15] 唐江桥．中国畜产品价格预测预警研究 [D]. 福州：福建农林大学，2011.

[16] 张瑞荣，毛藤熹，王济民．肉鸡产品价格波动预警研究 [J]. 农村经济，2015（05）：28-31.

[17] 杨瑢．基于结构方程模型的生猪价格预警研究 [J]. 中国畜牧杂志，2011（18）：6-9.

[18] 刘芳，王琛，何忠伟．我国生猪市场价格预警体系研究 [J]. 农业技术经济，2013（05）：78-85.

中国羊肉批发价和零售价非对称价格传导效应研究①

钱贵霞　李鹏飞

（内蒙古大学经济管理学院，呼和浩特 010021）

摘要：随着居民对羊肉需求的增加，羊肉价格呈现持续增长的趋势，但从 2014 年开始羊肉价格出现大幅度下降的趋势，羊肉价格持续低迷。本文采用 2009 年 1 月至 2017 年 4 月羊肉的批发价格和零售价格的月度数据，通过构建 VAR 模型、脉冲响应函数和非对称误差修正模型检验，对中国羊肉的批发价格和零售价之间的非对称传导效应进行研究。研究结果表明羊肉两种价格之间存在非对称传导效应，羊肉批发价的误差修正速度快于零售价，且羊肉批发价和零售价对于相互的正向冲击反应要敏感于负向冲击反应。基于对羊肉价格非对称传导效应的实证研究结果，对羊肉产业的持续稳定发展提出了相关政策建议。

关键词：羊肉；批发价；零售价；非对称传导

一、引　　言

随着中国经济的持续发展，居民收入和生活水平的不断提高，居民对羊肉的消费需求也与日俱增，羊肉也因此成为中国居民饮食生活中重要的肉类食材。根据《中国畜牧业统计年鉴》和农业部批发价格监测系统的月度价格监测数据显示，自 2000 年羊肉价格持续上涨，羊肉零售价在 2014 年 2 月达到最高 67.43 元/千克，2014 年 4 月批发价达峰值 58.09 元/千克。但是随后羊肉价格开始持续下跌，到 2016 年 10 月羊肉零售价格跌至峰值后的最低点 54.23 元/千克，2016 年 9 月批发价跌至峰值后的最低点 43.64 元/千克。之后羊肉价格虽然开始有回暖趋势，但是涨幅十分有限。羊肉价格的波动对牧户和消费者产生了重要影响，羊肉产业链的利益分配发生了明显变化，许多牧户的利益严重受损，严重影响了牧户对肉羊的养殖积极性，这对整个羊肉产业持续高效发展十分不利。

---

① 本文原载于《农业经济与管理》2017 年第 6 期。

项目来源：全国畜牧总站委托项目“草地生态产品与服务价值量核算”，第八批“草原英才”工程产业创新创业人才团队“草原经济研究创新团队”（12000—12102303）。

羊肉价格的稳定和产业链上利润的合理分配是促进羊肉产业健康稳定发展的必要条件，产品价格传导效应的不对称会直接影响产业链上各生产主体的积极性。因此，理顺羊肉相关价格的传导效应对羊肉产业的发展具有重要意义，同时也可以为政府对羊肉产业进行宏观调控和政策制定提供参考。本文旨在通过构建 Var 模型，进而构建脉冲响应函数和非对称误差修正模型，研究羊肉批发和零售价格之间的传导效应进行研究，如果存在非对称性羊肉产业链上的利润分配又是如何？是否有利于整个羊肉产业的健康发展？如果不利于羊肉产业的长期健康发展，我们又应该如何去做？羊肉批发和零售价纵向传导效应研究可以回答以上问题。

二、文献综述

在对价格非对称传导效应的理论及方法研究当中，Tweeten 和 Queence（1969）首次将价格非对称传导理论运用到农产品的价格传导效应研究当中[1]。随后 Wolffram（1971）从长期均衡的角度出发对非对称价格传导效应差异进行了进一步研究，分析了不同“区制”的上游价格对下游价格的影响传导效应[2]。在此基础上，Houck（1977）利用变量分离技术构建了 Wolffram-Houck（W-H）模型，用于分析非对称价格传导效应[3]。V. Cramon-Taubadel（1998）指出 W-H 模型运行结果可能存在伪回归现象，通过将 W-H 模型的变量分离技术同 G-L 模型相结合提出了非对称误差修正模型，来对产品的价格传导效应进行研究[4]。Glosten 等（1993）提出了利用 TAR 门限模型对价格的传导效应进行研究的方法[5]，Abdulai（2002）对 TAR 门限模型进行了进一步的修正，进而提出了一组研究价格非对称性相对完善的门限模型。由于在使用误差修正模型时，需满足同阶单整且存在长期现行关系的条件，而很多现实情况并非如此[6]，因此 Keithly G. Jones（2005）、袁闯和李松龄（2009）以及 Karantininis 等（2011）将协整、误差修正模型同 VAR 向量自回归进行结合，用于分析各种商品长短期非对称价格传导效应。[7-9]

在对价格非对称传导效应的实证研究当中，价格的非对称传导效应主要分为横向传导效应和纵向传导效应，主要运用的研究方法包括结合误差修正模型的 VAR 模型和各类门限模型。在价格的纵向非对称传递的研究中，Monia 和 José（2005）根据月度数据基于门限模型对西班牙羊肉产业链上的价格传导效应进行研究，发现西班牙羊肉市场存在非对称现象[10]。董晓霞等（2014）和田露等（2017）通过构动态门限自回归模型和非对称误差修正模型，分别对中国鸡蛋和牛肉市场的价格非对称传导效应进行研究，结果表明两种产品均存在价格非对称传递的现象，且上游价格和下游价格之间价格传导的速率与强度存在明显差别[11-12]。由于猪肉是中国消费量最大的动物肉产品，因此国内对猪肉产业链的非对称价格传导效应的研究最为活跃。胡忠良和张学海（2014）、于爱芝和郑少华（2013）分别运用向量自回归和门限模型对中国猪肉产业链上价格的非对称传导效应进行了相关研究，研究结果均表明猪肉市场存在非对称价格传递现象[13-14]。在价格的横向非对称传递的研究中，肖小勇和章胜勇（2016）研究了国内外玉米价格的非对称传导效应，结果表明两种价格间存在滞后的非对称效应[15]。赫婧和王淑艳（2015）基于 APT-ECM 模型分析了石油零售价和粮食零售价的非对称传导效应，结果表明两种价格存在长期均衡关系，且石油零售价下降比上升以更强更快的速度传导至粮食零售价[16]。

国内外对商品价格的非对称传导效应研究虽然很多，但是学术界对中国羊肉价格的非对称传递效应的研究相对较少。钱贵霞和李梦雅（2014）运用 HP 滤波法和 Holt-Winters 季节乘积模型对羊肉价格进行实证分析，结果表明羊肉价格呈现年度周期性波动特征[17]。王贝贝和肖海峰（2015）从集簇性和风险回报性的角度，研究了中国畜产品的价格波动非对称性，虽然结果表明中国羊肉价格波动不存在非对称性，但是文章并没有从羊肉产业链上中下游价格的角度进一步深度挖掘，因此有必要在此基础上继续展开研究[18]。通过构建 VAR 模型、脉冲响应函数和非对称误差修正模型，对羊肉批发零售价之间的传导效应实证分析，以期为羊肉产业的持续稳定发展提供参考。

三、数据与实证分析

（一）数据来源与变动分析

本文研究的羊肉价格类型包括批发价格和零售价格，采用 2009 年 1 月至 2017 年 4 月羊肉批发和零售价格的月度数据，本文用 PP 来表示羊肉的批发价格，用 RP 表示羊肉的零售价格。其中零售价格来源于《中国畜牧业统计年鉴》的月度价格监测数据，批发价格来源于农业部批发价格监测系统的月度价格监测数据，数据单位均为元/千克。

图 1 内羊肉批发和零售的价格数值表示在纵轴，时间月份表示在横轴。从图 1 可以看出，2014 年以前羊肉批发和零售价整体上是上涨的，之后羊肉的两种价格开始出现较大幅度的下跌。羊肉批发价和零售价整体波动趋向大致相近，说明这两种价格间可能

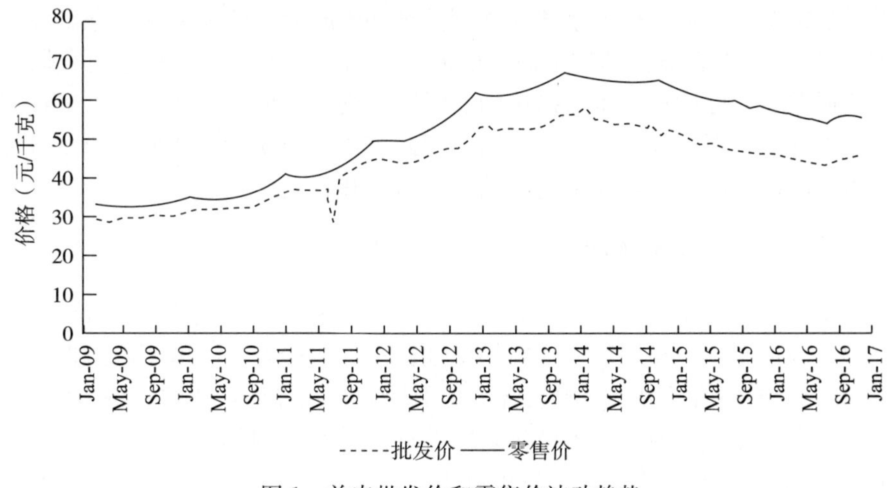

图 1　羊肉批发价和零售价波动趋势

存在一定的协整关系。两种价格存在一定的滞后波动趋势，自 2012 年以后羊肉的两种价格之间的差额呈现扩大趋势，但是在最近月份羊肉的批发价和零售价差额稍有收敛趋势，因此羊肉的批发价格和零售价格之间的传导效应可能存在非对称性。

（二）模型设定

目前，学术界主要运用 TAR 门限模型和 VAR 模型两种方法来对各类商品价格非对称传导效应进行分析研究。门限法需选取恰当的临界值，因此这种方法存在如何对临界值进行合理的测算和经济学解释等问题，因此本文选择构建结合非对称误差修正模型的 VAR 模型，对羊肉批发和零售价的非对称传导效应实证分析研究。

VAR 向量自回归模型是将每个内生变量作为所有内生变量滞后值的函数来构造模型的，进而从单变量时间序列推广到多元时间序列变量的向量自回归模型，可以通过构建脉冲响应函数来分析互为影响时间序列变量之间的动态冲击过程及其影响，可以更好地解释变量间的相互作用效应。

VAR（P）向量自回归模型数学表达如下：

$$\boldsymbol{y}_t = A_1 \boldsymbol{y}_{t-1} + \cdots + A_p \boldsymbol{y}_{t-P} + B\boldsymbol{x}_t + \boldsymbol{\varepsilon}_t \quad t=1，2\cdots，T \tag{1}$$

式（1）中，$\boldsymbol{y}_t$表示k 维内生的变量向量，$\boldsymbol{x}_t$表示d 维外生的变量向量，p 为滞后阶数，T 表示的是样本个数。$\boldsymbol{\varepsilon}_t$表示的是 k 维扰动向量，$\boldsymbol{\varepsilon}_t$同期可相关，但是与自身滞后值和等式右侧的变量均不相关。待估系数矩阵为 $k \times k$ 维的矩阵 A 和 $k \times d$ 维的矩阵 B 。

根据 VAR 向量自回归模型以上的定义，构建了羊肉批发价格和零售价格的 Var 向量自回归模型，以检验两种价格之间的非对称传导效应的长期均衡关系，具体方程如下：

$$PP_t = \alpha_0 + \alpha_1 PP_{t-1} + \cdots + \alpha_p PP_{t-p} + \beta_1 RP_{t-1} + \cdots + \beta_p RP_{t-p} + \varepsilon_t \tag{2}$$

$$RP_t = \gamma_0 + \gamma_1 RP_{t-1} + \cdots + \gamma_p RP_{t-p} + \delta_1 PP_{t-1} + \cdots + \delta_p PP_{t-p} + \mu_t \tag{3}$$

式（2）、式（3）中，$\alpha_0 \cdots \alpha_k$ ，$\beta_1 \cdots \beta_p$ ，$\gamma_1 \cdots \gamma_p$ ，$\delta_1 \cdots \delta_p$ 是待估系数；ε_t ，μ_t 是随机扰动项。

利用 VAR 向量自回归模型研究价格传导效应，需要衡量内生变量对残差的冲击响应，或者说是需要分析整体模型系统在受到某种冲击时对整体模型的动态影像。因此需要在 VAR 向量自回归模型的基础上建立脉冲响应函数，来分析时间序列数据价格传导效应中的长期关系。脉冲响应函数描述的是时间序列的长期关系，商品价格在短期内可能会受到某种冲击，而造成短期偏离长期，因此需要建立误差修正模型和非对称误差修正模型，用于分析商品价格短期偏离后的修正力度和方向。

（三）平稳性及协整检验

本文数据均为时间序列数据，为防止后续实证分析出现虚假回归，首先采用 ADF 检验分别对羊肉批发价格和零售价格做平稳性检验。根据表 1 所示，羊肉批发价和零售价水平序列的 ADF 统计值在 1%的显著水平下均大于临界值，故两种价格的 ADF 检验不能拒绝原假设，即原序列为非平稳时间序列；但是原序列经过一阶差分后，在 1%的显著水平下 ADF 值均小于临界值，故可以拒绝原假设，一阶差分后的羊肉批发和零售价序列是平稳的，即为 I（1）序列。

表 1　ADF 稳定性检验

检验变量	ADF 统计值	临界值（1%）	检验形式（c，t，k）	结论
PP	−1.127 754	−4.053	（c，t，0）	非平稳
RP	1.129 882	−4.052	（c，t，0）	非平稳
ΔPP	−13.516 48	−4.054	（c，t，0）	平稳
ΔRP	−4.785 893	−4.053	（c，t，0）	平稳

注：检验形式中，c 表示常数项，t 表示趋势项，k 为滞后阶数。

羊肉的批发和零售价均为 I（1）序列，因此这两种价格之间可能存在协整关系，故采用 Johansen 协整检验方法对羊肉批发和零售价进行检验。按照 AIC 和 SC 准则，确定构建的 VAR 向量自回归模型的滞后的最优阶数为 2，故协整检验的滞后的最优阶数为 1。具体可见表 2 所示，迹检验和最大特征值检验在 5%的显著水平下的检验结果一致，2009 年 1 月至 2017 年 4 月的样本区间内羊肉的批发价和零售价存在一个协整方程，即羊肉的批发和零售价之间存在长期均衡关系。

表 2　Johansen 协整检验

原假设协整数	迹检验		最大特征值检验	
	迹统计量	P 值	最大特征值统计量	P 值
None	23.687 98	0.016 2**	18.871 42	0.016 5**
At most 1	4.816 562	0.304 1	4.816 562	0.304 1

注：** 表示在 5%的显著性水平下显著。

（四）脉冲响应分析

通过 ADF 单位根和 Johansen 协整检验，建立了羊肉批发价格和零售价格的 VAR 模型。前文所述，按照 AIC 和 SI 最小准则确定 VAR 模型的滞后长度是 2。为了分析羊肉批发价格和零售价格的动态传导影响效应，将构建脉冲响应函数，因此需要对 VAR 向量自回归模型进行稳定性检验，检验结果显示模型所有的特征方程根的倒数的绝对值均小于 1，也就是所有特征方程根的倒数均分布于单位圆内（见图 2）。因此，本文所构建的 VAR 模型是稳定的，进而可以继续构建脉冲响应函数。

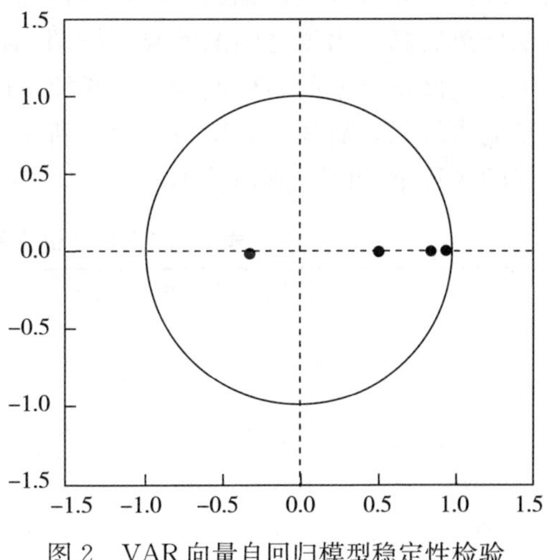

图 2　VAR 向量自回归模型稳定性检验

脉冲响应函数可以测度内生变量对于一个标准单位误差变动的回应，进而分析扰动项对系统的影响速度和强度，刻画出扰动项对于变量的传导效应和路径。图 3

和图 4 反映了羊肉批发价格和零售价格在给定一个标准冲击下两变量的反应路径，用于刻画羊肉批发价格和零售价格两者传递的速度与强度。

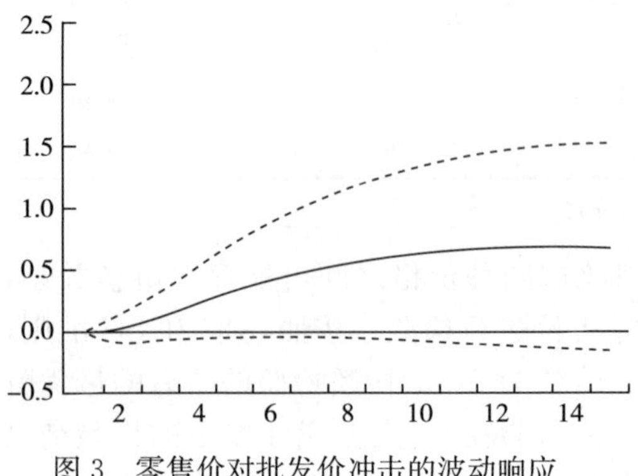

图 3　零售价对批发价冲击的波动响应

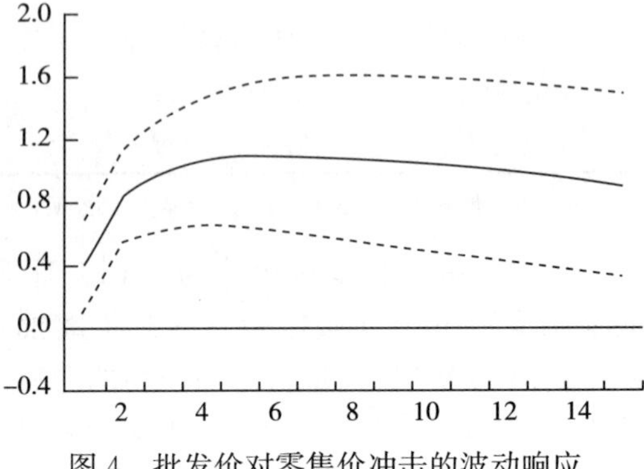

图 4　批发价对零售价冲击的波动响应

如图 3 和图 4 所示，羊肉的批发价和零售价在收到彼此价格冲击时的反应速度和强度是具有显著差异的。当批发价产生一个正向冲击时，零售价变动出现一个缓冲，在一阶段没有出现明显的反应，后期开始逐渐增加，10 期以后变动趋于平缓，大致保持在 0.6 的水平上，没有产生明显的收敛趋势。当羊肉零售价格产生一个正向冲击时，羊肉的批发价格迅速做出正向反应，前四期上升幅度较大，第五期达到峰值约为 1.1，然后开始衰减收敛。很明显，羊肉的批发价格和零售价格之间的传导效应是非对称的，羊肉的批发价格更容易受到零售价格的影响，影响的时滞较短但影响较大；羊肉的零售价受批发价影响相对较小，但零售价对批发价的影响则更为持久。

（五）误差修正模型

脉冲响应函数描述的是时间序列变量间的长期关系，商品价格在短期内可能会受到某种冲击，而造成短期偏离长期，因而需要建立误差修正模型，用于对比分析商品价格短期偏离后修正力度之间的差异。按照 AIC 和 SC 最小准则，本文构建的羊肉批发和零售价误差修正模型的滞后期为 2，当 ECM 值较大时表明变量短期偏离长期均衡的自我修复能力较强，具体模型结果如表 3 所示。从中可以看出，羊肉批发价格方程和零售价方程的 AIC 值和 SC 值均较小，且 DW 值稳定在 2 左右，因此滞后期选择合理。

表 3　羊肉批发价格和零售价格误差修正模型

变量	羊肉批发价方程（ΔPP）		变量	羊肉零售价方程（ΔRP）	
	估计值	t 值		估计值	t 值
ΔPP_{t-1}	−0.278 1	−2.428 1**	ΔRP_{t-1}	0.651 8	6.353 7***
ΔPP_{t-2}	−0.080 2	−0.769 4	ΔRP_{t-2}	−0.168 2	−1.594 7
ΔRP	0.747 9	2.983 8***	ΔPP	0.120 3	2.983 3***
ΔRP_{t-1}	0.177 1	0.576 5	ΔPP_{t-1}	−0.043 9	−0.900 9
ΔRP_{t-2}	0.559 9	2.153 4**	ΔPP_{t-2}	−0.038 5	−0.922 9

（续）

变量	羊肉批发价方程（ΔPP）		变量	羊肉零售价方程（ΔRP）	
	估计值	t 值		估计值	t 值
ECM	0.254 2	3.310 5***	ECM	0.138 7	3.359 3***
C	−0.098 5	−0.637 8	C	0.112 3	1.843 5*
R^2	0.379 5		R^2	0.925 4	
DW	2.084 6		DW	2.045 4	
AIC	1.767 6		AIC	1.767 6	
SC	1.953 4		SC	1.953 3	

注：***、**、*分别表示在1%、5%、10%的显著性水平下显著。

羊肉批发价受到自身滞后一期和零售价基期和滞后两期价格的显著影响，而羊肉零售价则主要受到自身基期和零售价格滞后一期的价格影响，可以看出羊肉批发和零售价之间的传导存在非对称性问题。从表3还可以看出，羊肉批发价格的误差修正项系数明显大于零售价，因此羊肉批发价的短期价格自我修正能力更强，调整速度更快，故羊肉的批发和零售价间存在价格传导的非对称性问题。

（六）非对称误差修正模型

前文通过构建脉冲响应函数和误差修正模型，分别从长期与短期两个角度，对羊肉批发和零售价非对称传导效应做了实证研究。结果均表明两种价格间在传递的强度和速度上存在明显差异，因此存在非对称性。这两种模型只能衡量一个标准冲击对两种价格的影响程度，不能详细解释两种价格对来自不同方向的“正”向冲击和“负”向冲击的反应，因此采用基于变量分离技术的非对称误差修正模型，对羊肉的批发和零售价的非对称传导效应进行进一步的研究，模型检验结果如表4所示。羊肉的批发价和零售价方程的DW值接近2，且AIC和SC值均较小，说明滞后期选择合理。

表4　羊肉批发价格和零售价格非对称误差修正模型检验

变量	羊肉批发价方程（ΔPP）		变量	羊肉零售价方程（ΔRP）	
	估计值	t 值		估计值	t 值
ΔPP_{t-1}	−0.272 4	−2.266 3***	ΔRP_{t-1}	0.592 3	5.633 3***
ΔPP_{t-2}	−0.081 8	−0.792 8	ΔRP_{t-2}	−0.222 4	−2.074 6**
ΔRP^+	0.888 6	2.173 9**	ΔPP^+	0.253 9	3.024 1***
ΔRP^-	0.226 8	0.415 1	ΔPP^-	0.055 4	0.943 9
ΔRP^+_{t-1}	0.078 8	0.147 8	ΔPP^+_{t-1}	0.017 8	0.209 9
ΔRP^-_{t-1}	0.402 2	0.722 5	ΔPP^-_{t-1}	0.088 9	0.860 4
ΔRP^+_{t-2}	0.393 8	0.921 9	ΔPP^+_{t-2}	−0.070 2	−1.396 1
ΔRP^-_{t-2}	0.731 4	1.320 1	ΔPP^-_{t-2}	0.078 9	0.777 4
ECM^+_{t-1}	0.467 4	4.114 4***	ECM^+_{t-1}	0.154 3	−1.826 6*

（续）

变量	羊肉批发价方程（ΔPP）		变量	羊肉零售价方程（ΔRP）	
	估计值	t 值		估计值	t 值
ECM_{t-1}^{-}	−0.053 1	−0.397 5	ECM_{t-1}^{-}	0.124 1	−2.108 1**
C	−0.575 7	−1.923 7*	C	0.103 2	1.062 1
R^2	0.435 8		R^2	0.560 3	
DW	2.041 9		DW	2.056 5	
AIC	3.582 1		AIC	1.781 9	
SC	3.874 1		SC	2.073 9	

注：***、**、*分别表示在1%、5%、10%的显著性水平下显著。

采用Wald检验对非对称误差修正中羊肉批发价和零售价方程做联合系数检验，结果见表5。羊肉批发价方程拒绝原假设，而羊肉零售价方程没有拒绝原假设，因此羊肉批发价的纵向价格传递存在明显差异，而羊肉的零售价方程则不存在明显差异。

表5 Wald检验（F值）

检验方程	F 统计量
羊肉批发价方程	2.142 4*
羊肉零售价方程	1.514 1

注：*表示在10%的显著性水平下显著。

羊肉批发价方程于比零售价方程中 ECM_{t-1}^{+} 的回归数值大，因此羊肉批发价格对于零售价格的正向冲击具有更强的修正能。羊肉批发价方程中的变量 ECM_{t-1}^{-} 的回归结果并不显著，说明零售价格的负向冲击对羊肉批发价不具有显著影响。在羊肉的零售价方程中，羊肉零售价受到自身滞后1期、2期以及零售价格的正向冲击的显著影响，其中 ECM_{t-1}^{+} 系数值高于 ECM_{t-1}^{-}，且两个方向趋向的误差修正值均显著，说明羊肉零售价受到批发价的正负向冲击的显著影响，且零售价对于批发价正向冲击的修正能力强于负向冲击。综上所述，非对称误差修正模型结果表明，羊肉的批发价和零售价对于相互的正负向冲击的修正能力不同，两种价格间存在非对称传导。

四、结论与建议

通过对近年羊肉批发价和零售价月度数据进行分析，发现羊肉批发价和零售价之间的差额呈现扩大趋势，且两种价格存在一定的滞后现象。构建VAR向量自回归模型、脉冲响应函数、误差修正模型和非对称误差修正模型，对我国羊肉的批发价和零售价之间的价格传导效应进行研究，结果表明羊肉批发和零售价之间存在非对称传导效应问题。

从长期来看，羊肉批发价和零售价之间的传导速度与强度存在明显差异，且批发价冲击对零售价波动的影响更为长远；从短期来看，羊肉批发价当偏离长期均衡时具有更强的修正能力，能够更加迅速地回复到长期均衡状态，且羊肉批发和零售价对于两者相互正向冲击更为敏感。分析模型结果不难发现，羊肉的非对称传导效应同猪肉恰巧相反，主要原因是羊肉相对于猪肉等肉类而言价格常年保持高位，零售价格趋于饱和，零售商为维持市场份额而对批发价冲击的反应较弱，随着羊肉批发价和零售价的差距扩大，反而批发商对价格调整的空间更大，因此批发价对于零售价的冲击更为敏感且调整幅度更大。

基于上述实证研究结果，提出如下建议。第一，政府相关部门应权衡羊肉产业链上的利润分配，对羊肉的批发价和零售价进行合理调控，保证羊肉价格相对稳定，这样不仅有利于羊肉产业的可持续发展，同时也可以让消费者得到更多福利。第二，应减少羊肉供应链环节，这样不仅可以降低羊肉价格，也可以更加合理有效地控制不同环节间的价格波动及传导，更好地调控羊肉价格促进羊肉产业的健康发展。第三，政府应该建立和完善高效的羊肉价格监测与预警机制，当羊肉的相关价格发生明显剧烈波动趋向时，通过调整羊肉产业链上的相关价格，合理控制羊肉零售价的波动范围和趋势，防止再次发生羊肉相关价格的剧烈波动，对整个羊肉产业和广大消费者造成巨大损失。

参　考　文　献

［1］Tweeten，L. G. and C. L. Quance：Positivistic Measures of Aggregate Supply Elasticities：Some New Approaches，Amer. J. of Agr. Econ. 51. 342-352，1969.

［2］Wolffram，R. Positivisitic Measures of Aggregate Supply Elasticities-Some New Approaches-Some Critical Notes，Amer. J. Agr. Econ. 53：356-359，1971.

［3］Houck，J. P.：An Approach to Specifying and Estimating Non-Reversible Functions，Amer. J. Agr. Econ. 59：570-572，1977.

［4］V. Cramon-Taubadel，S. Estimating asymmetric price transmission with the error correction representation. An application to the German pork market ［J］. European Review of Agricultural Economics，1998，25（1）：1-18.

［5］Glosten，L. R. Jaganathan and D. Runkle. On the Relation between the Expected Value and the Volatility of the Normal Excess Return on Stocks. Journal of Finance，1993，48：1779-1801.

［6］Awudu Abdulai. Using threshold cointegration to estimate asymmetric price transmission in the Swiss pork market ［J］. Applied Economics，2002，34（6）：679-687.

［7］Keithly G. Jones. Price Volatility and Transmission in the Hog and Pork Markets. Southern Agricultural Economics Association，2005 Annual Meeting，February 5-9，2005，Little Rock，Arkansas.

［8］袁闯，李松龄．基于 VAR 的我国产业间价格传导实证分析［J］. 财经理论与实践，2009（4）：86-89.

［9］Karantininis K，Katrakylidis K，Persson M. Price Transmission in the Swedish Pork Chain：Asymmetric nonlinear ARDL ［C］// EAAE 2011 Congress Change and Uncertainty Challenges for Agriculture，Food and Natural Resources. 2011.

［10］Monia Ben Kaabia and José M. Gil. Asymmetric Price Transmission in the Spanish Lamb，XIth Congress of the EAAE：1-17，August 2005

［11］董晓霞，胡冰川，于海鹏．我国鸡蛋市场价格非对称性传导效应研究——基于非对称误差修正

模型［J］. 农业技术经济，2014（9）：52-60.
［12］田露，王悦，张越杰．我国牛肉价格传导效应分析——基于非对称误差修正模型的分析［J］. 价格理论与实践，2017（1）：99-101.
［13］胡忠良，张学海．中国猪肉产业链价格波动的非对称传递研究［J］. 贵州财经大学学报，2014（5）：97-104.
［14］于爱芝，郑少华．我国猪肉产业链价格的非对称传递研究［J］. 农业技术经济，2013（9）：35-41.
［15］肖小勇，章胜勇．玉米国内外价格非对称传递研究［J］. 统计与决策，2016（3）：168-171.
［16］赫婧，王淑艳．石油价格波动对粮食价格的传导效应研究—基于 APT-ECM 模型的实证检验［J］. 数学的实践与认识，2015（8）：216-224.
［17］钱贵霞，李梦雅．牛羊肉价格波动特征及趋势分析［J］. 价格理论与实践，2014（3）：79-81.
［18］王贝贝，肖海峰．基于 ARCH 类模型的中国畜产品价格波动特征研究［J］. 农村经济与科技，2015（4）：67-71.

中国肉牛养殖成本收益变动及其影响因素分析①

——以农牧区六大主产省份为例

刘京京　王军

（吉林农业大学经济管理学院，长春 130000）

摘要：为了研究肉牛养殖成本内部各要素对肉牛养殖收益的作用关系，基于2008—2015年中国主产省肉牛养殖成本收益数据，采用会计核算方法和综合指数法对中国六大主产省肉牛养殖成本效益变动及其影响因素进行分解分析。研究结果表明：从收益增长情况看，这一时期中国肉牛养殖收益变动主要是价格增长的作用，产量增长的贡献较小；其次，肉牛养殖收益变动受肉牛养殖成本增加的影响较大，在成本增长中生产要素价格增长同样扮演了主要角色，而生产要素投入数量的增加对肉牛养殖成本增长的作用相对较小。

关键词：肉牛养殖；成本分析；收益分析；综合指数法；会计核算；影响因素

一、前　　言

改革开放以来，中国肉牛产业发展取得了巨大成就。与1985年比较，中国牛肉产量已经提高了14倍，达到了700多万吨，对丰富居民菜篮子，满足居民需求做出了巨大贡献。受自然因素以及社会因素共同影响，目前中国肉牛养殖优势区主要有中原、东北、西北、西南4个地区。由于国内肉牛养殖受农业机械化的加速推进以及肉牛养殖周期长、前期投入大、周转慢等因素影响，近些年来，肉牛存栏量在快速减少，牛出栏量以及肉牛产量的年均增长率远高于肉牛存栏量[1-2]。2008年以来肉牛养殖效益下滑，导

---

① 本文原载于《黑龙江畜牧兽医》2018年第12期。

资助项目：教育部人文社会科学研究规划项目“肉牛补贴政策对养殖户生产行为与效率的影响研究”（15YJC790106）、国家自然基金面上项目“产业链管理模式与牛肉安全供给的实证研究”（编号：71273110）、吉林省教育厅社会科学研究项目“信贷配给对肉牛养殖户投资的影响研究”（编号：吉教科文合字［2016］135号）和国家肉牛牦牛产业技术体系产业经济研究专项。

作者简介：刘京京（1995—），女，硕士研究生，研究方向为畜牧业经济，Caisyliu@163.com。

通信作者：王军（1979—），男，副教授，博士，研究方向为畜牧业经济，dukangwang@163.com。

致牛源短缺问题日益突出，已经成为制约肉牛产业发展的关键问题之一。而随着肉牛养殖成本的显著上升，肉牛养殖收益空间进一步缩小，导致中国肉牛产业价格与非价格竞争力都处于竞争劣势地位。应对国际低价格牛肉大量进口的咄咄态势，如何提高肉牛养殖效益、降低肉牛养殖成本对于稳定中国肉牛养殖业发展具有重要价值[3-4]。因此，准确掌握市场规律，深入研究肉牛养殖成本效益及其因素关系，对于促进肉牛养殖业良性发展具有重要意义。

二、分析方法与数据说明

在经济学意义上，生产收益表现为所出售商品的价格与售出商品数量的乘积，而具体到肉牛养殖收益，则表现为肉牛价格与产肉重量的乘积。从会计核算的角度，影响肉牛养殖收益的因素主要是价格与产肉重量。其中，肉牛价格反映的是肉牛养殖过程中对育肥牛需求和供给均衡形成的反映市场供求关系的指标；而活牛体重则反映的是育肥牛生产力水平。一个供需关系比较稳定的市场，一般来说价格比较稳定，而需求过剩供给不足的市场则价格会显著上涨，而需求不足供给量过大的市场则会引起价格下滑。肉牛生产力则是农户养殖繁育能力、饲养管理水平、肉牛品种等生产管理指标的综合反映。肉牛养殖生产力水平越高，则反映农户单位投入获得产肉量越高，这是养殖技术追求的核心目标，也是推进肉牛养殖业技术进步的关键。本研究采用会计核算法来估计肉牛养殖效益变动中肉牛价格和肉牛体重对养殖效益的影响，具体公式为：

$$\begin{aligned} \mathrm{R} &= \frac{\pi^1 - \pi^0}{\pi^0} = \frac{p^1 q^1 - p^0 q^0}{p^0 q^0} \\ &= \frac{(p^0 + \Delta p)(q^0 + \Delta q) - p^0 q^0}{p^0 q^0} \\ &= \frac{\Delta p}{p^0} + \frac{\Delta q}{q^0} + \frac{\Delta p \Delta q}{p^0 q^0} \end{aligned} \tag{1}$$

式（1）中，R 表示肉牛养殖收益变动率，π 表示肉牛养殖收益，p 、q 分别代表牛肉的价格和产肉量，Δp 、Δq 分别表示牛肉价格和产牛肉重量；1、0 分别表示肉牛养殖收益变动的前后两期。式（1）中右边第 1 项为价格在 1 期和 0 期变动率，反映价格对肉牛养殖收益的影响份额，第 2 项为肉牛养殖产肉重量对肉牛养殖收益的影响份额，第 3 项为价格和重量综合对肉牛养殖收益的影响份额。

近年来，肉牛养殖成本上涨已成为影响肉牛成本效益变动的最关键因素，肉牛养殖成本也是肉牛养殖效益的最核心因素之一。本文借鉴费雪（Irving Fisher）理想指数法建立肉牛养殖成本综合指数公式（魏和清，2001）[3]。其中，综合影响程度公式为：

$$\frac{\sum p_1 q_1}{\sum p_0 q_0} = \sqrt{\frac{\sum p_1 q_0}{\sum p_0 q_0} \times \frac{\sum p_1 q_1}{\sum p_0 q_1}} \times \sqrt{\frac{\sum p_0 q_1}{\sum p_0 q_0} \times \frac{\sum p_1 q_1}{\sum p_1 q_0}} \tag{2}$$

综合影响结果公式为：

$$\begin{aligned} \sum p_1 q_1 - \sum p_0 q_0 = &\ (1/2)[(\sum p_1 q_0 - \sum p_0 q_0) + (\sum p_1 q_1 - \sum p_0 q_1)] \\ &+ (1/2)[(\sum p_0 q_1 - \sum p_0 q_0) + (\sum p_1 q_1 - \sum p_1 q_0)] \end{aligned} \tag{3}$$

并采用个体价格指数反映个体费用项目价格及其消耗量对单位生产成本的影响程度和影响结果。个体要素影响其成本程度公式为：

$$\frac{p_1q_1}{p_0q_0}=\sqrt{\frac{p_1q_0}{p_0q_0}\times\frac{p_1q_1}{p_0q_1}}\times\sqrt{\frac{p_0q_1}{p_0q_0}\times\frac{p_1q_1}{p_1q_0}} \quad (4)$$

个体要素影响其成本结果公式为：

$$p_1q_1-p_0q_0=(1/2)[(p_1q_0-p_0q_0)+(p_1q_1-p_0q_1)]+ \\ (1/2)[(p_0q_1-p_0q_0)+(p_1q_1-p_1q_0)] \quad (5)$$

本文采用数据来源于《全国农产品成本收益资料汇编》中2008—2015年的肉牛养殖成本收益数据。研究中为了保持分析数据的连续性和一致性，剔除不连续样本数据，获得黑龙江省、河北省和河南省、陕西省、宁夏地区和新疆地区共6省（自治区）的肉牛养殖投入产出数据。其中，黑龙江、河北和河南3地位于粮食主产区，其养殖特点主要以农区饲料过腹转化和架子牛育肥为主，农区丰富的饲粮草资源通过过腹转化发展肉牛养殖；陕西、新疆和宁夏3地则主要以放牧和育肥相结合为主，这一区域饲草资源丰富、而且是中国牛肉供给的主要保障区。六大样本省份牛肉产量约占全国1/3，肉牛存栏占全国的1/5，在全国牛肉养殖业中占有重要地位。同时，为了保障样本数据的可比性和分析结果一致性，对肉牛养殖成本收益数据按照标准养殖天数进行了技术处理，折算为6个月（180天）的标准养殖周期。

三、测算结果与分析

（一）肉牛养殖收益及其影响因素分析

从头均肉牛养殖收益的年度变化趋势来看，6省份平均肉牛养殖收益已经从2008年每头5 418.47元增长到2015年的每头10 663.28元。在年均养殖收益方面，相较于全国平均水平而言，农区散养肉牛头均收益情况明显好于牧区，农区河南的散养肉牛头均收益略低于全国平均水平，河北以及黑龙江的散养肉牛头均收益明显高于全国平均水平。牧区散养肉牛头均收益，陕西略高于全国平均水平，宁夏和新疆则低于全国平均水平。而从影响肉牛效益变动的主要影响因素看，近年来由于需求上升和供给不足推动肉牛价格一路飙升。在2008—2015年期间，活牛价格的影响最大。从每头肉牛的平均收益来看，其变化趋势与活牛价格的变化趋势基本一致。2008—2015年活牛价格也上涨了85.22%，同期肉牛头均收益上涨96.8%。可见，活牛价格上涨是中国肉牛养殖收益增加的主要因素。进一步按照成本效益的会计核算方法对2008—2015年的肉牛养殖效益与成本变动进行核算，具体结果见表3所示。测算结果表明，这一期间肉牛养殖收益主要就是活牛价格上涨引起的。其中，由于价格增长对于肉牛养殖效益的增加贡献为83.45%；肉牛养殖重量的增长对肉牛养殖效益增加仅贡献15.29%。综合效益对肉牛养殖效益增加的贡献为1.26%。

表 1　2008—2015 年各优势区散养肉牛头均收益情况

单位：元/头

年份	6 省份平均	农区			牧区		
		河北	黑龙江	河南	陕西	宁夏	新疆
2008	5 418.47	6 835.76	6 926.63	4 984.42	5 653.97	3 706.26	4 403.81
2009	5 458.02	6 771.39	6 530.70	5 499.57	4 922.85	3 921.93	5 101.66
2010	6 014.92	7 149.52	7 546.80	6 046.63	5 641.71	4 647.63	5 057.23
2011	7 601.31	8 295.20	8 929.03	7 218.01	8 203.00	6 498.63	6 463.97
2012	9 798.90	10 922.50	11 249.21	8 750.37	10 939.11	8 235.32	8 696.89
2013	11 689.75	13 335.81	12 515.42	10 353.78	11 993.44	9 455.50	12 484.55
2014	10 972.81	13 086.27	12 680.34	10 985.96	11 097.45	8 599.83	9 387.00
2015	10 663.28	12 578.23	12 042.20	11 175.62	10 199.11	8 593.78	9 390.71
变动份额	5 478.14	6 081.21	5 411.28	5 328.25	5 690.49	4 791.10	5 566.52

数据来源：根据《全国农产品成本收益资料汇编》（2009—2016）计算整理。

而从农牧区各主产省份的情况看，又有所差异。农区中，河南价格、产量和综合效益对其养殖效益的成本贡献率为农区 3 省最高，且远高于全国平均水平，黑龙江受三种因素影响，水平在农区最低，且远低于全国平均水平。牧区新疆、陕西受价格影响的成本贡献率水平低于全国平均水平，宁夏达到 87.78％，略高于全国平均水平。牧区 3 省份的价格因素养殖效益贡献率平均为 77.45％，低于农区的平均水平 97.65％，农区平均水平高于全国平均水平。牧区产量因素影响养殖效益贡献率平均为 20.26％，高于农区的 2.58％；综合效益方面牧区平均 1.93％高于农区－0.23％。牧区受产量和综合效益影响对其养殖效益的贡献高于农区，农区受价格影响对其养殖效益的贡献高于牧区。

表 2　肉牛养殖效益与成本贡献率分析

单位：％

	全国平均	农区			牧区		
		河北	黑龙江	河南	陕西	宁夏	新疆
贡献份额	100.00	100.00	100.00	100.00	100.00	100.00	100.00
价格	83.45	104.64	109.97	78.33	75.04	87.78	69.53
产量	15.29	－4.09	－9.09	20.93	23.22	10.76	27.89
综合效应	1.26	－0.54	－0.88	0.74	1.75	1.46	2.59

数据来源：根据《全国农产品成本收益资料汇编》（2009—2016）计算整理。

（二）肉牛养殖成本变动及其影响因素分析

2008—2015年，肉牛养殖成本提升是推动肉牛养殖价格上升的主要推手。这一期间，中国肉牛养殖总成本年均增长率达到了12.01%。2015年肉牛养殖成本比2008年翻了一倍还多（表3）。中国肉牛养殖成本的变动包括养殖成本的变动以及养殖成本结构的变动。我们主要从肉牛养殖总成本以及养殖成本内部结构两方面来分析中国牛肉养殖平均总成本以及总成本构成的变化及其区域成本变动和区域成本结构的差异。从肉牛养殖成本构成上看，各要素对肉牛养殖成本影响作用不同。从每头出栏肉牛平均养殖成本构成上看，仔畜费用占肉牛养殖成本比例最高，而且也是肉牛养殖成本增加幅度最高的因素。肉牛养殖总成本的上升与仔畜费用的上涨有较大关系，2008—2015年仔畜费用增加了2 976.54元，占总成本增加的额度最大。与基期比较，肉牛养殖成本增加比例最高的为人工成本，提高了136%。与基期各影响因素的养殖成本比较，饲料成本增长了65.03%；仔畜费用提高了97.33%。从各主产省份的情况看，肉牛养殖成本构成及其变动有一定的差异，但是总体看肉牛仔畜费所占的比例最高，其次是人工费用，第三是饲料成本。从肉牛养殖费用增加情况看，牧区仔畜费用整体增长幅度最高，平均2015年仔畜费用为2008年的2.5倍。肉牛优势产区的河南，增长幅度为农区最高，达到2.38%，农区的河北及黑龙江也有较高幅度增长，但低于全国平均水平。

表3　中国肉牛养殖总成本变动情况

单位：元/头

年份	全国平均	农区			牧区		
		河北	黑龙江	河南	陕西	宁夏	新疆
2008	4 030.10	8 940.82	5 434.55	2 341.34	2 533.31	2 135.26	5 940.09
2009	4 616.75	8 493.94	6 634.33	3 814.11	3 270.84	1 883.67	6 905.32
2010	5 267.34	9 614.87	7 037.69	3 414.47	4 286.40	2 326.19	8 127.63
2011	6 610.41	10 948.06	8 585.31	4 255.65	5 071.92	2 828.54	11 162.89
2012	7 807.86	12 772.46	9 744.39	4 971.41	6 554.92	4 185.43	13 217.65
2013	9 332.45	14 773.57	12 352.61	5 763.93	7 191.44	4 878.23	18 036.71
2014	9 039.68	15 602.06	11 075.31	6 215.53	7 230.52	4 561.19	14 191.68
2015	9 099.87	15 515.21	10 979.43	6 307.37	7 037.51	4 592.66	14 997.40
年均增长率（%）	12.01	9.21	10.30	11.40	13.40	14.14	14.49

数据来源：根据《全国农产品成本收益资料汇编》（2009—2016）计算整理。

根据养殖成本构成核算结果，2008—2015 年中国肉牛养殖成本无论是仔畜费用、饲料费用，还是人工费用都有显著增加。从影响程度和影响结果看，肉牛养殖成本的变化主要是物质资料、用工数量变动及其价格变化引起的，而价格变动对成本的影响起着绝对的主导作用。在这一期间价格对用工投入成本增加的影响最大，其次是仔畜费用投入和青粗饲料费用对其各自成本增加的作用，精饲料的费用价格变化对其成本变动影响相对较小，但是也高于数量变动的影响。与 2008 年相比较，2015 年仔畜费用的增加对肉牛养殖总成本变动起着绝对的主导作用，总费用增加为 2 856.2 元，占总成本增加比例为 63.2%；其次是饲料费用的增加带动成本的提高，饲料总费用增加占总成本提高的比例为 13.18%，其中精饲料费用增加了 415.4 元，粗饲料费用增加了 180.2 元。用工数量减少对总成本降低有一定正向作用，但是用工价格的提高推动肉牛养殖费用增加 1 199.9 元，用工费用的综合作用导致肉牛养殖费用增加 1 067.4 元（表 4）。

表 4　全国平均肉牛养殖成本变动影响因素贡献率与贡献份额

	影响程度（%）			影响结果（元）		
	耗量	价格	费用	耗量	价格	费用
仔畜费用	9.26	89.75	99.00	286.5	2 569.7	2 856.2
精饲料费用	29.61	68.79	98.40	127.3	288.1	415.4
青粗饲料费用	22.43	75.60	98.03	43.1	137.2	180.2
用工费用	−10.33	112.11	101.78	−132.5	1 199.9	1 067.4
综合指数	6.86	92.38	99.24	324.4	4 194.9	4 519.3

数据来源：根据《全国农产品成本收益资料汇编》（2009—2016）计算整理。

再从各样本省份成本构成份额上看，仔畜费用的增加是各主产区肉牛养殖成本上升的重要因素，牧区仔畜费用的增加量低于农区仔畜费用的增加量。农牧区 6 个样本省份价格上涨对成本增加的影响份额要大于其仔畜重量增加的作用，农区黑龙江、河北以及牧区的宁夏和陕西，价格上涨对其仔畜重量的增加作用高于全国平均水平。从饲料费用上看，其价格和耗费数量增加对肉牛养殖成本的上涨都有一定的作用，不同主产区有所差异，整体而言牧区饲料费用略高于农区饲料费用。在精饲料方面农区增加幅度较高，黑龙江和河北在饲料价格作用下，导致饲料成本分别增加了 530.1 元、810.2 元；而牧区的新疆和宁夏次之分别增加了 445.7 元和 294.2 元。新疆地区受耗量影响高于价格对其成本变动的影响，其余样本省份受价格因素影响高于耗量对其成本的影响。对于青粗饲料，6 个样本省份，成本受价格因素影响普遍高于耗量对其价格的影响。最后从用工成本变动对总成本增加影响看，农区总用工成本对总成本的影响高于牧区。除了牧区的新疆和陕西用工的数量有所增加对总成本有一定的正向影响以外，其他各省份都由于用工数量减少而对总成本增加有负向作用趋势。用工价格的增加对各样本省份总成本的增加都有正向作用，其中由于人工价格上涨导致牧区的新疆人工成本费用增加幅度最大，人工成本受价格作用影响增加了 2 955.6 元。农区的河南和黑龙江由于人工价格作用导致人工成本分别增加了 1 780.6 元、1 131.4 元，河南增加了 469.8 元；宁夏因用工价格上涨的作用也使成本增加了 414.3 元（表 5）。

表 5　各主产省份肉牛养殖成本变动及其影响因素贡献率

单位：%

		农区			牧区		
		河北	黑龙江	河南	陕西	宁夏	新疆
仔畜费用	耗量	−4.14	−4.85	38.01	4.90	−1.33	28.54
	价格	104.58	105.36	59.11	94.54	101.53	68.68
	费用	100.44	100.52	97.12	99.44	100.21	97.22
精饲料费用	耗量	−1.77	3.84	3.77	38.38	10.79	52.74
	价格	101.85	95.97	96.13	58.83	88.85	44.73
	费用	100.09	99.81	99.89	97.21	99.64	97.47
青粗饲料费用	耗量	−2.63	9.53	18.45	44.42	3.68	41.43
	价格	102.79	89.61	80.83	52.81	96.02	55.21
	费用	100.16	99.14	99.27	97.24	99.70	96.63
用工费用	耗量	−20.03	−26.98	−20.16	5.20	−5.40	8.16
	价格	123.44	136.10	124.00	93.61	106.53	90.61
	费用	103.41	109.11	103.83	98.82	101.13	98.77
综合指数	耗量	−8.51	−8.96	26.57	10.16	−1.49	24.47
	价格	109.37	109.98	71.27	88.64	101.70	72.95
	费用	100.86	101.02	97.84	98.79	100.21	97.41

数据来源：根据《全国农产品成本收益资料汇编》（2009—2016）计算整理。

四、结论与建议

中国肉牛养殖效益 2008 年以来有了较大幅度的提升。其中，价格对肉牛养殖效益提高起到了较大的作用，其次是养殖重量增长的作用。肉牛养殖效益增长以及各要素贡献在各优势区主产省份之间有一定的差异。农区肉牛养殖效益高于牧区肉牛养殖效益，农区各影响因素的贡献率整体而言高于牧区。肉牛养殖成本的显著增加是肉牛价格提升的主要推手。进一步采用指数分析法对 2008 年以来中国肉牛养殖成本变动测算，结果表明仔畜费用是推动肉牛养殖成本上升的第一要素，饲料费用增加对肉牛养殖成本增加也有显著作用，而由于人工费用价格的上升对近年来肉牛养殖成本的增加也有一定的正向作用。从成本构成的综合指数上看，生产要素价格变动的作用对肉牛养殖成本增加的作用更显著。

根据以上研究结果，为进一步提升肉牛养殖效益，需要在提高肉牛养殖生产力和降低肉牛养殖成本方面采取积极措施。第一，要坚持改良品种，重点研究推广生产力高的肉牛品种，在肉牛的生产性能、饲料消耗量、饲养周期和料肉比等都有较大幅度提高，缩短与世界发达国家的距离。第二，构建农牧协调发展模式，提高农牧区饲料等资源利用效率。近年来，不仅精饲料的玉米、豆粕等价格大幅上涨，而且粗饲料的成本也显著上涨，导致肉牛养殖成本增加、养殖经济效益下降。牧区天然牧草资源丰富，农区有大量的玉米，大豆，稻草精饲料资源以及酒糟，豆渣等工业废物，利用天然草场繁殖犊牛弥补农区牛源不足，冬季可以舍饲为主的农区进行育肥，充分利用农、牧区资源优势，加大牛源供应，降低犊牛和架子牛成本，同时节约成本，缩短育肥时间、提高出栏率。第三，推广科学的饲养管理技术和经营核算方法，缩短饲养周期、提高要素利用效率，从原料采购、生产管理以及销售的各环节来压成本提效益，从全产业链整合来提升肉牛养殖效益。最后，需要政策支持先进的生产方式、淘汰落后的生产经营方式，政策导向要倾向于养殖效益好、规模适度的肉牛养殖场，并以先进经营主体带动整个产业的快速发展。

参 考 文 献

[1] 张越杰，田露．中国肉牛生产区域布局变动及其影响因素分析［J］．中国畜牧杂志，2010（12）：21-24.

[2] 刘凤玉，杨春，王明利．中国肉牛产业发展现状及前景展望［J］．农业展望，2014（4）：36-42.

[3] 李建伟，马永伟．如何规避肉牛养殖风险［J］．中国畜牧业，2014（9）：84-85.

[4] 张慧玲，高啟贤．肉牛养殖经济效益及其主要影响因素分析［J］．畜牧兽医杂志，2011（5）：86-88.

[5] 魏和清．对指数因素分析法的反思——谈综合指数体系的缺陷与消除［J］．江西财经大学学报，2001（4）：20-22.

消费者对“北京油鸡”农业文化遗产的认知现状分析

杨碧波　李华　何临　于琦[①]

摘要：随着北京京西稻作文化系统和北京平谷四座楼麻核桃生产系统入选我国重要农业文化遗产实录，越来越多的人开始关注农业文化遗产这一项目。本文以北京消费者为调查对象，了解消费者对“北京油鸡”农业文化遗产的认知现状。采用基本的统计描述方法分析消费者对“北京油鸡”农业文化遗产的认知情况，为“北京油鸡”申请全国农业文化遗产项目做前期准备。

关键词：“北京油鸡”；农业文化遗产；消费者

一、引　言

我国的农业文化遗产发展较晚，对于农业文化遗产的保护也发展较晚。随着北京京西稻作文化系统和北京平谷四座楼麻核桃生产系统入选我国重要农业文化遗产实录，越来越多的人开始关注农业文化遗产这一项目。根据2017年北京市农业文化遗产普查名录显示，50项系统性农业文化遗产资源中，列在第一位的是来自朝阳区的“洼里油鸡”。由于环境的影响，洼里油鸡的生存和发展急需保护。

本文通过实地调研与线上调研相结合的方式，发放问卷230份，获得有效问卷224份。通过分析数据，得出以下结果：(1) 农业文化遗产的普及度不够广泛，只集中在受教育程度较高的年轻群体；(2)“北京油鸡”品牌知名度太低，消费者不知道其产品价值和历史文化，这对“北京油鸡”申请全国重要农业文化遗产项目有一定影响；(3) 消费者对农业文化遗产的保护和带来的经济效益持支持的态度；(4) 在保护农业文化遗产的过程中，政府应该发挥主导作用，各类公益社会组织发挥积极作用。

---

① 作者简介：杨碧波（1993—），女，天津市津南区咸水沽镇，北京农学院硕士。研究方向：畜产品品牌。E-mail：289467558@qq. com。

何临（1993—），女，四川人，硕士。研究方向：农业众筹。于琦（1993—），山东潍坊人，硕士。研究方向：农产品流通。

通讯作者：李华，北京农学院经管学院教授，硕士生导师。研究方向：农产品品牌与质量安全。E-mail：lihuaa1962@126. com。

二、调研基本情况

本次调研活动于2017年6月开始在北京市开展，通过线上与线下结合的方式获取调研方案，线下调研以北京地区的消费者为主要调研对象，在北京市昌平区、海淀区、大兴区和平谷区发放问卷130份；线上调研以全国消费者为主要调研对象，通过问卷星系统发放问卷100份。本次调研共发放问卷230份，有效问卷224份，有效问卷回收率97.3%。

根据消费者样本基本特征表，从性别来看，男女比例为45∶55，男女比例基本平衡。从年龄分布来看，18～30岁的消费者所占比例最大，为52%，一方面，参与线上调研的多为年轻消费者；另一方面，年轻消费者对农业文化遗产的了解程度更深，对分析“北京油鸡”农业文化遗产的认知现状有一定的研究意义。从受教育程度来看，样本分布较为平均，本科和本科以上的学历人数占比最大，分别为41.5%和25%。不同的受教育程度对农业文化遗产的认知程度不同，受教育程度较高的消费者对农业文化遗产的了解程度会更高。从职业来看，学生所占比例最高，为41.5%，其余各职业的消费者样本分布相对均匀。在所有调查对象中，42.4%的消费者为北京居民，37.5%的消费者为北京常住人口，20.1%的消费者为来京游客（表1）。

表1　消费者样本特征

样本描述特征	选项	样本（个）	比重（%）
性别	男	100	45
	女	124	55
年龄	18～30	117	52
	31～40	43	19
	41～50	34	15
	50～60	20	9
	60以上	10	5
受教育程度	高中以下	23	10.3
	高中	28	12.5
	大专	24	10.7
	本科	93	41.5
	本科以上	56	25
职业	工人	20	9
	农民	22	9
	学生	93	41.5
	个体户	21	9.3
	企业职员	33	14.7
	退休人员	35	16.5
是否北京居民	北京本地居民	95	42.4
	北京常住人口	84	37.5
	来京游客	45	20.1

三、样本分析

（一）消费者对农业文化遗产的认知分析

在“您知道我国有重要农业文化遗产项目吗”这一样本描述项中，54%的消费者知道我国设有重要农业文化遗产项目，46%的消费者不知道我国设有重要农业文化遗产项目，原因在于随着现代信息技术的发展，消费者可以通过多种渠道获得信息，我国综合国力的提升和政府注重文化软实力的发展，使得全社会开始关注文化遗产的保护与发展。

在“您是否知道重要农业文化遗产项目需要经过严格的申请、检测等程序”这一样本描述项中，55.8%的消费者选择“知道”选项，44.2%的消费者选择“不知道”选项。

在“您通过哪些渠道了解农业文化遗产保护”这一样本描述项中，26.3%的消费者选择“电视、广播”选项，17.4%的消费者选择“报纸、杂志”选项，37%的消费者选择“网络”选项，10.3%的消费者选择“农展会”选项，8%的消费者选择“旅游实地参观”选项，1%的消费者选择“其他”选项（表2）。随着电子信息技术的快速发展，消费者可以随时通过电子设备获取各种信息。多数消费者通过网络、电视、广播等媒介了解农业文化遗产保护，我们应该继续通过新型媒介渠道传播农业文化遗产。

表2　消费者对农业文化遗产认知情况

样本描述项	选项	样本数（个）	比重（%）
您知道我国有重要农业文化遗产项目吗？	知道	121	54
	不知道	103	46
您是否知道重要农业文化遗产项目需要经过严格的申请、检测等程序	知道	125	55.8
	不知道	99	44.2
您通过哪些渠道了解农业文化遗产保护	电视、广播	59	26.3
	报纸、杂志	39	17.4
	网络	83	37
	农展会	23	10.3
	旅游实地参观	18	8
	其他	2	1

（二）消费者对“北京油鸡”农业文化遗产的认知分析

在“您知道‘北京油鸡’是北京特色农产品吗?”这一样本描述项中，47.8%的消费者选择“知道”选项，52.2%的消费者选择“不知道”选项。虽然样本差距不大，但是多数消费者不知道“北京油鸡”是北京特色农产品。在实地调研过程中，较为年长的消费者表示随着时代的发展，“北京油鸡”逐渐退出消费者的视野。

在“您了解‘北京油鸡’的哪些历史文化”这一样本描述项中，32%的消费者选择

“北京油鸡是宫廷御用膳鸡”选项，19.6%的消费者选择“北京油鸡被列入开国第一宴”选项，25.4%的消费者选择“慈禧太后非油鸡不食”选项，22.3%的消费者选择“末代皇帝之弟为其题名‘中华宫廷黄鸡’”选项，33.9%的消费者选择“不了解北京油鸡的历史”选项。多数消费者较为了解北京油鸡的发展历史。在实地调研过程中，较为年长的消费者对北京油鸡概念较为模糊，他们并不关心北京油鸡的历史文化，只想了解哪里可以购买北京油鸡这一产品，北京油鸡这一产品的口感如何。这也从侧面反映出：市场上销售北京油鸡的企业宣传力度不够。

在“您如何看待‘北京油鸡’的传承价值”这一样本描述项中，49.7%的消费者选择“北京油鸡历史悠久，值得传承”选项，15.6%的消费者选择“有传承的意思，但客观不能”选项，16.5%的消费者选择“比起景观类农业文化遗产，显得太单调”选项，18.3%的消费者不清楚，也不关心“北京油鸡”的传承价值。多数调查者认为北京油鸡具有传承悠久历史的价值。

在“您认为有必要对‘北京油鸡’进行农业文化遗产保护”这一样本描述项中，32.6%的消费者选择“非常有必要”选项，36.2%的消费者选择“比较有必要”选项，18.3%的消费者选择“不太有必要”选项，3.6%的消费者选择“完全没必要”选项。

在“您认为保护并发展‘北京油鸡’农业文化遗产是否会给我们带来经济效益”这一样本描述项中，32.6%的消费者选择“可以，而且效益巨大”选项，38.9%的消费者选择“可以，但效益一般”选项，12.9%的消费者选择“不可以，甚至要投入大量资金”选项，15.6%的消费者选择“不一定”选项。多数消费者认为对“北京油鸡”进行农业文化遗产保护会带来经济效益，也有消费者对带来的经济效益持怀疑态度，保护农业文化遗产功在当代，利在千秋。但如果仅从短期利益角度来看，坚持种植传统农作物品种，坚持采用传统的种植方法，势必会因产量的低迷直接影响种田人的利益，甚至动摇他们坚持传统的信心。

在“您认为‘北京油鸡’农业文化遗产的保护需要借助哪些社会力量”这一样本描述项中，28.1%的消费者选择“个人”选项，43.8%的消费者选择“各类公益组织”选项，39.3%的消费者选择“企业”选项，26.8%的消费者选择“事业单位”选项。47.3%的消费者选择“国家政府”选项。多数消费者认为保护“北京油鸡”农业文化遗产需要国家政府的帮助，在中国，政府在农业文化遗产保护过程中所发挥的作用无人能够替代。没有政府的参与，农业文化遗产保护就会成为一句空话。政府在保护农业文化遗产过程中，应该是“管家”的角色，如申报、监督、服务等，还包括品牌的打造、商标的申请、产品的推广、质量的监控、农作物品种的深加工等。也有部分消费者认为保护“北京油鸡”农业文化遗产需要各类公益组织，公益组织也应发挥自身的积极作用，调动民众积极性，协助政府工作。

在“您认为多数农业文化遗产难以继续发展的原因”这一样本描述项中，30.8%的消费者选择“政府支持不够”选项，32.1%的消费者选择“后继无人”选项，16.9%的消费者选择“脱离市场”选项，20.2%的消费者选择“历史所趋”选项。一部分消费者认为多数农业文化遗产难以继续发展的原因是后继无人，由于环境压力的制约和农村空心化现象严重，具备饲养北京油鸡技术的人越来越少，导致北京油鸡濒临灭绝。一部分消费者认为农业文化遗产难以继续发展的原因是政府支持不够，许多城市领导人把发展的中心放在发展第三产业，忽视农业的发展，许多农民企业家在申报农业文化遗产时会遇到审批程序复杂、政府支持力度小等问题。

表 3　消费者对“北京油鸡”认知情况

样本描述项	选　　项	样本数（个）	比重（%）
您知道“北京油鸡”是北京特色农产品吗？	知道	107	47.8
	不知道	117	52.2
您了解“北京油鸡”的哪些历史文化	北京油鸡是宫廷御用膳鸡	72	32
	北京油鸡被列入开国第一宴	50	22.3
	慈禧太后非油鸡不食	57	25.4
	末代皇帝之弟为其题名“中华宫廷黄鸡”	44	19.6
	不了解北京油鸡的历史	76	33.9
您如何看待“北京油鸡”的传承价值	北京油鸡历史悠久，值得传承	96	49.6
	有传承的意思，但客观不能	40	15.6
	比起景观类农业文化遗产，显得太单调	42	16.5
	不清楚，也不关心	46	18.3
您认为有必要对“北京油鸡”进行农业文化遗产保护吗？	非常有必要	73	32.6
	比较有必要	81	36.2
	不太有必要	41	18.3
	完全没必要	29	3.6
您认为保护并发展“北京油鸡”农业文化遗产是否会给我们带来经济效益	可以，而且效益巨大	73	32.6
	可以，但效益一般	87	38.9
	不可以，甚至要投入大量资金	29	12.9
	不一定	35	15.6
您认为“北京油鸡”农业文化遗产的保护需要借助哪些社会力量	个人	63	28.1
	各类公益组织	98	43.8
	企业	88	39.3
	事业单位	60	26.8
	国家政府	106	47.3
您认为多数农业文化遗产难以继续发展的原因	后继无人	69	30.8
	脱离市场	72	32.1
	历史所趋	38	16.9
	政府支持不够	45	20.2

四、发展意见

国家政府应加强对农业文化遗产保护的重视程度，在国际上，继续加强与联合国粮农组织等国际机构的合作，向联合国粮食及农业组织派遣科研学者与专家，不断巩固和加深我国在该领域的话语权；推动相关保护条例的制定，扩大我国的国际影响力[1]；把握好“一带一路”国际合作等时代机遇，与其他国家交流和探讨农业文化遗产保护和发展的经验。在国家内部，应该明确农业文化遗产相关职能部门的职责，包括明确农业文化遗产法律法规的制定和执行主体及其职责[2]。逐步完善我国农业文化遗产保护、开发和利用的制度体系，完善农业文化遗产相关法律法规，例如在《中华人民共和国农业法》及与农业文化遗产相关的其他法律法规中充实和增加农业文化遗产保护、开发和利用等内容[3]。

农业文化遗产保护应以不损害遗产地当地居民的经济效益、生态效益和社会效益为前提，把遗产地居民放在主体地位，调动遗产地居民参与的积极性，这样遗产地居民就能够加入到保护农业文化遗产的工作中[4]。因此构建多方社会参与尤其重要。构建多方参与机制，要借鉴学习法国政府的经验，有效发挥非政府组织机构在保护文化遗产方面的作用[5]。首先要坚持政府的主导作用，鼓励关心农业文化遗产的社会人士发挥自身积极性，社区人员积极参与保护活动，在科技有力支撑下，企业给予资金、人力、资本等方面的介入，同时媒体也可进行全程化的跟踪宣传[6]。

在人才建设方面，借鉴日本和韩国在培养专业人才方面的经验，在农业院校成立文化遗产保护研究机构，在多个领域培养的文化遗产保护人才，农业类博物馆定期举办关于农业文化遗产保护的展览与讲座，并且培养研究生。高等院校、科研机构、农业博物馆和地方政府部门应该密切联系与合作，共同培养出一批研究农业文化遗产保护的专业人才[7]。除此之外，政府应对农业传统技艺传承人给予政策支持和资金补助，鼓励培养农业技艺的接班人[8]。利用街头传媒和公益广告全方位加大关于农业文化遗产保护的宣传力度，不断加强全体公民的保护意识，为我国农业文化遗产保护、传承和发展创造一个良好氛围。

五、结论与展望

农业文化遗产是我国悠久灿烂文化的一部分，继承和保护农业文化遗产是我们的责任与义务。虽然我国在保护农业文化遗产方面存在难以确定数量、技能技艺后继无人的问题，只要我国政府提高重视程度，构建多方参与机制，提高民众的保护意识，我国的农业文化遗产保护会得到进一步的发展。

北京油鸡是一代人的历史记忆，保护北京油鸡的历史，为其成功入选全国重要农业文化遗产项目是我们义不容辞的责任。国家政府和相关保护机构应再接再厉，从政策和法制制度等方面切实保护北京油鸡的发展，努力提高民众的保护意识。相信在不久的未来，北京油鸡能够成功入选全国重要农业文化遗产项目，重拾当年的辉煌。

参　考　文　献

[1] 闵庆文，钟秋毫．农业文化遗产保护的多方参与机制："稻鱼共生系统"全球重要农业文化遗产保护多方参与机制研讨会 [M]. 北京：中国环境科学出版社，2006.

[2] 钟萍．浅论社会主义新农村建设中非物质文化遗产的保护与传承 [J]. 古今农业，2007（2）：90-97.

[3] 王思明，卢勇．中国的农业遗产研究：进展与变化 [J]. 中国农史，2010（1）：3-11.

[4] 韩燕平，刘建平．关于农业遗产几个密切相关概念的辨析——兼论农业遗产的概念 [J]. 古今农业，2007（3）：111-115.

[5] JKostrowicki P. Globally Important Agricultural Heritage System：A shared vision of agriculture，ecological and traditional societal sustainablit [J]. Resources science，2009，31（6）：905-913.

[6] 闵庆文，赵立军，叶明儿．农业文化遗产保护的罗马会议及其主要成果 [J]. 地理研究，2007，26（1）：211-212.

[7] 李文华，闵庆文，孙业红．自然与文化遗产保护中几个问题的探讨 [J]. 地理研究，2006，25（4）：561-569.

[8] 赵立军，徐旺生，孙业红，等．中国农业文化遗产保护的思考与建议 [J]. 中国生态农业学报，2012，20（6）：688-692.

农产品电商众筹发展现状及建议[①]

何临　李华　杨碧波

（北京农学院经济管理学院，北京 102206）

摘要：农业要发展必须满足供给与需求双方的诉求，农产品的需方诉求是保量、保质，农产品的供方诉求是有销路、能获利。那么一方有需求，一方有供给，急需的就是一个起桥梁作用的平台，农产品电商众筹商业模式就是这样一个平台。本文通过介绍农产品众筹和农产品电商的融资及营销模式，并分析二者的发展现状，引出农产品电商众筹商业模式的概念，并介绍其发展现状和存在的问题，最后对其未来的发展进行展望和建议。

关键词：电商；众筹；农产品电商众筹；现状；展望

一、前　　言

2017年中央1号文件持续关注农业，指出现阶段我国农业的主要矛盾为结构性矛盾，其中增加产量与提升品质、库存高企与销售不畅、小生产与大市场等矛盾亟待破解，要求我们顺应新形势新要求，加快培育农业发展新动能。随着农业现代专业化的发展，优质特色农产品需要拓宽市场，农产品供应链营销方式既难以检验优质特色农产品的价值，又难让消费者信赖，致使优质特色农产品的滞销问题凸出，农民增收难，也不利于农业结构的调整。基于此，搭建农产品电商交易平台和鼓励支持农产品众筹融资，不仅能够引领我国传统农业向信息化、标准化、品牌化的现代农业转变，还能让有特色的优质农产品打通销路、迈入大市场。如果要通过培育新动能来化解农业结构性矛盾，农产品电商众筹商业模式就是值得培育的新动能。

二、基本概念

（一）农产品电商

农产品电商是农产品电子商务的简称，农产品电商是将电商系统全面导入农产品销售过程中，依托农产品生产基地和物流配送系统，利用信息技术发布和收集需求、价格

---

① 本文原载于《农业展望》2017年第7期。

等信息，通过网络实现农产品交易和完成货币支付[1]。

（二）农产品众筹

众筹是指从大众投资者处筹集小额资产，为了实现某一特定项目或某一企业融资的一种直接融资方式[2]。在“互联网＋”时代下，作为互联网金融融资模式之一的众筹也已涉足农业领域，农业众筹是指发起者利用互联网平台发布农业项目，向社会公众筹集资金帮助农业项目开展，并给予支持者某种回报的运作模式[3]。基于农业众筹的概念，农产品众筹是指支持者将资金提供给项目发起者（企业或农户）用以生产开发某种优质特色农产品，在该农产品开始对外销售或已经具备对外销售条件后，项目发起者按照众筹双方的约定[4-5]，用开发完成的农产品回报支持者的一种既销售又融资的模式。

（三）农产品电商众筹

农产品电商解决的是供需信息不对称的问题，给农产品供需双方搭建了一个购销平台；农产品众筹是解决农户（或企业）的资金不足问题[6-7]，以及满足支持者对绿色、安全、优质农产品生产体验和尝鲜消费的需求。农产品电商众筹则是“互联网＋农业”的一种新型商业模式，是指具有资源整合协调优势的电商通过搭建农产品众筹平台，将其丰富的资源充分融合到农产品众筹行业，以促使农产品众筹能够顺利高效实现的一种模式。

三、农产品电商众筹发展现状

（一）农产品电商状况

随着互联网的飞速发展，农产品电商成为农产品触网的一个缩影，曾经愁卖的农户现在用网络扩大农产品的销路，促进当地农业发展和农民增收，其推动着农业现代化的发展，据农业部估计，2016 年我国农产品网络零售交易总额可达 2 200 亿元，同比增长 46%。中国农产品电商联盟主办的《2016 农村电子商务回顾与 2017 年形势展望分析会》指出，2016 年农产品电商已经进入“发展期”，我国农产品电商包括网上的期货交易、农产品大宗交易、一般类农产品的网络零售、生鲜农产品网络零售、食材农产品电商、政府网上对接会、农产品电商园区和农产品跨境。目前国内涉农电商平台已超过 3 万家，其中农产品电商平台已达 3 000 家，知名的农产品电商平台有易果生鲜、沱沱工社、我买网、1 号生鲜、许鲜网、顺丰优选、喵鲜生等。

由于农产品电商正处于发展期，而我国尚未实现农业产业化[8]，所以农产品电商还不具备成熟的产业化基础，致使农产品电商的发展受到了诸多因素的制约，其发展过程中也存在许多问题：首先，农产品市场主体的电商意识弱。据国家统计局统计，2016 年我国互联网普及率为 53.2%，其中农村地区互联网普及率达到 33.1%，但农产品电商在农村地区的发展水平仍然有限，主要表现为农民、农产品消费者、农产品经销商对电商的接纳程度较低；其次，农产品电商平台的“羊群效应”。我国农产品电商倾向于盲目地趋同投资，跟风投资“爆款”和热销的农产品，农产品电商平台的同质化建设以及销售的农产品同质化问题严重；再其次，农产品冷链物流设施不完善。我国农产品分类、包装、保鲜、储存、配送等技术水平有限，同时我国农村物流的服务水平、服务速度以及安全性、可靠性等方面较城市物流还有很大差距；最后，农产品难以实现数量和品质的标准化[9]。现阶段我国农产品生产还是比较无序、分散和随机，未能达到标准化生产的水平，农产品的数量和质量不具备一致性，且小农户生产的农产品，品质和数量难以监控和保障。

（二）农产品众筹状况

据人创咨询统计，截至 2016 年底我国农产品众筹的全部项目数为 4 400 个，其中成功项目数为 2 793 个；农产品众筹的成功项目支持人次为 826.16 万人次；农产品众筹的成功项目预期融资额为 3.11 亿元，成功项目已筹金额为 4.68 亿元，超募率［超募率=（已筹金额－预期融资额）/预期融资额］为 50.5%。截至 2017 年 5 月底，我国正常运营的众筹平台共有 455 家，其中产品型众筹平台有 122 家，占比为 26.8%，其中农产品垂直专业领域众筹平台只有 8 家，占比较低，由于我国农业众筹发展尚处于初级阶段，平台数量有限也属正常，这也说明我国农业垂直专业领域众筹平台的发展空间还很大。

人创咨询通过设计一套评级指标体系（体系包括企业背景、运营能力、信息披露、风控及合规性和影响力 5 个一级指标，社会资本、资本实力等 18 个二级指标，52 个三级指标），并采用科学的评级方法，从各类众筹平台中评选出 A+、A、B+、B 4 个等级的众筹平台[10]。本文选取截至 2017 年 6 月 25 日的综合众筹平台、产品众筹平台、农业众筹平台等级情况进行介绍，如图 1 所示：

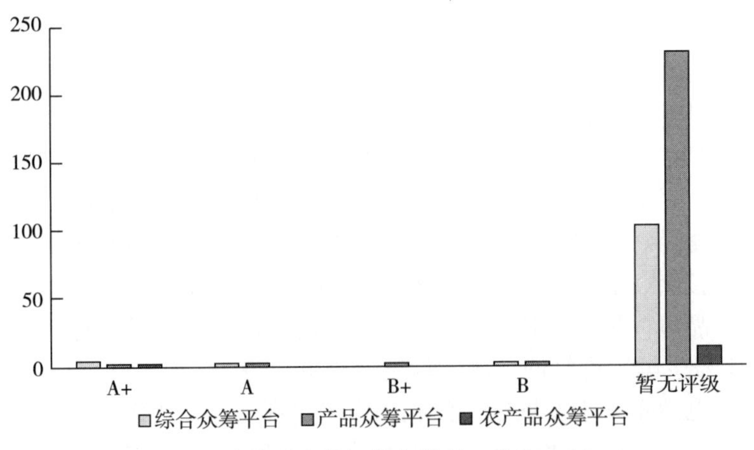

图 1　众筹平台等级分布情况（单位：家）

15 家农产品众筹平台中有 1 家（点筹网）的等级是 A+，其余 14 家没有等级；239 家产品众筹平台中有 1 家的等级是 A+，有 3 家等级是 A，有 3 家等级是 B+，有 3 家等级是 B，其余 229 家没有等级；111 家综合众筹平台中有 4 家（京东金融、淘宝众筹、苏宁金融、众筹网）等级是 A+，有 3 家等级是 A，有 1 家等级是 B，其余 103 家没有等级。

基于上文，我国农产品众筹的发展确实取得了不错的成绩，但是其发展也存在诸多问题：第一，农产品众筹的融资额度较少。农产品发起方自身能力有限且农产品有其自身的特殊性，如果没有开发出高附加值的农产品，很难融到大额资金；第二，某一特定农产品众筹的可持续性差。农产品项目众筹大都是知名度低、存在滞销的有特色的优质农产品进行首次众筹，同一种农产品基本上无法实现在众筹平台上多次融资预售，那么该种农产品的后续销售又成问题，且较低的融资额度进一步导致了众筹发起方成本的提高和盈利的减少，从而降低了企业继续使用众筹进行融资的动力；第三，农产品众筹售后服务经验不足。农产品众筹要求支持者先付款，而后获得众筹产品，其中难免出现产品质量不达标的农产品，现实中由于农产品的认筹资金额度不高（即产品价格较低），支持者收到有质量问题的产品，也不一定选择退货，即便选择退货，也可能由于退货不顺而选择放弃。

（三）农产品电商众筹状况

淘宝众筹、京东金融、苏宁金融是农产品电商众筹领域的翘楚，也是电商领域的巨头，其涉足众筹行业之后，一方面通过农产品电商众筹刷新着农产品消费者的消费观念，也给农产品生产经营者提供了一个融资营销的渠道，既提升了众筹的知名度，又促进了我国众筹行业的发展。随着农产品电商涉足农产品众筹领域，农产品电商众筹也开始逐步发展起来，截至 2017 年 6 月 25 日，不同农产品电商众筹平台的全部项目数、各类细分项目数情况如表 1 所示：

表 1　农产品电商众筹项目数一览表

单位：个

平台＼状态	预热中	众筹中	已成功	失败	合计
淘宝众筹	0	5	2 308	0	2 313
京东金融	3	76	783	2	864
苏宁金融	6	54	344	0	404

数据来源：整理自淘宝众筹、京东金融、苏宁金融。

如表 1 所示，农产品电商众筹的项目成功率较高，淘宝众筹的项目成功率为 100%，京东金融的项目成功率为 99.7%，苏宁金融的项目成功率为 100%。本文统计分析发现，在所有成功农产品电商众筹项目中，高融资额高达 5 809 230 元，目标金额为 500 000 元，完成率为 1 161%，共 98 450 人支持；低融资额低至 1 148 元，目标金额为 1 000 元，完成率为 114%，共 82 人支持。

四、农产品电商众筹存在的问题

（一）农产品电商众筹平台“预售”化趋势明显，弱化了众筹的服务与体验性能

淘宝众筹、京东金融、苏宁金融作为农产品电商众筹领域的翘楚，三家电商众筹平

台上的农产品电商众筹项目，大部分是可以直接在电商平台上购买的农产品，且大多是企业规模化生产的农产品，这样支持者与发起者之间仍是单纯的买卖关系，支持者很难有机会参与体验农产品的生产与开发过程。农产品电商众筹平台将众筹作为自己的另一种新的营销工具（售卖渠道和推广方式），用众筹的概念来推销农产品，农产品电商众筹平台具有明显的销售产品的特性，满足了众筹融资和预售的性能，但弱化了众筹体验与服务的性能。

（二）农产品电商众筹行业项目审核门槛较低，农产品电商众筹项目缺乏创新性

农产品电商众筹平台对农产品项目的审核门槛低，表现为针对农产品众筹项目没有设立一套科学严谨的准入界限和标准；其次农产品电商众筹项目很多是没有特色的普通农产品，且农产品同质化程度较高。由于农产品的自然属性较强，农产品本身原始价值差异较小且农产品附加值的开发又不足，加之农产品电商众筹平台上的农产品发起者多为农产品生产经营企业，致使在农产品电商众筹平台上的农产品电商众筹项目缺乏创新性、多样性。

（三）农产品电商众筹行业社会监管与征信体系建设不完善

其一，农产品电商众筹行业的发展尚不成熟[11]，缺乏专业的行业协会督促该行业进行自律监管，行业协会等社会组织的缺失也降低了对农产品电商众筹行业的社会监管力度，尽管有相关法律法规的出台，但是法律法规只是通过设立最低行业标准来规范行业活动，不同的农产品电商众筹平台其贯彻落实法律法规的操作存在差异，参与农产品电商众筹的支持者就会面临许多不确定性的潜在风险；其二，农产品电商众筹平台作为农产品电商众筹活动的中介，负有对用户资质审核认证的责任，具体包括对项目信息、用户身份信用信息的审核等，由于我国民间版的个人征信体系尚未形成，农产品电商众筹征信系统又未实现与传统金融征信系统的对接，这不利于防范农产品电商众筹中存在的多方信用风险。

五、展望及建议

农产品电商众筹商业模式要求农产品电商、农户、农产品经营者等农业从业者培养农产品众筹意识和逐渐提高农产品众筹能力，这种农产品众筹融资与农产品电商营销融合的商业模式能够给农产品提供一个高水平的舞台，其不仅能够满足农产品消费者和生产者的诉求，还能够保证农产品电商的利益。农产品电商众筹作为“互联网+”时代下的新型商业模式，在初始萌芽阶段肯定会面临诸多挑战，同时也是时代给农产品带来的一个发展机遇，只要充分开发出农产品电商众筹创意项目，做好农产品电商众筹的项目包装设计与风险防范，加强与农产品电商众筹支持者的互动，使农产品电商众筹得到大众的认可和接纳，农产品电商众筹行业就会不断发展壮大。但为了促使农产品电商众筹的更好发展，笔者认为该行业各相关主体应该做到：

（一）农产品电商众筹平台

农产品电商众筹平台（即具有电商背景的众筹平台），应该坚持众筹的初衷与本质，兼顾众筹的融资与销售性能，不要让众筹仅仅成为电商的一种营销工具，要将电商平台的雄厚资源更多地投入到众筹平台的运营建设、人才培养、众筹项目的挖掘等工作中去。众筹是大众的，不是专属于少数人的，农产品电商众筹平台要给大多数“草根”涉农人提供一个融资的平台，而不仅仅是给农产品品牌公司提供一个销售平台。要提高项目成功率，农产品电商众筹的项目包装设计很关键，要将发起者的背景故事、创意、特色、愿景等通过文字、音频的方式全面精美地展现在众筹页面。尽可能兼顾发起者、支持者、电商众筹平台的利益和诉求，打造共赢局面，从而最大化地实现农产品电商众筹的社会价值。

（二）农产品电商众筹发起者——农产品生产者和经营者

目前，农业的弱质性以及农业融资难的困境、优质农产品的滞销问题、农户的增收问题、农业小微企业资金不足等问题未能破解，农户和农产品经营者应该转变观念，培养互联网电商众筹意识，学习互联网电商众筹知识与技术，了解电商众筹行业资讯，把握住“互联网＋”时代给农产品发展创造的机会。农产品电商众筹项目同质化和缺乏创意性，所以农产品电商众筹发起者应该注重创意农产品项目的开发，给农产品电商众筹行业输送更多既有特色又有高附加值的农产品。

（三）农产品电商众筹支持者——农产品消费者

众筹是互联网金融模式之一，农产品电商众筹既是一种营销方式，也是一种投融资方式，在其发展过程中农产品电商众筹支持者不仅是农产品的消费者，也是农产品电商众筹融资的投资者，投融资必然存在一定的风险，农产品电商众筹虽然认筹额较低，单项认筹额度一般在百元以内，但农产品电商众筹门槛较低、农产品的多样性、农产品项目同质化较高，支持者支持项目后会遇到发起者延迟交货、产品存在质量问题、回报无法实现、售后服务、消费者维权等问题。所以农产品电商众筹支持者应该提高电商众筹的风险意识以及消费者的维权意识，其次应该理性众筹，学会识别和防范农产品电商众筹中存在的潜在风险。

（四）有关部门应鼓励农产品电商平台进入众筹行业，但也要加强监管

有关部门应鼓励和支持农产品电商平台发展众筹业务，给予一定的资金支持和出台具有引导性的鼓励政策；同时，也要完善农产品电商众筹相关政策法规，应对农产品电商众筹平台的准入条件、日常运营、项目管理等设立基本的规范标准，保证农产品电商众筹平台能够健康、规范运营，确保农产品电商众筹行业能够良性发展。

参　考　文　献

[1] 熊望高．农产品电子商务：中国农产品营销创新新概念［J］．农村经济与科技，2001（5）：4-5.

[2] 王晓宇．浅析众筹融资的定义与特点［J］．商，2015（15）：197，175.

[3] 张雅，孙晓辉．农业众筹的起源、特点与未来［J］．中国农业大学学报（社会科学版），2016（6）：96-105.

[4] 马铮．产品众筹中的需求链思考［J］．销售与市场（评论版），2015（12）：39.

[5] 钟超．中国众筹平台的羊群行为研究［D］．南京：南京大学，2015.

[6] 刘超．产品众筹中若干风险问题浅析［J］．现代经济信息，2015（6）：337.

[7] 梁清华．我国众筹的法律困境及解决思路［J］．学术研究，2014（9）：51-57.

[8] 李连根．“农超对接”助推合作社发展——“上海皇母蟠桃种植专业合作社”“农超对接”活动回顾［J］．农民致富之友，2013（2）：11-12.

[9] 张晓娟．农村城镇化与农业电子商务的和谐发展之路［J］．经济研究导刊，2011（30）：53-54.

[10] 众筹家．2016 中国众筹行业发展年报［R/OL］．（2017-03-10）［2017-04-09］．http：//www.zhongchoujia.com/data/27000.html

[11] 袁毅．中国众筹的概念、类型及特征［J］．河北学刊，2016（2）：133-137.

04

第四篇　组织模式与农户参与

牧户加入牧民专业合作社影响因素分析[①]

——以内蒙古为例

张瑞荣　方园　李直　刘海涛

（内蒙古大学经济管理学院，呼和浩特 010021）

摘要：牧区生存环境严酷，牧民生产技能单一，面对日益激烈的市场竞争，牧民小生产与大市场的矛盾更为突出，牧民更需要互助合作。本文收集整理相关数据，运用二元选择模型分析了影响牧户加入牧民专业合作社的主要因素。研究发现，户主受教育程度、是否为干部、牧业收入占家庭收入比重、购入草料占家庭支出比重、是否雇工对牧户是否加入合作社有显著正向影响。相对于农户，牧户更需要加入牧民专业合作社，而能人、干部的培训和引进至关重要，政策引导、合作社示范也是必不可少的力量。

关键词：牧户；专业合作社；影响因素；二元选择模型；行为研究

一、引　　言

牧区属于边疆少数民族聚居区，地处偏远，自然气候条件恶劣，信息相对闭塞。牧户居住分散，牧民文化程度较低，以放牧为主，收入来源单一。草畜双承包调动了牧民的生产积极性，草原生态补助奖励政策也给予牧民一定的生活保障，但人口的增加、子女的另立门户导致户均草场面积不断减少，虽然草场确权、围栏建设有利于产权明晰，但草原的细碎化不利于草原的可持续利用。

由于农区、半农半牧区畜牧业的快速发展以及进口畜产品的不断增加，畜产品由过去的卖方市场转变为买方市场，畜产品价格下降而饲养成本上升，牧民增收陷于困境。牧民是草原的主人，草原生态保护建设的主体，只有牧民收入稳定和逐步增加，才能有效地促进草原的科学利用，有效地解决草原生态保护和牧民增收的矛盾。

牧民专业合作社是在牧区家庭承包经营基础上，同类畜产品的生产经营者或者同类牧业生产经营服务的提供者、利用者，自愿联合、民主管理的互助性经济组织。牧民专

① 项目来源：国家自然科学基金资助项目“草原生态保护补奖机制下牧区肉羊产业养殖模式的实证研究”（编号：71363034），国家级“创新团队发展计划”项目——资源型产业与资源富集地区经济可持续发展（编号：IRT1258）。

业合作社以其成员为主要服务对象，提供牧业生产资料的购买，畜产品的销售、加工、贮藏以及与农牧业生产经营有关的技术、信息等服务。牧户加入牧民专业合作社有利于生产要素重新组合，降低生产成本，提高产品销售价格，实现草原生态保护和牧民增收的目标。

已有的研究主要针对农区[1-12]，对牧区合作社问题的研究较少[13,14]。牧民专业合作社发展的现状怎样？牧户加入合作社的主要影响因素是什么？本文通过对牧区牧户的实地调研，展开相关分析。

二、牧民专业合作社发展基本情况

（一）牧民专业合作社的特征

自愿、自治和民治管理是合作社制度最基本的特征。牧民专业合作社是合作牧场的初级形式，牧民以“自主自愿、收益共享、风险共担”为基本原则，是在牧业生产、加工和运销等环节中建立起来的合作经济形式。牧区牧民专业合作社同历史上的集体经济（人民公社）有所不同。牧民专业合作社在原则上强调“入社自愿，退社自由”和成员合法拥有财产。宗旨是为成员服务。最突出的特点是，内部成员既是生产者又是所有者。管理方面实行民主管理制，强调合作社成员共同管理社内事物。在组建形式上都是由牧民自发组建的。

（二）牧民专业合作社是提高牧民市场竞争力的一种经济组织形式

合作社对于成员资本的积累有着重大的影响，提升了小农在市场中的地位，并增加了农牧民的收入[15,16]，通过成员信息共享等，提升了农户间的信任度和满意度[17]；有利于农牧业技术的改进、推广和创新[18]，提高了行业的集约化程度；有利于提高农畜产品质量；有利于进行产品品牌创新，增加高附加值产品[19]，促进农牧业产品商品化[16]。

（三）牧民专业合作社发展的类型

根据形成主导机制，合作社可分为市场推动型和政府推动型两种。前者为市场主体在市场竞争中自愿组合，后者为政府政策引导，主要是项目推动。

根据带头人不同，合作社发展模式可以分为干部带动型、龙头企业领办型和能人带动型。干部信息灵通，具有贯彻上级意图的责任和组织农牧民致富的愿望；龙头企业在合作社中可以解决资金源和产品加工销售问题；而养殖大户、技术能人，头脑灵活，具有特长，但单个生产经营没有优势，联合周边牧民组建合作社，可以实现规模经营和专业化分工，优化资源配置，提高生产经营效率。

（四）牧民专业合作社发展现状

自2007年《中华人民共和国农民专业合作社法》实施以来，我国合作社实现了井喷式的发展，合作社无论是在数量上还是质量上都有了较大的进步。根据统计数据显示，2016年内蒙古农牧民专业合作社已达到77 710个，合作社的种类也呈现出多样化，如图1所示。

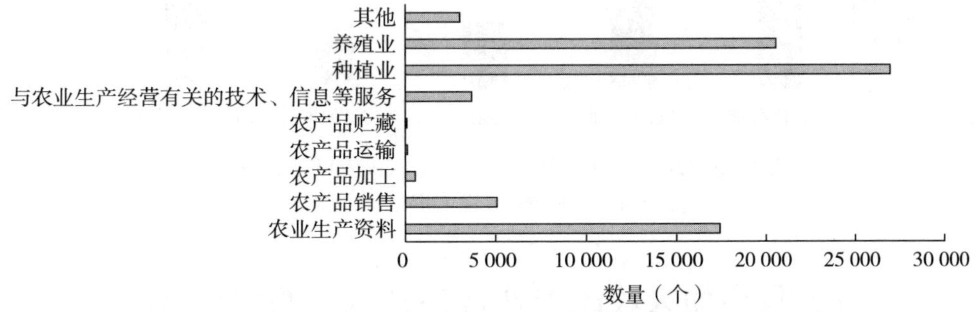

图1　内蒙古农牧民专业合作社分类情况

数据来源：国家工商行政管理总局

内蒙古自治区牧民专业合作社发展也表现出良好的势头，发展较为迅速，2009—2015年，内蒙古牧民专业合作社由882个发展到14 500个，其中政策引导型成立的牧民专业合作社居多，畜牧业养殖合作社比例达70%左右，如图2所示。但是相对于农民专业合作社的发展，牧民专业合作社所占比例还比较低，如图3所示。各牧业旗加入牧民专业合作社的人数大多占牧民总人数的50%以下，牧民专业合作社发展比较缓慢，见图4。

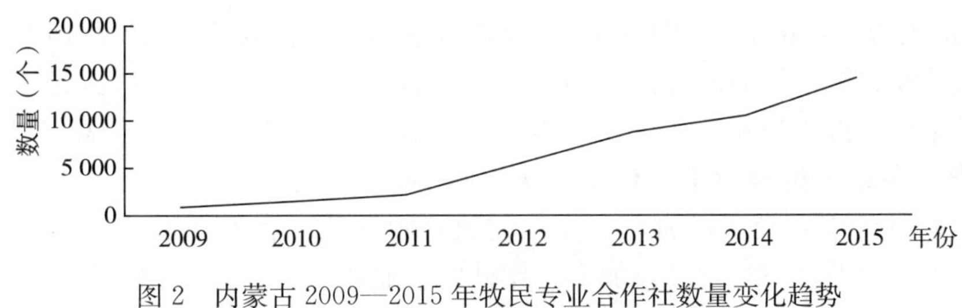

图2　内蒙古2009—2015年牧民专业合作社数量变化趋势

数据来源：内蒙古农牧业厅

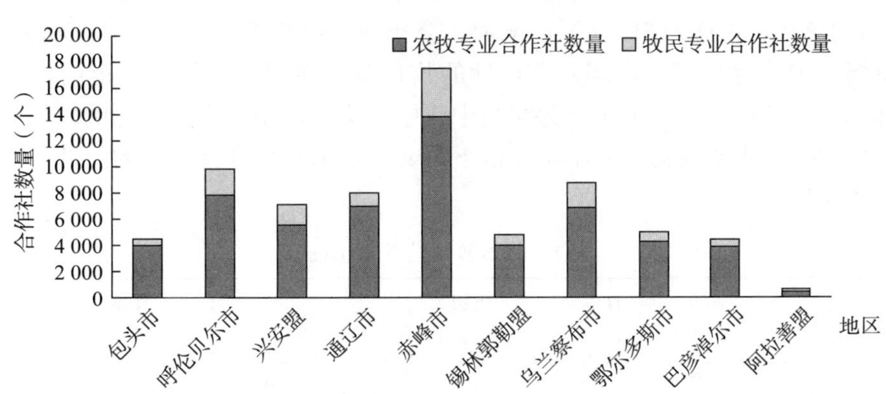

图3　内蒙古2015年各盟市农牧民专业合作社

数据来源：内蒙古各盟（市）农牧业局

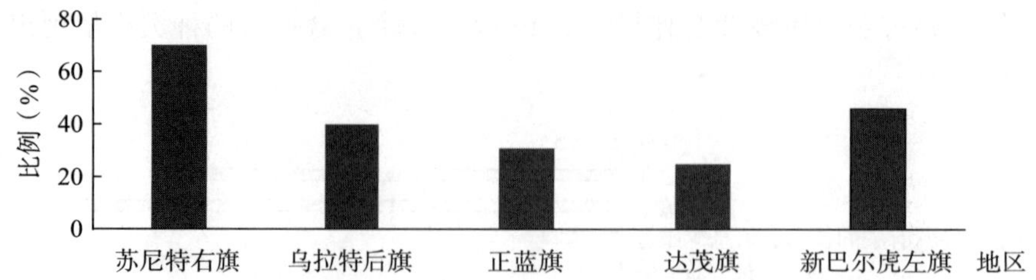

图 4　加入合作社的牧民人数占全旗牧民人口总数的比例
数据来源：内蒙古各盟（市）农牧业局

三、牧户加入牧民专业合作社意愿的实证分析

（一）样本户的确定和特征

牧民专业合作社发展目前处于初级阶段，2016 年 4～10 月，课题组选取内蒙古牧区牧户作为研究对象，涉及 6 个盟（市），每个盟（市）选择 1～2 个旗（县），每个旗（县）选择两个苏木。每个苏木再根据收入状况抽取一定比例的牧户作为调查对象，平均每个苏木调查 10 户，发放问卷 190 份，回收有效问卷 179 份，问卷有效率为 94.2%。

调查发现，179 个样本户中，有 59 户牧户加入了牧民专业合作社，占比为 32.96%。加入合作社的 59 户中有 17 户为党员家庭，占比为 28.81%，13 户为干部家庭，占比为 22.03%。未加入合作社的 120 户中有 26 户为党员家庭，占比为 21.67%，8 户为干部家庭，占比为 6.67%，加入合作社的牧户党员和干部比重较高；加入合作社的平均每户养畜数量折合为羊单位 222.78 只，未加入的户均养畜数量折合为 190.06 只，加入合作社的养畜较多；加入合作社的牧户牧业收入占其总收入比重为 94.93%，未加入合作社的占比为 83.42%，加入合作社的牧业收入占总收入比重较大；加入合作社的 59 户中 45 户有雇工，占比为 76.27%，未加入合作社的 120 户中有 21 户雇工，占比为 17.5%，加入合作社的雇工较多；加入合作社的牧户草场面积均值为 7 549.14 亩，有 20 户租用草场，占比为 33.90%，未加入合作社的牧户草场均值为 7 158.70 亩，33 户租用草场，占比为 27.5%，加入合作社的牧户草场面积均值较大，租用草场比重也较大；加入合作社的牧户户主主要为初高中或中专文化，小学及以下比例较低，未加入合作社的牧户户主主要为初中、小学及以下，文化水平较加入合作社的要低。样本户基本特征如表 1 所示。

表 1　样本牧户的基本特征

类别	样本（户）	比例（%）	类别	样本（户）	比例（%）
户主年龄			35～50 岁	89	49.70
＜35 岁	13	7.26	50～65 岁	63	35.20

（续）

类别	样本（户）	比例（%）	类别	样本（户）	比例（%）
>65 岁	14	7.80	拥有草场面积		
文化程度			<1 000 亩	21	11.70
小学及以下	74	41.30	1 000～5 000 亩	60	33.50
初中	55	30.70	5 000～10 000 亩	67	37.40
高中或中专	35	19.60	>10 000 亩	31	17.30
大专及以上	15	8.40	是否租用草场		
是否是苏木或嘎查领导			租用	53	29.60
领导	21	11.70	未租用	126	70.40
非领导	158	88.30	是否雇工		
是否是党员			雇工	66	36.90
党员	43	24.00	未雇工	113	63.10
非党员	136	75.90	牲畜销售途径		
养殖规模			经纪人	146	81.60
<50 只	31	17.30	企业收购	13	7.30
50～200 只	73	40.80	冷库	18	10.10
200～350 只	38	21.20	活畜交易市场	2	1.10
350～500 只	25	13.90	距离旗政府距离		
≥500 只	12	6.70	<50 千米	80	44.70
牧业收入占家庭收入的比例（%）			50～100 千米	60	33.50
<0.25	6	3.40	100～200 千米	30	16.80
0.25～0.5	10	5.60	>200 千米	9	0.05
0.5～0.75	19	10.60	绵羊的销售价格		
≥0.75	144	80.40	<400 元/只	13	7.30
购入草料占家庭支出比例（%）			400～600 元/只	106	59.20
<0.25	36	20.10	600～800 元/只	38	21.20
0.25～0.5	49	27.40	≥800 元/只	22	12.30
0.5～0.75	63	35.20			
≥0.75	31	17.30			

注：根据调研数据整理。

（二）模型构建与模拟结果

1. 确定模型变量

蔡荣等（2012）利用二元选择模型分析了农户加入合作社的影响因素[20]。结果表明，农户加入合作社行为不仅受农户自身文化程度、年纯收入、生活消费水平、对合作社的满意程度、对管理层的信任程度、对合作社提供服务的认知度、对销售收益的满意度、在合作社中的角色差别等的影响[21]，还受到其他因素，如外部环境等的影响[22]，这些因素包括：市场交易价格的波动、当地经济发展水平、农业技术的推广和使用情况、合作社盈余返还分配制度、社员股金制度是否健全、合作社实行自由退出制度等[23]。此外，张莹等（2016）研究发现，与市场交易模式相比，家庭成员中有人担任过或者正在担任村或村以上干部的农牧户更倾向于选择加入合作社[24]。

农户加入合作社的意愿主要受信息获取度、会员身份、参加研讨会的频率、教育程度、享受的服务等因素的影响[25-26]。

综合以前学者的研究成果，结合草原牧区的特点，从以下 3 个方面分析影响牧户加入牧民专业合作社的相关因素（表 2）。

（1）牧户户主自身特征。牧户基本特征包括户主年龄、受教育程度、是否是苏木或嘎查干部、是否是党员等。

（2）牧户经营特征。牧户经营特征包括养殖规模，草场总面积，牧业收入占家庭收入比重等。

（3）外部环境因素。外部环境因素包括牧户距离旗政府的距离、牲畜的交易价格等。

表 2　模型变量选择及说明

变量名称	变量赋值	说　　明
Y 是否加入合作社	0 或 1	1：是；0：否
X_1 户主年龄	实际年龄	单位：岁
文化程度 $D_k(k=1,2,3,4)$	虚拟变量	$D_1=1$ 表示小学及以下，否则 $D_1=0$；$D_2=1$ 表示初中，否则 $D_2=0$；$D_3=1$ 表示高中或中专，否则 $D_3=0$；$D_4=1$ 表示大专及以上，否则 $D_4=0$；引入 3 个虚拟变量，D_1 作为参照组
X_3 是否是苏木或嘎查干部	0 或 1	1：是；0：否
X_4 是否是党员	0 或 1	1：是；0：否
X_5 养殖规模	绵羊只数	单位：只
X_6 牧业收入占家庭收入比重	具体数值	
X_7 购入草料占家庭支出比重	具体数值	

（续）

变量名称	变量赋值	说　明
X_8 拥有草场面积	农户实际承包草场面积与租用草场面积之和	单位：亩
X_9 是否租用草场	0 或 1	1：是；0：否
X_{10} 是否雇工	0 或 1	1：是；0：否
销售途径 $S_j(j=1,2,3,4)$	虚拟变量	$S_1=1$ 表示经纪人，否则 $S_1=0$；$S_2=1$ 表示冷库，否则 $S_2=0$；$S_3=1$ 表示活畜交易市场，否则 $S_3=0$；$S_4=1$ 表示企业收购，否则 $S_4=0$；引入 3 个虚拟变量，S_1 作为参照组
X_{12} 距离旗政府距离	实际距离	单位：千米
X_{13} 绵羊的交易价格	调查价格	单位：元/只

2. 模型构建

研究牧民加入合作社行为决策的影响因素，牧户是否加入合作社，可能性有两种，要么加入合作社（其概率为 p_i），要么没有加入合作社（其概率为 1-p_i），采用二元 Logit 模型分析。

$$\ln\left(\frac{p_i}{1-p_i}\right)=\beta_0+\beta_1X_{1i}+\beta_2X_{1i}^2+\beta_3D_{2i}+\beta_4D_{3i}+\beta_5D_{4i}+\beta_6X_{3i}+\beta_7X_{4i}+\beta_8X_{5i}+\beta_9X_{6i}+\beta_{10}X_{7i}+\beta_{11}X_{8i}+\beta_{12}X_{9i}+\beta_{13}X_{10i}+\beta_{14}S_{2i}+\beta_{15}S_{3i}+\beta_{16}S_{4i}+\beta_{17}X_{12i}+\beta_{18}X_{13i}+\mu_i \tag{1}$$

（i=1，2，3，……，179）

式中，$\ln\left(\frac{p_i}{1-p_i}\right)$ 表示牧户是否加入合作社的概率，β_0 为常数；$\beta_1,\beta_2,\cdots\cdots,\beta_{18}$ 为待估参数；μ_i 为随机误差项。

3. 模型估计

用 stata10 对模型进行 Logit 分析，在分析过程中通过 vif 检验，得出 vif 统计值低于 10，即模型中各变量之间不存在多重共线性。

估计结果如下（表 3）：

表 3　模型估计结果

	系数	标准误	Wald 值	显著性概率
X_1	0.592**	0.270	2.190	0.028
X_1^2	−0.005**	0.003	−2.040	0.041
D_2	0.798	0.679	1.170	0.240
D_3	2.239***	0.826	2.710	0.007
D_4	2.371***	0.287	2.290	0.005

（续）

	系数	标准误	Wald 值	显著性概率
X_3	3.395***	1.202	2.820	0.005
X_4	−0.497	0.688	−0.720	0.470
X_5	−0.006**	0.003	−2.400	0.017
X_6	5.259***	2.014	2.610	0.009
X_7	5.028***	1.427	3.520	0.000
X_8	0.000	0.000	0.950	0.341
X_9	0.013	0.724	0.020	0.985
X_{10}	4.225***	0.934	4.520	0.000
S_2	.	.	.	.
S_3	.	.	.	.
S_4	.	.	.	.
X_{12}	0.005	0.005	0.950	0.344
X_{13}	−0.005**	0.002	−2.220	0.026
卡方检验值			127.790	
对数似然函数值			−49.570	
Pseudo R^2			0.563	
显著性水平			0.000	
观察值个数			179	

注：*，**，*** 分别表示在 10%，5%，1%的水平上显著。

根据上述回归结果可知，X_1 和 X_1^2（户主年龄，年龄的平方）、D_3、D_4（文化程度）、X_3 是否是苏木或嘎查干部、X_5 养殖规模、X_6 牧业收入占家庭收入比重、X_7 购入饲草料占家庭支出比重、X_{10} 是否雇工、X_{13} 绵羊的交易价格，这 10 个变量分别在 10%、5%和 1%的显著性水平上，对于牧民是否加入合作社有显著影响，其他因素影响并不显著。牲畜销售途径 S_2、S_3、S_4 三个虚拟变量未显示结果，是因为在整个数据中，加入合作社和未加入合作社的牧民，牲畜的销售途径主要都为经纪人，其他销售途径所占比例较少，所以在 Stata10 中未显示结果。

4. 结果分析

户主年龄对于牧户是否加入合作社影响是先增大，60 岁达到最大，之后减小。中年人相对于年轻人和老年人更愿意加入合作社。

相对于小学及以下文化教育程度的牧户，初中文化程度的牧民与之选择是否加入合作社没有显著差异，高中或中专、大专及以上对于牧户加入合作社影响为正，即牧户文化程度越高，选择加入合作社的可能性越高。

是否是苏木或嘎查干部对于牧户是否加入合作社的影响是正的，即如果是苏木或嘎查干部，或曾经担任过政府部门的一些职务，则其选择加入合作社的可能性更高。说明这些牧户对于国家奖励补贴的政策比较了解，接受和处理信息能力较强，加入合作社比较积极。

养殖规模影响显著，但加入合作社的意愿与规模大小负向变动，这与预期相冲突。可能是牧户养殖规模越小，生产生活越困难，越需要得到合作社服务；也可能是规模大，实力强，更愿意自主经营，发展家庭牧场，这个问题需要继续观察。

牧业收入占家庭收入的比重对于牧户加入合作社影响显著，牧业收入占家庭收入比重越高，专业性越强，更愿意合作。

购入草料占家庭支出的比重对于牧户加入合作社影响显著，在调查的牧户中，几乎所有牧户都需要购买牧草，并且购买牧草的支出占家庭总支出的30%～40%，有些牧户家庭甚至能达到80%左右，如此高的成本使草原畜牧业和牧民生计变得非常脆弱。牧户为提高议价能力、降低成本会积极加入合作社。

是否雇工对于牧户是否加入合作社影响为正。牧区劳动项目繁重，放牧、接羔、剪毛、牲畜饮水、清圈、买卖等，都需要劳动力。雇工说明劳动力缺乏，需要互助合作。

绵羊的交易价格越低，牧户越倾向于加入合作社。畜牧业收入是牧户收入的主要来源，牧户为提高绵羊的交易价格，选择积极加入合作社，增加在市场中的话语权。

拥有草场面积大小、是否是党员对于牧户是否加入合作社影响不显著。是否租用草场、距离旗政府距离对于牧户是否加入合作社影响不显著。草场类型决定了草地的生产能力，牧户拥有的草场面积因草场类型不同而相异，因此，草场面积大小不是影响牧户加入合作社的主要因素。嘎查干部基本是党员，在牧民专业合作社组织中起到了带头作用。牧民专业合作社是一个经济组织，普通党员在带领牧民共同富裕道路上因人因地因时制宜，各自发挥着积极作用。

四、结论与讨论

研究发现：户主受教育程度、是否为干部、牧业收入占家庭收入比重、购入草料占家庭支出比重、是否雇工对牧户是否加入合作社有显著正向影响。牧户加入牧民专业合作社，可以得到相应的服务，提高生产经营的效率，实现降低生产销售成本增加收益的目的。嘎查干部和能人在引领牧民专业合作社的建设中做出了显著贡献。不同于农民，牧民技能单一，一年四季比较繁忙，生存环境严酷，互助合作，才能摆脱困境。

（一）能人、干部是促进牧户加入牧民专业合作社的重要力量

吸引能人，培训干部，有利于带领牧户走向互助合作的道路。但现实是牧民受教育程度普遍为初中及以下，居住分散，信息不灵，在严酷的市场竞争中缺乏话语权，处于被动孤立局面，特别是资金、技术投入、产品销售更需要合作力量。所以培养、吸引为牧民致富的人才是各级政府努力的方向。

（二）牧户的行为选择有其特殊性，牧户更需要牧民专业合作社组织，更需要示范和引导

牧户的选择受草原生态保护补奖政策的约束，牲畜既是生产资料又是产品，受资

源、气候、环境约束，受资金、技术、劳动力短缺的约束，牧户更需要互助合作，更需要政策支持。不能照搬农区政策，要深入了解牧区、牧民特色，加强信息平台建设和新型职业牧民培训，增强牧民专业合作社的示范引领作用，加大牧民专业合作社的宣传力度，依据相关法律法规规范合作社的行为，采取有效政策引导牧户加入专业合作社，建设草原特色品牌，实现草原生态保护约束机制下的牧民增收目标。

参　考　文　献

[1] 邓衡山，徐志刚，应瑞瑶，等．真正的农民专业合作社为何在中国难寻？——一个框架性解释与经验事实［J］. 中国农村观察，2016（4）：72-83.

[2] 邓衡山，王文烂．合作社的本质规定与现实检视——中国到底有没有真正的农民合作社？［J］. 中国农村经济，2014（7）：15-38.

[3] 孔祥智．合作社在农业供给侧改革中的作用［J］. 中国农民合作社，2016（3）：42-42.

[4] 廖小静，应瑞瑶，邓衡山，等．收入效应与利益分配：农民合作效果研究——基于农民专业合作社不同角色农户受益差异的实证研究［J］. 中国软科学，2016（5）：30-42.

[5] 赵晓峰，付少平．多元主体、庇护关系与合作社制度变迁——以府城县农民专业合作社的实践为例［J］. 中国农村观察，2015（2）：2-12.

[6] 赵晓峰．农民专业合作社制度演变中的“会员制”困境及其超越［J］. 农业经济问题，2015（2）：27-33.

[7] 苑鹏．农民合作社：引导小农生产进入现代农业轨道［J］. 中国农民合作社，2017（7）：16-17.

[8] 谭银清，王钊，陈益芳．西方农业合作社演化对我国农民专业合作社异化的启示［J］. 现代经济探讨，2015（5）：74-78.

[9] 吴金红，马丁丑．欠发达地区农民专业合作社异化测度及实证分析——基于甘肃省示范性合作社的调研［J］. 农业现代化研究，2015，36（1）：57-61.

[10] 蔡荣，马旺林，王舒娟．小农户参与大市场的集体行动：合作社社员承诺及其影响因素［J］. 中国农村经济，2015（4）：44-58.

[11] 张晓山．关于中国农民合作社可持续发展的几个问题［J］. 中国合作经济，2014（10）：4-6.

[12] 黄胜忠，伏红勇．成员异质性、风险分担与农民专业合作社的盈余分配［J］. 农业经济问题，2014（8）：57-64.

[13] 宝力道．内蒙古牧民专业合作社发展现状及对策研究［D］. 北京：中央民族大学，2013.

[14] 田艳丽，修长柏．牧民专业合作社利益分配机制与绩效的典型相关分析——以内蒙古自治区为例［J］. 农业现代化研究，2014，35（6）：727-732.

[15] Fischer E，Qaim M. Linking smallholders to markets：determinants and impacts of farmer collective action in Kenya［J］. World Development. 2012（6）：1255 -1268.

[16] Verhofstadt E，Maertens M. Smallholder cooperatives and agricultural performance in Rwanda：do organizational differences matter?［J］. Agricultural Economics，2014（3）：39-52.

[17] Dagne Mojo，Fischer C，Degefa T，et al. Social and environmental impacts of agricultural cooperatives：evidence from Ethiopia［J］. International Journal of Sustainable Development and World Ecology. 2015，22（5）：388-400.

[18] Tadesse G，Francesconi G N，Getnet K，et al. Impact of agricultural cooperatives on smallholders' technica efficiency：empirical evidence from ethiopia［J］. Annals of Public and Cooperative Economics，2014（2）：257-286.

[19] Achilleas Kontogeorgos. Brands, quality badges and agricultural cooperatives: how can they co-exist? [J]. The Tqm Journal, 2012 (1): 72-82.

[20] 蔡荣，韩洪云．农户参与合作社的行为决策及其影响因素分析——以山东省苹果种植户为例[J]. 中国农村观察，2012 (5): 32-40.

[21] 张启文，周洪鹏，吕拴军，等．农户参与合作社意愿的影响因素分析——以黑龙江省阿城市料甸乡为例 [J]. 农业技术经济，2013 (3): 98-104.

[22] 马彦丽，施铁坤．农户加入农民专业合作社的意愿、行为及其转化——基于 13 个合作社 340 个农户的实证研究 [J]. 农业技术经济，2012 (6): 101-108.

[23] 孙亚范，余海鹏．农民专业合作社成员合作意愿及影响因素分析 [J]. 中国农村经济，2012 (6): 48-58.

[24] 张莹，肖海峰．农牧户产业链纵向协作模式选择意愿及影响因素分析——基于羊绒产业的调研数据 [J]. 农业现代化研究，2016, 37 (4): 709-715.

[25] Nugusse W Z, Huylenbroeck G V, Buysse J. Determinants of rural people to join cooperatives in Northern Ethiopia [J]. International Journal of Social Economics. 2013 (11): 1094-1107.

[26] Gijselinckx C, Bussels M. Farmers' cooperatives in Europe: social and historical determinants of cooperative membership in agriculture [J]. Annals of Public and Cooperative Economics. 2014 (4): 517-530.

西藏以农牧结合为基础的畜牧业发展路径探究

余成群　曲云鹤　孙维　武俊喜　李少伟
（中国科学院地理科学与资源研究所生态系统网络观测与模拟重点实验室拉萨高原生态试验站）

摘要：西藏以农牧结合为基础的畜牧业发展经历了经营主体变革、农牧结构调整和转型专业化三个阶段。经过进程分析发现，西藏畜牧业发展路径既受政策、制度、资源和科技等外部因素影响，也受农牧结合体系内生因素有机肥、饲料粮和饲草料等以及外生因素化肥、农用机械等的影响。经过内外因素比较得出的研究结论是，外部因素作用于外生因素，引起数量型专业化；外部因素作用于内生因素，引起质量型专业化；西藏大力发展的种草养畜属于质量型专业化，环境污染外部效应实现内部化，符合农牧结合发展规律。最后，提出西藏加快草食畜牧业专业化发展、调整农牧业补贴政策、合理引导农牧业科技发展和培育农牧结合新型经营主体等建议。

关键词：西藏；农牧结合；畜牧业发展路径

一、引　　言

全世界存在天然草地放牧、农牧结合和工业化牧场三种畜牧业生产方式[1]。最原始的天然草地放牧生产粗放，几乎不投入任何成本，产品相对环保安全，但存在生态超载、出栏率低的限制，无法与现代需求相匹配；工业化牧场在为人们提供大量肉蛋奶等畜产品的同时，也带来严重的环境污染问题，发展受到严重质疑和资源制约[2]。近年来，被国内外学者普遍推崇的生产方式当属农牧结合方式，不但经济效益比专业化饲养高[3]，最重要的是有利于土地、水等资源的健康，是最可持续的发展方式[4]。根据Steinfeld（1996）[5]定义的农牧结合型牧业生产，即农业及其副产品10%以上用于饲喂牲畜，或农牧业产值10%以上来自非牧业产品生产，同时，农牧结合也是继农业（生存农业）和牧业（天然草地放牧）分离后，牧业生产发展的更高级阶段[1,6-8]。1990年西藏55个县（市）51.07%的地区牧业生产已进入农牧结合发展阶段，2009年已扩大到63个县（市）58.78%的地区，2010年继续扩大到64个县（市）61.41%的地区，并保持至今。2015年，该地区生产的粮食、牛羊肉类和奶类产品产量分别占全区总量的99.77%、82.61%和88.39%。农牧结合在自身演进发展中也推动西藏畜牧业不断发展。

二、进程回顾

根据发达国家和发展中国家农牧结合演进规律[6,7,9-14]，以及西藏农牧业发展特点，本文认为西藏以农牧结合为基础的畜牧业发展进程主要分为如下几个阶段：

第一阶段（1959—1984 年），农牧业经营主体变革期。农牧结合经营主体由农户家庭到人民公社，又回到农户家庭。

西藏农牧业经济体制经历了计划经济到市场经济的转变，农牧业经营制度不断顺应社会经济发展，破除对生产力和生产关系的束缚，三次变革农牧业经营主体，由早期的农户家庭过渡到社会主义改造时的人民公社，中央召开第一次和第二次西藏工作座谈会提出坚持“两个长期不变”后，主体又回归到农户家庭。农牧民家庭经营成为最适应西藏农牧业社会经济发展的体制选择。在农牧业经营主体选择中，农牧结合进程从未停滞。

西藏农牧结合型畜牧业发源于农区。只有纯牧业没有纯农业的西藏，农牧民的优势在放牧，劣势在耕种，致使当时农牧结合基础比较薄弱，尤其是农业。分得土地的农区农牧民获得内陆援助后，逐渐掌握施有机肥料、绿肥以及化肥的技术，改进主要依靠豆科作物与麦类混作或休耕、施灰土粪调节地力的耕种技术，特别是牛羊粪便和牛碎骨开始被还田。在此之前，牛粪都用来与作物秸秆掺杂，做成取暖做饭的干牛粪饼。在传统“二牛抬杠”基础上，新增厩肥还田，扩大了牧业对农业的贡献，牧业产出也增加到三大类，即替代人力的役畜、供农牧民家庭自食的肉奶畜产品和改良土壤的肥料。当时，耕作、运输机械已在农业生产出现，囿于有限的数量和农牧民缺乏操作技能，机械对役力的替代极其有限。

与早期相比，1978 年改革放开以后，农牧民农牧业生产体现出明显的选择偏好，不再一味求多求全。1959—1965 年，农牧民饲养的牛、羊和猪数量均逐年增加，年均增长率分别为 11.13%、9.58%和 14.01%。1978—1984 年，农牧民更加偏好牛，增加牛的饲养量，适当缩减羊、猪的数量；而且，农牧民饲养能力和技能提高，牲畜单体体重显著增加，牛、羊和猪单体出肉量年度间最高增长分别达 7.26 千克、1.92 千克和 9.16 千克；同期，农牧民也缩减了粮食播种面积，增加了油菜籽和其他作物面积。

第二阶段（1984—2007 年），农牧结构调整期。农牧结合以农为主向以牧再次为主转变。

改革开放初期，西藏农业基础有效恢复、农牧并行发展时，农牧业要继续发展亟须对农业和牧业优先序做出判断。农牧业生产只有充分发挥资源禀赋优势，才能具有和保持市场竞争力[15]。西藏天然草地面积占全国的 21%，具有发展高原牧业得天独厚的资源优势。但西藏却走了一段弯路，没有继续走以知识密集型牧业为主的道路，而是大力发展劳动密集型农业，坚持农牧结合以农业为主的道路；继 20 世纪 90 年代农牧民粮食基本自给后，又重新回归到农牧结合以牧业为主的正确轨道。

农牧结合以农为主期。与前一阶段相同，在农牧结合相互作用中，依然以牧业服务于农业为主，牧业为农业供给役力和肥料，以农业为牧业提供秸秆等副产品为辅。有研究发现，20 世纪 90 年代化肥基本取代了有机肥[16]，但仍有 25%的牛羊粪还田于农[17]。根据统计年鉴数据估算，1990 年，平均每户农牧民家庭拥有 3 头役畜，平均每 2 户拥有 1 辆或台农用机械，农户生产性固定资产产值 27.06%为役畜，农用机械仅占 11.69%，种植业机械化率仅为 5.91%；而且，役畜数量还继续增加，1997 年达到平均每户 4 头，机械化对役畜的替代还很有限。同期，农牧结合型畜牧业还未发展到产品畜“一家独大”阶段，还处于产品畜和役畜并重、产品畜略高且高增长阶段，1990 年两者数量比为 6：5，1997 年两者差距拉大到近 2：1。

农牧结合以牧为主期。20 世纪 90 年代后期，西藏粮食基本自给，且出现卖粮难问题。为消化剩余粮食，西藏大力推动粮食向饲料粮转化，开启西藏农牧结合以牧为主进程，农业开始服务于牧业。2000 年以来，西藏在 12 个县（市）先后设立了 13 个乡镇农牧结合示范点，扶持示范村养殖专业户利用转化饲料，短期育肥牲畜，发展猪、禽、奶牛养殖，形成以农户＋合作社＋公司为主的经营模式，有效提高农户专业化、组织化、规模化经营水平，延长与市场对接的产业链，也初步建成特色农畜产品生产基地雏形[18]。同时，调整种植业结构，扩大饲草料种植面积，在典型县（如林周县）启动种草养畜试点，培育专业养殖户[19]。统计年鉴数据显示，2000—2006 年，青稞、小麦等粮食作物播种面积逐年降低，7 年时间缩减近 15%，而青饲料播种面积则增长 2 倍。农业对牧业贡献出的饲料粮和饲草料，有效缓解了耗粮、草食牲畜“吃不饱、吃不好”的问题，推动农区和城郊畜牧业快速发展。2001 年，农牧结合地区牧业产值已达 18.22 亿元，占全区牧业总值的 81.08%，远超纯放牧地区。2003 年，牧业经过 9 年低速徘徊，产值首次超过农业，再次回归农牧业第一主体位置。

第三阶段（2007 年至今），牧业和农业转型专业化发展阶段。农牧结合由农户家庭内向家庭间以及地区间转化。

如果说 2000 年以来，种草养畜还处于探索阶段，那么进入 2007 年，西藏牧业发展思路更加清晰，要坚持“立草为业，草业先行”，全面启动种草养畜，大力发展草地畜牧业。特别是 2008 年以来，随着《西藏生态安全屏障保护建设规划（2008—2030 年）》的实施，在全区广泛开展人工种草，拟建立灌溉、旱作人工饲草料基地、草种繁育基地、绿洲型饲草料基地共 33.4 万公顷（约为现有耕地面积的 1.5 倍），将有效破解农牧结合地区饲草料与粮食争地的难题，促进西藏草地畜牧业加速发展。统计年鉴数据显示，2007 年至 2009 年，拉萨、昌都、日喀则、山南、林芝、那曲和阿里等农牧结合地区粮食播种面积又缩减 7 275 公顷，为饲草料大发展留出空间。

草地畜牧业的发展，以饲草料专业化发展为前提，不仅将降低牧业对农业饲料粮的依赖，也将改变农牧结合方式，由农户家庭内结合向更高阶段的家庭间及地区间结合转变。农牧结合经营主体也将由小农户家庭一元主体，向包含家庭农场、种养殖大户、专业合作社等多元新型经营主体转变。2011 年以来，西藏启动新一轮农牧结合试点，目的是推广标准化种草养畜技术和新型经营方式。试点村镇将所属农户家庭耕地流转起来，建立集中连片人工草地，并成立肉牛、肉羊、奶牛养殖专业合作社，引入国内外知名农牧企业，弥补产业链空缺，打造出技术、装备较先进的种养加一站式服务体系，建成现代农牧结合标准化养殖和适度规模经营示范基地，成为“十二五”期间建成的七大特色农牧优势产业带的核心部分。据估算，2015 年，农牧结合地区草地畜牧业产值达到 57.28 亿元，占全区牧业总值的 76.86%。

机械化、化肥化的全区普及和覆盖，实现了对牧业产出役畜和厩肥的替代，降低农业对牧业的依赖，再加上良种化的推广和普及，以及经营的规范化和科学化，进一步推动农业专业化发展。截至 2015 年底，农业机械总动力已达 722.24 万千瓦，在 2007 年基础上增长 1.2 倍；户均化肥施用量较 2007 年每公顷增长 55 千克；户均农药施用量与 2007 年持平。粮食生产已进入平稳增长期，2015 年再创历史新高，达 100.63 万千克，提前实现 100 万千克规划目标。

近年来，为确保食品安全，国家加大了对化肥、农药施用量的控制力度，积极倡导有机农业发展。西藏于 2006 年启动能源替代战略，将打破农牧民传统习俗，使牛羊粪大量还田成为可能。据中国科学院估算，战略实施每年节约至少 80 万吨干牛粪、草料和薪材，有机肥还田量由 2006 年的 21.6%提高到 2015 年的 64.3%，化肥让位于有机肥。专业化时代，随着草地畜牧产业的壮大和有机农业的发展，农牧结合没有因农牧业各自的专业化而终结，而是将推动牛羊粪独立成业，被加工成肥料产品，通过市场流通重新还田。此时，农牧结合将上升到地区范围结合阶段。

三、影响因素分析

西藏畜牧业发展始终坚持以农牧结合为基础，经过多年实践，在农业和牧业相互推动的结合发展进程中，探索出一条具有西藏特色的可持续发展路径。有学者研究发现，人口密度、环境污染、制度等是农牧结合的主导因素[7,20,21]。根据西藏的发展特点，本文认为西藏路径选择主要受如下因素影响：

（一）外部因素

1. 政策方针

政策对畜牧业发展的影响，一方面是指导作用，另一方面是推动作用。

指导方针。坚持农牧结合是西藏农牧业工作的一项重要方针，多年来一直伴随着畜牧业发展。中央六次西藏工作座谈会、中央和地方农村工作会议、西藏政府工作报告等也多次提及。虽然早在 1961 年，西藏就提出牧区“以牧为主、农牧结合、农牧并举”的方针，而且直到 1983 年仍强调“以牧为主、牧农林结合，因地制宜，多种经营，发展商品生产”的方针[22]。但由于缺乏经验，西藏“农牧结合、以牧为主”方针始终找不到突破口，实践中还是照搬内陆做法走了“农牧结合、以农为主”的道路。

直到 1998 年，西藏为应对“卖粮难”问题，提出粮食饲料粮转化策略，才为西藏“农牧结合、以牧为主”方针在农区落实找到了破解办法。在此基础上，2007 年，又提出“坚持立草为业，草业先行，推广农牧结合，以农区畜牧业的大发展，带动西藏畜牧业上水平”的方针。从此，方针更加具体，在实践中也得到落实。2008 年，西藏开始制定促进农牧结合、转变饲养方式的政策措施，推广牧繁农育为其中主要内容，促进地区间农牧结合发展（需要指出的是，牧繁农育不属于真正意义上的地区间农牧结合）。

促进政策。和平解放以来，针对各时期发展状况，西藏出台了系列针对措施，促进农牧业发展。本研究主要涉及援藏政策、“休养生息”政策、农牧业补贴政策、种植业结构调整政策等。

始于和平解放时期的中央援藏工作，随着中央六次西藏工作座谈会陆续召开，援藏广度和深度发生深刻变化，多年来西藏也出台了系列配套政策，极大地提高了西藏农牧业综合生产能力。特别是援藏工作，根据中央政策安排，向西藏输送大量人才、资金、物资，支援西藏农牧业生产和开展基础设施建设，同时，把内陆耕种、饲养、机耕、施肥、良种繁育等先进的农业生产技术带到西藏，快速恢复了河谷地区和牧区农牧业生产能力[23]。1980 年开始实施的“休养生息”政策，免征农牧民农牧业税和产品增值税，极大地调动了农牧民农业生产积极性[24]。20 世纪 90 年以后，西藏开始对农牧业采取补贴政策。1996 年至 2003 年，农业机械、柴油为补贴重点，约占 50%份额，农药化肥次之，约占 35%份额，其他农作物良种、畜禽良种、科技教育扶持等补贴份额则相对较少。2004 年至 2006 年，农药化肥、农作物良种补贴成为补贴重点，科技教育扶持、草原围栏补贴有所增加，而畜禽良种、农业机械份额则较少[25]。

2004 年以来，中央加大了“三农”扶持力度，西藏支农惠农政策也增加到 25 项，其中农牧业补贴政策细化为，农业机械购置补贴、种粮农民直接补贴、储备粮油费用及利息补贴、政策性化肥亏损补贴、能繁母猪补贴等[24]。随着粮食连年丰产，西藏加快农牧业结构调整进程，出台系列政策，引导农民调整种植业结构，扩大饲草饲料种植面积。继 2009 年草原生态保护补助奖励机制试点实施人工种草补贴政策后，2012 年西藏又启动饲草种植补贴试点。

2. 制度因素

农牧结合的载体是土地，每一次土地制度变革都将对农牧结合产生深远影响。土地农户个体私有制的建立，极大地调动了农牧民生产积极性，再加上互助组的帮扶，快速地恢复了农牧业生产，为农牧结合打下了良好的基础。社会主义改造期，农户个体私有土地收归人民公社统一经营，土地集体生产，农产品集体所有，农牧民积极性受挫，农牧结合基础遭到严重破坏。改革开放以来的家庭联产承包责任制，促进土地所有权与使用权分离，农业生产力得以恢复和增强，牲畜饲养条件改善和种植业水平显著提高，推动西藏农牧结合进程加快发展。2010 年以来，受草原生态保护补助奖励机制实施影响，草原家庭承包责任制得以在全区全面落实，西藏牧区由靠天养畜向半舍饲或全舍饲圈养转变的进程将加快。这一转变将为现代要素加快注入牧区打开一个“突破口”。游牧与天然草地的有限分离，在降低对天然草场依赖的同时，会增加对人工种草需求，牧区内以及与农区间的农牧结合将更加紧密。所以，农户与土地的关系是判断农牧结合的必要条件，但不是充分条件，农户对土地依附度越高，土地集约利用度越高，农牧结合度也越高。

3. 资源因素

西藏属于典型的地广人稀地区。2015 年，人口达到 323.97 万人，农牧结合地区人口密度为每平方千米 12 人，比纯牧区高 10 人。很显然，与相关研究判断一致，西藏农牧结合状况与人口密度也直接相关。而且，农牧结合发展进程与人口增长也有直接联系。在农牧结合进程发展最快的时期，也就是农牧结合以农为主阶段，1992 年农牧结合区就新扩增 9 个县。这其中原因之一是人口的快速增长，1990 年至 2000 年，人口以年均 1.6%速度增长。而进入农牧结合以牧为主阶段，2001 年至 2007 年，人口增速明显放缓，年均增长率为 1.29%，农牧结合区范围一直保持不变。而到 2008 年以来，农牧结合向农业和牧业专业化发展阶段发展，人口增速进一步放缓，年均增长仅为 1%左右，农牧结合区仅在 2009 年新增一个县。这其中原因，一方面是因为，人口快速增长，对食物消费需求数量和种类提出更高要求，只有农牧结合方式生产出来的多样化产品才能满足本地需求；而且，人口快速增长，人均资源占有量降低，将促进资源节约集约利用，农牧结合方式与纯放牧相比更具优势。另一方面是因为，人口增速放缓是社会发展到一定阶段的必然趋势。人们对食物消费也由追求数量向追求数量和质量并重转变。统计年鉴数据显示，1990 年以来，城镇居民和农村居民食物消费结构发生很大变化，消费细粮、牛羊肉、猪肉的变化趋势，分别为下降、增加、下降和增加、下降、增加。

西藏草地资源丰富，但耕地资源稀少，农牧民家庭户均经营耕地 0.5 公顷，人均耕地不到 2 亩，农牧结合家庭经营属于典型的小农经济[15,26]。这种农牧结合的发展进程，与人均耕地面积关系不明显，但与耕地利用情况直接相关。农牧结构调整前期，耕地复种指数由 0.96 缓慢增长到 1，耕地利用强度适中。21 世纪初，为扩大饲草料种植面积，粮食开始与饲草料混播或复种，耕地利用强度逐年增加，耕地复种指数快速由 1 增长到 1.054，农牧结合也过渡到“农牧结合以牧为主”时期。随着耕地经营权放开，土地实现适度连片耕种，不但规模效应提高，利用强度也降低，耕地复种指数开始下降，2013 年下降到 1.030，这时农牧结合也由家庭内部过渡到家庭之间，甚至过渡到地区范围结合阶段。2014 年以来，耕地复种指数一直保持在 1.030 的水平，土地利用主要受规模调节。

4. 科技因素

科技在推动西藏农牧业由传统向现代转变的过程中，也在促进着农牧结合的发展。和平解放初期，西藏依托内陆的科技援助，主要通过引进高产新品种，转变西藏农牧业落后的生产方式，其中，肥麦品种引种成功，西藏粮食产量上了一个台阶[23]。随后，面对引种失败率高的现实，科学家把科研重点转到本地农畜品种的驯化和改良上，显著提高了农产品产量。如果说前期科技主要是为了提高农产品产量，那么进入 2002 年西藏解决全区人们粮油肉的温饱问题后，科研目标开始转向提高农产品品质。1998 年，加快粮经饲调整和畜禽良种繁育步伐，推进黄牛改良和引进黑白花奶牛[23,27]。特别是 2007 年以来，为推动畜牧业实现跨越式发展，西藏启动历史上科研经费最多、专家团队国内顶尖的饲草科技专项，建立种草养畜农牧结合科技示范点，推广种草养畜技术，科技在促进以农牧结合为基础的畜牧业发展中的作用开始突显。此外，牧繁农育技术推广和粮草复种、套种和轮作技术发展，对饲草料产业形成和农牧结合向地区范围结合演变起到了关键的推动作用。

（二）内部因素

内部因素主要由内生要素和外生要素构成，对农牧结合的演进产生实质性影响。本文内生要素特指，农牧结合体系内部生成的、对农业和牧业的结合发生作用的要素，主要包括役畜、有机肥、饲料粮、饲草料等。本文外生要素特指，产生于农牧结合体系外部，与内生要素具有相似功能，对内生要素具有替代性的要素。目前，西藏农牧结合体系内出现的外生要素，主要包括化肥、农药、机械等。

通过对上文畜牧业发展进程的研究发现：每次外生要素替代内生要素，如机械替代役畜、化肥替代厩肥，或工业饲料替代纯饲料粮，都推动农业和牧业向数量型专业化发展（规模扩张）；每次新生内生要素出现，如有机肥、饲料粮、饲草料，都推动农业和牧业向质量型专业化发展（结构优化或升级），同时，促进农牧结合跃迁到更高级发展阶段。例如，粮食向饲料粮转化，农牧结合由以农为主向以牧为主转变，而且，促进农区和城郊猪禽、奶牛养殖专业化发展。市场更加开放是催生出内生要素和外生要素自由流通发挥替代性的前提条件。相反，每次内生要素替代外生要素，如限制化肥施用，鼓励有机肥还田（或限制农药，鼓励生物防治虫害），将推动数量型专业化向质量型专业化转变。通常数量型专业化较质量型专业化更易于实现，且要素发挥作用等待期短，数量型专业化多被采用，但产生的负内外部效应往往较难评估和控制，如化肥、农药和机械的环境影响，而质量型专业化多带来正内外部效应。

（三）内外部因素比较分析

外部因素通过内部因素起作用，作用于农牧结合体系产出产品或要素，而影响农牧结合演进的速度和方向。外生因素由外部因素引起，内生因素内生于农牧结合体系，也可由外部因素催生。外部因素作用于外生因素，将推动农牧结合体系向数量型专业化发展，例如，农机、农药和化肥等政策补贴。外部因素作用于内生因素将推动农牧结合体系向质量型专业化发展。目前，新生的内生因素都是由外部因素推动的，饲料粮、饲草料都属于农牧结合体系新增的内生要素。例如，采取种植业结构调整政策，增加饲料粮、饲草料播种面积；或者，通过科技手段，引种改良饲草。

外部因素可能作用于外生因素，也可能作用于内生因素，具有不确定性。外部因素还能引起外生要素和内生要素之间发生相互替代，例如，削减农药化肥补贴，鼓励有机肥还田。外部因素作用于农牧结合体系产出产品，如良种化或消费需求，将对内部要素产生间接影响，对农牧结合演进的影响要小于作用于内部要素。外部因素作用于农牧结合体系其他生产要素，例如土地制度，将对外生要素数量产生直接影响，因为，外生因素与其他生产要素（如土地）配比要合理。改良品种也属于其他生产要素范畴。

农牧结合体系经营主体变革时期，外部因素作用为主，内部因素次之，外部因素推动机械化和化肥化，促进外生要素替代内生要素役畜、有机肥，目的是增加农产品数量，推动农牧结合体系向数量型专业化发展。农牧结构调整时期，外部因素和内部因素（如农户自发种植饲草）作用并重，外部因素开始直接作用于农牧结合体系，催生出新的内生要素，促进农牧结合体系向质量型专业化发展，农畜产品质量开始受到重视。而到农牧结合体系专业化发展阶段，由于经营主体多元化，内部因素为主，外部因素次之，经营主体主动性更强。

即使进入专业化阶段，也不打破农牧结合发展进程的关键是通过外部因素控制外生因素对内生因素的替代程度，如果外生因素完全替代内生因素，农业和牧业将彻底分离，各自进入专业化发展，外生因素产生的内外部效应将更加难以管控。

必须指出的是，只有改革开放后，农牧民重新成为经营主体后，内部因素作用才得以显现。1978 年至 1984 年的 5 年时间里，由内部因素起主导作用。当时市场还不完善，缺少外部因素调控的自发生产存在很大盲目性。

四、结论及政策建议

本文对西藏畜牧业发展路径的研究发现，农牧结合发展到家庭间或地区内农牧结合，就意味着农业和牧业转型专业化进程开始，专业化并不完全会产生负内外部效应，引起环境污染问题，只要坚持质量型专业化道路，在农牧结合体系内催生出新的内生的生产要素。同样，即使坚持农牧结合，而走数量型专业化道路，在农牧结合体系引入增产保产的外生的生产要素，必然会产生负内外部效应，例如，破坏土壤养分平衡。为此，为促进畜牧业以农牧结合为基础实现可持续发展，本文提出如下建议：

第一，加快草食畜牧业专业化发展。根据城镇和乡村居民牛羊肉、猪肉、奶类等农畜产品消费结构变化，西藏亟须增加高品质牛羊肉和奶类产品供应，加快草食畜牧专业化进程。鉴于西藏草食畜牧业已经转变为以农牧结合生产方式为主，采用的种草养畜属于典型的质量型专业化生产方式，饲草料完全为农牧结合体系内生的生产要素，不用考虑外源污染，而且与青稞秸秆相比，能提高肉类产品品质，发展基础和发展势头良好。下一步，西藏还需要依托特色农畜产品产业基地专业化生产优势，采取措施大力推进牲畜粪便还田，促进环境污染外部效应内部化，才能更好地实现农牧结合。

第二，调整农牧业补贴政策。削减或取消化肥、农药补贴。加大对有机肥还田、绿肥、饲料粮、饲草料补贴力度。从节约财政资金角度，可以适当降低或取消良种补贴，让市场调节良种产成品供求。控制农用机械补贴数量和类别。协调相关部门，建立健全化肥、农药评估和监测体系，制定治理污染应对措施；加强农用机械环境监控和评估。

第三，合理引导农牧业科技发展。完善农牧业科技项目评选制度，加大对涉及饲料粮、饲草料、有机肥和作物秸秆等农牧结合体系内生要素研究项目资金支持力度，特别是对能催生出新内生要素的创新型项目要重点支持，加强对化肥、农药和机械等外生要素生态环境影响评估研究，严控涉及增产保产型外生要素的研究项目。建立健全农牧业科技伦理、食品安全和环境保护筛查体系，严格控制违反动植物伦理的转基因产品生产技术研究和推广。

第四，加快培育农牧结合新型经营主体。随着农牧结合过渡到农户间或地区内结合阶段，农牧结合新型经营主体，如种养殖大户、家庭农场、合作组织等也将出现，为避免规模化经营带来的环境问题，西藏需要对新型经营主体提供管理指导，引导新型经营主体采用质量型专业化发展方式。对已经形成完整产业链的新型经营主体，定期进行产品质量和环境监控，推进食品可追溯体系建立，提高专业饲养标准化水平。引进先进技术设备，积累畜禽饲养监控数据，建立大数据和云计算数据库，提高生产决策科学性。定期组织培训，提高经营主体动物福利、生物多样性保护意识。

参 考 文 献

[1] Steinfeld H, Haan C, Blackburn H. Livestock-Environment Interactions: issues and options [M]. United Kingdom : WRENmedia, 1998.

[2] Russelle M P, Entz M H, Franzluebbers Alan J. Reconsidering integrated crop-livestock systems in North America [J]. Agronomy Journal, 2007, 99: 325-334.

[3] 张林秀、何桂庭．种养结合是农牧生产致富的有效途径——湖南省长沙县春华乡农户种养结合的经济评价 [J]. 农业技术经济，1989（3）：51-54.

[4] Herrero M, Thornton P K, Notenbaert A M, et al. Smart investments in sustainable food production: revisiting mixed crop-livestock systems [J]. Science, 2010, 327 (12): 822-825.

[5] Seré C, Steinfeld H. World livestock production systems, current status issues and trends [R/OL]. FAO livestock production and health paper , 1996. http://agris.fao.org/aos/records/QM96000087.

[6] Pingali P L. Crop-livestock systems for tomorrow's Asia: from integration to specialization [C]. International Workshop 27th on crop-livestock interaction 1993, Khon Kaen, Thailand, 1995: 481-499.

[7] Powell J M, Pearson R A, Hiernaux P H. Review and interpretation: crop-livestock interactions in the west African drylands [J]. Agronomy Journal, 2004, 96 (3): 469-463.

[8] Entz M H, Bellotti W D, Powell S V, et al. Evoluation of integrated crop-livestock production systems [C]. Netherlands: Wageningen Academic Publishers, 2005, 137-148.

[9] 胡耀高，陈玉林．论我国农牧结合的基本战略 [J]. 农业现代化研究，1992，13（4）：209-211.

[10] 胡耀高，朱文珊，逢焕成．论农牧结合的基本理论 [J]. 中国农业大学学报，1995，21：76-83.

[11] 马忠玉，李应中．农牧结合若干理论问题与当前中国农牧结合内容探讨 [J]. 古今农业，1997（1）：67-74.

[12] 申维丞．非洲特带稀疏草原农业发展的一个重要趋势——农牧结合 [J]. 世界农业，1983（7）：7-9.

[13] 温军．青藏高原农牧结合的功能、模式与对策 [J]. 自然资源学报，2000，15（1）：21-33.

[14] 徐波，陈庆沫，严兵，等．国内外农牧结合发展动态 [J] 农业区划，1991（2）：60-63.

[15] 余成群，钟志明．西藏农牧业转型发展的战略取向及其路径抉择 [J]. 中国科学院院刊，2015，30（3）：313-321.

[16] 黄清雄．论西藏粮食种植业发展 [J]. 中外食品工业，2015（8）：108.

[17] 金涛．西藏农业发展粮草免耕复种技术初探 [J]. 西藏农业科技，2005，27（4）：22-27.

[18] 德吉拉姆．浅谈农牧结合示范乡镇达嘎乡推进农村产业结构调整增加农牧民收入经验 [J]. 西藏科技，2005，143（3）：28-29.

[19] 呼天明，边巴卓玛，曹中华，等．施行草地农业推进西藏畜牧业的可持续发展 [J]. 家畜生态学报，2005，26（1）：78-80.

[20] McIntire J, Bourzat D, Pingali P. Crop-livestock interaction in Sub-Saharan Africa [R/OL]. Washington, DC, 1992. http://scans.hebis.de/02/43/56/02435653_toc.pdf.

［21］Bell L W，Moore A D. Integrated crop-livestock systems in Australian agriculture：trends，drivers and implicationsp ［J］. Agricultural Systems，2012，111：1-12.
［22］王清先．农牧结合与西藏农业可持续发展［J］. 西藏农业科技，2002，24（2）：6-13.
［23］狄方耀．当代西藏产业经济发展史［M］. 北京：中国藏学出版社，2014.
［24］罗莉．改革开放后西藏农牧业政策的实施及影响［J］. 西南民族大学学报，2008，210（2）：170-175.
［25］占绍文，李谷成，欧阳海洪，等．西藏农牧业补贴的现状、效果及建议［J］. 西藏研究，2008（3）：103-113.
［26］安新固．试论西藏的农牧结合问题［J］. 西藏研究，1984（1）：27-34.
［27］卓嘎，扎西多布杰．西藏“一江两河”地区农牧结合现状与发展对策［J］. 江苏农业科学，2010（4）：12-14.

新疆畜牧业经营主体扶持政策效果分析[①]

王惠　李捷　王琼　马永仁　合斯莱提·斯马依

（新疆畜牧科学院畜牧业经济与信息研究所）

摘要：通过对新疆新型畜牧业经营主体发展现状的数据收集和整理，分析现有畜牧业扶持政策在新疆畜牧业经营主体发展中的作用和影响，结合新疆新型畜牧业经营主体培育和发展趋势，提出新常态下进一步完善和促进新疆新型牧业经营主体稳定发展的建议。

关键词：畜牧业经营主体；扶持政策；效果

自党的十八大首次提出“坚持和完善农村基本经营制度……培育新型经营主体，发展多种形式规模经营，构建集约化、专业化、组织化、社会化相结合的新型农业经营体系”之后，连续5年的中央1号文件都先后强调要积极培育家庭农场、专业大户、农民合作社、农业产业化龙头企业等新型农业经营主体，要强化农业社会化服务，推进农村一二三产业融合发展[1]。由此可见，培育发展新型畜牧业经营主体，不仅是农牧民分享产品产后加工、流通增值利润，增加收入的有效途径，也是我国目前经济发展新常态下，新疆如何在经济增速放缓背景下继续强化牧业基础地位、促进牧民持续增收必须破解的一个重大课题。

一、新疆新型畜牧业经营主体发展概况

新型畜牧业经营主体既涵盖了为产前、产中和产后提供专业化、市场化服务的专业服务公司、专业服务队、农民经济人等，也包括了畜牧业产中环节的生产经营组织，是顺应现代畜牧业发展和产业结构调整需求而生的一种跨产业、跨行业的新型合作与融合[1]。随着新疆畜牧业经营体系的不断发展，已形成了以牧户、养殖大户和家庭牧场为基础，以农民合作社、龙头企业为支撑的新型牧业经营主体[1]。据农经部门统计，截至

---

① 本文原载于《山西农业科学》2018年第1期。

基金项目：新疆维吾尔自治区科技支撑计划项目“新疆新型牧业经营主体发展政策研究”，项目编号：2016D07017。

作者简介：王惠（1970—），女，编审，长期从事期刊编辑及畜牧业经济研究。邮箱：513698815@qq.com，电话：15026008602。

通讯作者：李捷（1962—），女，研究员，长期从事畜牧业经济与信息研究。邮箱：13579862018@163.com。

2015 年，全疆专业大户总数 72 183 个，从业人数 28.37 万人，雇工数量 12.29 万人。养殖大户 40 529 个，占比 56%，其中：养牛大户 6 317 个，存栏 45 万头；养猪大户 1 113个，存栏 33 万头；养羊大户 14 923 个，存栏 275 万只；禽类大户 17 990 个，出笼 1 316 万只（羽）；水产大户 186 个，产量 17 507 吨。各类家庭农场 577 个，被县级农业部门认定的 545 个。家庭成员劳动力 1 354 人，常年雇工 955 人。畜牧类家庭农场 132 个，占家庭农场总数的 23%。种养结合的家庭农场 17 个，占比 3%。其他类型的 9 个，占比 2%。全疆合作社总数 20 960 个，其中国家级示范社 120 个，自治区级示范社 1 623 个，合作社成员数 55.77 万户，成员及带动非成员数占总农户数的 53.5%。畜牧业合作社 9 680 个，占比 46%，牛、猪、羊的存栏量分别为 71 万头、186 万头和 619 万只，禽类出笼量 2 251 万只（羽）；水产业合作社 137 个，养殖面积 9.45 万亩，产量 2.26 万吨；服务业合作社 1 697 个，占比 8%；其他合作社 1 746 个，占比 8%。全区龙头企业总数 1 019 个，员工总数 12.45 万人，其中国家重点龙头企业 31 个，自治区级龙头企业 326 个，地（州）级龙头企业 662 个。

二、新疆新型畜牧业经营主体已成为产业政策支持的新实体

（一）对畜牧业经营主体的政策引导力度不断加大

自 2007 年以来. 国家陆续出台了 10 多项扶持畜牧业发展的政策，归纳起来大致可分为十类。一是畜牧业标准化规模养殖场建设补助；二是生猪调出奖励：三是畜牧业良繁体系建设补贴：四是畜牧业资源保种场建设项目：五是畜禽优良品种引种补贴；六是能繁母畜补贴；七是能繁母畜保险；八是大型沼气工程建设项目；九是防疫体系建设项目：十是基层防疫工作补助，取消畜禽防疫收费[2]。党的十八大提出培育新型农业经营主体以来，新疆也先后出台了一些扶持新型畜牧业经营主体的政策，如：《关于加快农民专业合作社发展的意见》《自治区财政支持农民合作社发展的意见》《转发自治区推进草原确权承包和开展基本草原划定工作实施意见的通知》《新疆财政：关于财政扶持新型农业经营主体发展政策建议》《关于加快肉牛肉羊产业发展的通知》《关于加快肉羊肉牛产业发展的意见》《关于印发 2015 年自治区农村土地承包经营权确权登记颁证整县推进试点工作实施方案的通知》《新疆 2016 年新型职业农民培育项目实施方案》《关于加快构建政策体系培育新型农业经营主体的意见》《新疆维吾尔自治区人民政府关于加快推进农产品品牌建设工作的意见》等文件，在资金、税收、水电、土地、登记管理、农产品运输等方面，为新型畜牧业经营主体提供了多项优惠政策。

（二）对畜牧业经营主体的财政项目资金扶持力度不断加大

新疆于 2009 年开始由自治区财政每年安排 2 000 万元专项扶持资金用于粮食、畜牧等六大产业合作社建设。仅 2015 年，新疆贫困地区获得财政支持的合作社 94 个，资金扶持总额为 3 562 万元，社均近 40 万元[3]。同时，南疆贫困地区政府也出台了一系列政策鼓励引导合作社规范发展，以带动当地农户脱贫增收。泽普县出台了《泽普县农民专业合作社扶持奖励贴息办法（试行）》；洛浦县出台《洛浦县农民合作社管理办法》；

克孜勒苏柯尔克孜自治州人民政府出台了《关于加快发展克州农民专业合作社的实施意见》，都在对合作社的扶持资金上有很大的支持。奇台县2014年提出发展农业“十百千”工程（着重培育10家龙头企业、100家示范合作社和1 000家种养殖大户），每年选择一批产业特色明显、辐射带动作用强、运行机制好、财务管理规范的新型经营主体，进行各级创建评比活动，并予以奖励[4]。据不完全统计，2015年，全疆获得财政支持的合作社599个，财政专项扶持总额为10 652万元，社均18万元，有利推动了合作社、龙头企业等新型经营主体的发展和壮大，使其成为各类财政支农资金和产业结构调整扶持项目的承担主体。

（三）对畜牧业经营主体发展的金融助力不断强化

2011年，自治区农业厅与中国农业银行新疆分行签订《实施支持二十万农户致富带头工程合作协议》，将首批9 100名合作社成员大户纳入农行致富带头工程扶持范围，提供资金支持和金融服务[5]。2014年中央、自治区创新资金扶持方式，先后出台了《新疆维吾尔自治区财政扶持农民合作社贷款贴息资金管理办法（试行）》及《自治区扶持农民合作社发展贷款贴息资金管理办法》，以缓解合作社贷款难、贷款贵问题。2014—2015年，自治区财政利用中央财政支持合作社发展专项资金2 854万元，以贷款贴息方式在昌吉回族自治州、伊犁哈萨克自治州、哈密、巴音郭楞蒙古自治州及和田等5个地区开展合作社贷款担保试点工作，截至2015年底，昌吉、伊犁、哈密三个地（州）的32家合作社申请到了贷款，一共使用了1 984万元，占总资金的71%，全疆共有合作社20 945个，享受到贷款贴息的合作社250个，占总数的1%。2016年，对自治区级示范社进行审核筛选，认定了一批制度健全、运作规范、信用良好、创新发展和带动作用明显的零门槛贷款担保示范社[3]。

三、扶持政策实施后的效果

（一）新型畜牧业经营主体已成为适度规模经营的新载体

新型畜牧业经营主体把分散的养殖户和千变万化的市场联系起来，规模不断扩大、效益不断提升，辐射带动能力逐步增强，已成为推进适度规模经营的有效载体[5]。截至2015年底，全疆专业大户经营土地面积744.12万亩，其中流转土地面积222.3万亩；家庭农场经营土地面积16.72万亩，其中家庭承包面积1.15万亩，流转经营面积13.46万亩，其中经营土地面积50～200亩的25个，占比24%，经营土地面积200～500亩的44个，占比42%，经营土地面积500～1 000亩的19个，占比18%，经营土地面积1 000亩以上的16个，占比16%；合作社规模经营面积495.83万亩；龙头企业生产基地规模668.8万亩，其中流转土地148万亩。和田县金泉农业种植农民专业合作社通过土地流转的方式，生产经营面积达3 000多亩，通过畜牧养殖，销售红枣等不断发展，促进农民增收，帮助成员开拓了脱贫致富的道路。奇台县农村已流转的耕地面积89万亩，流转耕地的农户15 413户，流转率48%。除散户之间的个体流转外，其他流转的土地都通过新型农业主体进行流转。其中：以农民专业合作社带动流转方式，通过承包或联营的方法变分散经营为组织化、集约化经营，共流转面积 28.3 万亩，占 32.3%；以经济大户带动流转方式，通过当地经济能人，种养殖大户，致富能手等，将散户土地集中流转的方式，共流转面积 38.1 万亩，占 44%；以龙头企业带动流转，实行“公司＋基地＋农户”的模式发展规模经营，共流转面积 4.4 万亩，占 0.05%；以主导产业带动流转方式，以主导产业为龙头，建设标准化、规模化诸如设施农业生产基地、林果业基地、制种基地等农产品生产基地。

（二）新型畜牧业经营主体已成为带动农民增收的新增长点

新型畜牧业经营主体对延伸牧业产业链条、增加牧民收入、保护生态环境等方面有着重要的引领和带动作用，开辟了农牧民增收的新途径。墨玉县布拉克布什农民专业合作社拥有成员 54 人，合作社将孵化成功 15 天的鸡苗或鹅苗以每只 20 元的价格交给成员和村上的其他农户育苗，120 天后以每千克 17 元的价格进行回收，每只至少可达 3 千克，农民每只就能增收 31 元。同时，产品由合作社统一销售后再按出资比例进行二次分红，在合作社工作的成员每天还可得到 100～150 元的工资，多渠道提高了农民的收入。2015 年以来，该合作社在原有 1 866 平方米牛圈、1 600 平方米鹅圈、1 466 平方米羊圈及 1 400 平方米晒阳圈的基础上，又建立了孵化室、育雏房、仓库、鱼塘和1 500吨冷库，并利用棚固上方的空间养殖鸽子，形成了立体养殖模式，引进了全自动孵化机和宰杀流水线设备，鹅肉销往乌鲁木齐、喀什等地，仅此一项年收入就达 150 万元。

（三）新型牧业经营主体已成为农业现代化建设的新亮点

农业现代化不仅包括农业生产条件的现代化，农业生产技术的现代化同时也包括农业生产组织管理的现代化和资源配置方式的优化。目前新型畜牧业经营主体在改造传统畜牧业，转变畜牧业发展方式上起到了引领作用，成为了农业现代化建设的新亮点[6]。阿勒泰市联强生态农业示范社成立于 2009 年 3 月，现有社员 265 名。2013 年，启动集南瓜系列产业精深加工、牛羊养殖育肥、有机肥加工、蔬菜、瓜果大棚和生态观光、餐饮为一体的农牧产业发展园区建设，目前已初步形成微循环经济体系，即：采取订单方式收购南瓜原料并加工成南瓜子，利用下脚料制成复合青贮饲料用于发展牛羊自繁自育，将粪便经过沼气处理后制成有机肥用于蔬菜瓜果种植，使养殖成本降低了 50%，设施农业产量提升了 20%，形成了农牧结合、粗加工和深加工并存、养殖和种植互补的发展格局，达到了持续循环发展目标。同时，投入资金 120 万元引进 12 套机械设备进行现代化养殖，每天减少人工投入 4～6 人，节约成本 600～900 元，并采取牛羊入托、草场等生产资料参股方式吸纳养殖户进行联合经营，每年按入股评估价值的15%～20%进行分红，社员年人均纯收入达 4 万元。

（四）新型畜牧业经营主体已成为打赢脱贫攻坚的有力抓手

1. 利用资源优势，带动贫困户脱贫致富

近年来，一些县市依托本地资源优势，大力发展特色产业，一些具有本地特色的农民合作社应运而生。北牧盐池养羊农民专业合作社充分利用“盐池羊肉”特有的品牌优

势，积极培育、发展“盐池羊肉”生产、加工、销售基地，2012年伊吾县扶贫办把盐池乡扶贫羊450只交给北牧盐池养羊合作社统一管理饲养（每只羊1 700元，其中原来由贫困户承担400元/只的自筹款由合作社垫付），作为扶贫发展的基础羊群，通过测算扣除养殖人工、饲草料等生产成本，每只羊每年向贫困户分红260元，每10只羊解决一名贫困户脱贫，450只扶贫羊可以解决45名因残、因病、缺乏劳动能力的贫困户脱贫，同时结合伊吾县食用菌产业和盐池馕特色文化产业成立了伊吾县喀尔里克天然食用菌农民专业合作社、伊吾县喀尔里克巾帼农副产品加工农民专业合作社、农机合作社以及前山乡、吐葫芦乡等5个乡（镇）的合作社，通过养殖粪肥进行温室蘑菇种植，再将蘑菇种植废料用于生产有机复合肥，用于饲草料地，形成畜牧业循环经济生产模式，使参与产业链的所有主体都能在产业链的运转过程中获取合理的收益。

2. 资金、技术、销售及劳务多重保障，有效调动贫困户生产劳动积极性

伊吾县北牧盐池养羊农民专业合作社本着“先让利于民、后发展企业”的理念，把发展利润向农牧民倾斜。一是从服务上让利于民。合作社在饲料、药品、配种等服务中只向社员收取成本费；在培训、防疫、保健、疾病诊断、手术等方面实行免费服务，对疑难病症，由合作社免费外聘专家提供诊疗服务，合作社社员可享受优先技术服务；二是在收购上让利于民。凡北牧合作社社员登记入社的肉羊，由合作社统一交公司收购，2012—2013年合作社以每千克羊肉高于市场价5.5元收购羊只，年末分别返利206.77万元和80万元；2014年以每千克高于市场价2.5元进行统一收购，年末返还红利110万元。此举不仅提高了农牧民入社的积极性，也增加了养殖肉羊的积极性，以此带动了当地贫困户发展养殖业的积极性，实现了合作社赢利、农户脱贫增收。

3. 资金互助合作，拓宽了扶贫攻坚渠道

为积极探索促进贫困村经济社会发展和贫困人口增收的有效途径，沙雅县将财政扶贫资金、社会捐赠资金、村集体积累资金、乡镇场自筹资金和农户自愿交纳的股金捆绑使用，在英买力镇赛克孜沃塔克村成立了农民资金互助合作社。合作社入社农户54户，资金47万元，其中包括财政扶贫资金30万元、乡镇场自筹资金10万元、成员股金7万元。合作社坚持吸股不吸储、分红不分息、社内封闭运行和坚持“扶贫帮困”的原则，严格实行“五户联保”，责任共担。资金重点对入社农户发展生产和生活急需方面进行资金借贷扶持，借款期为一年，并要求贫困村农户参与率须达到80%以上，绝对贫困人员和低收入人口的参与率要达到100%。通过资金互助合作社，既突破了贫困地区群众缺乏发展资金的瓶颈，又激发了贫困户自我发展意识，将有限的“输血”变为持久的“造血”，真正实现精准扶贫，精准脱贫。

（五）新型农业经营主体已成为打造自主品牌的主力军

农民合作社围绕当地特色、生态及地缘优势，对生产的优质产品，积极开展“三品一标”认证、深加工生产许可认证、产品商标注册申请。和丰县牧羊人奶制品专业合作社的“赛尔”牌奶疙瘩通过上海电商远销美国、澳大利亚等国。焉耆县永烨生态肉牛养殖专业合作社创建了“西域阿不都拉”牛羊肉品牌，开设了全疆唯一的牛羊超市，超市不仅有屠宰好的牛羊肉，在逢年过节期间还可自行到超市选购优良牛羊进行免费屠宰，送货上门，同时“西域阿不都拉”分割牛羊肉还远销上海、北京、江苏等地。和丰县畜牧业龙头企业蒙哥尔肉类开发有限公司创建的“蒙哥尔有机排酸牛羊肉”2011年被授予中国著名品牌，产品畅销全疆各地及北京、上海、广州、重庆、江苏等国内各大城市，2015年电商平台建成，在天猫、京东、1号店、苏宁等电商平台都有做“优贡”，2015年仅电商的排酸牛羊肉销售量居全国第三，全疆第一。

四、对策建议

（一）加大政策支持力度

建议自治区设立扶持种养大户、家庭农场专项资金和农业社会化服务组织专项资金，健全农业补贴增量主要用于支持新型农业经营主体发展的政策体系[6]。明确家庭农场、大户、龙头企业、合作社享有同等的财税优惠政策。支持各类经营主体开展培训、农产品质量标准与认证、标准化生产、品牌建设、农业生产基础设施建设、新品种新技术引进推广、市场营销、农产品展示展销等。统筹农业、畜牧、林业、水利、农业综合开发资金、扶贫等财政资金，支持实施与发展新型农业经营主体相关的重点项目，以鼓励和推动其健康有序发展。

（二）加大财政支持力度

资金是任何经营主体生产与发展的保障。从2009年起，自治区财政每年安排2 000万元专项扶持资金用于合作社建设，但截至2015年底，财政每年安排的用于合作社发展的专项扶持资金依然为2 000万元，相对2009年的2 000多家到目前2万余家的合作社发展数量，扶持资金看则没变，实则减少，扶持资金总额短缺现象仍然比较突出。对专业大户和家庭农场而言，国家、自治区和各地也都尚未出台相关的扶持政策，专业大户和家庭农场发展较为艰难。建议自治区农业融资担保有限责任公司加强与农业行政主管部门的协作，建立财政、担保、金融机构及主管部门协调配合机制，发挥担保机构主体作用，引导信贷资金支持新型畜牧业经营主体发展。自治区为解决新型经营主体融资难的问题，按照财政部的要求，专门将农资综合补贴、良种补贴资金的20%，交由自治区农业融资担保有限责任公司管理，专门用于扶持新型经营主体的发展[7]。

（三）强化规范管理

加快发展新型畜牧业经营主体，既要注重发展数量，更要注重规范化建设，着力把新型畜牧业经营主体培育成为产权清晰、机制灵活、运行规范、管理民主的市场主体。要尽快建立健全家庭农场、农民合作社等新型经营主体的注册登记制度，明确认定标准、登记办法，确保其拥有合法的市场主体地位和明晰的产权关系。要规范新型农业经营主体的组织管理体制，积极引导其朝着产业基地化、生产标准化、管理组织化、产品品牌化、销售市场化、产销效益化方向发展，建立健全规范运作、财务会计、年度考核、监督管理等各项制度，加强规范建档、上级扶持项目专项资金管理以及对人员的上岗培训和业务指导，促进新型经营主体健康稳步发展[7]。

参 考 文 献

[1] 杨茂君．关于培育新型农业经营主体的调查与思考［J］．中国乡村发现，2013（4）：49-52.

[2] 冉元智．对我国畜牧业扶持政策的思考［J］．畜牧市场，2010（9）：15.

[3] 新疆维吾尔自治区农村合作经济经营管理局．新疆：引导合作社在脱贫攻坚中发挥更大作用［J］．中国农民合作社，2016（7）：17-18.

[4] 杨茂君．加快培育新型农业经营主体［J］．四川农业与农机，2014（4）：54.

[5] 刘英杰．新疆：春暖花开“合”力显［J］．农村经营管理，2011（5）：22-23.

[6] 陈晓华．大力培育新型农业经营主体——在中国农业经济学会年会上的致辞［J］．农业经济问题，2014（1）：4-7.

[7] 新疆维吾尔自治区财政厅．关于财政扶持新型农业经营主体发展问题分析与政策建议［J］．预算管理与会计，2015（7）：37-39.

生猪养殖户质量安全可追溯体系参与行为的实证研究①

张雅燕

（江西农业大学经管学院，南昌 330045）

摘要：食品安全关系到国计民生，党和国家历来高度重视。为了加强食品安全管理，进行食品溯源是国际通行做法，我国近几年也在大力推行食品质量安全可追溯体系建设，生猪养殖户进行养殖档案记录和生猪标识行为就是养殖户参与质量安全可追溯体系的具体行为表现。运用二元 Logit 模型分析生猪养殖户质量安全可追溯体系参与行为的影响因素，研究发现户主年龄、文化程度、养殖年限、养殖规模、法规了解、是否参加合作社、培训、认证和执法检查对养殖档案记录有显著影响；户主文化程度、耳标作用认知、是否参加合作社、培训、认证和执法检查对生猪标识行为有显著影响。

关键词：养殖户；质量追溯；养殖档案记录；生猪标识

一、前　　言

“民以食为天，食以安为先”，农产品安全不仅关系到广大消费者的身体健康和生命安全，而且影响着国家的稳定和发展。2008 年婴幼儿奶粉事件、2011 年“瘦肉精”事件、2012 年“速生鸡”事件等重大食品安全事件的披露，极大挫伤了消费者对农产品质量的信心，农产品质量问题受到广泛关注。

发生食品安全事件的一个重要原因就在于企业主体安全责任不明确。为提高我国肉类、蔬菜流通质量安全保障能力，提升农产品流通现代化水平，商务部自 2010 年起从“一荤一素”入手，开展肉菜流通追溯体系建设工作，会同相关部门用试点先行、重点突破的方法，采取中央财政以奖代补的手段支持有条件的城市先行先试，探索利用现代信息技术方式管理市场，提升流通环节食品安全保障能力。建设肉类、蔬菜流通追溯体系的一个重要目的，就是从流通领域入手建立市场倒逼机制，强化经营企业的责任意识，促使生产企业按照食品安全标准进行生产，提高食品安全保障水平。目前商务部已经分 5 批支持

① 基金项目：教育部人文社会科学研究项目（11YJCZH236），江西省社会科学规划项目（12YJ08），江西现代农业及其优势产业可持续发展的决策支持协同创新中心（XDNYA1510）。

城市试点肉菜流通追溯体系建设。如今，一个覆盖全国的肉菜流通追溯网络已初步形成。

农产品质量安全可追溯包含两层含意：一方面是质量相关信息的追踪，即对于农产品生产过程中主要环节的信息进行存档记录；另一方面是质量危害的溯源，即能够根据农产品生产记录信息逆向追溯到产品危害来源。一个完善的食品安全可追溯系统应该至少包含以下 4 个部分，即标志系统、数据存储系统、数据采集和传递系统、信息查询系统。发达国家主要应用条形码技术、RFID 技术、DNA 识别技术以及虹膜识别技术对农产品进行标志；使用条码识读设备、RFID 天线等实现数据采集；采用电子表格交换、电子邮件、物理电子数据支持介质及确切信息输入等方式实现数据传递。目前我国主要应用 RFID 技术、条形码技术及其他如数据库和组件等技术，将标志、数据存储、数据采集和传递、信息查询 4 部分进行有机集合以实现对农产品生产全过程进行管理，实现农产品质量安全可追溯。

猪肉的 RFID 追溯管理系统由中心数据库系统、养殖安全管理系统、安全生产与加工管理系统、流通销售系统、监控系统、食品安全基础信息服务系统等组成，通过养殖、屠宰加工、流通、消费的信息化建立起来的信息链接，实现了养殖、屠宰加工、流通环节的实时监控，达到食品追溯与召回。生猪第一次免疫时，都要加挂电子数码耳标，置于生猪耳内的电子耳标，其内置智能芯片存储了生猪养殖过程中的全部信息，包括养殖过程中的饲养状态、出栏时间、免疫和治疗信息，可传递至数据库，即通过生猪佩戴的电子耳标，可全程追溯养殖信息。猪肉加工成成品后，信息再随着二维码印在标签上。消费者可通过指定终端或手机软件了解所购猪肉的信息。由此可见，进行动物标识和建立养殖档案是猪肉可追溯体系建设的重要基础。

多年来我国政府对畜产品质量安全问题一直都很重视，也出台了许多相关的法律法规。2002 年 5 月，为加强和规范动物强制免疫工作，有效控制动物疫病的发生和流行，农业部通过了《动物免疫标识管理办法》，要求动物必须佩戴免疫耳标与建立动物免疫档案。2006 年 6 月为了规范畜牧业生产经营行为，加强畜禽标识和养殖档案管理，建立畜禽及畜禽产品可追溯制度，有效防控重大动物疫病，保障畜禽产品质量安全，依据《中华人民共和国畜牧法》《中华人民共和国动物防疫法》和《中华人民共和国农产品质量安全法》，农业部令第 67 号出台了《畜禽标识和养殖档案管理办法》。生猪养殖户养殖档案记录行为和进行生猪标识行为是养殖户参与质量安全可追溯体系的具体行为表现，这对于推动可追溯体系建设，提升生猪质量安全至关重要。

二、分析框架

关于农户行为，学者们有不同观点。以恰亚诺夫（1996）[1]、Scott（1976）[2]为代表的组织生产学派认为，农民家庭追求的首要目标并非利润最大化，而是家庭的生存，农户的农业经营不需要依靠市场的力量。Schultz（1964）[3]、Popkin（1979）[4]则持“理性小农”主张，认为农民是理性的，他们同其他市场主体一样追求利益最大化。林毅夫（1988）[5]认为，小农是经济理性的，某些被认为是不理性的行为可能恰恰就是外部条件限制下的理性行为。黄宗智（1986）[6]认为中国的农民既不完全是恰亚诺夫式的生计生产者，也不是舒尔茨意义上的利润最大追逐者。家庭式农场适合“劳动—消费均衡”来解释，经营式农场则比较适合利润最大化的观点来解释，由于商品化和市场化，小农生产者可能从非理性过渡到理性阶段。

生猪养殖户质量安全可追溯体系参与行为属于生产决策范畴。学者们在研究农户生产决策行为时大多考虑农户特征、生产经营特征、认知因素和环境变量的影响[7-11]。借鉴国内外学者观点，本文从养殖场对生猪进行耳标标识行为和养殖档案记录行为两方面探讨生猪养殖户质量安全可追溯体系参与行为，并将影响因素归纳为户主个人特征、养殖场经营特征、户主认知特征、外部环境因素四大类。

借鉴国内外相关研究成果，确立生猪养殖户养殖档案记录行为和进行生猪标识行为的分析框架（见图1）。

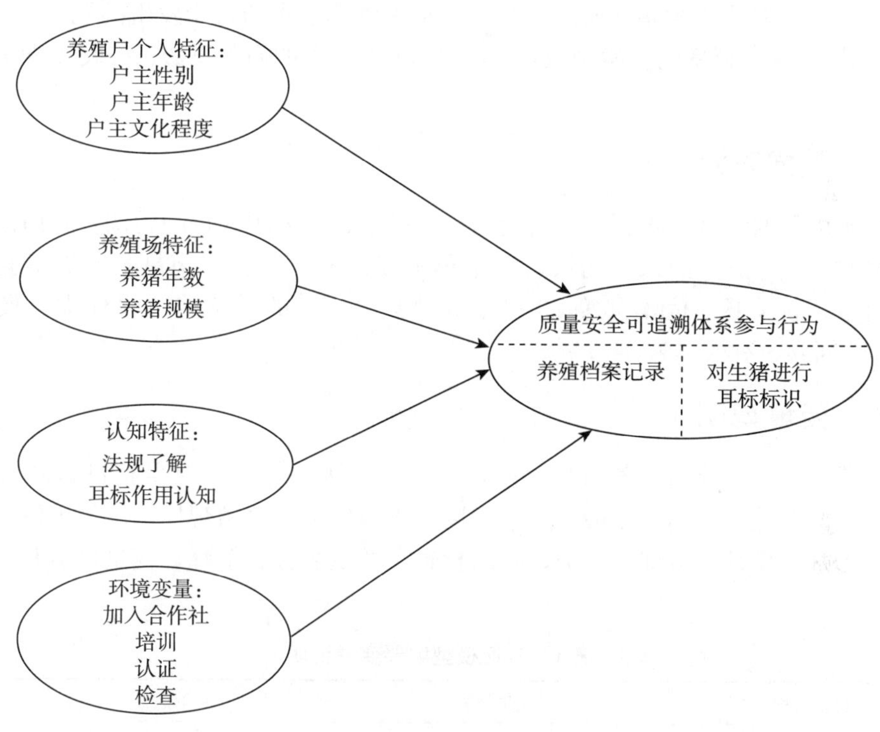

图1　生猪养殖户质量安全可追溯体系参与行为分析框架

三、理论模型和数据说明

（一）理论模型

拟用二元 Logit 模型分析生猪养殖户养殖质量安全可追溯体系参与行为影响因素。二元 Logit 模型是将逻辑分布作为随机误差项概率分布的一种二元离散选择模型。具体模型形式如下：

$$\text{Logit } P = \beta_o + \sum_{i=1}^{k} \beta_i x_i \tag{1}$$

$$\ln\left(\frac{P}{1-P}\right)=\beta_0+\sum_{i=1}^{k}\beta_i x_i \tag{2}$$

$$\frac{P}{1-P}=\exp\left(\beta_0+\sum_{i=1}^{k}\beta_i x_i\right) \tag{3}$$

$$P=\frac{\exp\left(\beta_0+\sum_{i=1}^{k}\beta_i x_i\right)}{1+\exp\left(\beta_0+\sum_{i=1}^{k}\beta_i x_i\right)} \tag{4}$$

$$P=\frac{1}{1+\exp\left[-\left(\beta_0+\sum_{i=1}^{k}\beta_i x_i\right)\right]} \tag{5}$$

式（5）中，P 表示生猪养殖户质量安全可追溯体系参与行为发生的概率；β_0 为常数项；k 表示影响这一概率的因素个数，β_i 表示第 i 个因素的回归系数；x_i 表示 第 i 个影响因素。

（二）数据来源

本文所用数据源自江西农村的实地调研，样本数据采用入户问卷调查和访谈方式获得。通过对 300 个农户的入户访谈，共采集了江西省万年县、南昌县、进贤县、上高县、樟树市、新干县、信丰县等 20 多个养殖县（市）的生猪养殖户样本，最终获得 254 份有效问卷，有效率为 84.7%。

（三）变量说明

因变量有两个，分别为养殖户养殖档案记录行为、养殖户对生猪进行耳标标识行为。自变量为养殖户性别、年龄、文化程度、养殖年限、养殖规模、法规了解、耳标作用认知、参加合作社、培训、认证、执法检查。变量名称、解释、变量赋值和平均值情况见表 1。

表 1　实证模型解释变量说明

变量名称	变量解释	变量赋值	平均值
因变量			
养殖户养殖档案记录行为	是否记录养殖档案	否=0，是=1	0.64
养殖户对生猪进行耳标标识行为	是否给生猪佩戴耳标	否=0，是=1	0.76
自变量			
养殖户个人特征			
户主性别	户主性别	男=0，女=1	0.06
户主年龄	户主年龄	连续型变量	45.09
户主文化程度	户主受教育程度	文盲=0，小学=1，初中=2，高中及以上=3，大专及以上=4	2.83

（续）

变量名称	变量解释	变量赋值	平均值
养殖场特征			
养殖年限	生猪养殖年数	连续型变量	7.19
养殖规模	用2012年末出栏头数表示	连续型变量	375.97
认知变量			
法规了解	是否了解《畜禽标识和养殖档案管理办法》	否=0，是=1	0.4
耳标作用认知	是否了解耳标作用	不了解=1，了解一些，但不太清楚=2，了解=3	2.38
环境变量			
参加合作社	是否参加合作社	否=0，是=1	0.39
培训	有没有参加过相关培训	没有=0，有=1	0.53
认证	是否参加质量认证	否=0，是=1	0.34
执法检查	卫生监督部门检查频率	否=0，是=1	0.54

（四）模型估计结果分析

运用IBM SPSS Statistics 20统计软件，对所选解释变量全部强行进入方程。结果如表2所示。

表2　模型估计结果

自变量	养殖档案记录行为		对生猪进行耳标标识行为	
	系数	标准误	系数	标准误
户主年龄	−0.041*	0.023	−0.016	0.025
户主性别	0.083	0.756	0.647	1.067
户主文化程度	0.248**	0.232	0.69***	0.252
养殖年限	−0.07**	0.035	−0.051	0.032
养殖规模	0.003***	0.001	0.001	0.001
法规了解	1.861***	0.444	0.639	0.519
耳标作用认知	0.146	0.235	1.237***	0.267
参加合作社	0.661*	0.365	1.239***	0.416
培训	0.759**	0.381	0.975**	0.439
认证	0.983***	0.362	0.773**	0.34
执法检查	0.27*	0.194	0.494**	0.23
常量	1.112	1.396	0.509	1.461
预测准确率	77.9%		83.4%	
卡方检验值	114.749		98.500	
−2对数似然值	215.788		180.990	
Nagelkerke R^2	0.500		0.482	

注：*** 表示在1%的统计水平下显著，** 表示在5%的统计水平下显著，* 表示在10%的统计水平下显著。

从模型检验结果来看，养殖档案记录行为的卡方检验值为 114.749，对应的 P 值均为 0.000，在 0.05 的统计水平下显著，－2 对数似然值为 215.788，Nagelkerke R^2 为 0.500，预测准确率为 77.9%；对生猪进行耳标标识行为的卡方检验值为 98.500，对应的 P 值均为 0.000，在 0.05 的统计水平下显著，－2 对数似然值为 180.990，Nagelkerke R^2 为 0.482，预测准确率为 83.4%，说明模型较好地拟合了数据。

基于表 2 的参数估计结果，对生猪养殖户养殖质量安全可追溯体系参与行为的影响因素做出如下分析：

1. 生猪养殖户特征对其质量安全可追溯体系参与行为的影响

在对养殖档案记录行为的影响中，户主年龄这个变量通过了显著性检验，户主年龄这一变量的回归系数为－0.041，在 10%的统计水平下显著，说明户主年龄与其进行养殖档案记录行为呈负相关。可能的原因是养殖户越年轻越能接受新鲜事物，越能接受科学管理的理念和方式。但是户主年龄在对生猪进行耳标标识的行为影响中未通过显著性检验，可能的原因是：根据《动物免疫标识标识管理办法》的规定，动物出售时，检疫员必须凭免疫耳标和免疫档案，经临床检查健康后，方可出具《动物产地检疫合格证》或《动物运输检疫合格证》，运输环节和收购、屠宰环节必须凭检疫合格证明、免疫耳标等标识承运或收购屠宰，否则一律不准上市、流通。对于这样一种强制性规制，无论养殖户的年龄如何都必须遵守，所以年龄对生猪标识行为影响不显著。

户主文化程度在对养殖档案记录行为和生猪标识行为的影响中，均通过了显著性检验。回归系数分别为 0.248 和 0.69，分别在 5%和 1%的统计水平下显著，说明户主文化程度与养殖户质量安全可追溯体系参与呈正向相关。可能的原因是文化程度越高的农户对现代科学管理的接受度越高，对相关政策的理解力和执行力越强。

2. 养殖场特征对养殖户质量安全可追溯体系参与行为的影响

在对养殖档案记录行为的影响中，养殖年限和养殖规模均通过了显著性检验，其中养殖年限的回归系数为－0.07，在 5%的统计水平下显著，说明养殖年限与养殖户养殖档案记录行为呈负相关；养殖规模的回归系数为 0.003，在 1%的统计水平下显著，说明养殖规模与养殖户养殖档案记录行为呈正相关。建立养殖档案和给生猪佩戴耳标不仅仅是一项政府规制措施，更是猪场提高管理水平的一项重要手段。养殖年限越短的养殖户进入养殖行业时间不长，没有传统经验和习惯的束缚，一开始就能接受科学规范的管理要求，养殖规模越大的养殖户越会记录养殖档案。可能的原因是规模越大的养殖场不能仅凭经验进行管理，必须学习科学的管理方法，而建立养殖档案，给生猪佩戴耳标既方便生猪溯源，更能提高管理的科学性和现代化水平，因而更能接受养殖档案记录和对生猪进行耳标标识的行为。对生猪进行耳标标识行为的影响中，养殖年限和养殖规模未通过显著性检验，可能的原因是给出售生猪佩戴耳标是一种强制性规制，养殖户必须遵守，与养殖场特征没有必然联系。

3. 认知变量对养殖户质量安全可追溯体系参与行为的影响

在对养殖档案记录行为的影响中，法规了解的回归系数为 1.861，在 1%的统计水平下显著，说明越了解《畜禽标识和养殖档案管理办法》，越会按规定进行养殖档案记录。养殖户对政策法规的了解既影响其对生产档案记录行为价值的感知，又从法律、制度层面约束了农户行为选择的范围。法规了解在对生猪标识行为的影响中未通过显著性检验，可能的原因是即便养殖户不清楚《畜禽标识和养殖档案管理办法》条例内容，但是给生猪佩戴耳标作为生猪上市交易的必要条件和强制性规制，养殖户必须遵守，因而对《畜禽标识和养殖档案管理办法》是否了解对于养殖户给生猪佩戴耳标行为没有显著影响。

耳标作用认知变量对生猪标识行为有显著正向影响，其回归系数为 1.237，在 1%的统计水平下显著，说明越了解耳标作用，越能更好地执行给生猪佩戴耳标的规定。

4. 环境变量对养殖户质量安全可追溯体系参与行为的影响

培训、认证和执法检查在对养殖档案记录行为和生猪标识行为的影响中，均通过了显著性检验，其中培训的回归系数分别为 0.759 和 0.975，认证的回归系数分别为 0.983 和 0.773，均在 5%的统计水平下显著；执法检查的回归系数分别为 0.27 和 0.494，分别在 10%和 5%的统计水平下显著，说明培训、认证和执法检查均对养殖户的养殖档案记录行为和生猪标识行为具有正向影响。可能的原因是，培训增强了养殖户的养殖和管理能力，因而改善了养殖户的养殖档案记录行为和生猪标识行为。进行生猪认证，不仅产品和产地环境要达到相应标准，还要求养殖场建立完善的质量管理体系，包括管理制度、人员设置、管理记录等。生产过程记录要有用药、用料、免疫记录。因此进行质量认证的养殖户管理更加科学规范，养殖档案记录行为和生猪标识行为也执行得更好。执法部门对养殖户检查越频繁，养殖户越能遵守相关规定，因而养殖户记录养殖档案和给生猪佩戴耳标行为也执行得越好。

四、政策建议

建立养殖档案和推行动物免疫标识制度是落实畜产品质量责任追究制度和进行疫病追溯、保障畜禽产品质量安全的重要基础，也是加强畜禽养殖场管理的重要手段。《中华人民共和国畜牧法》对养殖档案的建立有明确规定，建立和完善养殖档案，能及时掌握畜禽存栏、出栏、投人品使用情况，有效地指导养殖生产。推行动物免疫标识制度是落实动物防疫责任制，提高动物免疫密度，实现对动物疫病有效控制的重要手段。由于动物免疫耳标清楚地标示了养殖场乃至防疫员的编号，不论免疫动物流动到哪里，一旦发病均可快速追查到饲养地乃至防疫员，有利于迅速组织产地疫情普查，将疫情控制在最小范围，减少损失。同时，推行动物防疫证明、标识管理，也有利于开展对免疫失败原因分析以及追究防疫员、检疫员失职责任。鉴于建立养殖档案和推行动物免疫标识制度对质量安全可追溯体系建设的重要意义，为进一步促进养殖户质量安全可追溯体系的参与行为，提出如下建议：

1. 加强宣传教育

充分利用报纸、广播、电视、科技下乡活动和印发宣传单等形式，深入开展《中华人民共和国畜牧法》《中华人民共和国动物防疫法》《中华人民共和国农产品质量安全法》等法律法规的宣传教育，增强养殖场管理人员对畜禽养殖档案建设和进行动物免疫标识的重要性认识，引导养殖场按法律法规要求建立畜禽养殖档案和进行动物免疫标识。

2. 加强指导和培训

行政管理部门及相关的受委托的业务部门应按属地管理原则，对养殖场养殖档案管理人员进行技术指导和培训，县一级的培训除要对管理人员培训外，还要对养殖场技术人员进行培训，使技术指导内容落到实处。专业合作社是养殖户按照平等自愿原则自发建立的组织，要加大对专业合作社的政策支持，强化合作社对养殖户的指导培训和引领作用。对于动物免疫标识，要教会养殖户如何正确使用。对于养殖档案的填写，应该按照农业部印制的畜禽养殖档案格式，正确填写养殖档案，确保档案格式正确、规范。养殖档案包括的内容主要有生产记录、饲料及饲料添加剂使用记录、兽药使用记录和免疫记录。

生产记录内容主要是畜禽饲养的圈、舍、栏的编号或名称，出生、调入、调出、死亡淘汰的时间和数量、存栏总数、配种及分娩情况等；饲料、饲料添加剂使用记录内容主要包括饲料、饲料添加剂名称、生产厂家、生产批号、生产日期、使用数量、开始和停止使用时间等；兽药使用记录主要包括兽药名称、生产厂家、生产批号、生产日期、使用数量、开始和停止使用时间等；免疫记录内容主要包括时间、圈舍号、存栏数量、免疫数量、疫苗名称、疫苗生产厂、批号、免疫方法、免疫剂量、免疫人员等；消毒记录内容主要包括消毒日期、场所、消毒药名称、剂量、方法。

3. 加强养殖场动物卫生监督检查和违法处罚力度

养殖场的重大动物疫病防控和畜禽产品质量安全措施，绝大部分只能通过查验养殖档案记录来了解，因此，兽医部门只有加强动物卫生监管，开展定期或不定期的监督检查活动，检查养殖场养殖档案是否规范完整，督促养殖场建立完整的养殖档案，才能达到重大动物疫病和畜禽产品质量安全可追溯的目的。乡镇动物防疫站应行使指导督促职责，指导督促养殖场建好养殖档案；动物卫生监督（分）所行使监督检查职责，查验养殖档案存在的问题，督促及时整改到位，并做好检疫检测相关记录。动物卫生监督（分）所与乡镇动物防疫站实行信息互通，齐抓共管，确保监管措施全面到位。

在加强对养殖场动物卫生监管的同时，应加大养殖违法行为查处力度，对养殖场不建立养殖档案或养殖档案不规范，未按规定保存养殖档案的行为，除进行必要的说服教育、责令限期改正外，根据情节应进行相应的经济处罚，最终达到养殖场守法并按要求建立和保管养殖档案的目的。

4. 以激励促落实，增强养殖户主观能动性

畜禽标识和养殖档案管理是一项烦琐而长期性的工作，是担负法律责任的严肃性工作。畜禽养殖档案渗透到畜禽养殖生产的每个环节，只有保证内容的完整和真实，畜禽养殖档案的价值才能体现。畜禽养殖档案的真实记录，能够充分反映其生产产品的质量安全系数，是检疫工作的深化和前移，是畜产品质量安全的一道有力屏障。要将建立养殖档案及推行动物免疫标识制度与养殖户享受国家惠农强农政策、畜牧兽医技术服务以及各种财税、信贷支持政策等有效结合，从而促进养殖户主动建立养殖档案及进行动物

免疫标识。

5. 分类建档，分类管理

大户、养殖场（小区）养殖档案包括电子档和纸质档，由养殖场（户）主建立，派驻乡镇防疫监督员负责协助，动物卫生监督所负责监管并将电子档报畜牧兽医局畜牧股备案；散养户养殖（防疫）档案卡由防疫员春防时负责建立，派驻乡镇防疫监督员负责监管，乡镇畜牧兽医服务中心负责集中保管备查。

6. 鼓励养殖户参与生猪认证

食品行业对食品标准的定位有 3 个标准级别，依次为无公害食品、绿色食品和有机食品，有机食品是食品行业的最高标准。一个比较完善的产品认证制度，在批准认证之前，要对企业质量体系的有效性进行检查和评定。只有企业的质量体系符合规定的要求，才有可能取得产品认证的资格，这是认证机构批准认证的基本条件之一。在实施产品质量认证时，认证机构对企业的质量体系进行检查、评定，实质上就是由有关专家对该企业质量体系进行的有效性诊断，因此参与生猪认证既能够帮助养殖场改进质量管理和提高产品质量，也能给消费者更多的消费信心和保障，因而也容易得到市场认可。相关畜牧兽医部门要积极宣传生猪认证的好处，并对养殖场户加强指导，促使更多的养殖场户改善管理水平，积极参与认证。

参　考　文　献

[1] 恰亚诺夫．农民经济组织［M］．北京：中央编译出版社，1996.

[2] Scott R，James C. The Moral Economy of the Peasant：Rebellion and Subsistence in Southeast Asia［M］. New Haven：Yale University Press，1976.

[3] Schultz T W. Transforming Traditional Agriculture［M］. New Haven：Yale University Press，1964.

[4] S. Popkin. The rational Peasant：The Political Economy of Rural Society in Vietnam［M］. Berkley：University of Califorlia Press，1979：31.

[5] 林毅夫．小农与经济理性［J］．农村经济与社会，1988（3）：42-47.

[6]（美）黄宗智．华北的小农经济与社会变迁［M］．北京：中华书局，1986.

[7] 张云华，马九杰，孔祥智，等．农户采用无公害和绿色农药行为的影响因素分析—对山西、陕西、山东 15 县（市）的实证分析［J］．中国农村经济，2004（1）：41-49

[8] 陈雨生，房瑞景．海水养殖户渔药施用行为影响因素的实证分析［J］．中国农村经济，2011（8）：72-80.

[9] 赵荣，乔娟．农户参与食品追溯体系激励机制实证研究［J］．华南农业大学学报（社会科学版），2011，10（1）：9-18.

[10] 吴学兵，乔娟．养殖场（户）生猪质量安全控制行为分析［J］．华南农业大学学报（社会科学版），2014（1）：20-27.

[11] 周洁红，李凯．农产品可追溯体系建设中农户生产档案记录行为的实证分析［J］．中国农村经济，2013（5）：58-67.

05

第五篇　市场开放与国际视角

CNFTA 框架下中国畜产品进口的贸易转移和创造效应①

——基于倍差法和 Heckman 两阶段模型的分析

王士权[1]　李秉龙[2]

（1. 河北经贸大学商学院，石家庄 050061；
2. 中国农业大学经济管理学院，北京 100083）

摘要：基于 1995—2013 年中国畜产品进口情况，以引力模型和倍差法为基础，将 CNFTA 看作是一种政策变量，借助 Heckman 两阶段模型处理零贸易值问题，估计 CNFTA 框架下中国畜产品进口的贸易创造效应与贸易转移效应，并对比了混合 OLS 与 Heckman 两阶段模型回归结果。结果显示：CNFTA 对中国畜产品进口存在着显著的贸易创造效应，同时贸易转移效应并不明显，提高了中国整体的福利水平；混合 OLS 估计高估了贸易创造效应；CNFTA 对中国畜产品进口存在扩大的贸易效应，但新西兰进口贸易扩大效应大于其他国家，即新西兰具有同中国签订 FTA 的先行者优势。

关键词：CNFTA；畜产品；贸易创造；贸易转移；倍差法；Heckman 两阶段模型

一、引　　言

加入 WTO 以来，中国积极开放国内市场、寻求国际合作，密切加强全球与区域间经贸合作，拓展与他国或地区互惠互利的经贸关系，大力推进双边与多边自由贸易的深入发展，先后与不同国家或地区等相关经济体签订了十余个自由贸易协定（Free Trade Agreement，FAT），通过建立自由贸易区的方式最大幅度地降低国家间的关税与非关税壁垒，减少绝大多数服务部门的市场准入限制，有力地促进了相关国家经贸领域的合作，推动了区域间经济社会的全面发展，为世界经济增长注入了新的动力。作为中国与西方国家签署的第一个自由贸易协定（China-New Zealand FTA，CNFTA），CNFTA 于 2008 年 4 月 7 日签署，当年 10 月 1 日起正式实施，该协议消除了新西兰原产货物超过 96%的关税，关税壁垒的大幅降低使得中国-新西兰双边贸易额由 2008 年的 44 亿美

---

① 本文原载于《农业技术经济》2016 年第 4 期，CNFTA 指《中国-新西兰自由贸易协定》。

元增加至 2014 年的 142.5 亿美元，其中中国对新西兰出口 47.4 亿美元，从新西兰进口 95.1 亿美元，而从新西兰进口畜产品总额达到 53.5 亿美元①。按照协议相关内容，除去羊毛、毛条以及乳制品等单独设定关税配额的产品以外，其他畜产品在 2016 年全面实现零关税。随着 2015 年 12 月 20 日中国-澳大利亚 FTA 的正式生效，新西兰政府开始寻求修改与中国的自由贸易协定，以求进一步开放中国市场，实现更全面、更高质量自由贸易，中国-新西兰经贸关系进入了新的发展阶段。那么在协议正式生效的前一阶段（2008—2014 年），CNFTA 货物贸易自由化的具体措施对中新双方的贸易流量产生了哪些影响？特别是中方对新方畜产品进口是否存在贸易效应？如果存在，那么是发生了贸易创造效应还是贸易转移效应？影响的具体程度有多大？这些问题的研究对接下来 CNFTA 进一步深化发展，以及对中国同其他国家或地区展开的自由贸易协定谈判具有十分重要的现实意义，能够为相关协议的正式签署提供值得借鉴的理论指导。

二、文献回顾

在国际贸易自由化的趋势下，中国政府一直积极倡导自由贸易发展，其中自由贸易协定是中国进一步开放国内市场、参与区域经济一体化进程、积极开展国际贸易合作的新的发展形式，目前已签署 FTA14 个，正在谈判的 FTA8 个，正在研究的 FTA4 个，中国同多个国家或地区 FTA 谈判进程的加速引起了学术界的广泛关注。按照相关文献与 FTA 签订的时间关系，可以分为展望性评估和回顾性评估研究。国外学者对自由贸易区的贸易效应研究起步较早，DeRosa（1995）[1]和 Lewis 等（1996）[2]结合一般均衡模型模拟指出东盟自由贸易区（ASEAN FTA）的建立将会给相关国家带来贸易创造效应，使得区域内成员国福利水平得以改善；Sothiphand（2002）[3]在对中国—东盟自由贸易区（China-ASEAN FTA）建立的事前研究中，测算了 CAFTA 签订所可能带来的贸易创造和转移效应，分析了其对各种产品的生产、GDP、福利、贸易流量等的影响；Hertel 等（2001）[4]则借助 CGE 模型评估了日本和新加坡建立自由贸易区可能产生的影响；还有学者利用 GATP 模型对中国和东盟、日本和东盟以及中国、日本和东盟三种不同区域东亚贸易自由化所产生的福利效应进行了对比估计（John，Wahl，2002）[5]。国内研究方面，不同学者利用局部均衡、GTAP 等不同方法对于中日韩 FTA 建立的可行性、谈判方案的设计以及建成后产生的福利效应展开具体化分析（陈建安，2007；黄鹏 等，2010；李荣林 等，2006）[6-8]；黄凌云等（2008）[9]借助 GTAP 模型实证模拟东亚地区建立 FTA 对中国和世界经济的影响，指出东亚地区 FTA 将有力地改善本地区社会福利，且区域成员之间也具有贸易创造效应，但同时中国各个产业均会受到不同程度的冲击；李丽等（2008）[10]对中印 FTA 建立将对两国在贸易规模与结构、GDP 和福利水平等方面产生的经济影响进行了一般均衡模拟研究；还有研究采用引力模型检验了 FTA 成员国间的距离、潜在伙伴国的其他自贸区成员国市场规模之和以及

① 资料来源：中国自由贸易服务网（http：//fta.mofcom.gov.cn/list/chinaswitz/chinaswitznews/1/ruishiList.html）。

潜在伙伴国的市场规模等影响贸易的因素（陈媛媛 等，2010）[11]；席艳乐等（2014）[12]指出 CEPA 对中国内地和中国香港均具有一定的贸易创造效应，但不存在贸易转移效应，总体上提高了两地的福利水平。

CAFTA 是中国同其他国家签订的第一个自由贸易协定，随着贸易数据的积累和模型方法的创新，国内学者对 CAFTA 建立的综合效应展开了较为深入的研究。有学者通过建立空间经济学理论模型分析了 CAFTA 深入发展过程中产业集聚和发展不平衡问题，并运用倍差法对 CAFTA 贸易结构效应和生产转移效应进行了有效的计量估计，指出 CAFTA 的签订促进了成员国产业间贸易的发展，对成员国 FDI 流入有着力度不大但正向的促进作用，自贸区内部潜力还有待进一步挖掘（汪占熬 等，2011；2013a；2013b）[13-15]；原瑞玲等（2014）[16]对 CAFTA 实施 10 年来农产品事后贸易效应对中国农业的影响展开分析，指出 CAFTA 对双边农产品贸易的推动作用明显且并未对国内产业造成冲击，因而选择贸易结构互补的国家开展自贸区谈判将是一个重要的方向。曹亮等（2013）[17-19]对于 CAFTA 框架下贸易的创造效应和转移效应进行了比较全面细致的剖析，其研究将 CAFTA 作为一种政策项目，借助倍差法与引力模型，运用 Heckman 两阶段模型来处理零贸易值问题，从农产品、机电产品等微观层面估算了中国进口的贸易效应。

梳理目前文献发现，学术界对双边、多边 FTA 的建立、评估与综合影响展开了全面深入的研究，特别是采用 CGE 模型与 GATP 模型对于 FTA 所带来的福利效应进行了定量化模拟测算，极大地丰富了理论研究成果，为中国展开更为广泛的 FTA 谈判提供了理论依据。由于中国自由贸易谈判起步相对较晚，数据积累相对薄弱，现有研究对已签订的 FTA 关注相对较少，已有文献也多针对 CAFTA 签订后的综合影响进行评估。CNFTA 至今已正式生效 7 年，双边贸易发展迅速，现有文献对 CNFTA 签订后双边贸易发展的关注较少，特别是涉及畜产品领域贸易效应的研究还属空白。鉴于以上理论与现实问题，本文立足于分析 CNFTA 签订对中国畜产品进口的贸易创造效应和贸易转移效应，进而定量评估 CNFTA 对双边农产品贸易领域的影响，采用 UN comtrade、World Bank、CEPII 等相关数据库中相应数据，以引力模型为基础，借鉴倍差法分离了 CNFTA 签订所带来的贸易创造和转移效应，并结合 Heckman 两阶段模型处理零贸易值问题，并与稳健的混合 OLS 回归结果进行了对比分析。对于 CNFTA 签订的定量评估研究具有重要的理论与现实指导意义，一方面量化 CNFTA 对中国畜产品进口的贸易效应，丰富理论层面对双边或多边 FTA 建立的事后评价性研究，为相关 FTA 的谈判提供定量依据与理论支持；另一方面定量分析结果对中国制定畜产品乃至农产品贸易政策具有现实指导作用。

三、理论模型设定

（一）贸易引力模型与倍差法

引力模型最基本的形式是将贸易流量定义为 GDP、人口数量和运输距离的函数，有学者在引力模型中加入了文化因素和地理因素等变量，例如人均 GDP、共同语言、陆地面积等。其中，GDP 反映的是一国的经济规模，陆地面积在某种程度上反映了某国产品供应能力的大小，本文将其看作一国资源禀赋的代理变量，资源禀赋越丰富的国家，越有能力生产更多的产品满足国内、国际市场需求，从而参与对外贸易的可能性越大，因而其对其本身出口贸易的影响理论上应为正相关。贸易双方是否有共同语言，在一定程度上是两国文化契合度的体现，一般而言与双边贸易流量呈正相关。贸易国之间的距离以及是否为内陆国会直接影响货物贸易运输的便捷性与成本，出口国人口数量将直接影响国家产品的出口贸易，汇率水平对出口国产品在国际市场竞争力具有显著影响，因而一并纳入模型。

为了更好地阐明 CNFTA 成立前后对中国畜产品进口的贸易效应，在引力模型中设定中国畜产品的进口贸易额 im 为因变量，自变量包括中国畜产品进口来源国的 GDP、人口数量 pop、国土面积 $area$、语言 $lang$、汇率水平 $rate$、是否为内陆国 $landlocked$、中国与其畜产品进口国家的距离 $dist$，具体模型设定如下：

$$\ln im_{ijt} = \beta_0 + \beta_1 \ln GDP_{jt} + \beta_2 \ln pop_{jt} + \beta_3 \ln area_j + \beta_4 \ln dis_{ij} + \beta_5 landlocked_j + \beta_6 rate_{jt} + \beta_7 \mathrm{lang}_{ij} + \varepsilon_{ij} \quad (1)$$

其中，im_{ijt} 为 t 年 i 国从 j 国进口畜产品的贸易流量，这里 i 指中国这一进口国，j 指出口国，即为中国畜产品的进口来源国；GDP_{jt}、pop_{jt}、$rate_{jt}$ 分别为 j 国的 GDP、人口数量和汇率水平；$area_j$ 为 j 国的国土面积；dis_{ij} 为 i 国与 j 国间的距离；$Lang_j$ 表示 i 国和 j 国是否有共同语言、$landlocked_j$ 表示 j 国是否为内陆国，均为二值变量；ε_{ij} 为随机误差项。

为了进一步将 FTA 签订所产生的贸易效应分离，明确 CNFTA 生效后对中国畜产品进口流量产生的贸易创造和转移效应，本文参考曹亮等（2013）对中国—东盟农产品贸易效应研究的处理方式，将 CNFTA 看成一种政策项目，使用倍差估计量并进行转化，结合贸易引力模型展开定量估算。一般的倍差法估计模型设定如下：

$$\ln im_{jt} = \delta_0 + \delta_1 CNfta_t + \delta_2 Mem_j + \delta_3 (CNfta \times Mem)_{jt} + \theta_{jt} \quad (2)$$

$CNfta_t$ 为二值变量，在 CNFTA 建立后为 1，否则为 0；Mem_j 也是一个二值虚拟变量，表示 CNFTA 的成员国，即新西兰；交乘项 $(CNfta \times Mem)_{jt}$ 即为倍差估计量，CNFTA 建立后的成员国为 1，否则为 0。为控制 CNFTA 的内生性问题，参考相关研究关于 FTA 的处理方式（曹亮 等 2013），对倍差法估计进行转化，并将其与贸易引力模型结合使用，从而得到建立 CNFTA 的平均处理效应。具体地，将方程（2）用 $CNfta_t$ 的线性关系进行转化：

$$CNfta_t = CM_{jt} + CNM_{jt} \quad (3)$$

CM_{jt} 是 $(CNfta \times Mem)_{jt}$ 的缩写，表示 CNFTA 建立后的成员国关系；而 $(CNfta \times Nonmem)_{jt}$ 简化为 CNM_{jt}，表示 CNFTA 建立后的非成员国关系。利用式（3）对式（2）进行转换得到：

$$\ln im_{jt} = \gamma_0 + \gamma_1 Mem_j + \gamma_2 CM_{jt} + \gamma_3 CNM_{jt} + \mu_{jt} \quad (4)$$

这种转化更有利于分解 CNFTA 建立后中国从新西兰和其他国家进口畜产品的贸易流量的变化。其中，γ_2 反映了 CNFTA 成立前后中国从新西兰进口畜产品贸易流量的变化，即 CNFTA 建立的贸易创造效应，这种差分形式有利于控制影响成员国双边贸易的不可观测因素；同样地，γ_3 反映了 CNFTA 成立前后中国从其他国家进口畜产品贸易流量的变化，即为贸易转移效应；$\gamma_2-\gamma_3$ 表示 CNFTA 政策干预的净效应，即为平均处理效应，这种倍差估计量有利于消除或减弱其他随时间变化的混淆因素的干扰。Mem_j 是个不随时间变化的变量，在一定程度上控制了影响中国和新西兰贸易的不可观测因素。将倍差法估计和贸易引力模型相结合，即将方程（1）和（4）结合起来：

$$\ln im_{ijt}=\beta_0+\beta_1\ln GDP_{jt}+\beta_2\ln pop_{jt}+\beta_3\ln area_j+\beta_4\ln dis_{ij}+\beta_5 landlocked_j+\beta_6 rate_{jt}+\beta_7\text{lang}_{ij}+\gamma_1 Mem_j+\gamma_2 CM_{jt}+\gamma_3 CNM_{jt}+\vartheta_{ij} \quad (5)$$

方程（5）为混合 OLS 回归的基础方程，系数 $\beta_1-\beta_7$ 为由贸易引力模型测得的中国畜产品的“常规”进口流量，γ_2 为 CNFTA 建立对中国畜产品进口的贸易创造效应，γ_3 为贸易转移效应，$\gamma_2-\gamma_3$ 为 CNFTA 政策的平均处理效应。

（二）Heckman 两阶段模型处理零贸易值问题

选取 1995—2013 年联合国 comtrade 畜产品贸易数据，其中有 145 个国家至少有一年对中国有畜产品出口行为，如果将贸易数据还原为 19×145 的平衡面板数据，缺失出口贸易观测值将占到 47.15%。如果忽略缺失值进行回归将会遗失重要的信息，造成回归结果的偏误，因而将缺失的贸易值看作零贸易值问题加以处理。目前处理零贸易值问题的方法主要有以下几种：一是直接删除零贸易值样本进行回归，但会造成结果的偏误；二是将零值用很小的量替代进行回归，也会造成结果有偏；三是利用泊松极大似然估计法纠正零贸易流带来的估计偏差；四是把零贸易值作为样本选择问题，通过 Heckman 两阶段估计中的选择方程来纠正样本选择偏差。鉴于 Heckman 选择模型更加适合处理零贸易值的问题，参考曹亮等（2013）研究，采用 Heckman 两阶段模型处理零贸易值问题。

首先将 1995—2013 年的中国畜产品进口的非平衡面板数据用零值补充为平衡面板数据，这样就可以把两国是否发生贸易看作是一个样本选择问题，从而运用 Heckman 两阶段估计。第一阶段选择方程将畜产品出口国办理出口商品所有手续需要的单据数量 *doc*、时间 *t* 和花费的相对成本 *cost* 引入，结合基础回归方程（5），具体将模型设定如下：

$$Y_{ijt}=\beta_0+\beta_1\ln GDP_{jt}+\beta_2\ln pop_{jt}+\beta_3\ln area_j+\beta_4\ln dis_{ij}+\beta_5 landlocked_j+\beta_6 rate_{jt}+\beta_7 lang_{ij}+\beta_8 doc_j+\beta_9 t_j+\beta_{10}\text{cost}_j+\gamma_1 Mem_j+\gamma_2 CM_{jt}+\gamma_3 CNM_{jt}+\tau_{ij} \quad (6)$$

其中，当 $im_{ijt}>0$ 时，$Y_{ijt}=1$；当 $im_{ijt}=0$ 时，$Y_{ijt}=0$，这样构造了 Heckman 第一阶段回归模型，利用 Probit 模型对方程（6）估计，进而得到 Y_{ijt} 的拟合值 Y_{ijt}，再根据 Probit 回归结果构造逆米尔斯比 λ，将新变量 λY_{ijt} 作为新的解释变量构造结果方程，且结果方程只对 $im_{ijt}>0$ 的样本进行估计，如果估计结果中 λY_{ijt} 的系数显著，则说明存在样本选择问题，混合 OLS 回归会造成样本的偏差。构造结果方程设定如下：

$$\ln im_{ijt}=\beta_0+\beta_1\ln GDP_{jt}+\beta_2\ln pop_{jt}+\beta_3\ln area_j+\beta_4\ln dis_{ij}+\beta_5 landlocked_j+\beta_6 rate_{jt}+\beta_7 lang_{ij}+\gamma_1 Mem_j+\gamma_2 CM_{jt}+\gamma_3 CNM_{jt}+\eta\lambda\widehat{Y}_{ijt}+\omega_{ij} \quad (7)$$

四、数据处理、描述与实证分析

（一）数据处理以及预期符号

本文使用的数据有中国畜产品的进口贸易额、中国畜产品进口来源国的 GDP、人口数量、国土面积、语言、汇率水平、是否为内陆国、中国与其畜产品进口国家的距离、畜产品出口国办理出口商品所有手续需要的单据数量、时间和花费的相对成本以及 FTA 签订的相关情况。其中，中国畜产品的进口贸易额来源于联合国 comtrade 数据库；中国畜产品进口来源国的 GDP、人口数量、汇率水平来自世界银行的 WDI 数据库；中国畜产品进口来源国的国土面积、语言、是否为内陆国来自 CEPII－GEO 数据库；中国与其畜产品进口国家的距离来自 CEPII－DIST 数据库；畜产品出口国办理出口商品所有手续需要的单据数量、时间和花费的相对成本来自世行集团 Doing Business 统计；FTA 签订的相关信息来自中国自由贸易服务网（http：//fta. mofcom. gov. cn/list/chinaswitz/chinaswitznews/1/ruishiList. html）。

2008 年 4 月 7 日中国和新西兰签署了《中国-新西兰自由贸易协定》，双方已自 2009 年起逐渐减免各类进口产品关税，CNFTA 的贸易效应逐步显现，因此将 2009 年认为是 CNFTA 正式启动的年份，以期对 CNFTA 成立前后中国畜产品的进口变化进行对比分析。研究对象为 1995—2013 年中国从 145 个国家畜产品是为进口额，取对数作为被解释变量；为了消除异方差影响，解释变量 GDP、pop、$area$、dis 都取对数，畜产品出口国为内陆国、存在共同语言设定为 1 进行估计；为修正异方差和随机误差项的自相关问题，所有的计量结果均采用稳健的标准误加以纠正。Heckman 两阶段估计中畜产品出口国办理出口商品所有手续需要的单据数量 doc、时间 t 和花费的相对成本 $cost$，由于在样本期内相关指标没有全部涵盖，考虑到以上指标变化幅度很小，对回归结果影响不大，各国相应指标采用 2014 年的数据。表 1 列示了所取变量的说明与预期符号。

表 1　变量说明、数据来源与预期符号

变量	含义	数据来源	预期符号
$\ln im_{ijt}$	中国畜产品进口额	联合国 comtrade 数据库	
Y_{ijt}	probit 模型 0—1 变量	—	
$\ln GDP_{jt}$	畜产品出口国 GDP	WDI 数据库	+
$\ln pop_{jt}$	畜产品出口国人口	WDI 数据库	−
$\ln area_j$	畜产品出口国国土面积	CEPII－GEO 数据库	+
$\ln dis_{ij}$	两国间距离	CEPII－DIST 数据库	−
$landlocked_j$	畜产品出口国是否为内陆国（是为 0，否为 1）	CEPII－GEO 数据库	+
$rate_{jt}$	畜产品出口国汇率	WDI 数据库	+
$lang_{ij}$	两国是否有共同语言（是为 1，否为 0）	CEPII－GEO 数据库	+
M	j 国是否为 CNFTA 成员（是为 1，否为 0）	中国自由贸易服务网	
CM	CNFTA 建立后的成员国关系	—	+

（续）

变量	含义	数据来源	预期符号
CNM	CNFTA 建立后的非成员国关系	—	
doc_j	畜产品出口国出口商品所有手续需要的单据	Doing Business	−
t_j	畜产品出口国出口商品所有手续需要的时间	Doing Business	−
$cost_j$	畜产品出口国出口商品所有手续需要的成本	Doing Business	−
λ	逆米尔斯比	估计结果测算	
Y_{ijt}	Y_{ijt}的拟合值	估计结果拟合	

（二）描述性统计分析

图 1 显示了 1995—2014 年中国从新西兰畜产品进口额、年增长率以及从新西兰畜产品进口额占总进口额的比重变化情况。从中可以看出，中国从新西兰畜产品进口额一直保持积极增长态势且表现出显著的阶段性特征，在 1995—2008 年，来自新方畜产品进口尽管一直增长但绝对数额不大，增长较为平稳，年均增速达到 33.29%；2008 年以来，随着 CNFTA 的签订与正式生效，双边关税水平逐年降低，畜产品进口增速明显加快，6 年间年均增速达到 53.23%，远超过 1995 年以来的平均增长速度 39.29%，同时中国从新西兰畜产品进口仍表现出强势的增长势头，未来仍可能保持较快增长。中国从新西兰畜产品进口年增长率波动特征明显，除 2005 年进口增长为负值外，其他年份增长率均为正值，在 2010 年增速曾超过 100%，随着 CNFTA 正式生效，各年增长率均超过 28%，在畜产品进口基数连年提升的背景下仍保持较高速度增长，从统计层面看 FTA 对中国畜产品进口的拉动效应极为显著；2005 年进口负增长主要表现为活动物进口数量减少，可能与当年禽流感等疫病影响而严格的进口限制有一定关系。随着中国经济社会快速发展与居民生活水平稳步提升，对畜产品的需求越来越多，中国畜产品进口的总规模也越来越大，其中来自新西兰的畜产品在总进口产品中占有重要的地位，新方畜产品占总进口比重已由 1995 年的 3.75%提高至 2014 年的 39.17%，成为中国畜产品

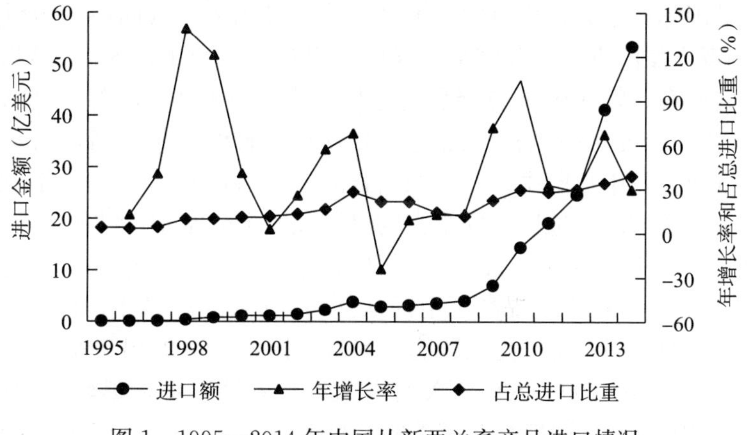

图 1　1995—2014 年中国从新西兰畜产品进口情况

最重要的进口来源国，新西兰作为与中国签订 FTA 的先行者，如此规模庞大的进口数额很大程度与 CNFTA 先行签订生效有着密切关系。那么 CNFTA 对中国畜产品进口贸易效应到底有多大？以下实证部分将尝试做出解答。

（三）实证结果分析

分别运用混合 OLS 对方程（5）、Heckman 两阶段模型对方程（6）、（7）进行估计，汇总得到表 2 的回归结果。首先根据 Heckman 两阶段估计结果检验是否存在样本的选择偏误问题，即选择方程与结果方程的误差项是否相关［$Cov(\tau,\omega)$是否为零］，或逆米尔斯比 λ 是否显著为零，若 $Cov(\tau,\omega)$或 λ 显著不为零，则说明不存在样本选择偏误。而表中 $\rho=Cov(\tau,\omega)=0.597$，且 λ 显著不为零，因而认为存在样本选择偏误问题，混合 OLS 回归结果存在偏差，有必要使用 Heckman 两阶段模型进行修正。

从回归结果来看，估计系数的符号完全符合预期，混合 OLS 与 Heckman 两阶段模型估计系数符号基本一致，但显著性水平与绝对值存在差异，即混合 OLS 回归并没有颠覆性影响分析结论，但对结论的准确性造成了偏差。具体来看，忽略零贸易值的混合 OLS 估计高估了 *GDP*、*pop*、*rate* 三个“常规”变量的影响，而同时低估了 *dis*、*landlocked*、*area* 以及 *lang* 四个“常规”变量作用；在贸易效应上，低估了 M 与 CNM 的系数 γ_1 和 γ_3，即低估了贸易转移效应，高估了 CM 的系数 γ_2，表明高估了贸易创造效应。在这种情况下，CNFTA 签订使中国从新西兰进口畜产品平均增长 609.37%，即$(e^{1.9592}-1)\times100\%$，使中国从其他国家畜产品进口平均增长 34.57%，即$(e^{0.2969}-1)\times100\%$；同时 CNFTA 签订生效后中国畜产品进口的平均处理效应为 427.14%，即$(e^{1.9592-0.2969}-1)\times100\%$。

从 Heckman 估计结果看引力模型中的“常规”变量，畜产品出口国（地区）的 *GDP*、人口数量 *pop*、国土面积 *area*、语言 *lang* 和国家间距离 *dis* 是影响中国畜产品进口贸易的主要因素，其中语言 *lang* 是影响作用最大的因素。畜产品出口国（地区）的 *GDP*、国土面积 *area* 每增长 1%，将使中国畜产品的进口额分别平均增加0.909 6%、0.499 2%，国土面积可以体现一个国家（地区）自然资源禀赋状况，国土面积越大一定程度上代表其自然资源禀赋越充裕，因而可供出口的资源密集型畜产品有着充足的供应，增强其产品国际竞争力；出口国（地区）的人口 *pop* 与其同中国的距离 *dis* 每增加 1%，将使中国畜产品的进口额分别平均降低 0.286 6%、0.657 8%；若出口国（地区）和中国存在共同语言，将使中国畜产品的进口额平均提高 900.94%，即$(e^{2.3119}-1)\times100\%$，说明文化契合度对中国畜产品进口贸易的影响程度非常高，从实际情况来看，在所有进口国（地区）中，同中国有共同语言的是中国香港、中国澳门、新加坡以及马来西亚，而以上 4 个国家（地区）同中国的经贸关系十分密切，结果符合现实状况。在贸易效应方面，CNFTA 签订生效使中国从新西兰进口的畜产品平均增长 401.48%（$(e^{1.6124}-1)\times100\%$），极大地提高了中国从新西兰进口畜产品的贸易额，具有显著的贸易创造效应；同时，CNFTA 使得其他国家对中国畜产品的出口平均提高了 96.89%（$(e^{0.6775}-1)\times100\%$），表明 CNFTA 签订并没有导致明显的贸易转移效应。总体上来看，CNFTA 对中国畜产品进口存在扩大的贸易效应，同时拉动了中国与整个国际市场的贸易，但新西兰进口贸易扩大效应大于其他国家，即相对于中国从其他国家的畜产品进口，由于CNFTA存在使得2009年后中国从新西兰的畜产品进口平均增长了154.7%，即($e^{1.6124-0.6775}-1$)×100%，新西兰具有同中国签订FTA的先行者优势。结合混合OLS估计结果分析表明，在纠正了零贸易值带来的样本选择问题后，CNFTA对中国畜产品进口影响的贸易创造、转移与净效应都有所降低。

表2　引力模型混合OLS与Heckman两步法回归结果

变量	混合OLS	Heckman两步法	
		选择方程	结果方程
GDP	0.961 9***	0.255 6***	0.909 6***
	(24.78)	(3.80)	(10.22)
dis	−0.141 2	−0.791 2***	−0.657 8*
	(−1.25)	(−3.36)	(−1.86)
pop	−0.304 0***	0.030 6	−0.286 6**
	(−5.41)	(0.33)	(−1.98)
area	0.334 5***	0.193 5***	0.499 2***
	(7.58)	(2.63)	(4.09)
lang	1.309 4***	1.424 1	2.311 9**
	(4.71)	(1.60)	(1.97)
rate	0.000 0	0.000 0	0.000 0
	(1.17)	(0.79)	(0.61)
landlocked	0.118 6	0.077 8	0.129 9
	(0.62)	(0.24)	(0.28)
M	5.187 9***	6.951 6	6.273 9***
	(15.93)	(0.03)	(3.11)
CM	1.959 2***	−0.591 4	1.612 4*
	(4.99)	(0.00)	(1.90)
CNM	0.296 9*	0.400 7***	0.677 5***
	(1.94)	(4.53)	(6.04)
doc	—	−0.163 3**	—
		(−2.22)	
t	—	−0.001 2	—
		(−0.08)	
cost	—	−0.000 1	—
		(−0.55)	
cons	−9.134 9***	−0.511 3	−6.421 6*
	(−6.76)	(−0.19)	(−1.67)
λ	—	—	−0.561 4***
			(−3.69)
ρ		0.592 1	

注：括号里的数值为利用稳健的标准误计算得到的*t*/*z*统计值，***、**、*分别表示1%、5%、10%的显著性水平。

五、结论与启示

利用联合国 comtrade、CEPII 与 WDI 数据库中 1995—2013 年中国从 145 个国家和地区畜产品进口的贸易数据以及其他影响贸易流量的变量，以引力模型为基础，借助倍差法将 CNFTA 作为一种政策变量，采用 Heckman 两阶段模型处理零贸易值问题，并与混合 OLS 估计结果全面对比分析了中国畜产品进口的贸易转移效应和贸易创造效应。从引力模型估计结果看，在中国—新西兰建立 FTA 推动双边经济一体化进程中，CNFTA 对中国畜产品进口产生了极大的拉动作用，贸易创造效应非常显著，有力地推动了双边畜产品贸易的增长，同时贸易转移效应并不明显，进而提高了中国整体的福利水平。对比两种回归估计结果，混合 OLS 估计的确高估了贸易创造效应，但在基本结论上仍然与 Heckman 两阶段估计一致；修正零贸易造成的偏误以后 CNFTA 生效后贸易创造效应使得中国从新西兰畜产品进口增长了 401.48%，其他国家对中国畜产品的出口平均增加 96.89%，即不存在显著的贸易转移效应，新西兰并没有挤占国际市场对中国畜产品出口，CNFTA 整体上推动了中国的国际贸易，因此中国畜产品进口总体呈现出扩大的贸易效应；CNFTA 的签订有效地拉动了中国与新西兰的畜产品进口贸易，对中国畜产品进口额提升幅度较大，新西兰的 FTA 先行优势明显。此外，出口国（地区）的 *GDP*、人口 *pop*、面积 *area*、语言 *lang* 和国家间距离 *dis* 是影响中国畜产品进口贸易的主要因素。

结合分析结论与中国 FTA 的发展现状，提出以下建议：

第一，积极开展 FTA 谈判，加强农业领域对外合作。CNFTA 推动了中新两国在经贸领域的合作，提升了两国人民的福利水平，未来中国应更加坚定地用好国内国际“两个市场、两种资源”，以“新丝绸之路经济带”和“21 世纪海上丝绸之路”倡议的实施为契机，坚持自由贸易区战略，积极推进更具广泛影响力的 FTA 谈判，切实推动区域间经贸合作，积极开发利用国际市场，助力新常态下国内经济社会的转型发展。

第二，适当增加农牧产品进口，促进国内产业升级转型。在国内资源环境约束日趋加速、产业政策调整影响日益加剧、国际市场冲击日渐加强的背景下，农业缺乏国际竞争力的现实问题已迫在眉睫，国内外农产品价格倒挂现象比比皆是，适当开放部分产品的国际市场，以质优价廉的国际农牧产品来促进国内产业调整升级，深入推进农业现代化步伐，如可适当增加牛羊肉等畜产品进口，改善国内市场供求紧平衡现状，提高草食性畜牧业的规模化、标准化、产业化进程，有利于综合提升农业核心竞争力，从而推进四化同步协调发展。此外，还应积极开辟更广泛的畜产品进口来源国，分散进口国过于单一而造成的潜在风险。

第三，在推进贸易自由化的同时，应加强对受到损害产业特别是农牧民的支持和补偿。新西兰作为第一个同中国签订 FTA 的西方国家，因贸易自由化带来的正效应已逐渐显现，因而我国要进一步加大同发达国家展开 FTA 谈判，以 CNFTA 为相关自贸区战略的实施提供样本典范。但是，必须看到的是CNFTA促使质优价廉的新方畜产品大量涌入国内市场，给国内畜牧产业造成了一定的冲击，影响了国内农牧户的短期收益，因而国家对于因FTA建立而给相关产业造成的实质性冲击应采取一揽子的扶持措施，以平稳促进产业优化升级，保证相关地区农牧户的基本收益；同时相关FTA的谈判充分考虑不具备比较优势领域的开放程度与进度，最大限度地减缓自由贸易区生效对国内敏感脆弱产业的短期冲击。

参　考　文　献

[1] DeRosa A. Regional trading arrangements among developing countries: the ASEAN example [R]. Research Report International Food Policy Research Institute, 1995.

[2] Lewis, Jeffrey D, Robinson S, Wang Z. Beyond the Uruguay Round: The Implication of an Asian Free Trade Area [J]. China Economic Review, 1995, 6 (1): 35-90.

[3] Chirathival S. ASEAN-China Free Trade Area: background, implications and future development [J]. Journal of Asian Economics, 2002 (9): 671-686.

[4] Hertel T W, Walmsley T, Itakura K. Dynamic Effects of the "New Age" Free Trade Agreement between Japan and Singapore [J]. Journal of Economic Integration, 2001, 24 (8): 1019-1049.

[5] Gilbert J, Wahl T. Applied General Equilibrium Assessments of Trade Liberalisation in China [J]. The World Economy, 2002, 25 (5): 697-731.

[6] 陈建安. 中韩日自由贸易协定（FTA）的可行性及其经济效应 [J]. 世界经济研究，2007 (1): 74-80.

[7] 黄鹏，汪建新. 中韩FTA的效应及谈判可选方案——基于GTAP模型的分析 [J]. 世界经济研究，2010 (6): 81-86.

[8] 李荣林，鲁晓东. 中日韩自由贸易区的贸易流量和福利效应分析：一个局部均衡的校准方法 [J]. 数量经济技术经济研究，2006 (11): 69-77.

[9] 黄凌云，刘清华. 建立东亚自由贸易区的中国经济效应研究——基于GTAP模型的实证分析 [J]. 国际贸易问题，2008 (12): 60-68.

[10] 李丽，陈迅，邵兵家. 中印有由贸易区的构建对双方及世界经济影响计量研究 [J]. 财贸经济，2008 (4): 111-116.

[11] 陈媛媛，李坤望，王海宁. 自由贸易区下进、出口贸易效应的影响因素——基于引力模型的跨国数据分析 [J]. 世界经济研究，2010 (10): 39-45.

[12] 席艳乐，陈小鸿. CEPA对中国内地和香港贸易效应的实证研究——基于倍差和泊松极大似然估计的方法 [J]. 经济问题探索，2014 (11): 130-138.

[13] 汪占鳌，张彬. 中国——东盟自贸区对产业集聚与发展不平衡的影响研究 [J]. 世界经济与政治论坛，2013 (4): 111-128.

[14] 张彬，汪占熬. 中国—东盟自由贸易区贸易结构效应的实证分析——基于1995—2008年HS92商品分类面板数据 [J]. 世界经济研究，2011 (1): 75-81.

[15] 汪占熬，陈小倩. 中国—东盟自由贸易区投资效应研究 [J]. 华东经济管理，2013, 27 (6): 65-69.

[16] 原瑞玲，田志宏. CAFTA如何改变中国—东盟的农产品贸易？——第一个十年的证据 [J]. 农业经济问题，2014 (4): 58-63.

[17] 曹亮，蒋洪斌，陈小鸿. CAFTA的贸易创造和贸易转移效应研究 [J]. 宏观经济研究，2013

（6）：29-34，71.
[18] 曹亮，蒋洪斌，黄羽. 中国农产品进口的贸易创造与贸易转移效应——基于 CAFTA 框架的评估 [J]. 农业经济问题，2013（11）：19-25.
[19] 曹亮，蒋洪斌，陈小鸿. CAFTA 框架下中国进口的贸易创造和贸易转移——以 HS-6 位数机电产品为例 [J]. 国际贸易问题，2013（8）：72-82.

美国牛肉出口贸易格局及对中国牛肉市场的影响

杨春①

（中国农业科学院农业经济与发展研究所，北京 100081）

摘要：伴随中国牛肉消费需求的增加，牛肉贸易市场正逐步扩大，近期中美牛肉贸易在中断12年后解禁。本文在分析美国牛肉出口全球贸易格局和中美牛肉贸易走势的基础上，研究新型贸易国美国牛肉进入中国市场对牛肉市场价格的影响。结果显示，近期美国牛肉进入中国市场量小价高，进口量大幅增加的情况不会出现，进口超低价格的美国牛肉不太可能，短期对国内牛肉市场价格影响程度较小。长期来看，中国将逐步加大美国牛肉进口，在此情况下，分环节分析，除了屠宰销售环节外，对养殖环节出栏活牛价格会有小幅影响；分产品分析，对冻肉产品价格有一定影响，对鲜牛肉产品价格影响较小。

关键词：全球化；牛肉贸易；美国牛肉价格；中美牛肉价格比较

美国是世界上牛肉生产量一直居于首位的国家。2014年，美国牛存栏为3 085.73万头，占世界牛存栏的10.28%；美国牛肉产量为1 145.33万吨，占世界牛肉产量的17.71%。与此同时，近年来美国牛肉（包括冻牛肉、鲜冷牛肉，下同）出口量居于世界前列，2016年美国牛肉出口量为81.30万吨，占全球总出口量的9.84%，位居世界第四位，主要出口到日本、韩国、墨西哥、中国香港等国家和地区。1996年以来，美国牛肉出口贸易格局发生明显变化，牛肉出口经历“增加—减少—增加”的变动，牛肉出口贸易国经历了“缩减—扩大”变动，其中2003年爆发的疯牛病明显影响美国牛肉出口，使得美国牛肉出口量跌至低谷，贸易国有所减少。近年来，随着美国疯牛病的控制，全球化贸易格局成为趋势，美国牛肉出口量逐步增加，出口贸易国逐步恢复，包括韩国、日本等主要贸易国。

中国是世界上牛肉生产量居于第三位的国家，并且伴随中国牛肉消费需求的增加，牛肉的贸易市场正逐步扩大。继2016年新增纳米比亚、匈牙利、蒙古等贸易国，增加澳大利亚活牛贸易，有条件解禁美国牛肉进口以来，2017年中国与美国牛肉贸易正式

---

① 本文原载于《价格理论与实践》2017年第6期。

杨春（1979—），女，山西晋中人，副研究员，博士，硕士生导师，主要从事畜牧经济研究。E-mail：yangchun@caas.cn。

开放，并宣布相关细则。众所周知，美国牛肉生产成本、牛肉产品价格均具有一定的优势，随着美国牛肉贸易市场的逐步扩大，并重新进入中国市场，是否对中国牛肉市场尤其是牛肉产品价格产生影响，成为业界关注的热点。本文在分析美国牛肉出口贸易格局和中美牛肉贸易走势的基础上，研究美国牛肉出口对中国牛肉市场的影响，并提出相关建议。开展上述研究，有利于准确掌握当前中国新型牛肉贸易市场情况，研判贸易新格局对肉牛业尤其是牛肉市场价格的影响，对于确保国内牛肉市场价格稳定，指导肉牛产业持续、健康发展均具有重要的现实意义。

一、美国牛肉出口全球贸易格局演变及对华贸易影响分析

（一）美国牛肉出口全球贸易格局演变

1. 美国牛肉出口占全球重要位置，出口量比例最高达 16.03%

美国是世界上牛肉产量一直居于首位的国家。2014 年，美国牛肉产量为 1 145.33 万吨，占世界牛肉总产量的 17.71%。1996 年以来，世界牛肉出口量总体呈先增后降态势，由 1996 年的 477.99 万吨逐步增加到 2014 年的 922.35 万吨，到 2016 年减少到 826.03 万吨。美国牛肉出口量占世界牛肉出口量的比例在 1996—2003 年总体保持历史高位，在 13.34%～16.03%之间，2004 年以来，受疯牛病影响，美国牛肉出口市场受到很大限制，出口量明显下滑，出口量占比明显减少，2004 年为历史最低水平，出口量占比仅为 2.35%。之后，随着美国牛肉出口市场的逐步恢复，2016 年美国牛肉出口量占比增加到 9.84%，位居世界第四位（图 1）。总体来看，除个别年份外，美国牛肉出口一直占全球重要位置。

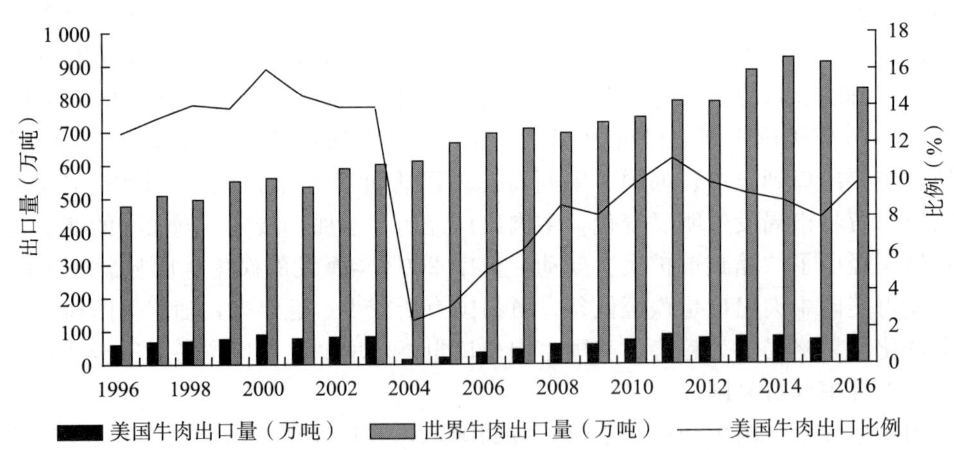

图 1　1996 年以来世界和美国牛肉出口情况

资料来源：联合国 Comtrade 数据库。牛肉包括鲜冷牛肉、冻牛肉。

2. 美国牛肉出口经历“增加—减少—增加”的变动，疯牛病事件阶段性影响美国牛肉出口

美国牛肉出口量由 1996 年的 59.84 万吨波动增加到 2003 年的 83.46 万吨。2003

年底，美国爆发疯牛病，牛肉产品出口受到很大的限制，出口量大幅下滑。2004 年美国牛肉出口量跌至历史最低水平，仅为 14.40 万吨。2004—2009 年，美国牛肉出口量一直处于低位。2010 年以来，伴随美国疯牛病的逐步控制，全球化贸易的发展，贸易市场逐步放开。到 2016 年，美国牛肉出口量恢复增长至 81.30 万吨（图 1）。美国牛肉出口价格由 1996 年的 3.98 美元/千克波动上涨到 2014 年的 7.41 美元/千克，近两年略有下降，2016 年美国牛肉出口价格为 6.44 美元/千克。2017 年 1～3 月份，美国牛肉出口总量为 21.60 万吨，出口价格为 6.50 美元/千克，主要出口到日本、韩国、墨西哥和中国香港；出口欧盟、中东、俄罗斯的牛肉价格最高，分别为 10.96 美元/千克，10.85 美元/千克、10.40 美元/千克；出口中国香港的牛肉价格为 6.84 美元/千克，出口到日本和墨西哥的牛肉价格最低，分别为 5.44 美元/千克，5.83 美元/千克[1]。

3. 美国牛肉出口产品主要为冻牛肉和鲜冷牛肉，其中冻牛肉出口占比较高

美国牛肉出口产品主要为冻牛肉和鲜冷牛肉。美国冻牛肉出口量由 1996 年的 32.55 万吨下降到 2004 年的 2.51 万吨，之后波动增加到 2016 年的 45.92 万吨；鲜冷牛肉出口量由 1996 年的 27.30 万吨下降到 2004 年的 11.89 万吨，之后增加到 2016 年的 35.37 万吨。2016 年，美国冻牛肉出口占比为 56.49%，鲜冷牛肉出口占比为 43.51%。2004 年，受疯牛病影响，冻牛肉和鲜冷牛肉出口量均明显下滑，其中冻牛肉受到的冲击更为明显，2004 年，美国冻牛肉出口量同比减少了 93.70%，鲜冷牛肉出口量同比减少了 72.74%。

4. 美国牛肉出口市场格局经历了“缩减－扩大”变动，主要为日、韩等国

美国牛肉出口目的地主要集中于日本、韩国、中国香港、墨西哥等国家和地区。1996 年，美国出口牛肉贸易国有 102 个，主要有日本、加拿大、韩国、墨西哥及中国香港地区，美国出口到上述国家和地区牛肉占总出口量的 55.83%、15.01%、11.79%、9.73%、1.95%。2003 年，美国出口牛肉贸易国有 109 个，主要有日本、韩国、墨西哥、加拿大及中国香港地区，美国出口到上述国家和地区牛肉占总出口量的 35.53%、24.79%、24.35%、7.56%、1.81%。2004 年后，受疯牛病的影响，中国、韩国、日本、加拿大、墨西哥等国限制进口美国牛肉，贸易国减少到 90 多个。直到 2011 年，韩国、日本等国逐步恢复美国牛肉进口。2016 年，美国牛肉出口贸易国有 103 个，主要目的地为日本、韩国、墨西哥、中国香港地区、荷兰、菲律宾、加拿大等。

（二）美国对华牛肉出口贸易状况分析

1. 美国曾是中国牛肉进口的主要来源国

2003 年以前，中国进口牛肉的主要贸易国有美国、澳大利亚、新西兰、加拿大等。中国从美国进口牛肉比例保持增长，由 1996 年的 23.44%增长到 2003 年的 64.98%，最高达 76.45%（2002 年）。2003 年，中国进口牛肉 8 135.02 吨。其中，从美国进口牛肉5 286.22吨。中国进口牛肉价格总体小幅波动上涨，由 1996 年的 1.33 美元/千克上涨到 2003 年的 1.47 美元/千克，进口美国牛肉价格由 1996 年的 1.29 美元/千克下降到

2003 年的 1.22 美元/千克。与此同时，中国进口牛肉价格总体高于进口美国牛肉价格（图 2）。

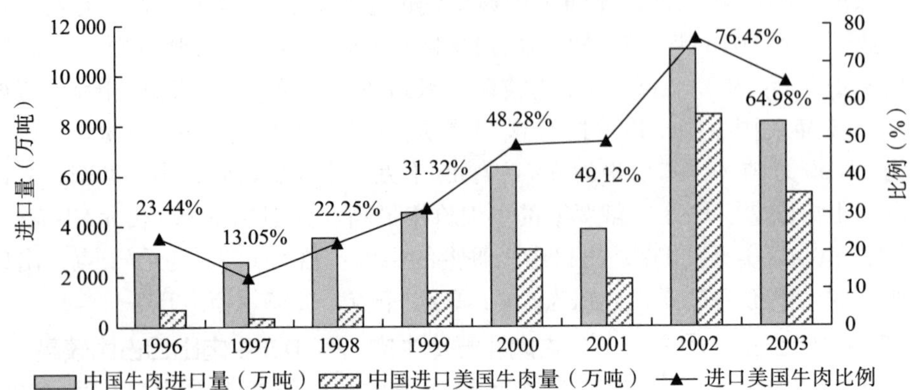

图 2　1996—2003 年中国牛肉进口量和进口美国牛肉量情况

资料来源：中国海关统计。

2. 从 2003 年底中国禁止从美国进口牛肉

2003 年底，由于美国肉牛及其产品爆发疯牛病，在美国向世界动物卫生组织通报后，中国颁布了从美国进口牛肉的禁令。由此，中国长达 12 年未从美国进口牛肉。

3. 近两年中国逐步解除美国牛肉进口禁令，美国牛肉再次进入中国市场，出口量少价高

伴随中国牛肉消费需求增加，贸易市场的逐步扩大，以及中美“百日计划”的提出，中国逐步放开美国牛肉市场。2016 年 9 月，中国提出有条件解除美国牛肉进口禁令，解除美国 30 月龄以下剔骨牛肉、带骨牛肉的禁令，允许符合中国追溯体系要求和检验检疫要求的美国牛肉对华出口。2016 年，美国出口少量牛肉到中国市场，并且全部为冻牛肉，美国出口中国冻牛肉 4.01 吨，出口价格为 7.78 美元/千克。2017 年中国与美国牛肉贸易正式开放，并宣布相关细则。2017 年 1～6 月，美国出口中国牛肉 11.15 吨，其中出口冻牛肉 5.77 吨，出口价格为 15.06 美元/千克，出口鲜冷牛肉 5.37 吨，出口价格为 19.89 美元/千克。

二、美国牛肉出口对中国牛肉市场影响分析

（一）中美牛肉市场价格分析

1. 中美牛肉生产者价格分析

2007 年以来，中美牛肉生产者价格总体呈先升后降趋势。中国牛肉生产者价格由 2007 年的 1.91 美元/千克增加到 2013 年的 3.46 美元/千克，之后下降到 2014 年的 3.08 美元/千克。美国牛肉生产者价格由 2007 年的 1.98 美元/千克上涨到 2014 年的 3.35 美元/千克，到 2015 年小幅下降到 3.24 美元/千克。从生产者价格的对比分析来看，多数年份，中国牛肉生产者价格高于美国牛肉生产者价格，尤其是 2012—2013 年，

价差为 0.60～0.70 美元/千克。分析原因，主要是中国肉牛养殖成本一直居于高位，而美国规模化程度高、草畜结合紧密，人工成本、土地租金、饲草成本等低于中国。

2. 中美牛肉产品市场价格分析

2015 年以来，美国牛肉产品价格总体基本平稳。不同类型产品中，价格由高到低依次为无骨牛排牛腩、圆形牛排、瘦牛肉、无骨炖牛肉、无骨圆形烤牛肉、所有未煮熟的其他牛肉、碎牛肉。2017 年 4 月，无骨牛排牛腩的价格为 17.82 美元/千克，碎牛肉的价格为 7.82 元/千克。据 2017 年 5 月 25 日对美国休斯敦多个超市的调查，目前，牛肉产品价格基本为 1.96～17.99 美元/千克，低价格的牛肉产品主要是牛胸肉、碎牛肉等，牛胸肉有很多白肉，牛肉产品的品质较低，高价格的牛肉产品为有机牛肉品牌产品。2015 年以来，中国牛肉产品价格小幅下降，由 2015 年第 1 周的 64.00 元/千克（10.28 美元/千克）下降到 2017 年第 17 周的 62.10 元/千克（9.02 美元/千克）。从中美牛肉产品价格的对比来看，一般没有统一口径产品的价格对比。但是，从消费者反映来看，美国牛肉产品价格总体要低于中国。

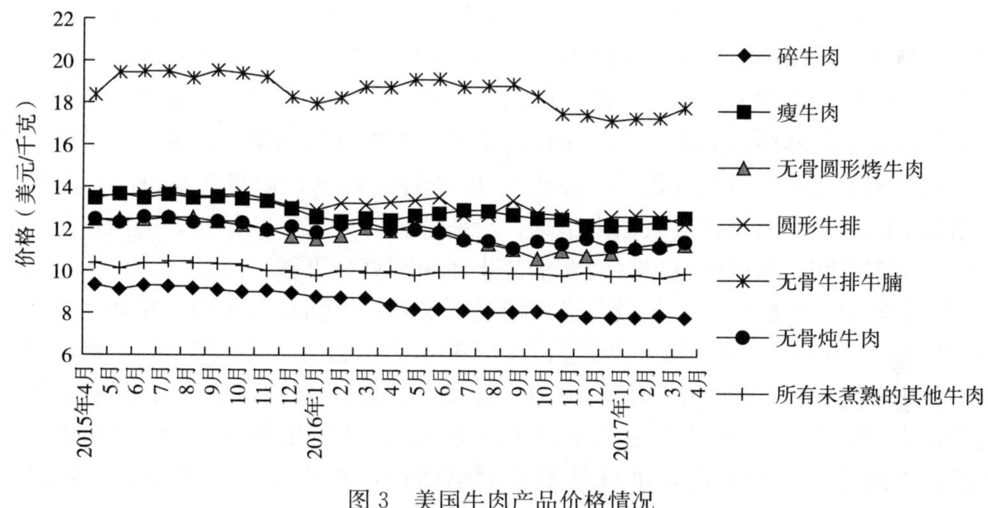

图 3　美国牛肉产品价格情况

资料来源：USDA 数据库。

（二）进口美国牛肉对中国牛肉市场影响分析

（1）预计短期内进口量大幅增加的现象不会出现，进口美国牛肉将有效补充国内牛肉产品市场并有力打击走私。2016 年 9 月，有条件放开美国牛肉进口后，中国进口美国牛肉并没有明显大幅增加。2017 年，正式放开美国牛肉进口后，也不会出现短期内进口美国牛肉的大幅增加。2016 年，中国进口美国牛肉 4.01 吨，占当年中国牛肉总进口量的 0.000 7%；2017 年 1～6 月，中国进口美国牛肉 11.15 吨，占当前中国牛肉总进口量的 0.003 4%。根据梅特国际肉类资讯分析，中美牛肉贸易虽已开放，但是仍需要经过一段时间的磨合，在双方平衡各自利益的条件下形成稳定的贸易格局[2]。与此同时，目前美国的牛肉产品中符合中国进口要求的相对较少，仅有 10%左右的美国牛肉符合中方进口标准，因为美国肉牛养殖普遍添加莱克多巴胺（瘦肉精）等。2017年对中国出口的牛肉部分来自原本准备对欧洲市场出口的无瘦肉精“美牛”[3]。因此，美国如果要增加对中国牛肉出口，也需要调整国内的肉牛生产，生产出符合中国进口的牛肉产品，这种调整需要一定的过程。所以，短期内美国牛肉进入中国市场不会很多。从中国国内牛肉市场供求来看，一直以来，国内牛肉生产供给难以满足市场需求，走私牛肉事件频频发生。进口美国牛肉，一是补充了国内牛肉产品生产的不足；二是有助于消费者购买到优质优价的美国牛肉产品；三是美国牛肉产品与其他走私国牛肉产品相比有很大优势，对走私牛肉产品形成一定的打击，有助于减少走私，构建良好的牛肉产品市场[4]。

（2）进口超低价格美国牛肉不太可能，总体对国内牛肉价格影响程度较小。目前，国内相关研究认为，美国的牛肉产品价格超低，基本为20元/千克，如果进口如此低价的牛肉将对中国牛肉市场产生很大冲击。本研究认为进口超低价格美国牛肉不太可能。2016年，中国对美国的进口牛肉产品制定了具体要求，对进口30月龄以下剔骨牛肉、带骨牛肉解禁，从2016年，中国进口美国冻牛肉4.01吨，进口价格为7.78美元/千克，折合人民币为51.66元/千克，价格并不低。与此同时，2017年已宣布相关进口牛肉细则，允许输华的牛肉产品，牛龄要求30个月龄以下，包括剔骨牛肉，肾，肝，肌腱，外裙，内裙，牛尾，牛骨，牛蹄，颊肉，牛唇，头肉，牛膝，碎牛肉等；禁止输华的产品包括使用机器搅拌的肉末；禁止包含莱克多巴胺（瘦肉精）及其他生长激素化合物的牛肉及相关产品。由此分析，牛龄要求30个月龄以下，使得淘汰母牛、淘汰奶牛等价格低廉的老残牛肉难以进入国内市场；价格便宜的肉末等被禁止；美国肉牛养殖可以使用莱克多巴胺，而国内进口牛肉要求禁止使用莱克多巴胺，将使得美国肉牛养殖成本会有一定增加。与此同时，从目前进口情况来看，从美国进口牛肉价格还要高于其他进口来源国。2017年1～6月，中国进口美国冻牛肉价格为15.06美元/千克，均高于其他进口来源国价格；目前中国仅从美国和澳大利亚进口鲜冷牛肉，中国进口美国鲜冷牛肉价格为19.89美元/千克，远高于澳大利亚（11.10美元/千克）。综合来看，进口超低价格美国牛肉不太可能，进口量不会大幅增加，总体对国内牛肉价格影响程度较小[5]。

（3）长期来看，分环节分析，除了屠宰销售环节外，对养殖环节出栏活牛价格会有小幅影响。肉牛产业包括繁育、养殖、屠宰、加工、销售等多个环节。未来，随着美国牛肉生产调整，对中国牛肉出口将会逐步增加，出口价格会低于目前水平。长期来看，中国进口美国牛肉将进一步增加，预计将对牛肉市场价格有一定的影响。在这种情况下，预计除了屠宰销售环节外，对养殖环节出栏活牛价格会有小幅影响。在对产品市场形成一定影响的同时，将对上游养殖环节的出栏活牛价格形成小幅度的影响。在大量进口价格具有优势的美国牛肉的情况下，国内屠宰环节竞争将加大，由此形成连锁反应，屠宰企业在收购活牛方面有可能会进一步压低活牛价格，从而形成对养殖环节的价格影响，这样将对肉牛养殖户的盈利形成一定影响。

（4）长期来看，分产品分析，进口美国牛肉对冻肉产品价格有一定影响，对鲜牛肉产品价格影响较小。2017年6月宣布的进口牛肉细则中允许进口冷冻的带骨、去骨牛肉，冰鲜的带骨、去骨牛肉。2017 年 6 月，首批美国牛肉已进入中国市场，为极佳级别的西冷、菲力和眼肉冰鲜牛排，每千克达 800 元，价格并不低。但是从中美贸易发展来看，受运输及保鲜等条件约束，中国进口美国的牛肉产品主要是冻肉产品，由此使得对国内冻肉产品的价格将有一定的影响。而对于鲜牛肉产品来看，进口量不会很大，如果有进口，考虑到运输储存等成本，价格会比较高，竞争力影响较弱。一直以来，中国的走私牛肉也主要是冻肉，同样对国内市场冻肉价格有一定的冲击。因此，预计美国牛肉出口将对国内冻肉产品的价格有影响，如果在进口量相对较大的情况下，会形成冻牛肉产品价格的小幅下跌。

三、研究结论与策略启示

（一）研究结论

（1）美国牛肉出口占全球重要位置，2016 年美国牛肉出口占全球比例为 9.84%，居于第四位。美国牛肉出口经历“增加—减少—增加”的变动，疯牛病事件阶段性影响美国牛肉出口。美国牛肉出口市场格局经历了“缩减—扩大”变动，主要为日、韩等国，出口产品主要为冻牛肉和鲜冷牛肉，其中冻牛肉出口占比较高。

（2）在 2003 年以前，美国曾是中国牛肉进口的主要来源国，中国进口美国牛肉占总进口比例最高达 76.45%。从 2003 年底中国禁止从美国进口牛肉。由此，中国延续了长达 12 年的时间未从美国进口牛肉。2016 年以来，中国逐步解除美国牛肉进口禁令，美国牛肉再次进入中国市场，出口量少价高。2016 年，中国进口美国牛肉 4.01 吨，占当年中国牛肉总进口量的 0.000 7%；2017 年 1～6 月，中国进口美国牛肉 11.15 吨，占当前中国牛肉总进口量的 0.003 4%。

（3）从中美牛肉生产者价格对比来看，美国牛肉生产者价格具有一定优势。主要是中国肉牛养殖成本一直居于高位，而美国规模化程度高、草畜结合紧密，人工成本、土地租金、饲草成本等低于中国。从中美牛肉消费价格对比来看，美国牛肉市场价格低于中国。

（4）预计短期内进口量大幅增加的现象不会出现，未来中国将逐步加大美国牛肉进口，进口美国牛肉将有效补充国内牛肉产品市场并有力打击走私。进口超低价格美国牛肉不太可能，总体对国内牛肉价格影响程度较小[4]。短期内，美国牛肉进口量非常少，对市场价格影响不明显。长期来看，随着美国对出口中国牛肉进行生产调整，出口量会有一定增加，出口价格也会低于目前水平。在此背景下，预计对中国肉牛业不同环节、不同产品会有一定影响。分环节来看，除了屠宰销售环节外，对养殖环节出栏活牛价格会有小幅影响。分产品来看，进口美国牛肉对冻肉产品价格有一定影响，对鲜牛肉产品价格影响较小。

（二）策略启示

（1）建议启动贸易市场监测预警，密切跟踪中美牛肉贸易走势情况及国内牛肉产品市场价格，在进口美国牛肉量比较大以及进口价格与国内有明显差距的情况下，及时出台相关预警对策，稳定国内牛肉市场价格。

（2）降成本、提品质，提升国内牛肉产品市场竞争力。全球化背景下，中国肉牛业将面临越来越开放的国际市场，建议从供给侧改革视角降成本，促进中国肉牛业发展。一是全面降低肉牛养殖成本，借助国家实施的“粮改饲”试点，总结肉牛草畜结合的典型模式，降低肉牛养殖饲草成本；二是加大专业化服务体系机构的建设，包括饲草料配送服务、疫病防控服务、饲草机械收获等；三是稳定国内基础母牛养殖，提高母牛养殖技术效率，增加犊牛养殖数量；四是加大肉牛优质品种培育，提升肉牛养殖、加工技术水平，提高牛肉品质。

（3）加大发展中国冷鲜牛肉产品。国外进口的多数为冻肉，因此国内发展冷鲜牛肉将具有很大的优势和潜力。建议国内屠宰企业结合市场需求，进一步调整生产结构，增加冷鲜肉生产计划，提高冷鲜肉生产技术水平，实施品牌战略，推进国内冷鲜牛肉的生产发展，提升国内生产竞争力。

（4）适当对养殖环节进行补贴。未来随着进口美国牛肉的增加，将对中国肉牛养殖环节产生一定影响。建议及时对肉牛养殖环节进行补贴，建议以养殖场户每年向屠宰场提供的肉牛头数为依据，对出栏每头肉牛给予 800～1 000 元的补贴，稳定肉牛养殖场户，促进肉牛业发展。

（5）有力打击走私牛肉，营造良好市场环境。目前，中国走私牛肉现象仍然存在，国内牛肉市场仍不够规范。建议进一步构建完善的牛肉走私监管体系，出台相关法律规定，对牛肉走私进行严格的管理，加强进口肉类的检验检疫监管。对走私牛肉的违法事件进行严厉查处，加大处罚力度，逐步规范国内牛肉市场。

参 考 文 献

［1］揭秘真实的美国牛肉价格绝对不是你想的 10 元一斤［EB/OL］.（2017-07-02）［2017-07-15］. http：//m. kdnet. net/share-12314257. html.

［2］梅特国际肉类咨询 . 中国对美国牛肉正式开放相关细则宣布［EB/OL］.（2017-06-13）［2017-07-15］. https：//www. b2b168. com/news/c1-i13832980. html.

［3］冯迪凡 .“美牛”入华：把贸易逆差一口一口吃回来！［EB/OL］.（2017-07-04）［2017-07-15］. https：//www. yicai. com/news/5310977. html.

［4］张德 . 美国牛肉 14 年后再次输华：对中国绝不是坏事［EB/OL］.（2017-05-24）［2017-07-15］. https：//news. qq. com/a/20170524/014511. htm.

［5］张春雷 . 美国牛肉的冲击力与中国肉牛产业的未来［EB/OL］.（2017-06-04）［2017-07-15］. http：//wemedia. ifeng. com/63543039/wemedia. shtml.

中国肉鸡产品出口流量与潜力分析①
——基于引力模型

张瑞荣　闫凯

（内蒙古大学经济管理学院，呼和浩特 010021）

摘要：本文基于2005—2013年中国与17个肉鸡产品进口国的面板数据，建立引力模型对中国肉鸡产品出口贸易影响因素及发展潜力进行分析。研究结果表明，中国肉鸡产品出口额与中国畜牧业增加值、进口国国内生产总值、进口国人口数正相关，与两国之间的绝对距离、两国人均收入差值、人民币兑换进口国货币的汇率负相关；同时，两国有共同边界对中国肉鸡产品出口具有促进作用。中国肉鸡产品对伊拉克、越南、比利时等国家和地区还存在巨大的出口潜力。

关键词：肉鸡产品；引力模型；出口潜力

一、引　　言

中国肉鸡产品出口国主要集中在亚洲，第一大出口对象国和地区为日本，其次是中国香港。相对于中国是世界肉鸡产品第二生产大国的地位，中国肉鸡产品出口量较小，2013年出口41.5万吨，仅占世界肉鸡产品出口总量的3.99%，而以俄罗斯、泰国、阿根廷和土耳其为代表的新兴经济体国家近年来肉鸡产品出口明显增加，中国在肉鸡产品出口市场上面临着越来越激烈的竞争；中国肉鸡产品出口对日本的依赖程度过高，进入21世纪以来，日本一直是中国第一大肉鸡产品出口国，出口到日本的肉鸡产品占出口量的60%左右，出口高度集中于单一市场，存在很大的风险[1]。

本文针对中国肉鸡产品出口量小、出口对日本依赖程度高等问题，通过构建引力模型，确定影响中国肉鸡产品出口的因素，探究出口潜力国，从而促进中国肉鸡产品的出口，减少出口风险。

① 现代农业产业技术体系建设专项资金资助（CARS-42-G24），内蒙古大学高层次引进（培养）人才科研任务启动资金资助（125122）。

二、引力模型及相关文献综述

（一）引力模型

引力模型的思想和概念源于物理学中牛顿提出的万有引力定律：两物体之间的相互作用力与两个物体的质量大小成正比，与两物体之间的距离远近成反比[2]。研究者在20世纪50年代初观察到地理位置越接近的国家，他们之间贸易流量的规模就越大。然后用引力模型研究双边贸易流量，发现两国的贸易规模与他们之间的经济总量成正比而与他们之间的距离成反比。

引力模型在经济学中应用最早的形式如下：

$$M_{ij} = A(Y_i Y_j)/D \tag{1}$$

式中，M_{ij}表示国家i对国家j的出口额，A是常数项，Y_i表示国家i的国内生产总值（GDP），Y_j表示国家j的GDP，D_{ij}表示两国之间的距离。可对该方程两边取自然对数转换为线性形式，如下：

$$\ln(M_{ij}) = A + \alpha \ln Y_i + \beta \ln Y_j + \gamma \ln D_{ij} + \varepsilon_{ij} \tag{2}$$

式中，α，β，γ为系数，ε_{ij}为随机干扰项。

在后续研究中，为了更加全面地解释被解释变量，学者们又引入了其他变量。如人口变量、人均收入变量、汇率变量、是否属于同一个经济组织的虚拟变量、是否拥有共同的语言或文化的虚拟变量、贸易国利率、贸易双方实际发展水平、相对发展水平、贸易政策等变量，并且提出了引力模型的扩展形式。引力模型的日渐成熟使其在国际贸易研究中应用越来越广泛。

（二）基于引力模型的相关文献综述

国内学者运用引力模型研究中国农产品出口和双边贸易的影响因素。大部分研究是分析两国或两地区之间的贸易总量或者某一类农产品的贸易量，研究对象包括中国与东盟自由贸易区、中国与东欧、中国与美国等。

1. 对贸易流量和贸易潜力的研究

胡求光等（2008）、张海森等（2008）、帅传敏（2009）对中国与东盟、中国与东欧、中美双边农产品贸易流量的影响因素研究发现：经济总量和人口规模与双边农产品贸易流量正相关，而距离和人均收入差距等与双边农产品贸易流量负相关[3-5]。

孙林（2008）、单文婷等（2006）、赵雨霖等（2008）运用引力模型研究发现，中国—东盟之间的贸易表现为“贸易不足”；中国与俄罗斯、印度和墨西哥等新兴工业化国家农产品的实际贸易量低于理论模拟值，与欧盟、加拿大和澳大利亚等发达国家也属于贸易不足，而与美国和日本的实际贸易量大于理论模拟值，属于贸易过度[6-8]。

2. 对中国参加的区域贸易协定效果的研究

单文婷和杨捷（2006）、陈汉林和涂艳（2007）、吴丹（2008）等人基于引力模型对中国—东盟自由贸易区对外贸易的影响因素研究，结果表明中国—东盟贸易区的建立对双方之间的贸易流量增长起到了很大的促进作用[7,9,10]。

孙林和谭晶荣等（2010）[11]从汇总农产品数据和分类农产品数据两个层面，分析了东盟、欧盟和北美自由贸易区等区域自由贸易安排对农产品出口贸易的影响，结果同样表明：区域自由贸易安排对于国际农产品出口有很大的促进效果，而且南南型区域自由贸易安排比南北型和北北型对农产品出口的促进作用大。

3. 对边境效应的研究

朱海霞、顾海英（2008，2009）研究发现：除引力模型中主要的解释变量会对农产品贸易产生影响外，中美两国农产品贸易的边境效应显著存在，且存在国际流向和区域的差异，国际流向的差异是由于中国农产品出口到美国的边境效应远大于美国农产品出口到中国的边境效应，所以才造成了美国农产品大量涌入中国；而区域的差异是由于农产品生产、运输以及消费者偏好等差异所造成的。政府的农业保护政策、贸易成本的差异和中美两国在农产品生产、技术的差异可能是贸易边境效应的主要原因[12,13]。

应用引力模型，对中国农产品出口贸易研究取得了一定成果，为研究肉鸡产品相关问题提供了很好的研究思路。近年来，相关学者对中国肉鸡产品的生产、消费、进口和出口进行了细致分析，其中对中国肉鸡产品出口贸易的研究主要集中于贸易结构和产品竞争力方面，并且研究视角大多集中在本国产品供给方面而忽略了进口国需求。

综上所述，考虑到影响中国肉鸡产品出口贸易的因素除了传统意义上的本国供给因素外，还有进口国需求、各国的贸易政策以及其他影响贸易成本的因素，本文拟建立中国肉鸡产品出口的引力模型，对中国肉鸡产品出口的影响因素及出口潜力进行实证研究，以期更好地解释中国肉鸡产品出口发展状况，为肉鸡产品出口提供更准确的决策依据。

三、肉鸡产品出口影响因素

（一）经济规模

一般认为，一国经济规模是贸易引力模型中的贸易引力因素，通常用国内生产总值GDP来代表一个国家的经济规模。进口国的潜在需求能力是影响双边贸易流量的主要因素，进口国的经济规模越大，则它的进口需求也就越大。同样，出口国的潜在供给能力也是影响双边贸易流量的主要因素，供给国的经济规模越大，则它的供给能力也就越强。

虽然肉鸡行业增加值增加迅速，但其占中国国内生产总值GDP的比重非常小，所以GDP的大小很难真实反映中国肉鸡产品的供给能力，而中国畜牧业的行业GDP比总GDP更能确切地反映中国肉鸡业的供给能力。

（二）人口

在贸易引力模型中，人口因素和经济规模因素一样，是影响产品出口的重要因素之一，但关于人口因素是引力模型中的斥力因素还是引力因素却说法不一。

一部分学者认为人口因素是引力模型中的斥力因素。从出口的角度分析，人口越多的国家其国内需求就越大，所以大多数的产品都用来满足国内消费者的需求，出口到国外的自然就较少。从进口的角度分析，一般情况下人口越多的国家经济结构就越完整，其经济自给自足的能力就越强，而且国内贸易成本通常低于国际贸易成本，所以对进口的需求也就越小。另一部分学者认为人口总量与贸易流量的方向与供求结构有密切的关系，不能从一而论。如果一国的人口增加更多地影响了需求市场，则会增加对产品的进口或者减少对产品的出口；如果一国人口的增加更多地影响了供给市场，则会增加对产品的出口或者减少对产品的进口。

中国的人口越多，国内市场需求规模越大，对肉鸡产品的需求增加，从而减少对肉鸡产品的出口。同样，进口贸易国人口越多，进口国市场需求规模就越大，对肉鸡产品需求增加，在进口依存度相对稳定的情况下，进口量就会越大。

（三）距离

贸易国之间的距离因素在贸易引力模型中属于斥力因素，用来衡量双边贸易之间贸易阻力的大小[14]。在引力模型中，距离不仅仅指贸易国双方的地理距离引起的运输成本，而且包括因距离遥远而产生的信息获取及沟通成本，也反映一些难以量化测度的贸易壁垒如文化差异、消费者偏好等。在进行实证研究过程中，将距离因素引入到贸易引力模型中时，还需要注意区分距离在取值方法上的不同。

直线距离是指贸易国首都或者经济中心之间的距离，即地球表面两点之间最短距离，这种距离可以代表运输成本、信息获取成本、沟通成本和文化差异等阻力因素，在大多数双边贸易引力模型中使用直线距离作为实证分析的数据。但是受地理条件的约束，贸易国之间的实际距离往往大于它们之间的直线距离，所以经济学家提出了海运距离，即贸易国主要港口之间的距离或者实际交通运输距离。由于贸易国经济发展程度、基础设施完善程度、市场开放程度以及交通便利程度都可以成为引力模型中的斥力因素，所以学者们又提出了相对距离，即在绝对距离的基础上又添加了其他影响运输成本的因素。

（四）汇率

汇率的波动同样会对一国的外贸产生非常重要的影响[1]，主要表现在以下三个方面：汇率自由浮动会产生不确定性，而这种不确定性会带来汇率风险，进而影响出口商的决策，最终对出口数量产生影响；汇率波动通过影响价格作用机制进而影响出口，如一国货币贬值就会促进该国出口，反之货币升值则会抑制出口；汇率波动通过影响一国的国际收支情况进而影响该国贸易政策的制定。

中国实行的是以市场供求为基础、参考一揽子货币进行调节、有管理的浮动汇率制度。在其他条件不变的情况下，汇率上升就意味着进口国货币购买力下降，因此会减少肉鸡产品的进口需求量。

（五）人均收入水平

根据瑞典经济学家林德（Linder）提出的代表性需求理论，两国的人均收入水平越接近，两国需求结构就越相像，重叠需求产品的数量越大，相互间的潜在贸易量也就越大。因此中国与进口国的人均收入水平差距越大，中国肉鸡产品的出口量就越小。

（六）其他因素

贸易国之间是否有共同的边界：当中国与进口国双方拥有共同边界时，贸易成本会大幅下降，并且会增加贸易国之间的认同感，中国肉鸡产品出口量会随之增加。

贸易国是否同属于亚洲太平洋经济合作组织成员国：当中国与进口国同属于亚太经合组织时，会享受到如取消贸易壁垒、降低关税等优惠政策，有益于中国肉鸡产品出口。

四、中国肉鸡产品出口贸易引力模型的构建

（一）模型形式

贸易引力模型的基本形式如方程（2）所示。近年来国际经济学界根据研究的需要不断拓展引力模型的基本形式，主要方法是增设外生变量。一种是增加逻辑型变量，即在一体化经济组织内将更多影响经济的显著要素引入到回归方程中；另一种是增加外延型变量，表现为外生的制度变量等。

本文依据中国肉鸡产品出口的实际情况，综合考虑本国供给、进口国需求、双方贸易成本三个方面因素的影响，对模型做出改进。改进后的中国肉鸡产品出口引力模型如下：

$$\ln M_{it} = \alpha_0 + \alpha_1 \ln Y_{ct} + \alpha_2 \ln GDP_{it} + \alpha_3 \ln POP_{ct} + \alpha_4 \ln POP_{it} + \alpha_5 \ln D_{it} + \alpha_6 \ln DG_{it} + \alpha_7 \ln EXR_{it} + \alpha_8 Border_{it} + \alpha_9 APEC_{it} + \varepsilon_{it} \tag{3}$$

M_{it} 为被解释变量，表示中国 t 年对 i 国或地区肉鸡出口总额（美元）；ε_{it} 为随机误差项。

模型解释变量、含义及预期符号如表 1 所示。

表 1　各解释变量含义及预期系数符号

变量	含义	预期符号
Y_{ct}	中国畜牧业增加值（元）	+
GDP_{it}	进口国 i 国国内生产总值（美元）	+
POP_{ct}	中国人口总数（人）	−
POP_{it}	进口国 i 国人口总数（人）	+
D_{it}	中国与 i 国之间的绝对距离（千米）	−
DG_{it}	中国与 i 国人均 GDP 的差值（美元/人）	−
EXR_{it}	1 元人民币兑换 i 国货币的汇率	−
$Border_{it}$	虚拟变量，表示两国之间是否有共同边界，“是”取 1，“否”取 0	+
$APEC_{it}$	虚拟变量，两国之间是否同属 APEC 成员，“是”取 1，“否”取 0	+

（二）样本范围与数据来源

1. 样本范围

本文选取2005—2013年中国对17个国家或地区肉鸡产品出口额的面板数据作为样本。17个国家或地区具体包括：日本、中国香港、马来西亚、中国澳门、韩国、巴林、英国、伊拉克、阿联酋、比利时、新加坡、伊朗、越南、巴基斯坦、丹麦、格鲁吉亚和亚美尼亚。之所以将上述国家和地区作为研究对象，主要是因为：2005—2012年期间，这17个国家和地区一直位居中国肉鸡产品出口市场排序前25位以内，出口额合计占中国肉鸡产品出口总额的95%以上，样本的选取基本代表了中国肉鸡产品出口的贸易流向，具有较强的代表性。

2. 数据来源

中国对17个国家和地区的肉鸡产品出口数据来自历年《中国海关统计年鉴》；中国畜牧业增加值数据来自历年《中国统计年鉴》；进口国家或地区的GDP、总人口、汇率数据均来自世界银行在线数据库（www. worldbank. org）；人均GDP根据相应国家的总GDP和总人口计算得到，人均收入水平差距数据根据中国与进口国或地区的人均GDP计算得到；距离是中国首都北京到各样本国家或地区首都的绝对距离，数据来自印尼巴厘岛网站（http：//www. indo. com）中的距离计算器；APEC成员划分来自APEC官方网站。

（三）数据检验和参数估计

本文运用Eviews7. 0软件首先对各变量数据进行面板单位根检验和协整检验，在此基础上用最小二乘法进行参数估计。

1. 面板数据的单位根检验

采用LLC检验、Fisher-ADF检验、Fisher-PP检验对各变量进行单位根检验，以使结果具备较强的稳健性和说服力，检验结果如表2所示。

表2　面板数据单位根检验结果

变量	LLC检验	ADF检验	PP检验	变量	LLC检验	ADF检验	PP检验
$\ln M$	−9.214 2 (0.000 0)	47.099 9 (0.066 9)	81.400 5 (0.000 0)	$\Delta\ln M$	−17.283 2 (0.000 0)	71.220 6 (0.000 2)	127.081 (0.000 0)
$\ln Y_{ct}$	−9.840 6 (0.000 0)	43.745 5 (0.122 2)	75.758 1 (0.000 1)	$\Delta\ln Y_{ct}$	−12.969 5 (0.000 0)	50.015 2 (0.037 6)	111.451 (0.000 0)
$\ln GDP_{it}$	−3.888 1 (0.000 1)	28.054 9 (0.753 5)	52.768 6 (0.021 0)	$\Delta\ln GDP_{it}$	−8.277 7 (0.000 0)	52.322 5 (0.023 2)	69.854 4 (0.000 3)
$\ln POP_{ct}$	−4.434 7 (0.000 0)	107.517 (0.060 0)	73.603 2 (0.000 1)	$\Delta\ln POP_{ct}$	−3.104 0 (0.001 0)	111.038 (0.000 0)	69.658 6 (0.000 3)

（续）

变量	LLC 检验	ADF 检验	PP 检验	变量	LLC 检验	ADF 检验	PP 检验
$\ln POP_{it}$	−28.127 8 (0.000 0)	141.788 (0.026 0)	313.152 (0.000 0)	$\Delta\ln POP_{it}$	−20.914 8 (0.000 0)	131.489 (0.001 0)	258.997 (0.000 0)
$\ln DG_{it}$	−4.828 8 (0.000 0)	42.956 3 (0.139 5)	49.182 3 (0.044 6)	$\Delta\ln DG_{it}$	−8.812 0 (0.000 0)	55.064 7 (0.012 6)	67.070 6 (0.000 6)
$\ln EXR_{it}$	3.398 6 (0.999 7)	48.004 6 (0.056 2)	76.286 5 (0.000 0)	$\ln EXR_{it}$	−5.201 3 (0.000 0)	76.691 8 (0.000 0)	72.780 0 (0.000 1)

注：LLC 检验、Fisher-ADF 检验、Fisher-PP 检验的原假设为存在单位根；括号内为检验结果相应的 P 值；Δ 表示一阶差分。距离变量 D_{it} 无须做单位根检验。

检验结果表明，差分后各变量在 5%的显著性水平下拒绝了存在单位根的原假设。

2. 面板数据的协整检验

由单位根检验结果得出模型各变量同阶单整的结论，满足面板协整性检验的要求。本文采用基于残差的 Pedroni 检验、Kao 检验两种协整检验的方法对各变量之间的协整性进行检验。

表 3　面板数据协整检验结果

检验方法	统计量名	统计量值
Pedroni 检验 原假设：无协整	Panel v -Statistic	−2.008 7 (0.007 7)
	Panel rho-Statistic	4.568 1 (0.171 2)
	Panel PP-Statistic	−21.462 1 (0.000 0)
	Panel ADF-Statistic	−13.835 3 (0.000 0)
	Group rho-Statistic	6.451 4 (0.224 3)
	Group PP-Statistic	−34.785 5 (0.000 0)
	Group ADF-Statistic	−12.618 4 (0.000 0)
Kao 检验 原假设：无协整	ADF	−4.778 2 (0.000 0)

注：协整检验为将距离剔除后的各变量间的协整关系检验。

由表 3 的协整结果可知，对于该引力模型来说，除了 Panel v、Panel rho、Group rho 检验结果不显著外，其他检验结果均通过了显著性检验。因此，模型 3 可看作是中国肉鸡产品出口贸易流量的面板协整模型，表明模型中肉鸡出口贸易流量与纳入模型中的变量之间存在长期的动态均衡关系。

3. 参数估计

利用 EViews 7.0 软件，运用普通最小二乘法作回归分析。参数估计结果如表 4 所示。

表 4　引力模型参数回归过程及结果

	EQ（1）		EQ（2）	
解释变量	系数	$T(P)$	系数	$T(P)$
C	−232.31	0.662 3（0.509 0）	−4.637 9	−1.557 1（0.121 9）
$\ln Y_{ct}$	1.526 5	0.920 5（0.359 0）	2.535 1	4.910 5（0.000 0）
$\ln GDP_{it}$	1.792 6	7.312 8（0.000 0）	1.829 0	7.345 6（0.000 0）
$\ln POP_{it}$	1.604 2	6.268 6（0.000 0）	1.586 7	6.295 4（0.000 0）
$\ln POP_{ct}$	−0.355 9	0.647 0（0.518 8）	—	—
$\ln D_{it}$	−1.649 9	−2.847 3（0.005 1）	−1.936 5	−2.848 4（0.005 1）
$\ln DG_{it}$	−1.294 8	−7.061 5（0.000 0）	−1.311 3	−7.084 0（0.000 0）
$\ln EXR_{it}$	−0.382 2	−5.517 8（0.000 0）	−0.399 0	−5.522 5（0.000 0）
$Border$	0.978 3	3.494 6（0.000 7）	0.991 6	3.509 4（0.000 6）
$APEC$	0.232 6	1.224 5（0.223 0）	—	—
R^2	0.661 6		0.656 5	
调整后的 R^2	0.637 5		0.637 7	
F 统计量	27.379 3		34.953 2	
P 值	0.000 0		0.000 0	

注：①表中符号"—"表示剔除该解释变量；②带下划线的数字表示的是 T 检验不显著的 T 值和 P 值。

EQ（1）列出了将所有解释变量数值代入引力模型后进行参数估计得到的系数值及统计量。通过参数的 T 检验，方程的 F 检验和拟合优度分析，最终选择 EQ（2）作为中国肉鸡出口贸易的引力方程。

$$\ln M_{it} = -4.637\,9 + 2.535\,1 \ln Y_{ct} + 1.829\,0 \ln GDP_{it} + 1.586\,7 \ln POP_{it} - 1.936\,5 \ln D_{it} - 1.311\,3 \ln DG_{it} - 0.399\,0 \ln EXR_{it} + 0.991\,6 Border_{it} \quad (4)$$

五、回归结果分析

回归结果表明：中国肉鸡产品出口额与中国畜牧业增加值、进口国国内生产总值、进口国人口数正相关，与两国之间的绝对距离、两国人均收入差值、人民币兑换进口国货币的汇率负相关；同时，两国有共同边界对中国肉鸡产品出口具有促进作用。

（一）出口与生产供给能力正相关

中国畜牧业增加值（Y_{ct}）的弹性系数为 2.535 1，表明在其他条件不变的情况下，中国畜牧业增加值每增加 1%，将带动中国肉鸡产品出口额增加 2.535 1%。这表明中国畜牧业增加值的不断提高，即中国肉鸡产品供给能力不断增强，会促使中国肉鸡产品出口额不断增大。

（二）出口与进口国经济规模正相关

进口国经济规模（GDP_{it}）的弹性系数是 1.829 0，表明在其他条件不变的情况下，进口国国内生产总值每增加 1%，对中国肉鸡产品的进口需求就增加 1.829 0%。这表明中国肉鸡产品出口应优先选择那些经济规模较大且持续快速发展的国家。

（三）出口与进口国人口规模正相关

进口国人口规模（POP_{it}）的弹性系数是 1.586 7，表明在其他条件不变的情况下，进口国人口总数每增加 1%，对中国肉鸡产品的进口需求就增加 1.586 7%。这表明中国肉鸡产品出口应优先选择那些人口持续快速增加且基数较大的国家。

（四）出口与两国人均收入差值负相关

两国人均收入差值（DG_{it}）的弹性系数是−1.311 3，表明在其他条件不变的情况下，两国人均收入差距每扩大 1%，就会使中国肉鸡产品出口减少 1.311 3%。这表明中国肉鸡产品出口应优先选择那些与中国人均收入水平差距较小的发展中国家。

（五）出口与两国之间距离负相关

两国之间绝对距离（D_{it}）的弹性系数是−1.936 5，表明在其他条件不变的情况下，两国之间的绝对距离每增加 1%，就会使中国肉鸡产品出口减少 1.936 5%。这表明两国之间的距离越大，运输成本和通信成本也越大且相互之间的文化差异也就越大，从而限制了相互的贸易往来。但是两国之间的绝对距离不会改变，所以应尽可能降低运输成本和通信成本来扩大中国肉鸡产品的出口。

（六）出口与汇率负相关

人民币兑换进口国货币的汇率（EXR_{it}）的弹性系数是−0.399 0，表明在其他条件不变的情况下，汇率每增加 1%，就会使进口国对中国肉鸡产品的进口需求减少 0.399 0%。这表明中国应尽量保持人民币汇率的稳定性。

（七）出口与两国是否拥有共同边界正相关

两国之间是否拥有共同边界（$Border_{it}$）的回归系数是 0.991 6，表明在其他条件不变的情况下，中国对与其有共同边界的国家肉鸡产品出口额要比没有的国家高 1.695 54% [exp(0.991 6)−1=1.695 54]。与中国拥有共同边界的国家，一般在饮食文化方面与中国比较相似，而且两国之间距离比较近，运输成本也较低。所以共同边界对中国肉鸡产品的出口起到了促进作用。

六、中国肉鸡产品出口贸易潜力分析

（一）出口贸易潜力系数

引力模型的分析结果可以用来测算贸易伙伴之间的贸易潜力。如果两个国家或地区的实际贸易额超过了引力模型的模拟贸易额，也就是二者的比例大于 1，就认为这两个国家（地区）之间贸易联系密切，即贸易过度；反之，如果两个国家或地区的实际贸易额低于引力模型的模拟贸易额，也就是二者的比例小于 1，就认为这两个国家（地区）之间贸易联系不够密切，即贸易不足。

把实际出口额与模拟出口额的比值称为出口贸易潜力系数[15]。通常以最近一年的实际出口额与模拟出口额的比值作为判断依据，但是这种测算方法存在较大的偏差，因为单一年度的实际出口额往往容易受外来因素的影响使其偏离理论值，而且不能充分反映一段时期内的贸易发展状况。所以，本文采用 2010—2012 年这 3 年期间各年度实际出口额与模拟出口额比值的平均值作为出口贸易潜力系数，测算出 2010—2012 年这一段时间内中国对 17 个样本国家（地区）的肉鸡产品出口年均潜力系数。具体结果如表 5 所示。

表 5　中国对 17 个样本国家肉鸡产品出口年均潜力系数（2010—2012 年）

国家或地区	年均出口潜力系数	国家或地区	年均出口潜力系数
日本	2.07	马来西亚	0.66
巴林	1.38	巴基斯坦	0.58
亚美尼亚	1.32	中国澳门	0.46
中国香港	0.96	韩国	0.45
英国	0.86	伊朗	0.43
格鲁吉亚	0.83	阿联酋	0.35
伊拉克	0.78	新加坡	0.27
越南	0.70	丹麦	0.15
比利时	0.68		

（二）出口潜力关系

按年均出口潜力系数的大小，将中国与 17 个样本国家（地区）的出口潜力关系划分为 3 类：

一是出口潜力再造型，即实际出口水平与模拟值的比值大于或等于 1.2。共 3 个国家，分别是日本、巴林和亚美尼亚。中国对这些国家的肉鸡产品出口已经处于饱和状态，出口贸易潜力已经开发殆尽。因此，要保持在该类型市场上肉鸡产品出口的稳定持续发展，必须在提高肉鸡产品质量的基础上，开辟新的出口增长点。

二是出口潜力开拓型，即实际出口水平与模拟值的比值在 0.8～1.2 之间。共 3 个国家（地区），分别是中国香港、英国和格鲁吉亚。中国对这些国家（地区）的肉鸡产品出口潜力尚未完全发挥，还有进一步扩大出口的潜力空间。与这类型贸易伙伴进一步发展贸易关系的主要思路是保持现有的积极因素。

三是出口潜力巨大型，即实际出口水平与模拟值的比值小于或等于 0.8。共 11 个国家（地区），分别是伊拉克、越南、比利时、马来西亚、巴基斯坦、中国澳门、韩国、伊朗、阿联酋、新加坡和丹麦。中国对这些国家（地区）肉鸡产品出口处于出口不足的状态，扩大出口规模的潜力空间非常大。一般造成这种严重“出口不足”的原因是与这类型贸易伙伴之间存在较为严重的贸易壁垒或者对这些市场的开拓力度不足。因此，要扩大对这些国家的肉鸡产品出口规模，必须重视开发这些新兴市场，加强贸易合作。

七、研究结论

（1）中国畜牧业增加值、进口国经济规模、进口国人口规模、两国之间拥有共同边界对中国肉鸡产品的出口具有促进作用。其中，中国畜牧业增加值的影响系数最大，说明本国国内供给效应对中国肉鸡产品出口流量的正面影响程度最大，具有决定作用。进口国经济规模和进口国人口规模是影响中国肉鸡产品出口的第二大类促进因素，而拥有共同边界的影响程度相对较小，这说明相对于增长国际市场需求，中国国内肉鸡产品供给水平的提高对中国肉鸡产品出口的促进作用更大。

（2）两国人均收入差值、两国之间绝对距离、人民币兑换进口国货币的汇率对中国肉鸡产品的出口具有负面影响。其中，中国与进口国之间绝对距离的影响系数最大，说明由于空间距离所引起的运输成本、通信成本和文化差异所引起的交易成本对中国肉鸡产品出口流量的负面影响程度最大，具有绝对作用。两国人均收入差值是影响中国肉鸡产品出口的第二大负面因素，而人民币兑换进口国货币的汇率影响相对较小。

（3）中国对伊拉克、越南、比利时、马来西亚、巴基斯坦、中国澳门、韩国、伊朗、阿联酋、新加坡和丹麦还存在巨大的出口潜力，而对日本、巴林、中国香港和英国等传统市场出口潜力则相对较小。

参　考　文　献

[1] 张瑞荣，王济民．中国肉鸡产品国际贸易研究［M］．北京：中国农业出版社，2012.

[2] 闫凯．中国肉鸡产品出口流量与潜力研究——基于引力模型［D］．呼和浩特：内蒙古大学，2015.

[3] 胡求光，霍学喜．中国水产品出口贸易影响因素与发展潜力——基于引力模型的分析［J］．农业技术经济，2008（3）：100-105.

[4] 张海森，谢杰．中国-东欧农产品贸易：基于引力模型的实证研究［J］．中国农村经济，2008（10）：45-53.

[5] 帅传敏．基于引力模型的中美农业贸易潜力分析［J］．中国农村经济，2009（7）：48-58.

[6] 孙林．中国农产品贸易流量及潜力测算——基于引力模型的实证分析［J］．经济学家，2008（6）：70-76.

[7] 单文婷，杨捷．引力模型在中国与东盟贸易中的实证分析［J］．亚太经济，2006（6）：16-19.

[8] 赵雨霖，林光华．中国与东盟10国双边农产品贸易流量与贸易潜力的分析：基于引力模型的研究［J］．国际贸易问题，2008（12）：69-77.

[9] 陈汉林，涂艳．中国—东盟自由贸易区下中国的静态贸易效应：基于引力模型的实证分析［J］．东亚经济合作，2007（5）：47-50.

[10] 吴丹．东亚双边进口贸易流量与潜力：基于贸易引力模型的实证研究［J］．东亚经济合作，2008（5）：32-36.

[11] 孙林，谭晶荣，宋海英．区域自由贸易安排对国际农产品出口的影响：基于引力模型的实证分析［J］．中国农村经济，2010（1）：74-82.

[12] 朱海霞，顾海英．基于引力模型的中美农产品贸易边境效应研究 [J]. 财贸研究，2008（3）：58-65.

[13] 朱海霞，顾海英．基于引力模型的农产品贸易边境效应分析 [J]. 上海交通大学学报，2009（4）：526-531.

[14] Anderson J A. Theoretical Foundation of the Gravity Model [J]. American Economic Review, 1979，69（1）：106-116.

[15] Egger P. An Econometric View on Gravity Models and the Calculation of Trade Potentials [J]. The World Economy，2002，25（2），297-312.

国内外蛋鸡产业的发展及启示[①]

于琦　李华

（北京农学院，北京 102206）

摘要：目前，我国蛋鸡产业面临着很多挑战，其中以产能过剩和 H7N9 流感引起的恐慌最为严峻。本文通过分析我国蛋鸡产业当前的发展状况，并以美国、加拿大、日本、欧盟为例，介绍了国外蛋鸡产业的发展特点及经验。在基于我国国情的基础上，提出了进一步促进我国蛋鸡产业发展的建议。

关键词：蛋鸡产业；现状；经验；建议

一、我国蛋鸡产业发展概况

（一）我国蛋鸡养殖生产现状

中国蛋鸡产业起步较晚，但发展迅速，现已逐步进入自我整合阶段。中国蛋鸡产业的发展始于 20 世纪 70 年代末，根据联合国粮农组织（FAO）的统计，1985 年中国鸡蛋产量达到 427.8 万吨，超过美国成为世界第一。随后 10 年持续快速增长，截至 1996 年，中国鸡蛋产量超过 1 500 万吨，占世界鸡蛋总产量的比重为 35%左右。20 世纪 90 年代中期以后，中国鸡蛋产量进入平稳增长阶段。2002 年以后，高速发展的蛋鸡产业逐渐进入了一个业内自我整合阶段，饲养品种、雏鸡质量、饲养规模、营销手段、行业自律、政府政策等各方面都在逐渐发生变化，特别是连续几年的“禽流感”事件，更加快了行业的整合。专业化家庭养殖和中小规模养殖是目前中国蛋鸡养殖的主要形式；养殖规模越大，专业养殖和有执照养殖场户所占比例越高，设有饲料加工、鸡粪处理区域的比例越高；阶梯笼养、乳头饮水器饮水、人工喂料、人工集蛋、深埋死鸡在不同养殖规模中所占比例均很高。2016 年，我国鸡蛋产量约为美国产量的 4.5 倍，印度的 6.5 倍，占全球鸡蛋总产量的 38%。

（二）我国鸡蛋消费现状

鸡蛋是一种廉价优质的蛋白质来源，目前已经成为中国城乡居民饮食的重要组成部分。受传统消费习惯的影响，中国城乡居民的鸡蛋消费主要以鲜蛋消费为主。目前中国

① 本文原载于《农业展望》2018 年第 4 期。

鸡蛋产量稳步增长，城乡居民家庭人均蛋品消费量亦有明显增加。鸡蛋出口及储运损失占总产量的比例在10%左右，其中储运损失约占4%，出口约占4%，加工等其他用途约占2%。以当前中国鸡蛋产量和人口比例计算，人均鸡蛋占有量约为17.8千克。换言之，中国以占世界21%左右的人口，生产并消费世界38%左右的鸡蛋，人均鸡蛋消费水平约为世界平均水平的1.7倍。

（三）中国蛋鸡产业状况

1. 全国祖代鸡的生产状况

截至2016年末，我国饲养祖代蛋种鸡的企业有15家，比2015年减少4家。2017年，饲养祖代蛋种鸡的企业维持在15家。

2016年，我国新增祖代雏鸡数量达74.68万套，比上年增长32.12%（表1）。2017年1～5月，共计新增15.59万套。

表1　2011—2016年全国新增祖代蛋雏鸡数量（万套）

年份	进口祖代	国产祖代	全国新增祖代蛋种鸡数量
2011	24.39	36.5	60.89
2012	25.11	29.69	54.8
2013	29.18	34.26	63.44
2014	19.83	36.13	55.96
2015	6.78	45.25	52.03
2016	23.99	50.69	74.68

数据来源："农业部种畜禽监测项目"监测数据。

2016年，我国祖代蛋种鸡存栏约60.09万套，比上年增长0.7%（图1），全年波动幅度较小；2017年1～5月，在产祖代种鸡平均存栏量65.03万套，同比增长2.43%，走势与上年同期趋同。根据中国畜牧业协会禽业分会监测的祖代种鸡生产情况预计：随着国外禽流感疫情的变化，供种的国家也会随之改变，2017年的引种总量与2016年相当或略有下降。全年在产祖代种鸡的饲养量会接近70万套，继续维持过剩的局面。

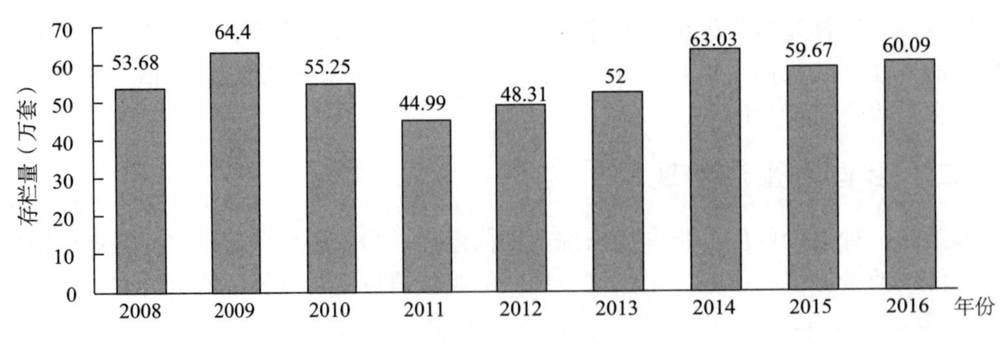

图1　祖代蛋种鸡年平均存栏量

2. 父母代蛋种鸡的生产状况

根据中国畜牧业协会禽业分会测算：2016 年，全国在产父母代蛋种鸡的平均存栏量维持在 1 440 万套左右，比 2015 年的 1 734 万套下降 294 万套，下降幅度 16.96%（图 2）。2017 年 1～5 月，父母代蛋种鸡的饲养量或稳定在 1 405.46 万套。

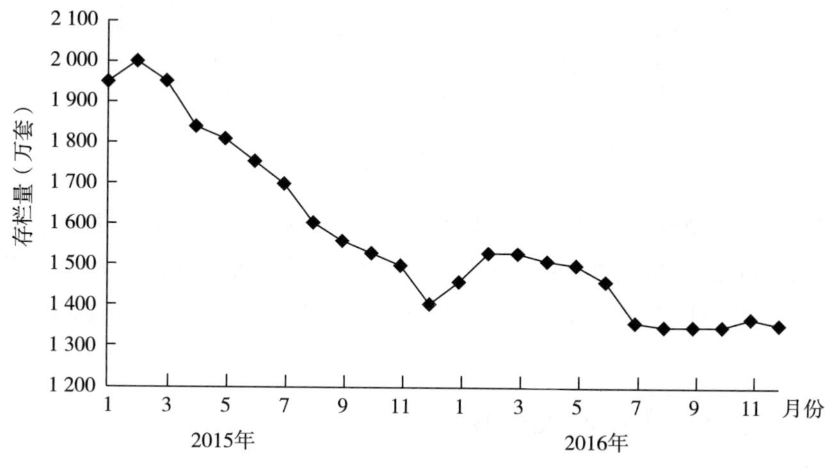

图 2　2015—2016 年全国在产父母代种鸡存栏量

3. 全国商品代蛋鸡的生产状况

根据中国畜牧业协会禽业分会测算：2016 年，全国后备蛋鸡平均存栏量达 4.93 亿只（图 3）。蛋鸡的补栏数量与养殖盈利状况有关，与蛋鸡的总笼位数量有关，也有刚性需求的一面。

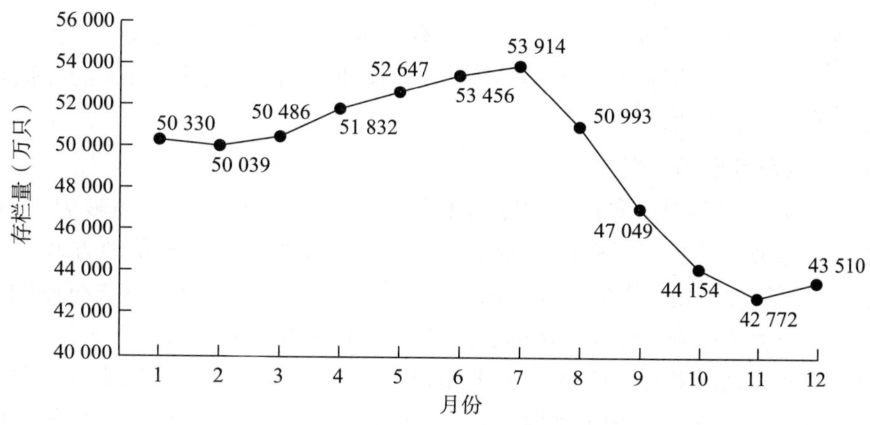

图 3　2016 年全国后备蛋鸡存栏量

2016 年，全国蛋鸡单产达 17.39 千克/只鸡，鸡蛋的全年产量达 2 200 万吨，淘汰鸡的数量为 13.55 亿只。根据中国畜牧业协会禽业分会测算：2016 年，全国商品蛋鸡平均存栏 12.64 亿只（图 4），比上年上升 3.35%，再创新高。此次的蛋周期体现为：2014 年 3 月份开始的高蛋价催生了 2016 年的补栏热潮。

根据《2016 年畜牧业发展形势及 2017 年展望报告》，商品代蛋鸡存栏量在 2017 年

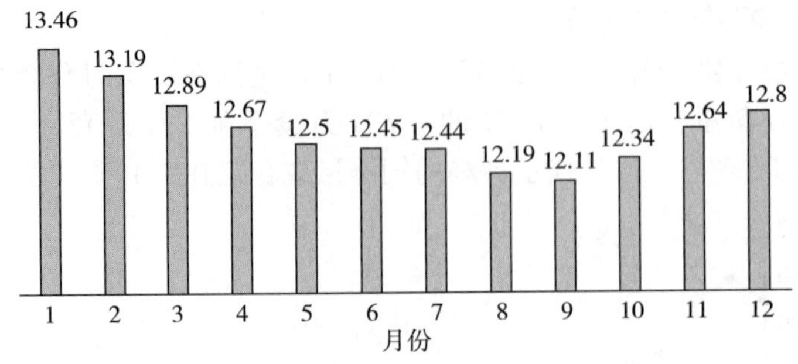

图 4　2016 年全国产蛋鸡存栏量（亿只）

上半年将达到近 4 年的高峰，鸡蛋产量将比 2016 年增长 8%以上，带来的相应后果是鸡蛋价格将持续低迷。虽然 2016 年下半年养殖户补栏积极性略减，加上目前产蛋鸡存栏基数较大，因此可以推测，虽然 2017 年下半年产蛋鸡存栏量呈下降态势，但仍会高于前三年同期水平。

（四）我国蛋鸡产业面临的挑战

1. 产能过剩

目前，我国面临的最大挑战是产能过剩。2016 年，我国在产祖代种鸡存栏约 60.09 万套，据中国畜牧业协会禽业分会推算，在产祖代种鸡存栏约 36 万套即可满足市场需求。祖代鸡多则父母代种鸡多，必然有可能导致商品代鸡存栏增加；由于 2014 年全国蛋鸡主产区鸡蛋出场均价为 4.42 元/斤，比历史最高的 2011 年度鸡蛋均价（3.91 元/斤）高出 0.51 元/斤，增长幅度为 13%，人们认为养鸡进入暴利期，各路资金大举进入蛋鸡行业；近几年，高致病性鸡病基本没有发生，防治方法日趋成熟，使得存活率提升，存栏量相对增加；饲料原料价格的降低抵消，掩盖了蛋价降低带来的亏损，同时也助长了蛋鸡存栏量的增加。

2. H7N9 流感带来的恐慌

2017 年 H7N9 流感对家禽行业的冲击不亚于 2013 年，其对蛋鸡的影响更加严重。1 月份以来，人感染 H7N9 流感病例有所增加，由于一些媒体，甚至是地方政府的过度渲染，采取了关闭活禽市场、限制交通、限制消费等一系列做法，使得家禽行业的生产、销售、消费受到极大的影响，出现了禽肉、活禽、禽蛋滞销现象，家禽行业再次遭受损失。从行业协会的调查统计来看，47.95%的养殖户表示 2017 年 H7N9 流感事件威胁到企业的生死存亡（34.25%影响严重但能暂时支撑）。2017 年 1～5 月家禽行业总损失金额预计达到 555.13 亿元，蛋鸡饲养经济损失 234.76 亿元，主要集中在商品蛋鸡[1]。

二、国外蛋鸡产业的发展及经验

（一）美国

目前，美国是世界鸡蛋产量第二大国。其蛋鸡饲养、育种、饲料与营养调控、蛋鸡舍环境控制等技术均处于世界前列。特别在蛋鸡育种方面，美国具有极大的优势。美国的海兰国际公司在国际上售出祖代、父母代蛋鸡占国际市场的50%以上，在美国本土售出的数量更是占据90%以上。

美国蛋鸡生产者联合会（United egg producers，UEP）是由美国各大州蛋鸡农场组成的联合体，代表着美国95%蛋鸡所有者的利益。它的主要职责是代表农场主处理与政府的关系问题，通过共同面对立法、管制、市场冲击等问题来保护蛋鸡生产者的利益，比如向环保局、食品药品管理局、农业部进行游说来协调环保问题、食品安全、动物福利等方面的问题[2]。

科技为美国蛋鸡产业的发展提供了效益和效率。美国以海兰公司为代表的蛋鸡育种技术在世界上遥遥领先，在国际市场占有很大份额，海兰公司将经典育种技术与现代分子生物学技术相结合，充分发挥了分子生物学的优势，培育出具有竞争力的种鸡。目前，美国蛋鸡生产仍然以高密度笼养为主要方式。自动喂料、自动集蛋、机械清粪、环境调控技术、蛋鸡饲料与营养调控技术等的应用以及良种的培育，极大地提高了美国蛋鸡产业的效率，为蛋鸡养殖着带来更大的效益[3]。

美国的蛋品加工程度高。在美国，鸡蛋必须经过清洗、消毒、涂油、包装等一系列处理之后才能上市。生产的新鲜鸡蛋中，31.9%用于深加工，制作成全蛋粉、蛋白粉、蛋黄粉、全蛋液、蛋白液、蛋黄液等。此外，还会根据不同层级的需求进行一系列的加工、包装，如10吨、1吨、20千克、5千克、0.5千克、50克等。美国的蛋品主要用于满足国内消费，出口率不到5%。这与其蛋品根据不同需求的人性化加工与积极的宣传是分不开的。

美国通过产业法规制度来规范调控生产。美国出台了一系列法律法规来调控鸡蛋生产，例如，2009年，美国食品药物管理局（FDA）发布了关于鸡蛋安全生产的法规——《预防鸡蛋在生产、贮藏与运输过程中感染沙门氏菌的行业指南》；2010年7月，FDA规定，对于养殖超过5万只存栏蛋鸡的企业必须执行上述安全法规并接受FDA的监督；2012年后，FDA进一步将检查、监督的范围扩大到中小型企业。法律法规的制定与实施规范了养殖企业的行为，更好地保证了鸡蛋的高品质。

（二）加拿大

加拿大的家禽业凭借着其特有的管理体系、强大的组织、先进的科技、完善的鸡蛋分级体系成为了自力更生、无须国家资助的产业。

加拿大的蛋鸡产业由蛋鸡养殖户和育雏户成立的蛋鸡养殖者组织来领导管理。该组织实行董事会领导下的总经理负责制。董事会成员由选举产生，三年一届，成员主要来自育雏大户代表、养殖大户代表和各省特定区域的养殖户代表。该组织的主要作用是：建立强有力的蛋鸡产业管理体系，与所有相关者建立密切的联系；通过教育培训养殖者，使其掌握最先进的养殖技术、了解动物保护、食品安全、环境保护的各种标准；通过与消费者交流互动，促进其对蛋鸡产业的了解，更好地满足消费者日益增长的需求等[4]。

加拿大在蛋鸡的生产与销售方面推行独有的“供应管理体系”。加拿大政府允许蛋鸡养殖者之间进行各自产品的交流、匹配以满足消费者的需求，这就使得蛋品市场供应稳定且不出现剩余现象。每4～5年，加拿大蛋鸡养殖者组织就会开展一次全国范围内的蛋鸡养殖成本调研，并将数据提供给养殖者参考。养殖者组织根据这些数据，通过全体协商来确定鸡蛋的出场价。如果产品的价格升高养殖者会获得更多的收益，相反，则收益减少。最终，由零售商决定是否将减少或增加的成本转移到消费者身上。这一体系的推行，使得在没有政府补贴的情况下，加拿大养殖者获得合理利润，居民得到质量好、价格合理的蛋品。

目前，加拿大存在多种养殖模式，每一种模式都严格遵循政府的要求对蛋鸡开展动物保护工作。传统的笼养模式采用了先进的笼养设施设备，使每一只蛋鸡都能够获得新鲜的饲料和水，为食品安全从源头提供了保障；大笼舍饲养模式结合了笼养与放养的优势，既保证了食品安全，又改善了蛋鸡福利；舍内平养模式能够满足母鸡栖木休息、刨地、巢内产蛋等自然行为，同时母鸡可以在整个鸡舍内活动；条件性散养模式下，母鸡可以在天气允许的情况下自由出入鸡舍内外，更加符合动物福利的要求。

加拿大通过市场配额制度来调控饲养量。自1972年以来，加拿大实行全国统一的蛋类供应管理制度，来控制鸡蛋供应和边境管制。其具体的实施方法为：由鸡蛋销售机构（CEMA）计算鸡蛋市场供应总量，并将所需鸡蛋数量转换成蛋鸡饲养量，从而分配核定各省的蛋鸡饲养量，再由各省销售委员会将配额分给个体生产者。这里的鸡蛋配额需要在监督会同行政局接受前得到全国长老会联合会（NEPC）批准。CEMA负责监督各省对其农场进行检查，以确保生产者在其分配配额内生产，超过配额的省份要受到CEMA的处罚。

加拿大拥有完善的鸡蛋分级体系和标准。其农业及农业食品部将市场上销售的鸡蛋划分为A、B、C三个等级。A级鸡蛋主要在商店销售；B级大多数供应给面包店；C级一般加工成需经巴氏消毒的产品。加拿大对鸡蛋等级的划分有严格的标准，并且有经联邦认证的鸡蛋商业评级者。这些评级者均受加拿大食品检验机构管理，并且严格遵守加拿大食品检验机构的各项条款和要求。

（三）日本

第二次世界大战结束后，日本农业衰败，鸡的存栏量不足战前的1/3。1947年，政府制定了《振兴畜牧业5年计划》，经过种鸡的培育和改良以及一系列先进技术的引进，1953年日本养鸡量恢复到战前水平。1960年以后，日本政府颁布了一系列振兴蛋鸡产业的法律，为蛋鸡产业的发展提供了法律保障。1960年，日本还放开了种鸡进口，积极引进美国的先进设备和技术，自此日本蛋鸡产业发展迅猛。

21世纪的日本，蛋鸡产业发展有以下突出特征：运用产业政策调控生产。表现在：各类补贴政策和鸡蛋生产指导方针的制定。

日本的补贴政策以价格补贴为主，以此来稳定生产。由畜产振兴事业团、地方政府和蛋鸡养殖者团体共同出资，在全国设立鸡蛋价格稳定基金会，并由基金会来负责鸡蛋的补贴事项。具体补贴标准为：支付蛋价低于补贴标准部分的90%。

日本通过制定“鸡蛋生产指导方针”来引导蛋鸡养殖。每年的6月、12月日本就会通过调查蛋鸡的存栏量及后期存栏增减动向，并参考消费者和鸡蛋销售企业的意见，来分析鸡蛋的供需现状，预测下一年鸡蛋的供需趋势，形成可供生产者参考的“鸡蛋生产指导方针”，生产者根据自己的判断决定生产。

（四）欧盟

欧盟各国虽然土地和劳动资源短缺，但凭借着雄厚的资本和技术实力，选择了以机械化生产为主的集约化家庭农场蛋鸡养殖模式。以荷兰为例，蛋鸡养殖场数量达 1 073 家，平均饲养量为 31 400 只，总存栏约 3 200 万只。其中存栏 10 万只左右的蛋鸡场由 2 个人管理全部工作，养殖效率高。2016 年，欧盟各国蛋鸡农场几乎都采用了符合动物福利的鸡蛋生产模式，在一定程度上影响了鸡蛋的产量。目前，欧盟鸡蛋产业发展已非常成熟，鲜蛋及蛋制品已实现精细分级、可溯源、品牌化和深加工。欧盟鸡蛋产业的蛋品销售公司采用轻资产商业模式，从流通环节切入，重点运营鸡蛋等产品品牌，养殖环节以合作农户养殖为主，为农户提供饲料、蛋鸡、技术服务，同时，向下游延伸蛋品加工、烘焙食品、禽肉屠宰加工等业务。

欧盟的蛋鸡产业通过环境保护法律法规约束企业生产规模。例如，欧盟颁布的《硝酸盐指令》规定，自 2002 年起，每年每公顷土地上不能使用含氮素超过 170 千克的粪便；《饮用水指令》将水中硝酸盐定量为低于 50 纳克/升。欧盟通过畜禽养殖场规划审批制度规划养殖量。

通过畜禽养殖场规划审批制度规划养殖量。例如，德国畜禽养殖场的规划设计需要报农业部门进行审批。审批的内容包括畜禽粪便处理的做法、计划及养殖场配套农田的面积、种植作物种类、农田的地势、坡度及土壤类型等；养殖场建成后，需要定期对畜禽粪便处理情况进行上报，同时根据动物数量和环境条件的变化及时调整最初的畜禽粪便管理计划，以保证不污染周边的生态环境。

三、国外蛋鸡产业的发展对我国的启示与建议

通过综合分析各国蛋鸡产业发展特点及优势，可以结合我国国情探究适合我国的发展经验。

依靠科技创新和技术推广来提升我国蛋鸡产业发展水平。加强科技创新和技术推广主要表现在以下几个方面：一是加大对分子育种技术的研究，培育出我国自己的优良种鸡品种。以美国为例，其海兰国际公司通过种鸡优良品种的培育，不仅在国内占据很大的市场份额，在国际市场也因其品种的优良获得很大的收益。二是加大对蛋鸡高产、优质、蛋鸡产业规模化、工厂化高效养殖等综合配套技术的推广。三是加大对生物疫病防治方面的研究。加快研制推广快速诊断技术与新疫苗、新药剂，为蛋鸡产业产业化发展提供强大支持[5]。四是加强鸡蛋保鲜与深加工技术的研究与开发应用，重点研发鸡蛋保鲜、长距离运输和深加工新技术，大力提高鸡蛋加工品的卫生质量[6]。

依靠蛋鸡生产者合作组织的规范化和组织能力的提高来提升蛋鸡养殖者的协调能力。蛋鸡养殖者个体由于知识能力有限，难以及时掌握最先进的养殖技术和最新的法律

规范，更无法独自应对各种发展难题和挑战。我国蛋鸡生产者可以以蛋鸡产业为依托形成蛋鸡生产者合作组织，共同应对蛋鸡产业中出现的市场波动、禽流感、环保、产能过剩等挑战，也有利于产业标准的推广。国外蛋鸡产业发达的国家都拥有自己的产业联盟，这也证明形成统一的声音还是很有必要的。

依靠法律法规的完善来进一步保证蛋品的质量安全，提高我国蛋鸡产业的标准化水平。随着人们生活水平的不断提高，人们的消费水平也日益提升，对蛋品提出更高的要求，蛋鸡产业的标准化也成为发展的必然趋势。完善的法律法规既规范了养殖者的行为，也能够满足消费者对高品质蛋品的需求，更好地规范、指导行业的发展[7]。

依靠对鸡蛋的深加工来扩大国内消费。蛋品加工企业应顺应时代快速发展的大势，发挥创造力，研发多种鸡蛋产品，以满足人们多样化的需求。我国是世界上人口第一大国，蕴藏着无限的消费潜能。政府和各类组织应该积极宣传鸡蛋的营养价值，正确引导人们消费蛋品，增加国民的消费意愿。

参 考 文 献

[1] 杨宁：蛋鸡产业要从增量发展转向提质增效 [J]. 甘肃畜牧兽医，2017，47（2）：24-25.

[2] 刘合光，秦富．美国蛋鸡产业发展阶段、特征与展望 [J]. 中国家禽，2014，36（21）：2-6. DOI：10.16372/j.issn.1004-6364.2014.21.014.

[3] 辛宏伟．美国蛋鸡产业发展现状与研发机遇 [J]. 中国家禽，2012，34（24）：1-4. DOI：10.16372/j.issn.1004-6364.2012.24.003.

[4] 郭江鹏，陈余，贾亚雄，等．加拿大曼尼托巴省蛋鸡饲养体系考察报告 [J]. 中国畜牧杂志，2016，52（12）：21-25，32.

[5] 王红宁．中美蛋鸡生物安全与疾病防控的比较与思考 [J]. 中国家禽，2010，32（12）：1-4. DOI：10.16372/j.issn.1004-6364.2010.12.001.

[6] 朱宁，秦富．蛋鸡产业发展的国际趋势及中国展望 [J]. 中国家禽，2016，38（20）：1-5. DOI：10.16372/j.issn.1004-6364.2016.20.001.

[7] 辛宏伟．国际蛋鸡业发展趋势 [J]. 兽医导刊，2016（19）：20-21.

世界羊肉价格变化趋势分析及其影响因素的实证探究①

任慧　林海　李军

（中国农业大学经济管理学院，北京 100083）

摘要：随着经济全球化和贸易自由化的发展，世界羊肉价格的变动与中国羊肉价格息息相关，故而厘清其变动趋势及影响因素，对于探索国内羊肉市场的发展具有重要意义。本文首先通过统计描述阐释了近年来世界羊肉价格的变化情况，发现 2012 年前羊肉价格上升趋势明显，而近三年来价格趋于平稳甚至有所下跌。结合世界羊肉供给量（羊肉产量）、生产成本（生产者价格指数）、世界羊肉需求量（世界人口数量）和物价水平（消费者价格指数）4 个因素的变化趋势来看，羊肉价格与其有明显的相关关系。在此基础上，利用多元回归模型证实，当期世界羊肉价格的变动受上期羊肉价格和当期生产者价格指数的影响十分显著，从短期变化来看，还明显受到当期羊肉产量的负向影响。最后，文章结合国际和国内羊肉价格变化的联动关系，为我国羊肉市场的生产、贸易和价格调控提出合理建议。

关键词：世界羊肉价格；变化趋势；影响因素；联动关系

国内对于世界羊肉价格变动情况及影响因素的分析研究目前还比较少，现有文献通常是总体性地探讨世界市场农产品价格的走势。例如《草业科学》杂志对国际市场畜产品价格和变动幅度有月度的简要介绍。姜楠等（2014）通过分析 2013 年世界畜产品市场形势得出羊肉价格将有所下跌的结论[1]。农业部农业贸易促进中心政策研究所/中国农业科学院农业信息研究所国际情报研究室（2015）对国际肉类市场前景进行了预估，认为在展望期内（2014—2024 年），包括羊肉在内的肉类名义价格虽然会低于 2014 年的水平，但仍将持续走高。另有一些研究是建立在国内市场的背景下剖析中国羊肉价格的变化及其原因，例如，郝永红（2011）通过居民消费物价指数变动状况、农产品生产资料及活羊生产价格指数变动情况折线图、2010 年肉类流通费用情况表，总结了羊肉价格变动的趋势和原因[2]。丁存振、赵瑞莹（2014）用中国羊肉、猪肉和牛肉价格变动趋势曲线的比较，分析了羊肉价格的变动特征[3]。值得注意的是，随着全球经济一体化的加速发展，国际羊肉市场对中国肉羊产业的影响也逐渐加大，世界羊肉价格的涨跌势

① 本文原载于《现代畜牧兽医》2016 年第 10 期。

项目来源：农业部、财政部“国家现代农业产业技术体系——肉羊产业经济项目”（CARS -38）。

必会影响到国内羊肉价格的变化[2]。探究世界羊肉价格的变动趋势及其影响因素，无论是对于改善羊肉国际贸易现状还是促进我国羊肉市场发展，都具有重要的现实意义。故而，本文着重从世界羊肉价格的变化趋势及与之相关的产量、成本、需求和价格指数等变量入手，探索世界羊肉价格变动的原因，并通过国内与世界羊肉价格的联动关系预测国内羊肉价格的走势，最终为中国肉羊产业的发展提出合理的建议。

一、世界羊肉价格的变化趋势分析

随着世界人口总量日益上升，经济水平和科技水平不断发展，尽管羊肉消耗量逐年增长，但产量也在逐渐增加，羊肉价格在多种因素的共同作用下持续发生着变化。世界羊肉价格具体的变化趋势除可以用价格数据来刻画外，还可以通过产量变化、生产成本走势、消费者价格指数和消费需求的变动情况来反映。再利用相关价格指标进行进一步的测算，可以更清晰地显示出世界羊肉价格近年来总体的变动情况和逐年的增减量及增减速度。

（一）近年世界羊肉价格的总体变化趋势

由于联合国粮食及农业组织（FAO）仅提供了绵羊肉和山羊肉的生产者价格①数据，故本文中世界羊肉的平均价格由山羊肉和绵羊肉产量作为权重，加权平均计算而得。根据数据可知，2000—2014 年世界羊肉价格保持着上涨的总体趋势，2014 年羊肉价格达到 5 905.19 美元/吨，比 2000 年上升了 128.21%。分阶段来看，2008 年以前羊肉价格的上涨趋势十分显著，且从 2001 年开始绵羊肉价格就持续高于山羊肉。2008 年之后羊肉价格的上升趋势有所缓和，绵羊肉价格在 2009 年开始回落，而山羊肉价格则保持上升状态并赶超绵羊肉价格，2011 年以后山羊肉价格就持续高于世界绵羊肉平均价格。2012—2014 年由于山羊肉和绵羊肉价格都呈现出幅度不大的下降趋势，世界羊肉平均价格也有所降低。从 2011—2014 年世界羊肉年平均价格的走势来看，其变动情况将呈现出稳中趋降的状态。2015 年因缺少世界羊肉产量的数据，难以衡量羊肉平均价格情况，但从山羊肉价格和绵羊肉价格来看都较上年有所下降，幅度分别为 17.6% 和 14.7%，可以推测世界羊肉平均价格开始呈现出下跌的趋势。

（二）世界羊肉价格及其可能的影响因素变化情况

郝永红（2011）在分析中国羊肉价格变化的影响因素时提到，羊肉产业生产成本的上升、物价的普遍上涨、市场供求关系的变化都是造成羊肉价格变动的重要原因，生产成本可以采用生产者价格指数②衡量，物价水平可用消费者价格测度。至于市场供求水平，

① 生产者价格：包含农业生产者价格数据。该价格是指农民在最初的销售点出售初级作物，活牲畜和牲畜初级产品获得的收入，即在农场门口交易的价格。

② 农产品生产者价格指数：衡量农民销售价格随时间变化的平均年变化（农场大门价格或第一销售点价格）。三类生产者价格指数包括：单项价格指数，商品指数和农业生产者价格指数。

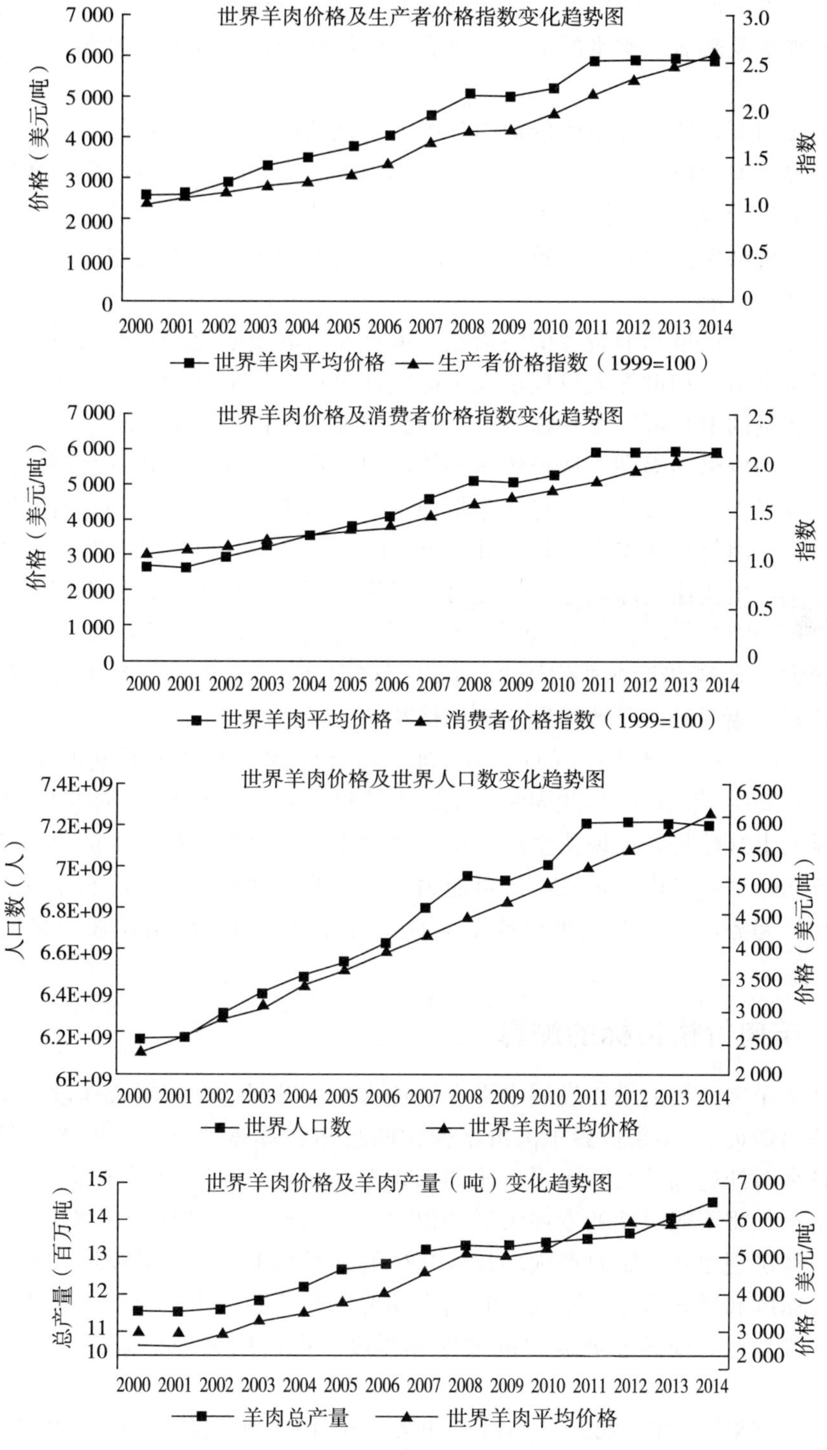

图 1　世界羊肉价格及各因素变化趋势图

数据来源：羊肉价格、生产者价格指数和产量来自 FAO，人口及消费者价格指数来自 World Bank 数据库。

本文选择世界羊肉产量反映供给，由于需求取决于人口和收入的增长[4]，故选择世界人口总量的增加来反映需求水平的上升。世界羊肉价格和可能的影响因素变化趋势曲线如图 1 所示。

根据图 1 简要描述世界羊肉价格与各因素变化情况之间的关系如下：

（1）世界羊肉价格和生产者价格指数变化趋势的关系。生产者价格指数反映的是农产品生产者的生产成本。从图 1 可以看出，2000 年起，生产成本逐年递增，在 2011 年前和世界羊肉价格保持着基本一致的变化趋势，这表明生产成本的增加在很大程度上决定了羊肉价格的上涨。

（2）世界羊肉价格和消费者价格指数、世界人口数量变化趋势的关系。根据图 1 可知，消费者价格指数和世界人口数量几乎都呈现出直线型上升的增长态势，消费者价格指数和人口数量的增长可以反映物价水平的整体提高和世界羊肉需求量的增加，从而导致世界羊肉平均价格的提高。从趋势图整体走向来看，两者的变化符合理论认知，但从细节来看，世界人口总量的增长趋势非常稳定，这与羊肉价格的波动有所区别。

（3）世界羊肉价格和羊肉产量变化趋势的关系。数据显示，2007 年前世界羊肉价格和产量都呈现出快速上涨的态势，此时市场供给不能满足需求，故而即使产量不断增加，价格也不会随之下降。2007 年以后的 4 年，世界羊肉产量的增长非常微弱，库存量的减少导致世界羊肉市场供不应求，羊肉价格在 2010 年产生一个较大的跳跃，随之羊肉产量开始大幅提升，导致世界羊肉价格从 2011 年开始趋于下降。

综上，2000—2014 年 15 年间世界羊肉平均价格基本上是随时间的推移而上升的（除 2009 年和 2011 年后）。与此同时，生产者价格指数、消费者价格指数和人口数量也呈现出明显的上升趋势，这说明生产成本、物价水平及总需求量和羊肉价格有着基本一致的变动方向。世界羊肉产量在早年可能由于市场的非饱和状态，没有呈现出与羊肉价格反向变动的趋势，而从近几年的数据来看，两者间开始呈现出比较明显的负向相关关系。

（三）羊肉价格指标的测算

通过计算羊肉价格的平均发展水平，增长水平，发展速度和增长速度等指标，可以直观地反映出最近 15 年来世界羊肉价格变化的总体和具体情况。发展水平是指某一经济现象在各个时期达到的实际水平，比如年末羊肉价格，是计算其他动态指标的基础。平均发展水平是将不同时期的发展水平加以平均而得到一个“序时平均数”[5]。增长水平是指某一经济现象在一定时期内增长或减少的绝对水平，分为累积增长水平和逐期增长量。发展速度和增长速度表示某一时期内动态指标发展变化状况的动态相对数，即某一事物在一段对比时期内发展变化的方向和程度，可以用来分析研究事物发展变化的规律。

根据测算结果①可知，2000—2014 年世界羊肉 15 年平均价格为 4 423.54 美元/吨，

① 由于篇幅限制此处不赘列羊肉价格变化情况表，具体数据系作者根据 FAO 数据库 2000—2014 年羊肉价格数据测算而得。

从2000年到2014年共上涨了3 317.52美元/吨，平均每年上涨229.48美元/吨；2014年羊肉价格是2000年的2.28倍，平均每年羊肉价格是上一年的1.06倍；羊肉价格每年的平均增长速度是6.20%，说明了羊肉价格总体上升的速度较快。

从逐期增长情况来看，羊肉价格变化最大的是2011年，比上年羊肉价格增加了660.44美元/吨，几乎是年平均增长水平的3倍。除2009、2013和2014年为负增长外，2012年增长量也很小，只比上年提高32.7美元/吨，可以看出最近3年世界羊肉平均价格开始趋稳甚至有所下跌；从环比增长速度来看，价格增速最大的是2007年，比上年增长了13.52%，是年均增长速度的2倍。除2009、2013和2014年环比增速分别为−1.36%、−0.49%和−0.12%外，2012年增速最小仅为0.55%，可以看出，近3年羊肉价格的增长速度非常缓慢，甚至呈现出负增长的趋势。

对照羊肉价格相关因素的变化情况来看，FAO世界羊肉产量数据显示，2008年开始，羊肉产量环比增长速度放缓，到2011年为止4年的年均增长率水平仅为0.46%，产量的稳定导致供给的短缺，随着需求的增长，羊肉价格在2011年一跃而起达到顶峰，而价格高涨促使产量迅速增加，2012—2014年3年的年均增速则达到2.77%，供给过多的结果是价格开始回落。生产者价格指数、消费者价格指数和全球人口数量在2000—2011年间的年均增长率分别为6.93%、5.15%和1.25%，而2012—2014年分别下降到6.08%、4.44%和1.20%，与世界羊肉价格从年均增长率0.05%下降到−0.21%的变动方向一致。生产成本的提高、消费需求的增加以及物价水平的提高都是价格上升的可能原因，这些因素增长的趋缓也可能导致价格增长趋缓甚至产生下降的趋势。

二、世界羊肉价格变化的影响因素实证探究

通过对近15年来世界羊肉价格、产量、生产者价格指数、世界人口总量和消费者价格指数的统计描述，可以初步判断世界羊肉价格的变动趋势与其他四项指标走势的大致关系。为了定量研究世界羊肉价格的影响因素，需要建立计量经济模型来验证以上因素与世界羊肉价格之间的相关关系及影响程度。

（一）变量和数据的选择与基本模型

参考现有文献对羊肉价格分析的建模方法，结合世界羊肉市场特点，本文建立了双对数线性回归模型[3,6]，分析各因素对羊肉价格的影响程度及方向，模型形式如下：

$$\ln p = \beta_0 + \beta_2 \ln pro + \beta_2 \ln ppi + \beta_3 \ln n + \beta_4 \ln cpi + \mu$$

其中p代表世界羊肉平均价格，pro代表世界羊肉产量（反映供给水平），ppi代表生产者价格指数（表示生产成本），n表示世界人口数量（代表总需求），cpi代表消费者价格指数（衡量物价指数），为保证所选时间序列数据原有的特征不发生变化，且使其趋势线性化，对各变量进行对数变换[7]；系数β_0是常数项，β_1是羊肉价格对其产量的弹性，β_2是羊肉价格对生产成本的弹性，β_3是对人口增长的弹性，β_4测度羊肉价

格对当期通胀因素的弹性系数，μ 为随机干扰项。

本文选取了1991—2014年共24年的世界羊肉价格、产量、生产者价格指数（1991年＝100）时间序列数据，数据来源是联合国粮食及农业组织（FAO），以及相对应的24年世界人口数量、消费者价格指数（1991年＝100）数据，数据来源是世界银行（World Bank）。

（二）实证分析

本文首先对各变量的对数形式做出了时间序列图来大致判断有无长期增长趋势，单从线图看，5个变量具有基本一致的时间趋势。为进一步证实各变量间的依存关系，文章首先利用变量的平稳性检验和协整关系检验来解决“伪回归”问题，然后在此基础上修正模型，从而分析世界羊肉价格与各影响因素间的关系。

1. 平稳性检验

传统的建模方法主要是针对平稳序列，但经济中大部分时间序列都是非平稳的。若序列在成为平稳之前需经d次差分，则称之为d阶单整序列，记为I（d）。检验序列平稳及其是否单整最常用的是ADF单位根检验。本文运用STATA14.0对1991—2014年世界羊肉价格（p）、羊肉产量（pro）、生产者价格指数（ppi）、人口总量（n）以及通货膨胀率（cpi，消费者价格指数）的对数序列形式（在表格中各个变量名字前加“ln”表示）用ADF进行了单位根检验。检验结果如下：

表1　ADF单位根检验结果

变量	ADF检验值	临界值			平稳性
		1%	5%	10%	
$\ln p$	−2.347	−4.380	−3.600	−3.240	不平稳
$\ln pro$	−2.617	−4.380	−3.600	−3.240	不平稳
$\ln n$	−3.710	−4.380	−3.600	−3.240	平稳
$\ln ppi$	1.722	−2.660	−1.950	−1.600	不平稳
$\ln cpi$	0.749	−2.660	−1.950	−1.600	不平稳
$\Delta\ln p$	−3.777	−3.750	−3.000	−2.630	平稳
$\Delta\ln pro$	−3.203	−3.750	−3.000	−2.630	平稳
$\Delta\ln ppi$	−4.422	−3.750	−3.000	−2.630	平稳
$\Delta\ln cpi$	−3.930	−3.750	−3.000	−2.630	平稳

表1的结果显示：除人口总量（n）外，世界羊肉价格（p）、羊肉产量（pro）以及通货膨胀率（i）的对数序列在1%的显著性水平下无法拒绝存在单位根的原假设，

是非平稳序列，并且一阶差分序列在5%的显著性水平下均通过了平稳性检验，所以均为一阶单整序列，可能存在协整关系，通过时间序列图也可以大致观察出类似的结论，故继续进行下一步的协整分析。

2. 协整关系检验

对于具有单位根的变量，传统的处理方法是对其进行一阶差分从而得到平稳的序列，但这种方法的结果会导致变量的经济学含义发生变化，陈强（2014）提出了一种不改变原序列而是找到多个单位根变量之间“长期均衡”关系的方法，即当多个单位根序列具有共同的随机趋势时，对这些变量做线性组合以消去此趋势[8]。在已经确定所有变量（除人口总量n的对数形式序列）均为一阶单整的前提下，可以对时间序列数据进行协整检验来分析变量间是否存在共同趋势。协整的理论和方法是由Engle和Granger（1987）提出的[9]，协整关系通常需要运用一定的检验方法来判断，本文利用的Johansen检验就是其中之一。对存在单位根的变量进行协整关系检验，结果如表2所示：

表2　Johansen检验

迹检验			最大特征值检验		
协整方程个数	迹统计量	5%临界值	协整方程个数	最大特征值	5%临界值
0	54.359 9	47.21	0	27.526 3	27.07
1	26.833 6*	29.68	1	15.515 4	20.97
2	11.318 3	15.41	2	9.963 9	14.07

迹统计量（trace statistic）结果表明，只有一个线性无关的协整向量（STATA运行结果中*标注行对应的最大协整秩）。最大特征值检验（max statistic）结果也表明，可以在5%的水平下拒绝“协整秩为0”的原假设，但无法拒绝“协整秩为1”的原假设，说明该系统存在协整关系，本文设计的模型在回归时不会出现伪回归的问题。

3. 模型估计与分析

根据上述检验结果，选取存在协整关系的变量进入模型中，修正后的模型如下：

$$\ln p = \beta_0 + \beta_1 \ln p_{-1} + \beta_2 \ln pro_{-1} + \beta_3 \ln pro + \beta_4 \ln ppi + \beta_5 \ln ppi_{-1} + \beta_6 \ln cpi + \beta_7 \ln cpi_{-1} + \mu$$

其中，新增变量$\ln p_{-1}$、$\ln pro_{-1}$、$\ln ppi_{-1}$和$\ln cpi_{-1}$分别代表上一期的羊肉价格、产量、生产者价格指数和消费者价格指数。本文采用逐步回归法①筛选出最终进入模型的变量，结果如下（表3）：

① 将变量逐个引入模型，引入的条件是偏回归平方和经检验是显著的，同时每引入一个新变量后，对已选入的变量要进行逐个检验，将不再显著的变量剔除，保证最后所得的变量子集中所有的变量都是显著的。

表 3　模型估计结果

变量	$\ln p_{-1}$	$\ln pro_{-1}$	$\ln ppi$	$\ln ppi_{-1}$	C
系数	0.951	0.982	0.754	−0.986	−15.495
	***	*	**	***	*
P 值	0.000	0.051	0.047	0.009	0.068

注：***、**、* 分别表示在 1%、5%和 10%的水平下显著。

修正的 R^2 为 97.18%，说明模型整体拟合良好。以上各变量在 10%的水平下均显著。

根据上述模型的回归结果可知，上期羊肉价格、上期羊肉产量、上期生产者价格指数以及当期生产者价格指数都对世界羊肉价格有显著的影响。其中，上期羊肉价格每增长 1%，当期羊肉价格就增加 0.95%，而上期生产者价格指数，即上期成本每增长 1%，当期羊肉价格会降低 0.99%，当期生产成本每增加 1%，世界羊肉价格则上升 0.75%，上期羊肉产量的影响程度并非特别显著，且变动方向与预期也有出入，可能的原因是世界羊肉市场长久以来处于非饱和状态，产量和价格都在不断上升。由于 1991—2014 年世界羊肉价格曾有一次较大的结构性变动，这可能是导致回归结果不理想的原因。若选用 2000—2014 年的数据重新做一个简单的 OLS 回归，可以对比结果如下：

表 4　阶段数据的 OLS 回归结果

变量	$\ln p_{-1}$	$\ln pro$	$\ln ppi$	$\ln cpi_{-1}$	$\ln n_{-1}$	C
系数	0.796	−1.922	0.441	−3.518	15.468	−315.537
	***	**	*	***	***	***
P 值	0.001	0.020	0.106	0.001	0.002	0.002

注：***、**、* 分别表示在 1%、5%和 15%的水平下显著。

如表 4 所示，使用 2000—2014 年数据回归的结果和用 1991—2014 年回归的结果有所不同，上期羊肉价格、消费者价格指数和总人口数以及当期羊肉产量、生产者价格指数都是影响当期羊肉价格的显著因素。其中，上期羊肉价格、当期成本和上期羊肉需求（即上期世界人口总量）对当期羊肉价格有正向影响，当期羊肉产量越多、上期物价水平越高，当期羊肉价格则越低。不过，由于 2000—2014 年样本量有限，做出的协整检验结果准确性还待考证。

综上，无论是从较长期的世界羊肉价格变动情况来看还是从近年变化趋势看，当期世界羊肉价格都与上期价格、当期生产者价格指数正向相关，也就是说，上期羊肉价格对当期羊肉价格的预测有重要意义，而生产者价格指数代表的生产成本也是影响价格变动的重要因素。从近十几年的变化趋势来看，羊肉产量和价格之间呈现出了明显的负向相关关系。

三、世界羊肉价格变化与中国羊肉价格的关系简析

通过以上分析可以得到影响世界市场羊肉价格的众多因素，观察这些因素的变动方向能够预测世界羊肉价格的走势。在此基础上，探究世界羊肉价格与我国国内羊肉价格的联动关系，能够对国内羊肉市场提供指导。

利用FAO公布的近年国际和国内羊肉价格数据进行比较可知，世界羊肉价格在1991—2000年之间波动幅度不大，有轻微下降的趋势；而后迅速上涨，直到2008年一直保持着强烈的增长态势；从2009年开始世界羊肉价格开始趋于稳定，近几年呈现出下降趋势。与之相对应的国内羊肉价格趋势则呈现出明显的滞后现象，1998—2006年之间中国羊肉价格始终低于国际市场羊肉价格，并且价格波动情况也比较微弱，基本保持着稳定不变的状态；之后，中国羊肉价格呈现出了幅度更大的增长趋势，于2011年赶超了世界羊肉价格，并且继续维持着强烈的上升趋势；直到2014年骤然下跌，不过仍旧高于国际市场价格。根据分析可以看出，国际和国内羊肉价格之间的联动性较强，国内市场价格的波动幅度大于国际价格，说明国内羊肉市场更为敏感。两者的变化存在着明显的滞后性，国内价格是对国际价格变动的一种反映。

进一步地，可以采用计量模型定量检验两者间的联动关系[6]。首先，与上文平稳性检验过程相同，利用ADF单位根检验方法对1991—2014年的世界羊肉价格和中国羊肉价格进行平稳性检验，发现两个时间序列均是非平稳的。不过，两者的一阶差分序列均通过了平稳性检验，因此，可以进行Johansen协整关系检验。结果表明，无论是迹统计量还是最大特征值均超过了5%临界值，即可以拒绝“协整秩为0”的原假设，世界羊肉价格和国内羊肉价格之间存在着协整关系。最后，对两序列进行格兰杰因果关系检验①[7]，结果不能拒绝原假设“中国羊肉价格变化不是世界羊肉价格的原因”，但可以拒绝原假设“世界羊肉价格变化不是中国羊肉价格的原因”，且统计量非常显著。这说明世界羊肉价格和中国羊肉价格之间是先动和后动的关系，两者间长期均衡的方向是国际价格带动国内价格，存在明显的联动性。那么，利用世界羊肉价格的变化趋势和情况，就可以简单预测近年中国羊肉价格的变动方向，同时通过分析世界羊肉价格的影响因素，也可以为我国国内羊肉市场提供信息，获知哪些因素从根源上控制着市场价格。

四、结论与建议

（一）结论

综合上文描述统计的定性分析和回归模型的定量研究，可以总结出世界羊肉价格的变化趋势及影响因素，如下：

世界羊肉价格大体呈上升态势，近年增长幅度减小并开始下跌。从2000—2014年

① 由于篇幅限制，此处省略平稳性检验、协整关系检验和格兰杰因果关系检验过程。

世界羊肉价格15年的变化趋势来看，总体呈上升状态，具体表现为2008年前快速上涨，2009年增长态势开始有所收敛（除2011年），特别是2011年后世界羊肉平均价格出现小幅下降趋势。从平均水平来看，2000—2014年15年来，世界羊肉平均价格为4 423.54美元/吨，平均每年羊肉价格是上一年的1.06倍，平均每年羊肉价格的增长速度是6.20%；从逐年变化情况来看，2009、2013和2014年羊肉价格都比上年有所下降，分别减少了69.29、28.85和7.3美元/吨，2012年虽略有回升，但环比增速也仅为0.55%，2015年山羊肉和绵羊肉的价格都比上年呈现出较大的下跌趋势，可以看出，近几年来羊肉价格的增长速度非常缓慢，甚至开始出现下跌的趋势。

世界羊肉价格变动受多重因素的影响。根据时间序列的实证分析结果可以看出，世界羊肉价格的变动受到多重因素的共同作用。长期来看，世界羊肉的当期价格受其上期价格和生产者价格指数的影响显著，其中，上期价格每增加1%，当期价格就提高0.95%，也就是说羊肉价格会保持一定的延续性，在控制其他变量不变时，价格不会陡然下跌；当期生产者价格指数每增加1%，羊肉价格就上升0.75%，即羊肉的生产成本增加时，羊肉价格自然会随之上涨；而上期生产者价格指数1%的增量会引起当期价格0.99%的下降，这一现象的原因可能是上期成本的抬高导致羊肉价格上升，故而当期生产者会加大产量，供过于求引起当期价格的下落。从近15年的变化趋势来看，羊肉产量呈现出与羊肉价格明显的负相关关系，当期产量每增长1%，世界羊肉价格下降1.92%，产量的增加使得世界市场上羊肉的供给过量，由市场决定的价格自然随之下跌；短期的回归结果也表明上期价格和当期生产者价格指数对世界羊肉价格有显著的正向影响。

（二）建议

根据世界羊肉价格的影响因素及国际国内价格显著的联动关系，我国羊肉市场在未来的生产贸易中应更加重视以下问题：

第一，针对国际市场，我国可以根据世界羊肉价格情况构建羊产业信息数据库，对我国未来的羊肉价格做出预判，建立价格预警机制。由上文分析可知，中国羊肉价格波动会受到国际市场价格变化趋势的引导，在世界羊肉价格变化后经历一段滞后期，以更强烈的幅度波动。通过监控世界市场上期羊肉价格、上期生产成本、当期羊肉产量和当期生产成本等因素的变化，可以在对世界羊肉价格做出合理预期的同时，根据价格的变化走势，对国内羊肉生产提出建议，从而有效平抑因国际价格波动而引起的国内羊肉价格上涨，同时防止价格剧烈变动导致农户及相关经营主体的利益受损。

第二，针对国内生产，应该从影响价格变动的根源入手，即关注影响世界羊肉价格变化的因素，建立我国国内羊产业的生产应对机制，调节国内羊肉供需。通过加强补贴和保险等方式支持我国羊产业的健康发展，利用资金、技术和市场信息对其生产进行有效的调控和指导，巩固国内羊产业的地位，以应对国际市场供求矛盾给我国羊肉市场带来的冲击。

第三，针对国际贸易，我国应扩大国内养殖规模，降低生产成本，提高生产效率，从而提升羊肉贸易的国际竞争力。从近年来我国羊肉价格持续高于国际平均水平的现状来看，目前国内羊肉贸易的竞争力水平比较低下，控制国内羊肉价格十分重要。根据上述分析可知，降低成本、稳定产量是调整价格的重要因素，通过完善我国羊产业的生产和羊肉储备制度，可以有效减弱国内羊肉价格的波动，促进我国羊肉贸易的健康发展。

参　考　文　献

[1] 姜楠，韩一军，刘泽莹. 2013年世界畜产品市场形势与2014年展望 [J]. 农业展望，2014 (4)：4-9.

[2] 郝永红，钱贵霞. 我国现阶段羊肉价格上涨原因分析 [J]. 农业展望，2011 (12)：16-21.

[3] 丁存振，赵瑞莹. 羊肉价格变动影响因素的实证分析 [J]. 山东农业科学，2014 (3)：148-151.

[4] Boutonnet J P. Perspectives of the sheep meat world market on future production systems and trends [J]. Small Ruminant Research，1999，34 (3)：189-195.

[5] 丛日玉，朱胜. 浅析时间数列平均发展水平的计算 [J]. 科技创新导报，2015 (10)：221-222.

[6] 佘红，李秉龙. 我国羊肉价格波动影响因素的实证研究 [J]. 价格理论与实践，2013 (2)：69-70.

[7] 张京红，王生辉. 加工贸易出口对我国经济增长的影响——基于协整检验与分位数回归的分析 [J]. 经济问题探索，2016 (12)：130-135.

[8] 陈强. 高级计量经济学及Stata应用 [M]. 北京：高等教育出版社，2014.

[9] Engle R F，Granger C W J. Co-integration and error correction：representation，estimation，and testing [J]. Econometrica：journal of the Econometric Society，1987：251-276.

[10] 王孝松，谢申祥. 国际农产品价格如何影响了中国农产品价格？[J]. 经济研究，2012 (3)：141-153.

[11] 杨浩，林丽红. 中国与国际大宗商品价格关联性研究 [J]. 经济问题探索，2011 (9)：157-162.

我国与联合国粮农组织渔业统计对比研究①

徐忠[1]　赵文武[2]　李利冬[2,3]

（1. 上海海洋大学经济管理学院，上海 201306；2. 中国水产学会，北京 100125；3. 全国水产技术推广总站，北京 100125）

摘要：我国和联合国粮食及农业组织（FAO）在渔业统计体系上存在差异，导致统计数据缺乏可比性。本文从统计目标、统计方法、统计指标设置、统计报告发布口径等方面对FAO和我国的渔业统计指标体系进行了对比分析，并按照统一口径给出所有生产数据的解释。我国现有的统计方法和体系具有自身的特色和优点，但需要利用多种统计方法来确保统计数据的准确性。FAO的数据由一百多个国家的数据加总得到。如果分散的数据存在误差，加总的数据误差就会出现较大的问题。

关键词：中国渔业统计；联合国粮农组织；渔业生产

一、引　言

长期以来，我国政府为获得科学、合理和完善的渔业统计数据，定期发布统计报告和统计年鉴，并为此投入了大量的人员和资金，为各级部门制定渔业（农业）政策，推动渔业经济发展、渔民增收起到了重要的作用。我国政府为了和世界各国一同推动世界渔业的可持续发展，保护世界渔业资源，开发内陆淡水养殖空间，与FAO广泛开展了各种各样的合作，充分体现了我国负责任大国的地位和担当。

在渔业统计工作取得巨大成绩的同时，也要注意到我国的渔业统计和FAO渔业统计之间存在一些差异[1]。这些差异主要是统计指标体系设置、地理区位、经济制度和发展历史等因素引起的。这导致我国和FAO的渔业统计数据缺乏可比性，给决策层判断国际生产形势和制定各种政策带来一定的困难。因此，对我国和FAO的渔业统计指标体系进行对比和分析，给出统一统计口径数据非常必要。本文首先对我国和FAO的渔业统计体系和指标进行对比，在此基础上以统一口径计算出历年我国和FAO渔业统计数据，并对相关数据进行了一定的分析。

---

① 本文原载于《世界农业》2017年第10期。

本文受农业部“我国和FAO渔业统计指标体系和数据对接”课题的资助。感谢FAO渔业统计处周晓伟先生在统计指标和统计数据方面给出的宝贵意见！

二、我国和 FAO 渔业统计基本框架的比较

（一）FAO 渔业统计的主要特点

FAO 渔业统计数据来自世界各国渔业部门提供的原始数据，通过录入数据库汇总。FAO 渔业统计数据的最大问题就是它的准确性。不同国家发达程度不一样，对待统计工作的重视程度不同，获取统计数据的方法和手段的完善程度不同，都会导致该国统计数据的准确性存在较大问题。FAO 的统计工作人员也尽量通过各种手段来使该国的统计数据更加科学、合理和可接受。比如 FAO 渔业统计官员会不定期到不同国家去和该国的统计官员进行沟通和合作，同时也实地调查、了解当地的渔业生产情况，最后评估报送上来数据的准确性。如果发现数据和实际存在很大误差，或者该国没有相关数据的情况下，FAO 渔业统计处会给出一个估计数据。统计数据中凡是带有字母 F 的均表示是 FAO 给出的估计数据。

在数据录入的时候，FAO 统计官员会给每种生物或制品贴上几个标签：(1) 国际/地区 (country)、(2) 物种 (species)、(3) 养殖/捕捞区域 (fishing area 或者 aquaculture area)、(4) 环境 (environment) 等。这样设定为后期的统计工作提供了极大的便利。需要获得哪些国家，哪些海域，哪些物种的产量和产值都可以非常方便地从统计软件 FISHSTATJ 提取、获得。

在这些设定的统计标签中，物种的设定是根据创建于 2000 年的世界水生科学和渔业信息系统（Aquatic Sciences and Fisheries Information System，缩写为 ASFIS List）来进行分类。由 FAO 每年更新。最新版本包括 1.3 万个“品目”（species items）。75%有英语名称，20%有中文名称。2014 年 FAO 捕捞和养殖统计数据分别用了 2 033 个和 580 个“品目”。

区域标签的设定分几种，一种分内水和海水（inland waters or marine area）；第二种是对海洋捕捞按海区分类，这和我国海区分类比较类似；第三种对海区进行更进一步的细分，比如说北大西洋进一步分为几个范围更小的统计区域。

FAO 的生物水生环境分为三类：海水、咸水和淡水。

FAO 在通过年报的形式进行数据发布的时候，对物种的分类有好几种，但主要有两种。这个分类和前面鱼类物种的分类不一样，这里的分类是对外发布统计结果时的分类，前面的分类是对原始数据的编码。一种是 FAO 自己编制的 FAOSTAT Group 分组，另一种是国际水生动植物标准分类（International Standard Statistical Classification of Aquatic Animals and Plants，缩写为 ISSCAAP）。前面一种的分类标准更接近我国渔业统计的分类。

（二）我国渔业统计的主要特点

我国的渔业统计工作体系基本沿袭计划经济时期的统计体系，即由国家主管部门制定统计体系和统计指标，然后把统计工作下发到各省、自治区和直辖市及远洋渔业公司。各省、自治区和直辖市再制定本地区的统计工作安排，把任务分解到各县（区）[2]。各县（区）渔业主管部门再安排统计调查员直接统计乡村或公司的渔业生产数据。在计划经济时期，这一统计工作体系，有很多优点：首先是执行力强。统计工作的分配可以

做到全覆盖和专人负责，基层工作人员、广大渔民和渔业组织都非常配合；第二个优点是统计数据的准确性。从基层收集上来的数据非常准确，可以被准确无误地报送到上一级统计部门，保证了统计数据的完整性和准确性[3]。

随着市场经济体系的建立和开放性的增加，渔业生产经营单位的多样性增加，原有统计体系的不足也逐渐暴露出来，需要对传统的直接报送的统计模式进行创新和变革。当前，渔业生产单位包括国有渔业公司、集体性渔业组织，以及占统计样本绝大多数的个体渔业生产户。调查样本的多样性需要多种调查方法相配合[4]。比如对国有经营单位以及规模以上企业可以按照传统的直接报送的办法来统计，而对集体性的经营单位比如渔业生产合作社等就可以考虑采用定点调查的方法来进行，而对广大的个体经营户就需要采用数据报送和抽样调查相结合的办法来进行。

（三）我国和 FAO 渔业统计体系的对比

1. FAO 的渔业统计和我国渔业统计的目标不一样

FAO 渔业统计的主要目标是获取全球渔业主要生产和相关数据，为协调各国的渔业生产、保护渔业资源，推动渔业可持续发展，支持发展中国家实现渔民收入增长、生活保障、营养健康等目标，为决策和制定国际合作的协议提供准确的数据基础。我国的渔业统计目标是实现渔业和其他产业协调发展，促进渔业资源保护、渔民收入增长、民生改善，保障传统渔民的渔业海权和渔权，为政府部门制定相关政策提供科学的依据。

2. 捕捞渔业统计指标设定的差异

首先是对捕捞产量的统计，FAO 的统计口径分为两类：内陆捕捞和海水捕捞（见图 1）。我国的统计分为三类，依次是淡水、海水和远洋（见图 2）。在对数据进行对比的时候，需要把我国的海水捕捞和远洋捕捞的数据进行汇总。其次，更细的分类也存在差异。FAO 内陆捕捞和海洋捕捞都包括 6 大类，淡水鱼类、咸水鱼类、海水鱼类、甲壳类、软体类和其他动物。而我国的海水捕捞分类是鱼类（没有再细分，直接到鱼的名称）、甲壳类（包括虾蟹）、贝类、藻类、头足类、其他动物（包括海蜇）6 类。我国的淡水捕捞则分为鱼类（同样没有再细分）、甲壳类、贝类、藻类、其他一共 5 类。我国的远洋捕捞没有公布明细，只把金枪鱼和鱿鱼单列出来。

通过分析可以发现，造成 FAO 和我国渔业统计指标体系不一样的原因主要有二，一是我国实际没有的生产类型，统计指标就没有设置。比如我国的淡水捕捞就没有头足类，因此指标里面就没有这一条目，而 FAO 的设置有，因为一些国家有淡水头足类的生产。二是我国把传统的渤海、黄海、东海和南海的渔业生产当作具有一定海权和渔权的区域来进行生产的统计，而对过洋性和大洋性的生产进行单独的统计。把过洋性和大洋性的生产当作参与其他国家或者国际组织共同开展的合作形式。这样的分类对于指导渔业生产具有重要的意义。因此，我国也没有必要按照 FAO 的统计分类进行调整。分类统计造成我国和 FAO 渔业数据的不一致可以通过合并海洋捕捞和远洋捕捞来进行调整。本文测算的结果证实这样处理是可行的。

此外，我国的鱼类统计没有区分淡水、咸水（Blackish water）和海水。为了保证数据的可比性，把咸水和海水进行合并然后再进行对比。

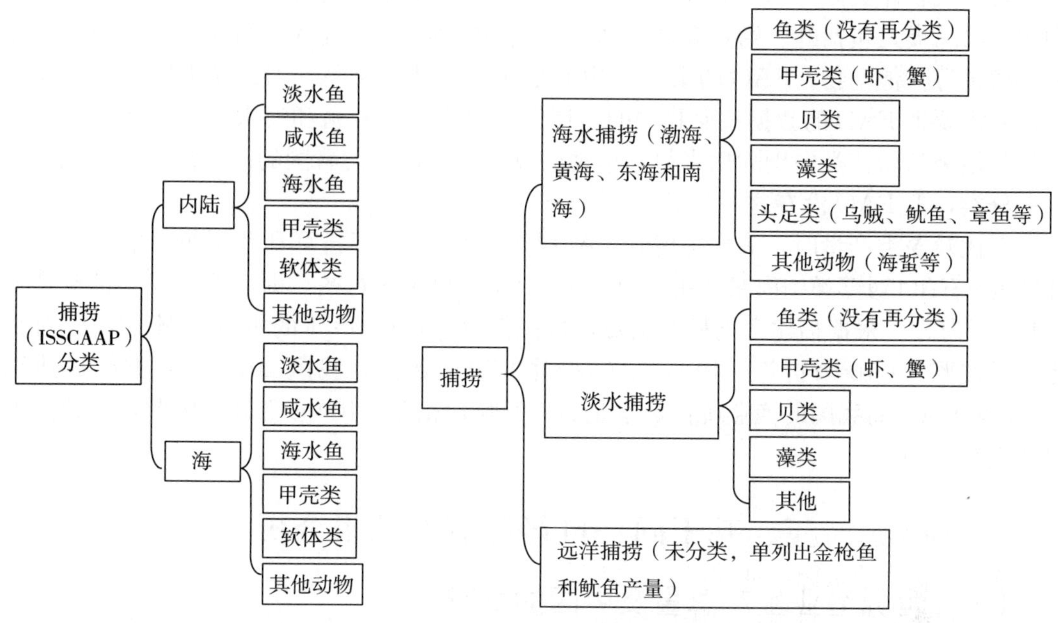

图 1　FAO 捕捞渔业统计分类　　　　图 2　我国捕捞渔业统计分类

3. 养殖统计指标的差异

我国和 FAO 渔业养殖统计指标的差异可以通过图 3 和图 4 比较看出。FAO 的报告包含 7 类，而我国的报告把养殖区分为海水 5 类和淡水 6 类。FAO 还把鱼类分为海水、咸水和淡水，我国没有区分。FAO 养殖包含软体类，而我国没有。

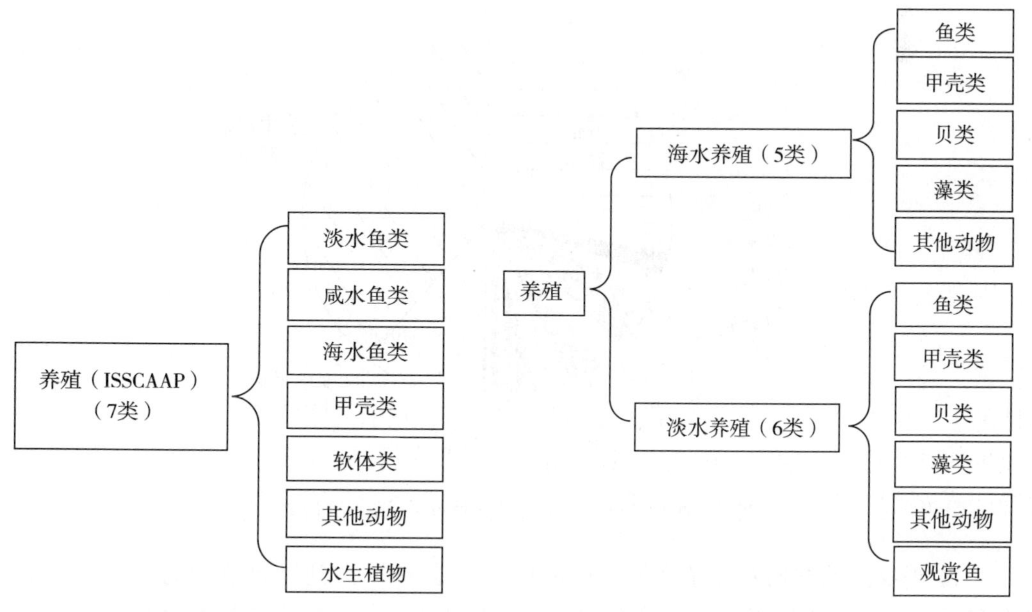

图 3　FAO 养殖渔业统计分类　　　　图 4　我国养殖渔业统计分类

我国把软体类分为了贝类和头足类。FAO 的其他动物包括两类，一类是水生哺乳动物，另一类是包括蛙、鳄鱼等其他动物。我国的养殖没有水生哺乳类，只有第二类即蛙、鳄鱼等其他动物。FAO 的水生植物就是我国统计的海藻。因此在进行分类比较的时候，需要把 FAO 的数据按照我国的习惯做法分为淡水养殖和海水养殖。在统计贝类时把头足类从软体类中剔除出来得到单独的贝类统计数据。我国的渔业统计中有观赏鱼这一分类，但 FAO 没有这一分类。

在比较藻类产量时，需要考虑到 FAO 统计对藻类干湿折算和我国折算的差异。具体来说，FAO 对藻类中海带的折算是按照 5∶1 比例来进行的，即 5 千克湿海带折算为 1 千克干海带。根据福建官坞村的调查，村民们普遍认可 6∶1 的折算比例。FAO 对其他藻类按照 1∶10 来折算。按照 FAO 折算的统计数据，我国 2014 年藻类产量达到 1 300多万吨，而我国的渔业统计数字是 200 万吨，相差 1 100 多万吨。因此，大致的折算比例是 1∶6.5。

三、基于同一口径测算的结果分析

（一）世界渔业生产总量及中国的贡献

基于以上的分析和逻辑，我们对中国和世界渔业生产统计数据进行了测算，测算用到的数据是 2016 年 3 月 FAO 最新发布的世界渔业统计和我国 2015 年渔业统计年鉴，所有数据截至 2014 年。2014 年全世界捕捞和养殖产量 1.96 亿吨（鲜重），包括鱼类、甲壳类、软体动物、蛙类、水生龟类、鳖等其他可食用水生动物（如海参、海蜇、海胆和海鞘等）以及藻类。不包括鳄鱼、水生哺乳动物以及非食用产品（珍珠、贝壳、海绵等）。

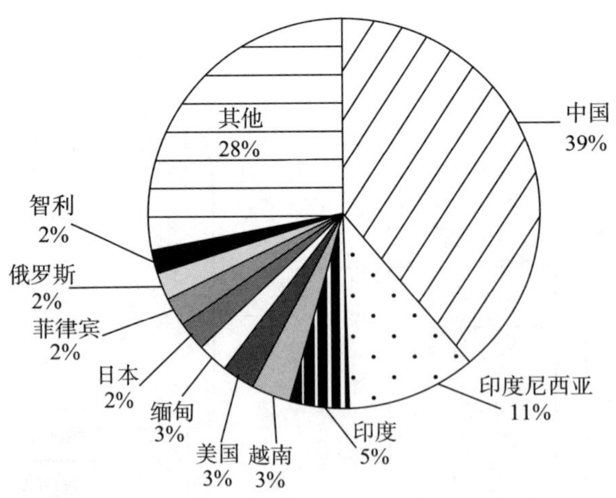

图 5　2014 年世界不同经济体水产品产量份额

2014 年我国的捕捞和养殖产量 7 615 万吨（鲜重），占到世界总量的 38.9%，超过排在我国后面 9 个国家的水产品产量之和（占世界 33%）。排在中国后面的依次是印度尼西亚、印度、越南、美国、缅甸、日本、菲律宾、俄罗斯和智利（见图 5）。

1950 年，我国的水产品产量占世界的比例不到 5%，1990 年占到了 14%，2000 年占到了 31%，2010 年占到了 37.7%，最近几年的变化不大，基本稳定在 38%左右（见图 6）。这从一个侧面说明渔业生产已经从过去追求总量转变到量质并重，再到以提高质量为主的供给侧改革的方向上来。

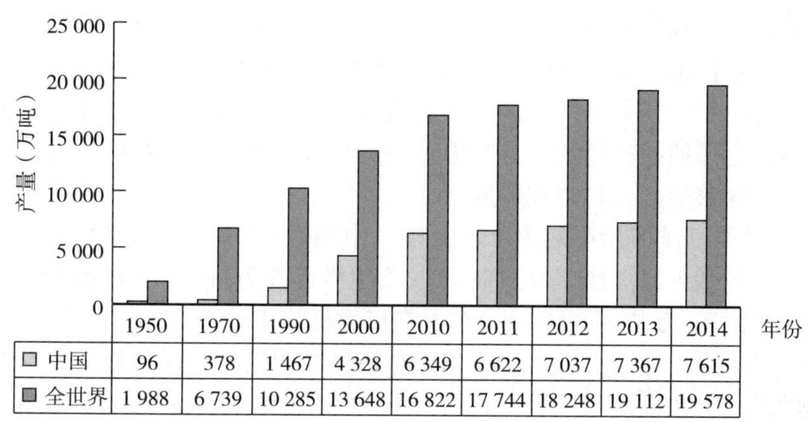

	1950	1970	1990	2000	2010	2011	2012	2013	2014
□ 中国	96	378	1 467	4 328	6 349	6 622	7 037	7 367	7 615
■ 全世界	1 988	6 739	10 285	13 648	16 822	17 744	18 248	19 112	19 578

图 6　中国和世界渔业产量比较

去除海藻和非食用的产品以外的世界水产品产量为 1.67 亿吨，我国是 6 257 万吨，我国占到世界的比例为 37.5%。在不包含海藻和非食用的水产品后，秘鲁和挪威的产量进入了前十，而智利和菲律宾掉出了前十之列。

从中国和全世界的渔业生产结构上可以看出，中国的渔业生产集中在养殖上面，海水养殖和淡水养殖一共占到总产量的 77%，捕捞仅占到总产量的 23%。而全世界的渔业生产中捕捞和养殖各占一半，见图 7 和图 8。世界海洋捕捞占到总产量的比例高达 42%，而中国海洋捕捞的比例仅占到总产量的 20%。中国偏重于养殖生产的结构对于世界海洋渔业资源的保护起到了重要的作用。

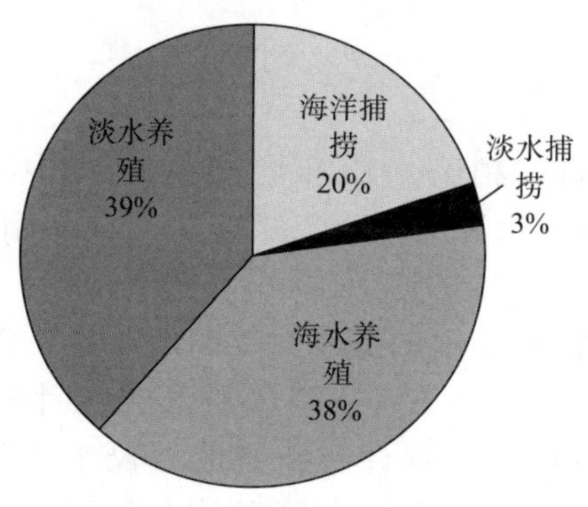

图 7　2014 年中国渔业生产结构

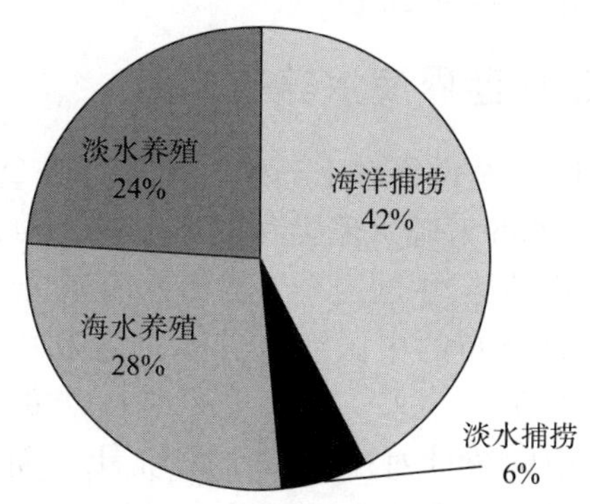

图 8　2014 年世界渔业生产结构

（二）世界海洋捕捞产量

2014 年世界海洋捕捞产量达到 8 275 万吨，中国产量为 1 505 万吨，占比 18%。中国的海洋捕捞产量包括近海捕捞产量 1 280 万吨，远洋捕捞 202 万吨，另外还有 22 万吨是藻类折算的误差。世界去除藻类和非食用的产量是 8 155 万吨，中国去除藻类和非食用产量为 1 481 万吨，占比 18%。在海洋捕捞方面，不仅是发展中国家，发达国家如美国、日本也是海洋捕捞大国，分别位于世界第 3 位和第 5 位。这和发达国家长期的生产优势和海洋文化传统是分不开的。2014 年世界海洋鱼类捕捞产量为 6 728 万吨，中国产量 1 023 万吨，占比 15%。中国的鱼类产量包括近海捕捞 881 万吨和远洋捕捞 142 万吨。这说明中国远洋捕捞产量 202 万吨中，鱼类只有 142 万吨。在鱼类捕捞前十位国家之中，包括发达国家美国、日本和挪威。

2014 年甲壳类海洋捕捞产量为 634 万吨，中国为 245 万吨，占比 38%。中国海洋甲壳类捕捞产量包括近海捕捞 239 万吨和远洋捕捞近 6 万吨。2014 年世界捕捞贝类产量 255 万吨，中国 55 万吨，占比 21.6%。在贝类捕捞上面，中国和美国、日本的差距很小。美国、日本这样的经济发达国家也很重视贝类的捕捞，说明他们捕捞的很多是经济价值较高的品种，比如鲍鱼、牡蛎、扇贝等水产品。前十大捕捞国家中发达国家占据了 6 个席位。

再看看头足类。2014 年头足类产量 478 万吨，中国 138 万吨，占比 28.9%，近海捕捞产量为 68 万吨，远洋捕捞 70 万吨。中国头足类捕捞的产量一直在增长，不过近几年增长的趋势在逐渐放缓。美国、日本分别位于第 5 位和第 10 位。藻类的产量为 118 万吨，中国 24 万吨，占比 20.6%。排在第 1 位的智利的产量接近我国的两倍。前十位国家里面发达国家有 6 个。海洋哺乳动物的捕捞只有日本一个国家的记录，2014 年日本海洋哺乳动物产量为 600 吨。其他动物（包括蛙、鳄鱼、乌龟、海参等）的产量为 60 万吨，中国为 19 万吨，占比 33%。中国的产量比较稳定，但是由于其他国家产量增加，中国在世界的占比逐年在下降。其他水生动物制品（主要指的是珍珠、海绵、珊瑚等非食用制品）的世界总产量为 1.47 万吨，中国只有 13 吨，排在世界第 22 位。

（三）世界海水养殖产量

2014 年全世界海水养殖产量达到 5 395 万吨，相比 2013 年增长了 3%。中国的产量达到 2 936 万吨（藻类和贝类产量 2 641 万吨，占海水养殖产量的 90%），相比 2013 年增长了 1%。中国占全世界海水养殖产量的 54%。

FAO 公布的中国海水养殖产量和中国统计年鉴上的数字（1 812 万吨）之间相差 1 124 万吨，这一差异主要是藻类的差异所致。FAO 和我国对藻类统计标准不一致，中国统计对藻类按干重统计，而 FAO 按湿重统计。我国的海藻干重是 200 万吨，干湿折算比大致是 1∶6.5，所以 FAO 公布的我国海藻产量为 1 324 万吨。

中国海水养殖在 20 世纪 70 年代占世界的比重就达到了 32%，充分说明中国政府和民众对海水养殖的重视。因为中国渔业统计在 2007 年根据全国普查数据进行了调减，所以，可以认为中国海水养殖占世界的比重在2010年左右达到了高峰的59%。虽然中国的养殖产量在增加，但由于一些国家比如智利、越南、印度尼西亚和挪威的产量增长较快，相比而言中国占世界的比重近几年一直在下降。

表1　统一口径下2014年中国和世界渔业生产分类产量对比

单位：万吨

分类	国家/地区	海洋捕捞	海水养殖	内陆捕捞	淡水养殖
鱼类	中国	1 023	119	167	2 603
	世界	6 728	630	1 099	4 356
	中国占比	15.20%	18.90%	15.20%	59.8%
甲壳类	中国	245	143	32.77	256
	世界	634	417	52.85	274
	中国占比	38.60%	34.40%	62.00%	93.3%
贝类	中国	55	1 317	26.33	25
	世界	255	1 584	35	28
	中国占比	21.64%	83.10%	76.10%	90.4%
头足类	中国	138	—	—	—
	世界	478	—	—	—
	中国占比	28.90%	—	—	—
藻类	中国	24.3	1 324	0.256	9
	世界	118.2	2 722	0.256	9
	中国占比	20.60%	48.60%	100%	99.6%
其他动物	中国	19.64	33.3	3.07	51
	世界	59.97	37.3	3.57	52
	中国占比	32.70%	89.30%	86.00%	97.2%

需要注意的是，在海水养殖生产领域，韩国、挪威、日本、西班牙、英国、美国、法国这些发达国家占有重要的位置（后5个国家排在第11～20位之间）。发达国家的海水养殖在品种、技术和资金投入上和发展中国家之间存在一定的差距，因此仅从产量这一单一指标考察，无法全面反映各国的海水养殖优势和地位。

从分类上看，中国在其他动物养殖所占比重为89%，排第一位。但从世界范围看，其他动物产量仅有27万吨，占世界的比例仅为0.6%。藻类和贝类的世界产量高达2 722万吨和1 584万吨（合计4 306万吨），中国的产量分别为1 324和1 317万吨（合计2 641万吨），中国藻类和贝类产量分别占到48%和83%（合计占到61%）。在高价值的海水鱼类养殖上，中国的产量仅为 119 万吨，低于挪威的 133 万吨，占世界的比重为 18.9%，排在第 2 位。鱼类养殖中排在前十位的国家中就有挪威、日本、英国和中国台湾地区。海水养殖当中，鱼类的单位价值最高。因此，未来中国海水养殖的发展方向是大力增加对海水鱼类养殖的投入，以此来增加渔民的收入，同时满足大众不断提高的消费需求。2014 年，中国甲壳类产量为 143 万吨 ，占世界的 34%，排第 1 位。从事甲壳类海水养殖的主要是印度尼西亚、越南、泰国等发展中国家。中国的贝类养殖产量为 1 317 万吨，以 83%的比例占据世界首位。在海水贝类养殖中，排在前十位的国家中，发达国家日本、美国、西班牙、意大利、法国、韩国占有重要的地位。这一方面说明发达国家对海水贝类养殖非常重视，另一方面说明海水贝类养殖产品也是经济价值较高的水产品。我国在开展海水养殖时应当在高卫生标准、高经济价值的贝类产品上进行投入。

（四）世界内陆捕捞产量

在内陆捕捞方面，世界的总产出为 1 190 万吨，中国为 229.7 万吨，占比 19%。229.7 万吨和我国公布的 229.5 万吨相差 2 500 吨，主要是藻类折算多出的。排在前十位的国家都是发展中国家和欠发达国家，主要原因可能是这些国家的国民对蛋白质和收入的需求还要依赖于湖泊和内河野生环境的捕捞。中国的产量近几年较为稳定。随着中国经济的发展和国民生活水平的提高，预计中国的内陆捕捞产量会逐步下降。

中国在鱼类、甲壳类、贝类和藻类上的捕捞产量是比较稳定的，2014 年的产量分别是 1 099 万吨、32 万吨、26 万吨和 0.25 万吨，占到世界产量的 15%、62%、76%和 100%。其他水生动物的产量一直在下降，从 2010 年的 5 万吨下降到 2014 年的 3 万吨左右。这一方面是因为近年来我国对环境保护和野生动植物资源的保护，人们保护野生动物的意识逐渐增强。另一方面则是渔民通过发展蛙、乌龟等特色养殖来增加收入，满足群众的消费需求，就不需要再到野生环境中去捕获。

（五）世界淡水养殖产量

2014 年中国的淡水养殖产量达到 2 943 万吨，占全世界产量的 62%，排在中国后面的 19 个国家的养殖产量总和仅占到世界总产量的 35%。由此可见，中国的淡水养殖在世界淡水养殖发展中具有举足轻重的地位。淡水养殖前二十位国家之中只有美国是发达国家，其他均为发展中国家。从这个意义上来说，称淡水养殖是“发展中国家的养殖”也不为过。究其原因，淡水养殖的种类主要以低值水产品为主，这满足了发展中国家和欠发达国家国民的基本蛋白质需求。从资源禀赋来看，发达国家具备发展淡水养殖的条件，但他们没有这样的传统，也没有这样的需求。他们的需求以海水捕捞和海水养殖产品为主。未来很长一段时间内，考虑到全球消除贫困的目标，以及发展中国家经济发展的长期性，发展中国家和欠发达国家的国民消费还会严重依赖于淡水养殖产品。未来的目标是需要提高淡水养殖的技术标准和卫生标准，保证淡水产品以较低的价格为大众所接受。在淡水养殖产品分类方面，我国无论在鱼类，还是甲壳类、贝类、藻类和其他动物的产量上，排名都在第 1 位。甲壳类、贝类、藻类和其他动物的产量占世界的比重均超过 90%。甲壳类的虾、蟹养殖是我国的传统养殖品类，虾蟹的消费受到中国广大民众的喜爱。未来，这一淡水养殖种类还将保持较高水平的产量，虾蟹养殖的增长速度快慢取决于消费需求的变化。淡水藻类的生产相比较海水藻类的生产就显得微不足道了。2014 年其他动物的产量仅有 51 万吨，并不算多，但这些养殖品种的单位经济价值较高，受到养殖户的普遍欢迎。

四、世界渔船及渔民统计

2014 年，世界渔船达到 460 万艘，其中机动渔船 292 万艘，非机动渔船 168 万艘，分别占比 63%和 37%。世界渔船总数相比 1995 年增长了 14%，这主要是因为机动渔船增长 33%所致。非机动渔船数量相比 1995 年下降了 8.7%。由此可以看出世界渔船发展的方向是更偏重于机动渔船，减少非机动渔船的建造。

2014 年中国的渔船数为 106 万艘，其中机动渔船 68 万艘，非机动渔船 38 万艘。最近几年中国的渔船总数保持在 106 万艘左右，相比 1995 年的 95 万艘增长了 11%。这主要是机动渔船增加所致，机动渔船相比 1995 年增长了 58%，而非机动渔船则减少了 27%。

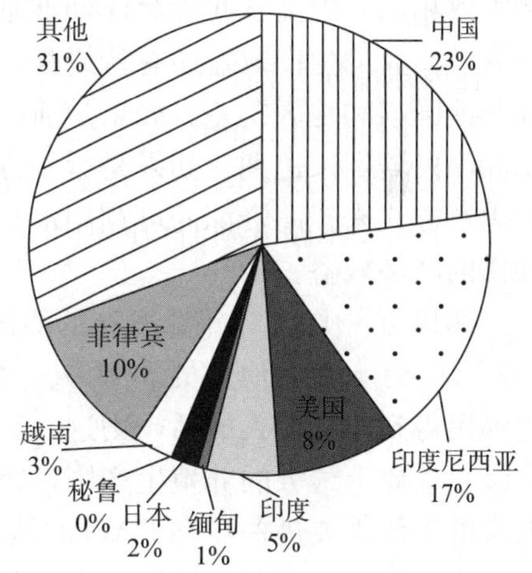

图 9 世界渔船主要分布情况

2014 年中国渔船占世界渔船的比例为 23%（图 9）。机动渔船相比 2009 年下降了近 3 个百分点。非机动渔船占世界的比重相比 1995 年下降了近 6 个百分点。这和我国渔业部门实施的“转产转业”政策有关。需要注意的是，这里的渔船数量只能表明一个国家参与渔业生产的程度，并不能表明一个国家参与渔业生产的强度。后一个问题需要通过比较各国渔船的总马力数和总功率数才能够得到合理的说明。

我国的渔民统计不仅包括养殖渔民和捕捞渔民，而且还包括专业渔民、兼业渔民和临时人员。FAO 的统计仅包括捕捞渔民，不包括养殖渔民[1]。

表 2 世界渔民数量及中国占比

单位：人

国家/地区	1995	2000	2005	2012	2013	2014
中国	8 759 162	9 213 340	8 389 161	9 226 177	9 238 837	9 165 990
印度尼西亚	2 463 237	3 104 861	2 590 364	2 748 908	2 640 095	2 667 440
美国	288 000 F	286 000 F	284 000 F	281 000 F	281 000 F	281 000 F
印度	6 100 000 F	6 800 000 F	9 231 996	8 777 999	9 790 197	9 790 197 F
俄罗斯	300 000 F	315 000 F	280 100 F	…	…	…
缅甸	900 000 F	2 646 710 F	2 794 000	2 979 200	2 980 000	2 981 000

（续）

国家/地区	1995	2000	2005	2012	2013	2014
日本	301 440	260 200	222 170	173 660	180 985	173 040
秘鲁	60 030	87 524	86 755	99 845 F	99 845 F	99 845 F
越南	415 000 F	555 800	580 000 F	530 000 F	530 000 F	530 000 F
菲律宾	1 421 715 F	1 497 000 F	1 901 000 F	1 907 435 F	1 907 435 F	1 907 435 F
全世界	28 174 000	34 213 000	36 304 000	39 412 000	37 962 000	37 879 000
中国占比	31.1%	26.9%	23.1%	23.4%	24.3%	24.2%

注：本表数据不包括养殖渔民。F代表估计值。

FAO发布的2014年世界捕捞渔民的总人数是3 787万人，中国的捕捞渔民人数是916万人，占到全世界的比重为24%（表2）。这一比例和我国渔船占到世界渔船的比例大致相当，但高于我国海洋渔业捕捞产量占世界产量的比例18%，这一方面说明我国海洋渔业的生产效益还有待提高，另一方面可能说明我国的海洋渔业资源禀赋相比世界其他国家和地区要差。如果是前一个因素的话，可以通过渔船更新改造、提高生产技术和渔民培训来达到。如果是后一方面的原因，则需要通过保护近海资源，实行可持续的生产方式来提高资源的可利用水平，同时拓展过洋性、大洋性的渔业生产来提高渔业捕捞的经济效益。

2014年中国统计年鉴发布的渔民人数是1 429万人，其中捕捞渔民181万人，养殖渔民512万人，其他人员87万人。如果FAO的数据是用渔民总人数1 429万人减去养殖渔民得到916万人的话，则这一数字没有考虑到专业渔民和兼业渔民的区别。考虑到中国是世界上最大的养殖生产国，因而对渔民人数进行统计时应将养殖渔民涵盖在内。未来的工作需要进一步和FAO的统计部门进行沟通，在世界范围内把渔民人数的统计区分为捕捞渔民和养殖渔民，在此基础上的比较才是科学的。

五、结　　论

本文从统计目标、统计方法、统计指标设置、统计报告发布口径等方面对FAO和我国的渔业统计指标体系进行了对比分析，并按照统一口径给出生产数据及其解释。我国现有的统计方法和体系具有自身的特色和优点。与此同时，需要利用多种统计方法比如抽样调查的方法来确保统计数据的准确性。FAO的数据由一百多个国家的数据加总得到。如果分散的数据存在误差，加总的数据误差就会出现更大的问题。

2014年全世界捕捞和养殖产量1.96亿吨（鲜重），包括鱼类、甲壳类、软体动物、蛙类、水生龟类、鳖、其他可食用水生动物（如海参、海蜇、海胆和海鞘等）以及藻类。2014年我国的捕捞和养殖产量7 615万吨（鲜重），占到世界总量的38.9%。我国在国际水产养殖方面占有举足轻重的地位，海水养殖和淡水养殖分别占到世界产量的54%和62%，而海洋捕捞和淡水捕捞则相对较低，分别为18%和19%。

我国的水产品产量从1950年的占世界不到5%，发展到2010年占到了37.7%。最近几年基本稳定在38%左右。这从一个侧面说明渔业生产已经从过去追求总量转变到量质并重，再到以质量提高为主的供给侧改革和发展的方向上来。

淡水养殖主要是发展中国家和欠发达国家占主要地位，而海水养殖和海洋捕捞则是发达国家和发展中国家各自具备不同的竞争优势，这和各个国家的历史、传统、资源禀赋和技术水平有密切的关系。我国要成为渔业强国，需要拓展国际资源空间，同时提高渔业生产技术，广泛参与国际合作。

参　考　文　献

[1] 刘小兵．我国渔业统计面临的国际挑战[J]．中国水产，2011(9)：12-14.

[2] 乐家华，邵征翌．渔业统计制度的国际比较及对我国的启示[J]．统计研究，2008(7)：90-95.

[3] 王素花，殷小亚．对提高基层渔业统计数据质量的几点建议[J]．天津水产，2012(1)：42-44.

[4] "农业部水产养殖抽样调查项目"课题组．多源型统计调查方法在淡水养殖渔业统计中的应用[J]．统计研究，2014(6)：11-16.

图书在版编目（CIP）数据

中国林牧渔业经济前沿问题研究：绿色发展与供给侧结构性改革 . 2018 / 魏后凯，刘长全，韩磊主编 . —北京：中国农业出版社，2019. 7

ISBN 978-7-109-24532-7

Ⅰ. ①中… Ⅱ. ①魏…②刘…③韩… Ⅲ. ①农业经济发展—研究—中国 Ⅳ. ①F323

中国版本图书馆 CIP 数据核字（2018）第 213655 号

中国农业出版社出版

（北京市朝阳区麦子店街 18 号楼）

（邮政编码 100125）

责任编辑 贾彬

文字编辑 耿增强 贾彬

中农印务有限公司印刷 新华书店北京发行所发行

2019 年 7 月第 1 版 2019 年 7 月北京第 1 次印刷

开本：787mm×1092mm 1/16 印张：21.25

字数：400 千字

定价：85.00 元